D1701651

Günthner/Heptner

**Technische
Innovationen für die
Logistik**

Willibald A. Günthner / Klaus Heptner

Technische Innovationen für die Logistik

hussverlag

80912 München

Bibliografische Information der Deutschen Nationalbibliothek

Die Deutsche Nationalbibliothek verzeichnet diese Publikation
in der Deutschen Nationalbibliografie;
detaillierte bibliografische Daten sind im Internet über
http://dnb.d-nb.de abrufbar.

© 2007
1. Auflage 2007

Best.-Nr. **22670**
ISBN: 978-3-937711-54-6

HUSS-VERLAG GmbH,
Joseph-Dollinger-Bogen 5, 80807 München
Tel.: 089/3 23 91-310, Fax: 089/3 23 91-416, E-Mail: management@huss-verlag.de
www.huss.de
Eingetragen im Handelsregister München HRB 48372
GF Wolfgang Huss

Objektleitung: Xenia Kleinert
Gestaltung: Christine Bernitz
Gesamtherstellung: BAVARIA-DRUCK GmbH, 80910 München

Alle Rechte vorbehalten. Kein Teil dieser Publikation darf ohne vorherige schriftliche
Genehmigung des Verlags vervielfältigt, bearbeitet und/oder verbreitet werden.
Unter dieses Verbot fallen insbesondere der Nachdruck, die Aufnahme und Wiedergabe
in Online-Diensten, Internet und Datenbanken sowie die Vervielfältigung auf
Datenträgern jeglicher Art.

Alle Angaben in diesem Werk sind sorgfältig geprüft.
Dennoch kann der Verlag für die Richtigkeit und Vollständigkeit des Inhalts
keine Haftung übernehmen.

Inhaltsverzeichnis

Vorwort des Verlegers	7
Vorwort der Autoren	8

Teil A
Entwicklungsphasen und Meilensteine in der Logistik — 10

Geschichte der Logistik	12
Ursprünge des Logistikbegriffes	13
Militärische Logistik	14
Betriebswirtschaftliche Logistik	14
Technische Logistik	15
Entwicklung der Technischen Logistik	16
1950 bis 1959	18
Systempalette/Stapler/Stapelkran	
Großversandhaus Quelle	19
1960 bis 1969	20
Regalbediengeräte/Hochregallager/Automatische Lager/Lagerverwaltung (Lochkarte)/Schmalganglager	
Das erste Hochraumlager der Welt	21
1970 bis 1979	22
Elektrohängebahn/Fahrerlose Transportsysteme/Automatische Kleinteillager/Mikroprozessor/Lagerverwaltung (Prozessrechner)	
Zentrallager der Adolf Würth GmbH & Co KG	23
1980 bis 1980	24
Barcode/Scanner/Sortieranlagen/Kommissionierautomaten/Mobile Terminals/Pick-by-light/Lagerverwaltung (PC)/CAD-Systeme/Simulationssysteme	
Zentrale Warenversorgung für Karstadt-Filialen	25
1990 bis 1999	26
Kommissionierroboter/Datennetzwerke/Bus-Systeme/Logistik-Leitstände/Lagerverwaltung (Standard-Software)/Animationssysteme	
Effiziente Ersatzteillogistik	27
2000 bis 2007	28
Internet/Pick-by-voice/Wireless LAN/RFID/Digitale Fabrik	
Eine neue Logistikwelt	29

Teil B
Fördermittel und Technologien der Logistik — 30

Transport- und Ladehilfsmittel	32
Hebezeuge und Krane	40
Hebezeuge	40
Krane	46
Entwicklung	46
Prozesskrane	52
Bau- und Fahrzeugkrane	62
Robotik	68
Historie	68
Markt und Technik	70
Distributionslogistik	73
Produktionslogistik	74
Stetigförderer für Stückgut	76
Historie	76
Flurgebundene Stetigförderer	78
Leichte Stückgutförderer	78
Schwere Stückgutförderer	92
Flurfreie Stetigförderer	104
Kreisförderer	104
Hängebahnen	112
Sortiertechnik	124
Gepäckförderanlagen	132
Flurförderzeuge	138
Stapler	138
Historie	138
Produktprogramm	140
Einsatzbereiche	143
Fahrerlose Transportsysteme	148
Technik und Markt	148
Führungstechnik und Steuerung	151
Anwendungen	153

Lagertechnik	156
Regalbediengeräte	156
Kleinteilelager	156
Palettenlager	168
Langgutlager	184
Regalbau	188
Entwicklung	188
Manuelle Lager	190
Hochregallager	192
Betonlager	194
Transport und Montage	196
Architektur und Design	200
Kuriositäten	206
Marktübersicht	208
Kommissioniertechnik	212
Entwicklung	212
Manuelle Kommissionierung	217
Automatische Kommissionierung	220
Informationslogistik	224
Steuerungs- und Leittechnik	225
Ebene 1: Prozess- und Materialflussebene	226
Ebene 2: Leitebene	228
Ebene 3: Planungs- und Dispositionsebene	232
Identifikationssysteme	234
Entwicklung	234
Barcode	239
RFID	240
Verkehrslogistik	244
Netzwerke	245
Intermodaler Verkehr	250
Container	250
»Von Haus zu Haus«	252
Umschlagsysteme	254
Wechselbehälter	258
Marktentwicklung	260
Planung von Logistiksystemen	264
Systemplanung	265
Layoutplanung	269
Simulation	269
Digitale Planung	271

TEIL C
TRENDS UND VISIONEN — 272

Rahmenbedingungen zu Beginn des neuen Jahrtausends	274
Öffnung der Märkte und kundenindividuelle Produkte	274
E-Commerce in Zeiten des web 2.0	277
Höher – schneller – weiter: Entwicklungsfortschritte in der Technischen Logistik	280
Verkürzung der Lieferzeiten	281
Höhere Leistung von logistischen Systemen	282
Gesteigerte Anforderungen an einzelne Komponenten und Funktionseinheiten	284
Digitale Welten	286
Vom CAD-Modell zum virtuellen Prototyp	288
Digitaler Entwicklungsprozess	288
Virtual Prototyping	290
Virtuelle Versuchsfahrten	292
Das digitale Logistiksystem	294
Ablaufsimulation	294
Virtual und Augmented Reality in der Logistik	295
Virtual Reality	295
Augmented Reality	296
Erforderliche Entwicklungen auf dem Weg zur virtuellen Logistik	298
Von der Planung zum Betrieb	300
RFID – Vom Barcodeersatz zum Internet der Dinge	302
Vom Personalcomputer zum Ubiquitous Computing	302
RFID – mehr als nur Barcodeersatz	303
Mit RFID zum »Internet der Dinge«	305
Neue Technologien für das »Internet der Dinge«	307
Autonom und lernfählg – auf dem Weg zu kognitiven Logistiksystemen	308
Das lernende Unternehmen	308
Selbststeuernde Logistik	310
Lernfähige Umgebungen	312

TEIL D
ANHANG — 314

Literaturverzeichnis	316
Abbildungsnachweis	318
FIRMENPRÄSENTATIONEN	320

Vorwort des Verlegers

Die Technische Logistik hat in den letzten Jahren einen enormen Aufschwung durch innovative Technologien erlebt. Und so erscheint sie uns heute in ihrer modernen Ausprägung als ein absolutes Trendthema. Dabei haben wir völlig aus den Augen verloren, dass auch die Logistik ihre Geschichte hat. Das erklärt vielleicht, warum wir kaum Aufzeichnungen zur historischen Entwicklung dieser Industrie gefunden haben, obwohl wir uns als Fachverlag schon seit Jahrzehnten mit der Branche beschäftigen.

Diese Lücke wollte ich schließen. Und siehe da, es ist nicht nur ein hoch spannendes, sondern auch ein sehr erhellendes Unterfangen geworden, wie das vorliegende Buch bezeugt. Voraussetzung war natürlich, dass wir die besten Kenner historischer Einflüsse auf die moderne Logistik gewinnen konnten. Und so war ich sehr erfreut, dass ich Klaus Heptner und Professor Willibald Günthner für das Thema begeistern und verpflichten konnte.

Als Herausgeber von zahlreichen führenden Zeitschriften, wie »LOGISTIK HEUTE« und »Hebezeuge Fördermittel«, und als Veranstalter der internationalen Fachmesse »LogiMAT« stelle ich immer wieder fest, dass viele technische Innovationen auf Verfahren und Ideen der Vergangenheit zurückgreifen. Nur wegen der mangelnden oder fehlerhaften Technik konnten sie nicht realisiert werden. Sie erleben aber heute ihre Wiedergeburt in neuen und verbesserten hochpräzisen Werkzeugen, die inzwischen aus unserer Arbeitswelt nicht mehr wegzudenken sind und uns das Leben erleichtern.

Und so ist für Ingenieure und Techniker das Wissen um die Geschichte technischer Entwicklungen nicht nur ausgesprochen nützlich, sondern auch noch im besten Sinne folgenreich. Denn fast immer kommen neue Impulse aus einmal Gedachtem und wieder Verworfenem. Es lohnt also der Blick zurück. Was hat sich bewährt und was ist warum gescheitert?

Im historischen Kontext werden Zusammenhänge transparent. Wir erfahren, wie sich Ideen entfalten konnten und zu ihrer heutigen modernen Ausprägung fanden. Wir lernen beispielhafte Pionierleistungen und ihre genialen Vorläufer kennen, so etwa die Rampen- und Rutschensysteme, wie sie schon die alten Ägypter für den Pyramidenbau genutzt haben. Oder viele andere Beispiele: von der frühen manuellen Nutzung physikalischer Prinzipien über die Phase der Mechanisierung bis zur IT-gesteuerten Automation unserer Tage.

Dabei schöpfen die Autoren aus ihrer immensen Praxiserfahrung und ihrem exzellenten Fachwissen. Sie haben zudem eine didaktische Form gewählt, die durch kurze, prägnante Texte und viele aussagekräftige Bilder und Zeichnungen besticht. Ingenieure und Techniker werden dieses Buch als Quelle der Anregung schätzen – als eine Ideensammlung, die Impulse zur weiteren Entwicklung der Technischen Logistik gibt.

Den beiden Autoren Klaus Heptner und Professor Willibald Günthner danke ich an dieser Stelle sehr herzlich für ihr lehrreiches Werk. Ein Wort des Dankes gebührt auch den am Ende des Buches genannten Sponsoren, die durch ihre freundliche Unterstützung zum Entstehen und Erscheinen dieses Werkes wesentlich beigetragen haben. Dank verdienen auch alle, die an der Konzeption und Realisierung mitgewirkt haben.

Und nun wünsche ich allen Lesern sehr viele interessante Erkenntnisse und Einsichten für die Zukunft.

Ihr

Wolfgang Huss

München, im August 2007

Vorwort der Autoren

Als der Huss-Verlag mit der Idee auf uns zukam, ein Buch zur Geschichte der Technischen Logistik zu verlegen, waren wir gerne bereit, solch ein Werk zu verfassen. Angesichts des aktuellen Stellenwerts der Logistik halten wir ein solches Buch für mehr als angebracht. Als Branche nimmt die Logistik derzeit in unserer Volkswirtschaft den dritten Rang ein, in Deutschland bedeutet das rund 2,5 Millionen Arbeitsplätze sowie einen Anteil am Bruttoinlandsprodukt von rund acht Prozent. Ermöglicht wurde dies nicht zuletzt durch rasante Entwicklungen auf dem Gebiet der Förder- und Materialflusstechnik. Eine stark automatisierte und immer leistungsfähigere Systemtechnik stellt heute vielfach das Rückgrat für effiziente Logistiksysteme dar.

Weiterhin waren zwei runde Jubiläen in diesem Jahr für uns, die beiden Verfasser, ein gegebener Anlass, den historischen Werdegang der Logistik noch einmal Revue passieren zu lassen: 50 Jahre VDI Gesellschaft Fördertechnik Materialfluss Logistik (VDI FML) sowie 100 Jahre Lehrstuhl für Fördertechnik Materialfluss Logistik (fml) an der Technischen Universität München.

Der Begriff »Logistik« ist aus der heutigen Wirtschaftswelt nicht mehr wegzudenken. Er findet in den unterschiedlichsten Bereichen Verwendung, meist im Zusammenhang mit dem Transport, der Lagerung oder der Verteilung von Gütern, was eine klare Eingrenzung des Themengebiets oft erschwert. Für die Realisierung dieser vielfältigen Formen der Logistik wurden in den letzten 50 Jahren physische und organisatorische Funktionsbausteine entwickelt, die unserer Meinung nach passend unter dem Begriff »Technische Logistik« zusammengefasst werden können. Auf diesem Gebiet können sich die deutschen Hersteller, Hochschulen und Forschungsinstitute dank der Erfolge der letzten 30 Jahre zu Recht als »Weltmarktführer« ansehen. Um diese gegenwärtige Situation zu verstehen, ist es unserer Meinung nach wichtig, besonders für den interessierten Branchennachwuchs, einen fundierten Überblick über die Entwicklung in diesem Bereich von deren Anfängen bis zum heutigen Stand der Technik zu geben. Deshalb haben wir in diesem Buch großen Wert auf den geschichtlichen Bezug gelegt, sowohl bei der Erläuterung des Ursprungs des Logistik-Begriffs als auch bei der Vorstellung einzelner Elemente der Technischen Logistik. Wichtig erschien es uns auch, die Entwicklungen und Meilensteine in einem Rückblick in komprimierter Form darzustellen. Entscheidende Entwicklungsphasen sowie herausragende Logistikprojekte in den jeweiligen Dekaden sollen dem Leser auf diese Weise bewusst gemacht werden.

Der Hauptteil des Buches befasst sich mit den Fördermitteln und Technologien der Technischen Logistik. Dabei werden die grundsätzlichen Funktionsbausteine in abgegrenzten Kapiteln von ihrer Entstehung bis hin zu ihrem heutigen Entwicklungsstand vorgestellt. Zahlreiche anschauliche Abbildungen sollen zusätzlich Aufbau, Funktionsweise und Anwendungen der Geräte und Anlagen verdeutlichen. Bei der Vielfalt und Komplexität der einzelnen Elemente gestaltete sich deren angemessene Vorstellung in ausreichender und allgemeinverständlicher Form oftmals etwas schwierig. Wir hoffen dennoch, dass uns ein guter Mittelweg gelungen ist, der dem geneigten Leser interessante Informationen sowohl über die Geschichte der Technischen Logistik als auch über deren aktuellen Technologiestand bietet.

Im letzten Teil des Buches wird ein Ausblick über mögliche Entwicklungen und Trends gegeben, deren Ursprung vor allem in neuartigen Technologien und im wirtschaftlichen und gesellschaftlichen Wandel begründet liegt und mit denen Forscher, Hersteller und Betreiber im Bereich der Logistik wohl zukünftig konfrontiert werden. Mit diesen fünf abschließenden Kapiteln soll versucht werden, Visionen und Perspektiven für die Logistikbranche aufzuzeigen und gleichzeitig auch neue Denkanstöße zu liefern. Damit runden diese Kapitel das Werk ab, indem ein Bogen von der Vergangenheit bis in die Zukunft gespannt und somit der stete Wandel in diesem interessanten Themengebiet aufgezeigt wird.

Für das Buch waren umfangreiche Recherchen und Vorarbeiten notwendig und dafür haben wir uns bei vielen zu bedanken. Besonders möchten wir uns daher bei den wissenschaftlichen Mitarbeitern des Lehrstuhls fml der TU München bedanken, die wichtige inhaltliche Vorarbeiten und Recherchen zu den einzelnen Kapiteln durchführten. Unser gemeinsamer Dank gilt den Herren: Dipl.-Inf. R. Chisu, Dipl.-Ing. T. Frenz, Dipl.-Wirtsch.-Ing. S. Galka, Dr.-Ing. M. Kleeberger, Dipl.-Ing. R. Kraul, Dipl.-Ing. F. Kuzmany, Dipl.-Ing. U. Lammer, Dipl.-Ing. R. Reif, Dipl.-Ing. M. Salfer, Dipl.-Ing. M. Schedlbauer, Dipl.-Ing. M. Schipplick, Dipl.-Ing. P. Tenerowicz, Dipl.-Ing. D. Walch, Dipl.-Ing. J. Wulz. Nicht unerwähnt sollte M. Eng. Jens Heptner bleiben, der mit seinem Engagement ebenfalls einen wichtigen Beitrag bei der Entstehung dieses Buches geleistet hat.

Danken wollen wir auch all jenen Unternehmen, die uns aus ihren Archiven wertvolles Bildmaterial zur Verfügung stellten. Nur dadurch konnte die anschauliche und herrlich illustrierte Form dieses Werkes entstehen.

Und nicht zuletzt wollen wir uns bei unserem Verleger Wolfgang Huss recht herzlich bedanken. Er hat nicht nur den Anstoß zu diesem Buch gegeben, sondern die Entstehung immer tatkräftig unterstützt und für die außergewöhnliche Drucklegung gesorgt.

Prof. Dr. Willibald A. Günthner   Dipl.-Ing. Klaus Heptner

München, im August 2007

ENTWICKLUNGSPHASEN UND MEILENSTEINE

Teil A
Entwicklungsphasen und Meilensteine in der Logistik

BILD 1 *Gesamtüberblick über Logistik-Formen*

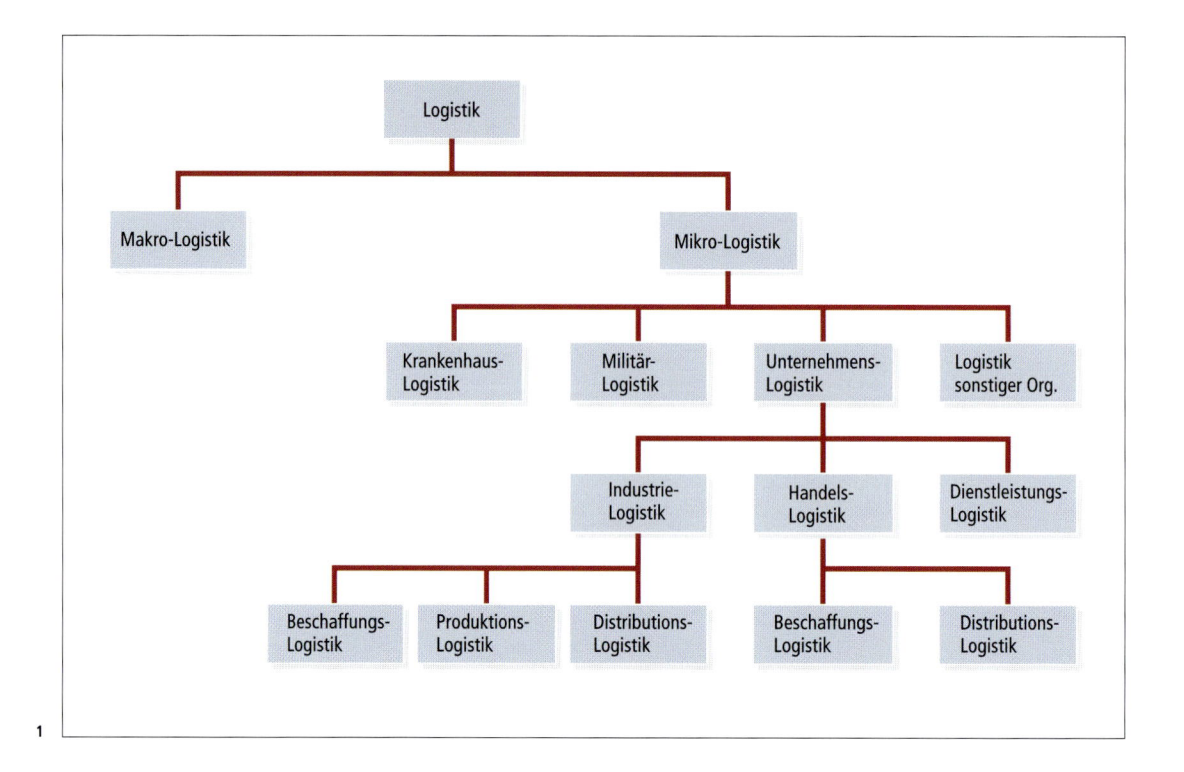

Logistik ist in der heutigen Zeit zu einem Alltagsbegriff geworden. Die Verbreitung hat dieser Begriff hauptsächlich dadurch gewonnen, dass Logistik sofort mit einem kompletten Programm für eine bedarfsgerechte Produktion sowie servicegerechte Lieferungen und Leistungen für die Kunden in Verbindung gebracht wird. Da diese Ziele inzwischen bei den Unternehmen in Industrie, Handel und Dienstleistung ein wesentlicher Bestandteil der Geschäftspolitik sind, haben diese Unternehmen auch die Bedeutung der Logistik erkannt. Strategien und Konzepte der Logistik werden ständig auf Eignung für das eigene Unternehmen geprüft und gegebenenfalls durch den Einsatz entsprechender logistischer Systeme umgesetzt. Allerdings wird die Bezeichnung Logistik inzwischen für die unterschiedlichsten Aktivitäten verwendet, teilweise nur aus Werbezwecken und zur Aufwertung der angebotenen Leistungen.

Eine klare und umfassende Definition über Logistik existiert nicht und ist wahrscheinlich auch schwierig zu finden.

Geschichte der Logistik

Ursprünge des Logistikbegriffes

Beim Erforschen der geschichtlichen Entstehung des Begriffes Logistik wird es schon schwierig, wenn eine Analyse des Wortes aus der Sicht der Etymologie vorgenommen wird.

Ein Bezug besteht zu dem griechischen Wort »lego« (denkbar) beziehungsweise zu den davon abgeleiteten Worten »logos« (Wort, Verstand, Vernunft, Rechnung), »logistikos« (der Denkende) und »logizomai« (rechnen, überlegen).

Obwohl es damals auch schon logistisches Handeln und Denken bei großen Bauwerken und besonders im kriegerisch-militärischen Bereich gab, wurde die Bezeichnung dieser Tätigkeiten nicht aus den oben genannten Wortstämmen abgeleitet. Eine gewisse Ausnahme stellen vielleicht die Beamten mit dem Titel »logista« dar, die in Athen, Byzanz und im Römischen Reich die Funktion von Finanzrevisoren oder Nahrungsmittelverteilern wahrnehmen. Ihre Zuständigkeit war die Planung von Verpflegung, Unterbringung und Marschroute der römischen Legionen und der mitgetriebenen Viehherden.

In der Mathematik existierte bis ins 16. Jahrhundert der Begriff »logistika«, der auf den griechischen Wortstamm zurückgeführt werden kann. Darunter wurde die praktische Rechenkunst in Abgrenzung zur Arithmetik verstanden. Bestimmte mathematische Funktionen wurden auch als logistische Funktionen bezeichnet.

In der Philosophie wird »Logistik« seit 1904 als Oberbegriff für neue Formen der Logik, wie »mathematische Logik« und »symbolische Logik«, verwendet.

Mit diesen Erläuterungen ist deutlich geworden, dass der Begriff Logistik in verschiedenen wissenschaftlichen Disziplinen mit unterschiedlichen Bedeutungen vorhanden ist.

Interessanter werden die Nachforschungen im Militärwesen. Die erfolgreichen Heeresführer im Altertum und im Römischen Reich haben sich alle intensiv mit logistischen Fragen hinsichtlich Marschrouten und Nachschub befasst. Aber erst im 9. Jahrhundert wurde in einer Abhandlung über die Kriegskunst vom byzantinischen Kaiser Leontos VI auf die Bedeutung der Logistik neben Strategie und Taktik als dritten kriegsentscheidenden Faktor hingewiesen. Offensichtlich sind diese Ausführungen später in Vergessenheit geraten oder nicht bekannt gemacht worden.

Erst im 19. Jahrhundert taucht der Begriff Logistik im Militärwesen, und zwar besonders beim französischen Militär, wieder auf. Deshalb sehen auch die meisten Experten den Begriff Logistik in seiner neuzeitlichen Prägung von dem französischen Verb »loger« (unterbringen, wohnen) abgeleitet, dessen Ursprung weit ins Altniederfränkische zurückgeht sowie von »logis« (Unterbringung), das aus dem lateinischen »logistare« (vermieten, verpachten, unterbringen) entstanden ist.

MILITÄRISCHE LOGISTIK

Eine der Wurzeln der neuzeitlichen Logistik kann sicher in dieser militärischen Logistik des 19. Jahrhunderts liegen. Als Ahnherr gilt der schweizerische General in französischen und russischen Diensten, Baron Jomini. Er benutzte den Begriff Logistik erstmalig 1830 und leitete ihn vom »major-general de logis« ab. Das waren Quartiermeister, zuständig für die Quartiere der Truppen sowie die Lager für Nahrungsmittel und Kriegsmaterial. Kurze Zeit danach veröffentlichte er ein Buch über die Kriegskunst, in dem die Logistik explizit als eine der sechs Kernbereiche der Kriegsführung definiert wurde. Dabei wurden die Aufgaben der Logistik erheblich ausgeweitet, da Jomini die strategische Bedeutung der Logistik für den Erfolg des Krieges in vollem Umfang erkannt hatte. Dieses Gedankengut und damit die Bezeichnung Logistik gerieten in der Folge in Vergessenheit. Erst als 1862 das Werk von Jomini ins Englische übersetzt vorlag, fand es Eingang in die amerikanische Armee. Dort wurde die Strategie akzeptiert und in den folgenden Jahren als amerikanische Militärlogistik entsprechend den jeweils angebotenen technischen Möglichkeiten immer weiterentwickelt. Das Buch erschien 1880 auch in deutscher Sprache. Allerdings fanden seine Aussagen und Vorschläge bei der deutschen Heeresführung keine nach außen erkennbare Beachtung.

Den Höhepunkt erreichte diese amerikanische Militärlogistik im Zweiten Weltkrieg, wo durch mathematische Planungsmodelle für optimale Bestandsführungen in den Lagerhäusern und rationelle Transportorganisationen die umfangreichen Nachschubaufgaben der amerikanischen Armee vorgeplant wurden.

BETRIEBSWIRTSCHAFTLICHE LOGISTIK

Die betriebswirtschaftliche Logistik wird wesentlich durch ihre Ursprünge im militärischen Bereich beeinflusst. Viele in der Militärlogistik auftretende Aufgabenstellungen sind in modifizierter Form auch bei den betriebswirtschaftlichen Fragestellungen im privaten Sektor vorhanden. In den USA wurde die Übertragung der Erfahrungen vom Militärwesen auf die Privatwirtschaft deshalb schnell vollzogen, weil ehemalige US-Soldaten versuchten, ihr technisch-logistisches Know how im alltäglichen Wirtschaftsleben, zum Beispiel in der physischen Warenverteilung, einzubringen. Da in den USA der Wandel vom Verkäufer- zum Käufer-Markt schon in den **50er Jahren** einsetzte, gewannen auch die Fragen der Transport-, Lager- und Umschlagtätigkeiten im Güterbereich schon in dieser Zeit an Bedeutung. Der Begriff »business logistics« wurde dafür gebildet und erste theoretische Abhandlungen zur Logistiktheorie veröffentlicht. Weiterhin wurden in den **60er Jahren** verschiedene Logistikvereinigungen mit unterschiedlichen Schwerpunkten gegründet. Damit wird verdeutlicht, dass die Väter der neuzeitlichen Logistik in den USA zu suchen sind.

In Deutschland wurden diese amerikanischen Philosophien erst Anfang der **70er Jahre** in die Betriebswirtschaft übernommen. Ein Ansatz war die »Marketing-Logistik«, die im gesamten Aktionsrahmen des Marketings die Funktion der Distribution sicherstellen sollte. Ein weiterer Ansatz war die systemorientierte Logistik. Dabei handelt es sich um eine eher flussorientierte Definition der Logistik, mit deren Methoden logistische Prozesse in der Wirtschaft betrachtet werden sollten.

Zu dieser Zeit fielen diese mehr theoretischen Ansätze in Deutschland sofort auf fruchtbaren Boden.

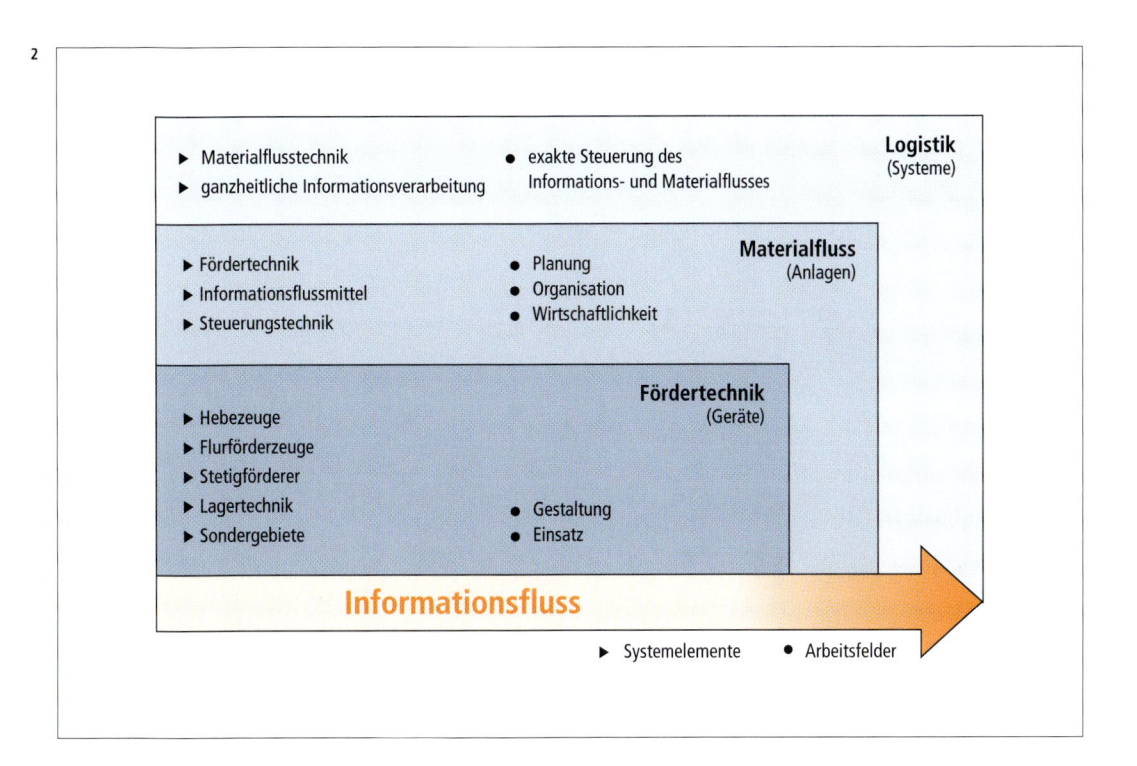

BILD 2 *Darstellung der Zusammenhänge zwischen Logistik, Materialflusstechnik und Fördertechnik incl. des Informationsflusses*

Einerseits beschäftigten sich die ganzen Transport- und Verkehrsbereiche intensiv mit diesen Fragen. Andererseits hatten sich die Disziplinen von Fördern, Lagern, Kommissionieren und Sortieren immer mehr in Richtung der Planung und Realisierung von komplexen Gesamtsystemen entwickelt. Weiterhin führten die Veränderungen der Marktstrukturen und die fortschreitende Globalisierung dazu, dass die Logistik nicht mehr allein die Distribution, sondern die gesamten Wertschöpfungsketten von der Beschaffung über Produktion bis zum Endkunden unternehmensübergreifend behandelte.

Es bildeten sich dazu verschiedene Logistikformen. Diese Formen sind in dem groben Gesamtüberblick strukturiert dargestellt. Allerdings ist dieser Überblick wegen der Vielfalt der existierenden Formen nicht vollständig.

Die **Technische Logistik** ist mit ihren Elementen praktisch in allen diesen verschiedenen Logistikformen und den darin vorhandenen Logistiksystemen vertreten.

TECHNISCHE LOGISTIK

Die **Technische Logistik** hat ihre Ursprünge in den sich seit dem Zweiten Weltkrieg zuerst entwickelnden Aktivitäten wie »Flurfördertechnik« und »Innerbetriebliches Förderwesen«, die zusammengefasst als »Fördertechnik« bezeichnet werden können. In den **60er Jahren** erweitert sich das Betätigungsfeld mit dem Begriff »Materialfluss«. Damit sollte der Durchlauf jeglichen Materials in einem Betrieb bis zum Fertigerzeugnis betrachtet werden. Daraus entwickelte sich Anfang der **70er Jahre** die Disziplin »Materialflusstechnik«, mit der mit technischen und organisatorischen Mitteln geeignete Gesamtanlagen für Produktion, Lagerung und Verteilung konzipiert wurden. Die gesamte Integration der Prozessketten von Beschaffung, Produktion und Vertrieb inklusive der Informationsverarbeitung wurde anschließend durch die Querschnittsfunktion »Logistik« erreicht. Die **Technische Logistik** stellt für die Logistiksysteme die Funktionsbausteine für die Förder-, Lager-, Kommissionier- und Sortiertechniken inklusive der erforderlichen Steuerungs- und Informationstechniken zur Verfügung.

ENTWICKLUNG DER TECHNISCHEN LOGISTIK

BILD 3 *Entwicklungsphasen und Meilensteine in der Technischen Logistik seit 1950*

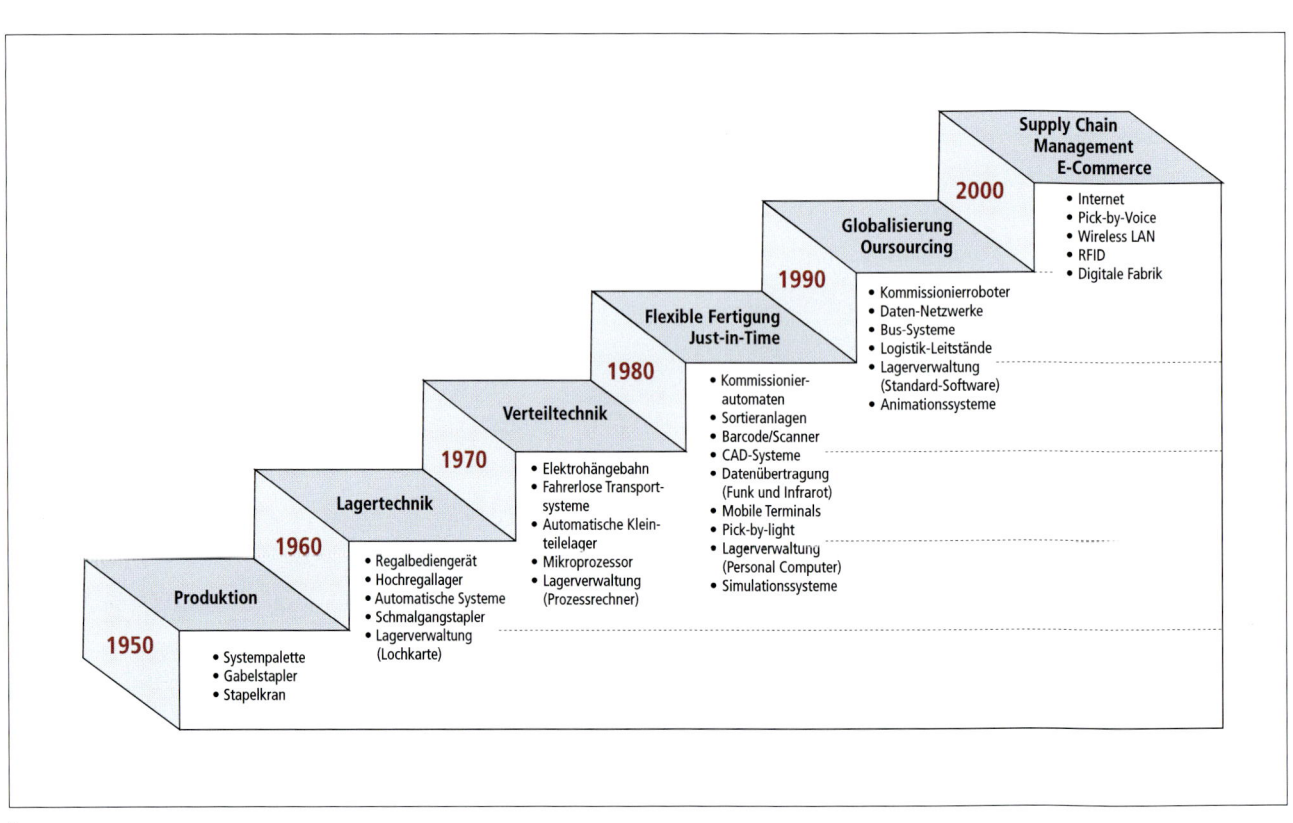

1950 – Produktion
- Systempalette
- Gabelstapler
- Stapelkran

1960 – Lagertechnik
- Regalbediengerät
- Hochregallager
- Automatische Systeme
- Schmalgangstapler
- Lagerverwaltung (Lochkarte)

1970 – Verteiltechnik
- Elektrohängebahn
- Fahrerlose Transportsysteme
- Automatische Kleinteilelager
- Mikroprozessor
- Lagerverwaltung (Prozessrechner)

1980 – Flexible Fertigung Just-in-Time
- Kommissionierautomaten
- Sortieranlagen
- Barcode/Scanner
- CAD-Systeme
- Datenübertragung (Funk und Infrarot)
- Mobile Terminals
- Pick-by-light
- Lagerverwaltung (Personal Computer)
- Simulationssysteme

1990 – Globalisierung Oursourcing
- Kommissionierroboter
- Daten-Netzwerke
- Bus-Systeme
- Logistik-Leitstände
- Lagerverwaltung (Standard-Software)
- Animationssysteme

2000 – Supply Chain Management E-Commerce
- Internet
- Pick-by-Voice
- Wireless LAN
- RFID
- Digitale Fabrik

ENTWICKLUNG DER TECHNISCHEN LOGISTIK

Die Logistik in ihrer gesamten Bandbreite und dem daraus resultierenden Aufgabenspektrum ist schwer abgrenzbar. Im Laufe der letzten 50 Jahre hat sich die Logistik aus ihren Ursprüngen über die Disziplinen Fördertechnik, Materialfluss und Materialflusstechnik zu einer Querschnittsfunktion für praktisch alle Güterströme und die damit verbundenen Informationsflüsse entwickelt. Die **Technische Logistik** hat diese Entwicklung durch das ständige Erfinden und Einführen von neuen Technologien entscheidend gefördert. Viele Strategien und Konzepte der Logistik hätten ohne diese Komponenten, Geräte und Systeme der **Technischen Logistik** überhaupt nicht verwirklicht werden können.

Diese Entwicklungsphasen der **Technischen Logistik** seit 1950 bis heute müssen im Zusammenhang mit den allgemeinen Trends in den Dekaden gesehen werden. In der bildlichen Darstellung wird der Versuch unternommen, die bedeutenden Elemente der jeweiligen Dekade zu definieren. Die Einführung einiger dieser Geräte und Systeme für Materialfluss- sowie Informationstechnik waren **Meilensteine** in der Geschichte der Logistik. Dazu gehörten auch Methoden und Tools zur Planung dieser Logistiksysteme. Nachfolgend werden diese Entwicklungsphasen ausführlicher beschrieben. Für jede dieser Dekaden wurde ein bedeutendes Logistikprojekt ausgewählt, das wegen des realisierten Konzeptes und der eingesetzten Systeme aus der Sicht der **Technischen Logistik** als typisch für diese Zeit angesehen werden kann.

ENTWICKLUNG DER TECHNISCHEN LOGISTIK

1950 BIS 1959

SYSTEMPALETTE
STAPLER
STAPELKRAN

In den ersten Jahren nach dem Zweiten Weltkrieg lag der Schwerpunkt des wirtschaftlichen und industriellen Aufbaus insbesondere bei den Produktionsbetrieben. Das betraf den Wiederaufbau der Fertigungseinrichtungen und deren ständige Verbesserung, um den großen Nachholbedarf an Gütern zu befriedigen und um auch schon als Handelspartner langsam wieder konkurrenzfähig zu werden. Die innerbetrieblichen Transporte wurden zuerst noch mit einfachen Mitteln, wie Sackkarren, sonstigen Wagen oder mit Hallenkranen, gelöst. Gelagert wurde ebenerdig als Blocklagerung mit dem Nachteil der schlechten Übersichtlichkeit und begrenzten Zugänglichkeit.

Zu Beginn der **50er Jahre** wurde diese Situation durch den Einfluss neuartiger Fördermethoden der Amerikaner verändert. Es handelte sich um die Einführung von Paletten als universelles Transporthilfsmittel und deren Manipulation durch Gabelstapler, wodurch die riesigen Transportaufgaben in der amerikanischen Armee in den beiden Kriegen, Zweiter Weltkrieg und Korea-Krieg, erfolgreich bewältigt werden konnten. Durch die Bildung von unterschiedlichen Fach- und Normen-Ausschüssen wurde diese neue »Flurfördertechnik« in den nächsten Jahren auf deutsche Verhältnisse umgestellt. Diese Aktivitäten liefen unter neuen Begriffen wie z.B. »Innerbetriebliches Förderwesen«. Erste Schwerpunktthemen waren Untersuchungen der Transportkosten, wodurch erstmalig ihr hoher Anteil an den Herstellkosten erkannt wurde und als Folge eine Rationalisierungswelle im Förderwesen entstand. Die ersten Maßnahmen waren die Einführung von Ladehilfsmitteln in Form von Behältern und Paletten. Weiter kamen erste Staplertypen für den innerbetrieblichen Transport, aber auch schon für Lagerfunktionen. Der Hallenkran wurde durch die Ergänzung mit Säule und Hubwagen zum so genannten Stapelkran umfunktioniert. Seine Vorteile gegenüber der Blocklagerung waren die bessere Raumausnutzung durch Palettenregale und der Einzelzugriff auf alle Lagergüter. Die größte historische Leistung der damaligen Fachleute von Lieferanten, Betreibern und Planern war sicher

4

5

BILD 4 *Außenansicht des Versandhauses der Quelle AG*

BILD 5 *Förderanlage für Kommissionierwannen*

die Entwicklung von Systempaletten, deren Standardisierung und Festlegung in einer europäischen Norm in Form der Euro-Palette mit den Abmessungen 800 x 1.200 Millimeter. Durch diese Normung war die Voraussetzung geschaffen, dass anschließend alle Bauteile, Baugruppen, Komponenten und Systeme für Fördertechnik, Materialfluss und Logistik ebenfalls standardisiert werden konnten.

Diese neuartigen Techniken wurden in dieser Zeit in den Industriebetrieben schon in relativ großem Umfang eingesetzt, während der Handel noch sehr rückständig blieb. Eine Ausnahme war der Versandhandel, und allen voran die Quelle AG, die in Nürnberg 1955 mit ihrem neuen Versandgebäude hinsichtlich Technik, Organisation und Größe einen neuen Maßstab setzte.

GROSSVERSANDHAUS QUELLE In der ersten Hälfte der **50er Jahre** machte die Umsatzentwicklung der Quelle AG die Investition in eine neue und wesentlich leistungsfähigere Versandanlage unabdingbar. Bei der Realisierung dieses Großversandhauses schlug der Eigentümer Dr. Gustav Schickedanz neue Wege ein, indem er zuerst einen erfahrenen Betriebsorganisator, Georg Reinicke, mit der Konzipierung der Systeme für Organisation und Materialfluss beauftragte. Anschließend wurden auf der Grundlage dieses Konzeptes durch das Ingenieurbüro Gherzi die gebäudetechnischen und durch Professor Ernst Neufert die gestalterischen Planungen durchgeführt. Ende 1955 war das 180 Meter lange, 60 Meter tiefe und 24 Meter hohe Versandgebäude mit seinen umfangreichen Inneneinrichtungen fertig gestellt und konnte den Betrieb aufnehmen. Für die komplexen Organisationsabläufe bei der Abwicklung der Kundenbestellungen, der Beschaffung der Versandartikel und deren Verwaltung wurde erstmalig eine elektronische Großanlage mit Transistor- und Diodentechniken sowie Magnettrommelspeichern eingesetzt. Eine Neuheit war auch die große Zahl von Ein- und Ausgabegeräten in Form von Tastenaggregaten, Lochstreifengeräten und Druckern für das Zusammenspiel mit dem elektronischen Zentralteil dieser Rechenanlage. Ein ausgeklügeltes System von Kreisförderern, Paternostern, Sammelförderern und Bandanlagen sorgte in effizienter Weise für den Nachschub in die Kommissionierbereiche und den gesamten Durchlauf der Kundenaufträge durch Kommissionierung, über Packerei bis zum Versand.

1960 BIS 1969

**REGALBEDIENGERÄTE
HOCHREGALLAGER
AUTOMATISCHE LAGER
LAGERVERWALTUNG (LOCHKARTE)
SCHMALGANGSTAPLER**

Anfang der **60er Jahre** ging die Phase des Wiederaufbaus in eine Zeit starker wirtschaftlicher Expansion mit einer entsprechenden Ausweitung der Produktions- und auch der Handelsaktivitäten über. Die Begleiterscheinung dieser Entwicklung waren steigende Lohn- und Materialkosten, was die Notwendigkeit von weiteren Rationalisierungsmaßnahmen auslöste. Durch die Arbeiten von Fachausschüssen, wie im VDI, war schon damals bekannt, dass nicht nur die Fertigung selbst, sondern die gesamten Abläufe in einem Betrieb betrachtet werden müssten. Es war auch schon der Begriff »Materialfluss« als umfassende Bezeichnung für den gesamten Durchlauf jeglichen Materials bis zum Fertigerzeugnis eingeführt worden. Besonders im Lagerbereich wurden erhebliche Rationalisierungsreserven entdeckt. Um diese Reserven zu mobilisieren, durften die verschiedenen Lager im Produktionsprozess nicht mehr als notwendige Übel angesehen werden, sondern mussten als eine sinnvolle und leistungsfähige Pufferfunktion zwischen Fertigung und dem Markt sowie den unterschiedlichen Fertigungsstufen organisiert werden. Diese Integration in die Arbeitsabläufe konnte durch die in dieser Zeit schon vorhandenen technischen Möglichkeiten mit geringeren Lagerkosten, besserer Flächen- und Raumnutzung sowie höheren Umschlagsleistungen vollzogen werden. Natürlich waren trotz nachgewiesener Wirtschaftlichkeit dazu höhere Investitionen erforderlich. Deshalb wurde auch vom Wandel vom lohn- zum kapitalintensiven Lager gesprochen und die ganze Dekade kann als Jahrzehnt der Lagertechnik gelten.

Die Signalwirkung ging eigentlich von dem 1962 bei Bertelsmann errichteten ersten Hochregallager mit 20 Metern Höhe aus. Anschließend folgte eine lange Periode der Weiterentwicklung der Regalbediengeräte von hängenden bis zu bodenverfahrbaren Konstruktionen. Viele Diskussionen gab es damals zwischen den Fachleuten der verschiedenen Hersteller über Bauformen der Regalbediengeräte (Ein- oder

BILD 6 *Das Regalbediengerät im Mittelgang*

BILD 7 *Außenfassade des »Bertelsmann-Büchersilo«*

7

Zweimastversion und Gitter- oder Vollwandmast-Ausführung), Drehstrom- oder Gleichstromantriebe und analoge oder digitale Positionierverfahren. Die Folge war ein gegenseitiges Anspornen mit ständig steigenden Leistungen, zum Beispiel mit Fahrgeschwindigkeiten von bis zu drei Metern pro Sekunde, und verbesserten Eigenschaften, wie Bauhöhen bis zu 30 Metern. Das betraf auch die Automatisierung der Lager- und Fördervorgänge sowie eine fortschrittliche Lagerverwaltung per Lochkarten.

In dieser Zeit wurden auch die anderen Gewerke der Lagertechnik mit viel Pioniergeist entwickelt. Das betraf den Regalbau in Silobauweise mit preiswerten kaltgewalzten Stahlprofilen und auch die ersten Betonlager. Weiterhin machte die Mechanisierung und Automatisierung der Lager auch die Entwicklung von Stückgutförderern, wie Palettenförderer, für die Lagervorzonen erforderlich.

Als Konkurrent oder als Ergänzung zu den mechanisierten und automatisierten Regalbediengeräten wurde 1968 auf der Hannover Messe der erste Schmalgangstapler vorgestellt.

Typisch für diese Zeit war auch, dass alle diese neuen Produkte mit einer neuartigen Philosophie, und zwar mit maximaler Standardisierung in modular aufgebauten Baukästen, entwickelt wurden.

Ein weiterer Höhepunkt war 1968 die Inbetriebnahme des Vertriebszentrums der Kodak AG in Scharnhausen bei Stuttgart, eines der ersten großen Lager- und Versandanlagen in Europa.

DAS ERSTE HOCHRAUMLAGER DER WELT

1962 war der Bertelsmann Konzern als Bauherr zusammen mit Architekten und Fördertechnikern bereit, bei der Lösung eines Lagerproblems für Bücher ganz neue Wege zu gehen. Es lag damals die Aufgabe vor, ein neues Lagergebäude für 4.500 Paletten in die bestehende Bebauung des Gütersloher Druckhauses als Ecklösung auf einer Fläche von 38 x 38 Metern einzuplanen. Statt des in dieser Zeit üblichen mehrgeschossigen Stahlbetongebäudes mit Gabelstaplern und Lastenaufzügen schlug der Architekt Professor Henn ein 20 Meter hohes Lager mit einer Regalfachwerkkonstruktion aus Stahlprofilen vor. Die Fördertechnik-Ingenieure der Demag entwickelten dazu die geeignete Lagerbedientechnik in Form einer Einschienenstapelkatze mit einer hängenden Zweisäulenkonstruktion, die auf einer oben und mittig im Regalgang angeordneten Hängebahn verfahren wurde. Die Bedienung der verschiedenen Gänge erfolgte über einen Hängekran als Umsetzbrücke. Eine weitere Neuheit war die Ausbildung der Palettenregale zusätzlich als tragende Konstruktion für die Dach- und Wandverkleidung. Damit wurden alle Lasten, die durch äußere Kräfte (Wind, Schnee), Palettengewichte und Krananlagen auftreten, durch das Regalfachwerk aufgenommen. Das war die Geburtsstunde des ersten Hochraumlagers der Welt und dazu noch in Silobauweise.

ENTWICKLUNG DER TECHNISCHEN LOGISTIK

1970 BIS 1979

ELEKTROHÄNGEBAHN
FAHRERLOSE TRANSPORTSYSTEME
AUTOMATISCHE KLEINTEILELAGER
MIKROPROZESSOR
LAGERVERWALTUNG (PROZESS-RECHNER)

Der Wandel zum Käufermarkt und damit die spürbaren Veränderungen des Käuferverhaltens zwangen die Unternehmen Anfang der **70er Jahre** zum Umdenken in Produktion und Distribution. Der Markt forderte qualitativ hochwertige Produkte mit einer Vielzahl von auf den Endkunden abgestimmten Varianten. Einhergehend mit der dadurch hervorgerufenen Artikelvielfalt bestand die Forderung nach ständiger Verfügbarkeit und kurzen Lieferzeiten.

Dieses Verbraucherverhalten konnte durch die bestehenden Lagersysteme nicht mehr abgedeckt werden. Neue, ganzheitliche Konzepte mussten erarbeitet werden, die diesen Anforderungen des Marktes unter kostengünstigen Gesichtspunkten gerecht werden konnten. Neben der Lagerung gewann dadurch die Kommissionierung und anschließende Verteilung der Waren an Bedeutung, wozu auch damals der Begriff »Verteiltechnik« eingeführt wurde.

Als Konsequenz entstand die neue Disziplin »Materialflusstechnik«, mit der mit technischen und organisatorischen Mitteln geeignete Gesamtsysteme für Produktion, Lagerung und Verteilung konzipiert werden sollten. Die anstehenden Aufgaben verlangten einen neuen Typ von multifunktionalen Planern, weshalb in dieser Zeit viele neutrale Planungsgesellschaften mit multidisziplinären Strukturen gegründet wurden. Diese Materialflusstechniker betrieben neben ihren Planungstätigkeiten zusammen mit Universitäten echte Grundlagenforschungen über Grundgesetze der Dimensionierung von Materialfluss-Systemen und Bestimmung ihrer Leistung sowie Planungssystematiken für Kommissionier-Systeme.

In den folgenden Jahren gab es einen regelrechten Boom bei automatisierten Hochregallagern und ihren angeschlossenen Materialflussanlagen als integrierte Einheiten in Produktions- und Handelsbetrieben. Die Ausweitung der Kommis-

8

BILD 8 *Blick in das Paletten- und Kommissionierlager*

BILD 9 *Sortieranlage für Kommissionierschalen*

sionier- und Verteilfunktionen verwandelte Lager in Distributionszentren. Besonders der Großhandel erkannte die Vorteile dieser Art von Zentren hinsichtlich Abwicklungskosten und Servicegrad. Durch viele spektakuläre Großprojekte mit richtungsweisenden technischen und organisatorischen Lösungen übernahm damit diese Handelsart eine wichtige Vorreiterrolle. Die Materialflusstechnik wurde in diesen Jahren auch dadurch stark geprägt, dass eine Reihe von neuen Materialfluss-Systemen zur Verfügung stand, wie Elektrohängebahnen, Fahrerlose Transportsysteme, Automatische Kleinteilelager und Langgutlager.

Die größten Veränderungen ergaben sich aber durch die Einflüsse aus den Bereichen der Elektrotechnik, Elektronik und Computertechnik. Besonders als 1972 der erste Mikroprozessor einsatzfähig war, konnte zu Recht vom Beginn **der dritten industriellen Revolution** gesprochen werden. Diese Mikroprozessortechniken wurden zuerst bei den automatischen Regalbediengeräten für die Funktionen von Steuerung, Positionierung und Datenübertragung sowie Störungsmeldungen eingesetzt. Anschließend wurde der Einsatz auf die dem Lager vor- und nachgeschalteten Systeme erweitert. Dabei übernahmen die Mikroprozessoren in den jeweiligen Bereichen die Steuerung und Überwachung sowohl des Material- als auch des Datenflusses. In dieser Zeit wurde auch das erste Lagerverwaltungssystem mit dem Prozessrechner PDP 11-40 von DEC realisiert und damit der Weg von der Lochkarte hin zu modernen Informatiksystemen für die Lagerverwaltung eingeleitet. Zusammenfassend können die **70er Jahre** als eine Zeitspanne mit großen Fortschritten für die Automatisierung der Materialflusstechnik betrachtet werden. Unterstützt wurde diese Entwicklung auch durch das gesamte Umfeld, bestehend aus Planern, Herstellern und Betreibern, deren Einstellung zu möglichst weit reichender Automatisierung sehr positiv war.

ZENTRALLAGER DER ADOLF WÜRTH GMBH & CO. KG IN KÜNZELSAU

Die dominierende Stellung von Würth unter den Anbietern im Bereich Befestigungstechnik gab Mitte der **70er Jahre** den Ausschlag zum Bau eines neuen Vertriebszentrums. Bei der Planung und Realisierung stand die ganzheitliche Betrachtung mit der Symbiose Mensch – Technik – IT im Vordergrund, die in dem technikgetriebenen Jahrzehnt einmalig war. Der entscheidende Vorteil bei der Lösung ist, eine maximale Flexibilität bei höchster Effizienz zu erreichen. Die Technologie wurde zur Grundlage einer sinnvollen Arbeitsteilung zwischen Mensch und unterstützender Technik, die den Würth Kunden auf Jahre hinaus einen Servicevorsprung im Vergleich zu anderen Unternehmen sicherte. Ein Novum war die durchgängige IT-Steuerung des Logistikzentrums vom Wareneingang über Verwiegerei und Einlagerung bis zum Warenausgang. An den Verwiege- und Zählautomaten wurden entsprechend der Systemvorgaben verkaufsfertige Würth Verpackungseinheiten hergestellt und zur Einlagerung überstellt.

ENTWICKLUNG DER TECHNISCHEN LOGISTIK

1980 BIS 1989

BARCODE
SCANNER
SORTIERANLAGEN
KOMMISSIONIERAUTOMATEN
MOBILE TERMINALS
PICK-BY-LIGHT
LAGERVERWALTUNG (PC)
CAD-SYSTEME
SIMULATIONSSYSTEME

Die allgemeine Marktsituation und der Einfluss japanischer Produktionsmethoden bewirkten, dass Anfang der **80er Jahre** von der Fertigung mehr Flexibilität mit dem Ziel kleinster Losgrößen bei reduzierten Kosten verlangt wurde. Im Fertigungsbereich selbst wurden dazu Fertigungszellen mit flexiblen NC-gesteuerten Maschinen eingerichtet und die Ver- und Entsorgung übernahmen klassische automatische Materialfluss- und Handling-Systeme. Zusätzlich richtete sich das Blickfeld der Planer auf den gesamten Prozess, und zwar sowohl auf die innerbetrieblichen als auch die firmenübergreifenden Abläufe. Das war der Start für eine so genannte **Just-in-time**-Organisation. Damit sollte durch eine mehr bedarfs- und zeitgerechte Fertigung und Lieferung das Optimum für die gesamte Prozesskette erreicht werden. Die weit reichenden Veränderungen in der Betrachtungsweise waren eigentlich der Auslöser, dass sich in Ergänzung zur Materialflusstechnik die Logistik als Querschnittsfunktion zwischen Beschaffung, Produktion und Vertrieb mehr und mehr durchsetzte. Diese Organisation benötigte besonders für die Produktionsplanung und -steuerung sowie für die Zusammenarbeit mit den Partnern neue IT-Systeme und Kommunikationstechniken. Es wurden deshalb Systeme für den elektronischen Datenaustausch (EDI) eingeführt und Standards für die auszutauschenden Informationen (EDIFACT) festgelegt. Die Automobilindustrie war wieder einmal Vorreiter und gründete dazu eine europäische Normen-Organisation (ODETTE), mit der entscheidende Regelungen für den europäischen Warenaustausch vereinbart wurden. Ein Vorteil war dabei, dass zu diesem Zeitpunkt die Identifikation mit Bar-

BILD 10   Das Warenverteilzentrum in Unna in der Endausbaustufe

BILD 11   Flexible Lager-, Kommissionier- und Transporttechniken

11

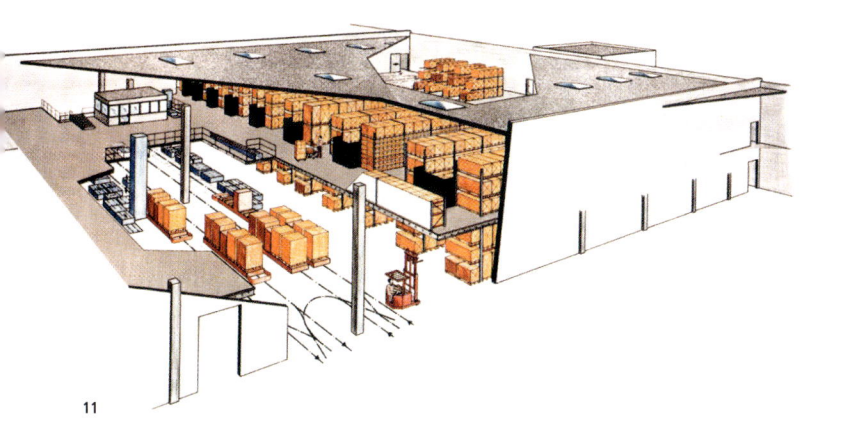

code-Etiketten und deren Abfrage per Scanner-Lesegeräte reif für den industriellen Einsatz war. So entstand der heute noch existierende VDA-Beleg, der alle Informationen über Artikel, Lieferant und Abnehmer in einem einheitlichen Format enthält. Die Forderung nach einer sicheren Verknüpfung von Waren- und Informationsfluss konnte so auf einfache Weise sichergestellt werden. Überhaupt kann die Einführung der Barcode-Systeme als ein **Meilenstein der 80er Jahre-Dekade** angesehen werden. Nach und nach wurden alle Handels- und Versandartikel mit diesen Barcodes versehen. Damit waren die Artikel vom Lieferanten bis zum Endkunden immer elektronisch identifizierbar. Ein großer Leistungssprung konnte in vielen Bereichen der Warenverteiltechnik, insbesondere bei Sortieranlagen, erzielt werden, da die manuelle durch eine automatische Identifizierung ersetzt werden konnte. Durch die Steigerung der Sortierleistungen wurden die hohen Investitionen für die verschiedenen Sortertypen wirtschaftlich vertretbar. Ein regelrechter Boom mit Einsatz in vielen Branchen war die Folge.

An die Kommissionierung wurden weiterhin hohe Forderungen wegen kürzerer und flexiblerer Lieferzeiten sowie Nullfehler-Lieferungen gestellt. Neue Verfahren, wie die Beleglose Kommissionierung durch Mobile Terminals und Pick-by-light-Anlagen, waren dazu eine Lösung. Falschlieferungen wurden erstmalig durch automatische Kontrollen der Versandeinheiten mit elektronischen Waagen vermieden. Aber auch die Automatisierung wurde besonders für Pharma-Artikel vorangetrieben. Automaten für die Kommissionierung kleiner Schachteln wurden aus den USA importiert, waren aber anfänglich noch zu teuer. Sie wurden bald von europäischen Fachfirmen preiswerter konzipiert, so dass viele Anwendungen im Großhandel für Pharma-, Kosmetik-, Tabak- und Tonträgerartikel möglich wurden.

Eine wichtige Phase wurde Mitte der **80er Jahre** durch die Möglichkeiten der immer leistungsfähigeren Personal-Computer eingeleitet. Im Lagerbetrieb waren das die ersten Anwendungen als Lagerverwaltungsrechner. In der Planung war es die Unterstützung für Berechnungen, Auswertungen, Zeichnungen (CAD) und Simulationen.

Nach dem Großhandel folgte Mitte der **80er Jahre** der Einzelhandel, besonders die Kaufhaus-Konzerne und Supermarkt-Ketten, mit der Rationalisierung seiner gesamten Logistik. Die Situation war bei allen durch dezentrale Strukturen mit vielen unrationellen Lagerbereichen geprägt. Das Ergebnis systematischer Planungen war eine starke Zentralisierung von Beschaffung und Lagerung für Standard- und Aktionswaren sowie einiger Regionallager für Modeartikel. Die Folge waren bedeutende Investitionen in Lager- und Kommissionierzentren.

ZENTRALE WARENVERSORGUNG FÜR KARSTADT-FILIALEN Mitte der **80er Jahre** plante die Karstadt AG ein integriertes logistisches Gesamtkonzept für ihre so genannte Stapelware mit dem Ziel, die damals 80 dezentralen Lager durch eine zentrale Versorgungsorganisation zu ersetzen. Das Herzstück dieses Konzeptes war das neue Warenverteilzentrum Unna, das im April 1988 in Betrieb genommen wurde. Modernste Warenwirtschafts-, Verwaltungs- und Steuerungstechnologien und ausgewogene manuelle und automatische Lager-, Kommissionier- und Transport-Systeme sorgten dafür, dass die Waren in verkaufsfertiger Aufmachung binnen 40 Stunden in die 182 Verkaufshäuser des Konzerns gelangten. Über 50 Prozent der Auslieferungen erfolgte per Bahn, was neben der Reduzierung der Transportkosten auch ein bedeutender Beitrag zur Entlastung des Straßenverkehrs war. In den Folgejahren wurde der Standort nach dem ursprünglichen Generalbebauungsplan sukzessive vollständig ausgebaut.

1990 BIS 1999

KOMMISSIONIERROBOTER
DATENNETZWERKE/BUS-SYSTEME
LOGISTIK-LEITSTÄNDE
LAGERVERWALTUNG (STANDARD-SOFTWARE)
ANIMATIONSSYSTEME

Die guten Anfangserfolge mit der Abkehr von taylorschen, verrichtungsorientierten Betrachtungen zu Prozessorganisationen führten dazu, dass weitere Optimierungen unter dem Stichwort »Lean Production« innerhalb der gesamten Wertschöpfungsketten gesucht wurden. Dabei entstanden durch die fortschreitende Globalisierung viele internationale Fusionen sowie horizontale und vertikale Kooperationen. Die Logistik spielte dabei eine zentrale Rolle. Für die Produktion und die Distribution bedeutete dies eine komplette Überarbeitung der Strukturen hinsichtlich Standorten und Partnerschaften. In der Distribution verursachte dies in allen Branchen eine Zentralisierungswelle mit bedeutenden Projekten für europäische und auch globale Distributionszentren. Hervorzuheben sind die Zentralisierungsmaßnahmen bei der Ersatzteillogistik, und hier besonders in der Automobilindustrie. In Deutschland gab es Anfang der **90er Jahre**, bedingt durch die Wiedervereinigung, für die Logistikbranche einen Sondereinfluss. Der Aufbau der Wirtschaft und besonders der Warenverteilung in den neuen Bundesländern erforderte viele Investitionen, speziell in die Logistik. Äußerliche Zeichen dieser Phase sind die zahlreichen Logistikzentren, die durch ihr kompaktes Erscheinungsbild und ihre zentralen Standorte überall ins Auge fallen.

Es gab zu dieser Zeit eine weitere Tendenz mit direktem Einfluss auf die Logistik, und zwar die Rückbesinnung der Unternehmen auf ihre Kernkompetenz. Das Ergebnis war das verstärkte Auslagern von Logistikleistungen unter dem Oberbegriff »Outsourcing«. Die gesamte Situation begünstigte die Entwicklung der ehemaligen Spediteure zu Logistikdienstleistern als kompetente Partner für das komplette Leistungs-Spektrum bei der Warenverteilung. International operierende Organisationen wurden zur Bewältigung dieser Aufgaben in allen Ländern gegründet. Diese Umorientierung war für die Logistikbranche und ihre Lieferanten auch wieder interessant, da viele Investitionen in Logistikzentren getätigt wurden.

Bei den physischen Logistiksystemen lagen die Schwerpunkte auf der Weiterentwicklung bei Kleinteilelagern mit leichteren und schnelleren Geräten sowie leistungsfähigeren Lastaufnahmemitteln. Mit diesen Maßnahmen konnten erhebliche Steigerungen der Ein- und Auslagerungsleistungen erreicht werden. Die Fahrerlosen Transportsysteme eroberten nach vorherigen Rückschlägen einen stabilen Marktanteil im innerbetrieblichen Transport und bei Einsätzen in der Produktion, nicht zuletzt durch flexiblere Techniken für die Fahrkurssteuerung und »Low cost«-Systeme für einfache Anwendungen. Die Sortierförderer erlebten durch die veränderten Sendungsstrukturen, steigende Sendungsanzahl mit kleineren Mengen, einen weiteren Aufschwung.

BILD 12 *Teilansicht des Warenausgangs*

BILD 13 *Leitstand für die zentrale Steuerung*

Bei der Kommissionierung wurde immer wieder versucht, die Automatisierung durch Robotertechniken voranzutreiben. Trotz spektakulärer Erfolge in Einzelfällen beschränkte sich aus technischen und wirtschaftlichen Gründen der Einsatz auf einige spezielle Anwendungen.

Bemerkenswerte technologische Entwicklungen gab es bei der datentechnischen Vernetzung von Geräten, wie Computer, Drucker und Terminals mit Datennetzwerken auf der Basis von Ethernet. Interessant war auch die Einführung von Bus-Systemen, mit denen bei weitläufigen Materialflussanlagen durch deren Ring- oder Stern-Topologie der Installationsaufwand verringert und Inbetriebnahmen sowie Störungsbeseitigungen vereinfacht werden konnten.

Eine weitere Nutzung der inzwischen vorhandenen informationstechnischen Möglichkeiten waren Logistikleitstände, wie sie in der Produktion schon länger üblich waren, um die Betriebszustände der Logistikbereiche auf einem Bildschirm darzustellen. Damit konnten alle Abläufe im Betrieb besser geplant, gesteuert und kontrolliert werden. Die damaligen Lagerverwaltungssysteme waren hauptsächlich mit Individual-Software ausgestattet. Durch die steigenden Anforderungen gab es immer mehr Projekte mit erheblichen Anlaufschwierigkeiten. Das war der Anlass zu versuchen, möglichst standardisierte Software einzusetzen. Diese Tendenz verstärkte sich, als SAP, eines der weltweit größten Softwarehäuser, ihre Standardsoftware auch auf das Thema »Lagertechnik« ausweitete. Die Überprüfung von Planungen für Logistiksysteme durch Simulation nahm durch leichter zu bedienende Tools erheblich zu. Dabei konnten auch interessante Fortschritte zur besseren Visualisierung der Ergebnisse mit 2D- und teilweise auch 3D-Animationen erzielt werden.

Die **90er Jahre** sind auch dadurch geprägt, dass bei einigen Materialflussanlagen nach über 20 Betriebsjahren erstmalig verschiedene Einrichtungen ausgewechselt werden mussten. Solche Sanierungen konnten aber vorteilhaft genutzt werden, um durch die Modernisierung mit neuester Technik sowie Migrationen in Prozess- und Verwaltungsbereichen die Leistungen und Verfügbarkeiten zu steigern.

EFFIZIENTE ERSATZTEILLOGISTIK Am 27. September 1991 hat die damalige Mercedes Benz AG ihr neues Zentrales Versorgungslager (ZVL) auf der »Insel Grün« in Germersheim offiziell in Betrieb genommen. Erstmalig konnte dadurch für die rund 300.000 Ersatz- und Zubehörteile der gesamten Fahrzeugpalette des Konzerns, vom PKW bis zum Bus und vom Lieferwagen bis zum schweren LKW, eine zentrale Lagerung und Distribution realisiert werden. Dieses Lager mit seiner überbauten Fläche von 143.000 Quadratmetern und modernsten Materialfluss-Systemen war die Basis für die phasenweise Realisierung eines international organisierten dreistufigen Netzwerks für die gesamte operative und globale Ersatzteillogistik des Konzerns. Dieses Netzwerk wurde anschließend in mehreren Reorganisationsstufen den sich wandelnden Anforderungen der Märkte, dem Wegfall von Handelshürden und besonders den Veränderungen durch neue Produkte, wie dem Smart, und noch wesentlich gravierender durch die Fusion mit Chrysler, angepasst.

2000 BIS 2007

INTERNET
PICK-BY-VOICE
WIRELESS LAN
RFID
DIGITALE FABRIK

Die Globalisierung war auch Anfang des neuen Jahrtausends ein Megatrend in Industrie und Handel, um Kosten zu reduzieren und den Service zu verbessern. Die Logistik hatte dabei die Aufgabe, die Wertschöpfungsketten der verschiedenen Partner zu globalen Netzwerken zu integrieren. Der Aufbau, seine Optimierung und die anschließenden betrieblichen Aktivitäten liefen unter dem Schlagwort **Supply Chain Management**. Dabei war es sehr vorteilhaft, dass zu diesem Zeitpunkt die IT-Systeme hinsichtlich Kapazität, Flexibilität und Vernetzungsfähigkeit sowie Software-Pakete (MRP, ERP, APS) so weit entwickelt waren, dass die benötigten Daten bei den Partnern effizient erfasst, verarbeitet und weitergeleitet werden konnten. Hilfreich waren bei der Planung und Realisierung solch eines **Supply Chain Management** auch Referenzmodelle wie SCOR (Supply Chain Operational Reference Model), die eine einheitliche Beschreibung, Bewertung und Analyse von Lieferketten enthielten. Ein wesentliches Ziel waren in diesem Zusammenhang die Bestandsoptimierungen in der Kette durch das **Pull-Prinzip** und die Ausweitung der Belieferung von Großabnehmern nach **Just-in-time**- und **Just-in-sequence**-Organisationen. Dazu waren wieder neue Logistikzentren erforderlich, die in der Regel von Logistikdienstleistern realisiert und betrieben wurden. Auch die Entstehung von Industrieparks in unmittelbarer Nähe dieser Abnehmer wurde durch diese Politik gefördert.

Eine große Unterstützung für die inhaltliche Weiterentwicklung waren neue Technologien wie das Internet. Dazu gehörte auch die Schaffung von offenen Plattformen, den so genannten Portalen, über die die unterschiedlichsten geschäftlichen Aktivitäten schneller, sicherer und einfacher abgewickelt werden konnten. Ein weiterer bedeutender Fortschritt war für alle Beteiligten E-Commerce, der Handel über das Internet, und zwar zwischen Unternehmen (B2B), zwischen Privatpersonen und Unternehmen (B2C) sowie nur zwischen Privatpersonen (C2C). Einer der ersten bedeutenden Internet-Händler war Amazon, der dank modernster Kommunikationstechniken per Satellit ein globales IT-Netzwerk mit der Zentrale in USA und den weltweit verteilten Filialen mustergültig organisiert hat. Amazon investierte beim Aufbau seiner E-Logistik in viele Logistikzentren, die alle mit umfangreichen Materialfluss-Systemen bestückt wurden. Ansonsten blieb der erwartete Boom von Projekten für E-Logistik aus. Die etablierten Unternehmen nahmen das Internet nur als eine andere Form der Auftragsannahme wahr und lieferten über ihre vorhandenen Anlagen aus. Mit Internet konnten neue Verkaufsmodelle, wie »Built-to-order«, hervorragend entwickelt werden, was der Computerhersteller Dell am besten demonstriert hat. Auch die Optimierung des gesamten Netzwerkes von Beschaffung, Montage und Distribution einschließlich der administrativen Abläufe konnte mit dieser webbasierten Organisation einfach erreicht werden. Für die **Technische Logistik** hatten diese Entwicklungen hauptsächlich Einfluss auf Steuerungs- und Vernetzungsstrukturen.

In der Kommissionierung erlangte das System »Pick-by-voice« die nötige Reife, um bei bestimmten Artikel- und Auftragsstrukturen höhere Pickleistungen bei geringeren Fehlerquoten zu erzielen.

BILD 14 Innenansicht des Versandbereichs

BILD 15 Außenansicht des Hochregallagers

Das Wireless LAN, eine Technologie zur drahtlosen Vernetzung von IT- und Kommunikations-Systemen, konnte auch für Logistik-relevante Anwendungen eingesetzt werden, zum Beispiel bei der Steuerung von **Fahrerlosen Transportsystemen** und dem Dialog mit **Mobilen Terminals** in Montagewerken und Distributionszentren.

Die größte Innovation war in dieser Zeit sicher der Einsatz der neuen Identifikationstechnik **RFID** (Radio Frequency Identification Device). Mit dieser Technologie konnten erstmalig Güter, Förder- und Transportmittel mit Informationsträgern versehen werden, die wesentlich umfangreichere Funktionen als das Barcode-Etikett erfüllten. Es wird jedoch noch einige Zeit vergehen, bis Funktions- und Betriebssicherheit sowie besonders die Kosten den Anforderungen genügen. Aber dann werden sich viele Anwendungen im weiten Bereich der Logistik ergeben. Bei der Planung von Logistiksystemen sind seit 2000 unter dem Stichwort **Digitale Fabrik** neue Methoden auf dem Vormarsch, mit denen durch **Virtual Reality**-Konzepte im Planungsstadium besser abgesichert und präsentiert werden können.

EINE NEUE LOGISTIKWELT Bei Tchibo ist die Logistik mit dem Marketing verzahnt. Das Unternehmen überrascht seine Kunden in ganz Europa in über 54.000 Läden und Verkaufsstellen im Wochenrhythmus mit neuen Erlebniswelten und gefragten Produkten zu einem attraktiven Preis-Leistungsverhältnis. Dies ist nur durch ein ausgeklügeltes Logistiksystem möglich: Zunächst gelangen die Waren nach Bremen in Europas größtes Hochregallager, das als zentrale Drehscheibe für alle Artikel gilt. Von dort aus geht es weiter zu den acht regionalen Distributionszentren (DCs), die für die Kommissionierung der Outlet-Aufträge und die anschließende Distribution zum POS (Point of Sale) verantwortlich sind. Das 2005 in Betrieb genommene DC Neumarkt beliefert mit Hilfe von hochmoderner Kommissioniertechnik sowohl Tchibo-eigene Filialen als auch den stationären Lebensmitteleinzelhandel. Ob Schmuck, Mikrowellen oder Fahrräder, der wöchentliche Sortimentswechsel erfordert auch eine wöchentlich angepasste Distributionslogistik.

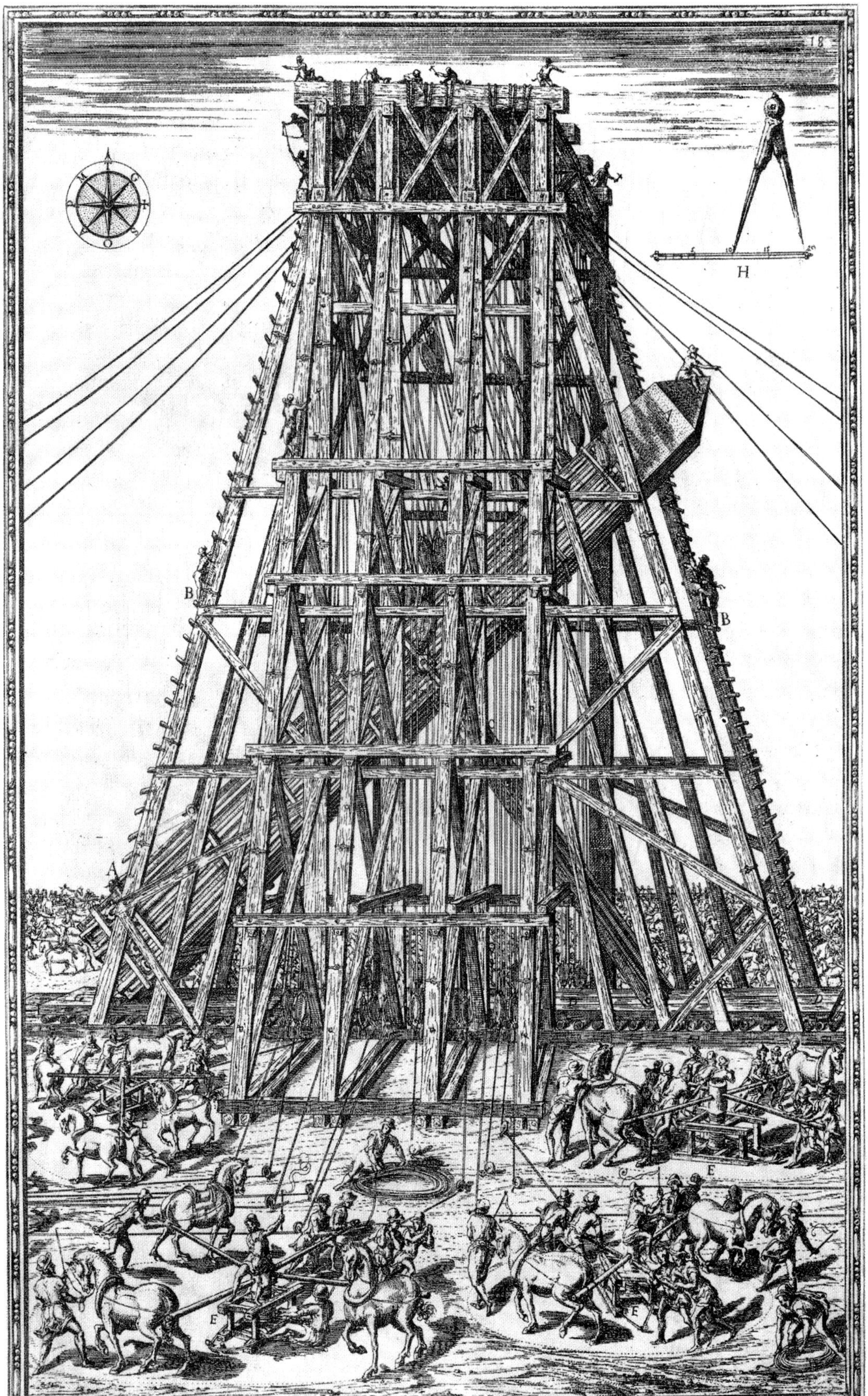
18
H
B
B
A
E
E
E

Teil B
Fördermittel und Technologien der Logistik

TRANSPORT- UND LADEHILFSMITTEL

16

TRANSPORT- UND LADEHILFSMITTEL

Auf dem altägyptischen Relief ist erkennbar, dass schon damals versucht wurde, unterschiedliche Güter mit Hilfsmitteln wie Plattformen oder Traggestellen einfacher zu befördern. Auch wenn damit die »Urpalette« entstanden war, setzte sich danach über die ganzen Jahrhunderte die Mehrzahl der Transporte noch aus reinen Stückgütern wie Ballen, Säcken, Kisten und Tonnen zusammen. Transportiert wurde mit unterschiedlichen Arten von Wagen und Karren. Das Umladen, zum Beispiel auf Schiffe, erfolgte direkt durch Lastenträger oder mit Hilfe von Seilgeschirren und Hebezeugen wie Verladewippen oder Tretradkranen. Diese Arbeiten waren mühsam, unfallträchtig und sehr zeitaufwändig.

Eine entscheidende Änderung dieser Situation trat erst ein, als bei den letzten bedeutenden Kriegen der Neuzeit, und zwar dem Zweiten Weltkrieg und später dem Korea-Krieg, sehr große Materialmengen in kurzen Zeitspannen verladen und transportiert werden mussten. Das konnte nur mit geschlossenen Ladeeinheiten für Transport und Lagerung mit neuen Formen von Paletten als Lade- und Transporthilfsmittel und natürlich geeigneten und leistungsfähigen Bediengeräten, wie insbesondere Staplern, bewältigt werden.

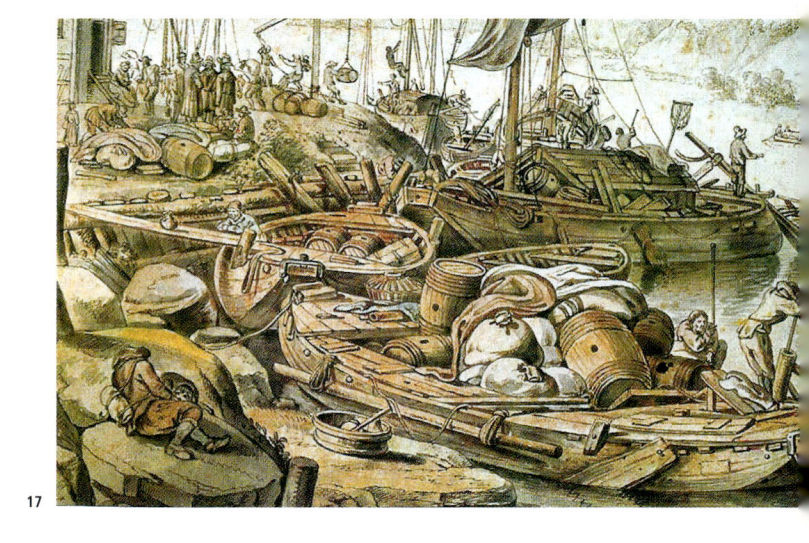

BILD 16 *Platte als Hilfsmittel zum Tragen von Lasten (Teilansicht eines ägyptischen Reliefs)*

BILD 17 *Transportgüter im Mittelalter*

BILD 18 *Gabelstapler für Palettentransport*

BILD 19 *Vierwege-Flachpalette aus Holz nach DIN 15146
(Europäische Tauschpalette, kurz Euro-Palette, 800 x 1.200 mm)*

Die wirkliche Revolution des ganzen Lade-, Transport- und Lagergeschäftes entstand aber Ende der **50er Jahre** durch westeuropäische Organisationen und Fachverbände des Transport- und Lagerwesens mit der Schaffung einer genormten Standardpalette: der **Euro-Palette**. Der stark wachsende Güterverkehr und die positiven Erfahrungen der Europäer mit Standardisierungsmaßnahmen waren Triebfeder und Gründe für diese epochale Entscheidung zur Optimierung der inner- und zwischenbetrieblichen Transportketten. Als Folge dieser Festlegung auf die **Euro-Palette** kam es zur Gründung des Europäischen Paletten-Pools. Damit lag für die Wirtschaftsunternehmen aus Industrie, Handel und Dienstleistung in Europa eine klare Konzeption für Gestaltung und Organisation des gesamten Warenverkehrs vor. Sie war auch eine gesicherte Basis für eine erfolgreiche Weiterentwicklung aller betroffenen Bereiche, Funktionen und Techniken mit diesem Palettentyp als zentralem Ladehilfsmittel. Dazu gehörte als eine weitere wichtige Maßnahme die Vereinheitlichung von Sammel- und Einzelpackungen passend zu dieser Tauschpalette mit der Abmessung 800 x 1.200 Millimeter. Dafür wurden Modulreihen als Empfehlung entworfen mit dem Ziel der vollen Ausnutzung der Palettenfläche. Ebenso profitierten alle zur Realisierung des Warenverkehrs erforderlichen Einrichtungen, Geräte und Betriebsmittel von dieser Standardisierung.

Der wachsende Bedarf an Ladehilfsmitteln und die ständige Ausweitung ihrer Einsatzbereiche führte auf dieser genormten Grundlage zur Entwicklung einer breiten Produktpalette, bestehend aus Grundformen wie Paletten, Behälter, Gitterboxen, Rollboxen und -Container und Stapelgestelle inklusive Rungen. Erweitert wurde dieses Programm noch um viele Zubehörteile wie Ein- und Ansteckbügel, Aufsatz- und Ansteckrahmen, Klappwände und -boden sowie Spezialgeräte wie Bühnen für Wartungs- und Montagearbeiten. Diese Vielzahl von genormten und standardisierten Ladehilfsmitteln erleichterte auch die fortschreitende Mechanisierung und Automatisierung des kompletten Materialflusses und der verschiedenen Lagerungsformen. Das betrifft speziell die Geräte zur Aufnahme der Ladehilfsmittel wie Zinken, Gabeln und Teleskopeinrichtungen. Allerdings muss dabei die Maßhaltigkeit vom Ladehilfsmittel und der Ladung immer gewährleistet sein. Nach den ersten negativen Erfahrungen wurde die Einführung von Prüfeinrichtungen für Maße und auch Gewichte speziell für automatisierte Lageranlagen zwingend erforderlich. Außerdem wurden aus diesem Grunde Methoden der Ladungssicherung mit Schrumpffolien und Umreifungen entwickelt.

BILD 20 Standardisiertes Programm von Paletten, Boxen und Rollcontainern incl. Zubehörteilen

BILD 21 Stapelbilder für die Euro-Palette

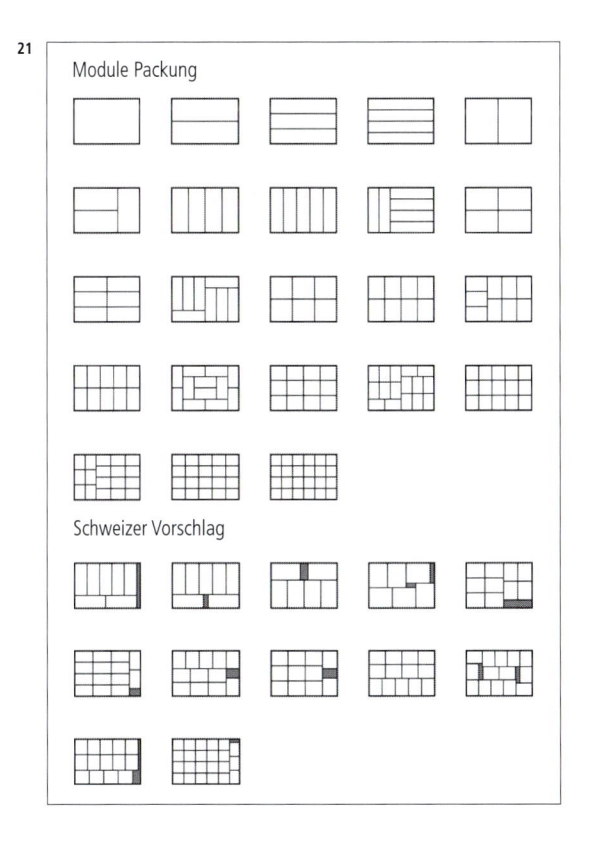

Der außerordentliche Erfolg mit dem standardisierten und genormten Palettenprogramm führte dazu, dass praktisch für fast alle Arten von Transport- und Lagergütern eine große Auswahl von geeigneten Hilfsmitteln zur Bildung von uniformen logistischen Einheiten im Laufe der Zeit entstanden ist. Bei der Konzipierung dieser unterschiedlichen Transport-, Lager- und Ladehilfsmittel wurde immer ein hoher Grad an Standardisierung angestrebt. Dabei wurde auch bei der Bildung von Modulreihen so weit wie möglich Bezug auf die Abmessungen der Standardpaletten genommen.

Diese Entwicklungen wurden zusätzlich durch die Entstehung weiterer Tausch- und Mietorganisationen stark gefördert, die ähnlich wie bei der **Euro-Palette** auch für andere Hilfsmittel immer mehr an Bedeutung gewannen. Dabei spielten Rationalisierungsbestrebungen zwecks Kostenreduzierungen, aber besonders auch Gründe des Umweltschutzes eine bedeutende Rolle bei der Einführung dieser Mehrweglogistik.

Innerhalb der Produktionsbetriebe entstand zuerst der Bedarf, die produzierten Teile in geeigneten Kästen, anfangs noch aus Stahlblech, zwischenzupuffern und damit anschließend effizienter transportieren und lagern zu können. Das ständig zunehmende Volumen an Kleinteilen sowie der Trend zur verstärkten Mechanisierung und Automatisierung im gesamten Material- und Güterfluss führten zur Entwicklung eines neuen Behältertyps, der diesen neuen Anforderungen hinsichtlich Abmessungen, Eigenschaften und erforderlichen Funktionalitäten gerecht wurde. Das war der VDA-Behälter aus Kunststoff mit seinen modular auf die Euro-Palette abgestimmten Grundmaßen (600 x 400 und später auch 400 x 300 Millimeter). Dieser Behälter konnte sich, ähnlich wie vorher die Standard-Palette, europaweit durchsetzen, da die mit seinem Entwurf befassten Arbeitsgruppen ein den Bedürfnissen gut angepasstes Konzept ausgearbeitet hatten.

BILD 22 *Eine der ersten Einrichtungen zur Prüfung von Paletten und ihrer Ladung vor der automatischen Einlagerung (Demag, 1968)*

BILD 23 *Schlechte Palettenladung durch mangelhafte Verbundstapelung*

BILD 24 *Unterschiedliche Gruppen von Transport- und Ladehilfsmitteln*

BILD 25 *Kleinbehälter für manuelle und automatische Einsätze*

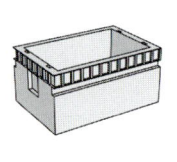

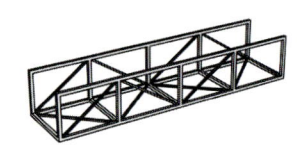

| Kleinbehälter | Paletten | Gitterboxen | Langgut-Kassetten | Großcontainer |

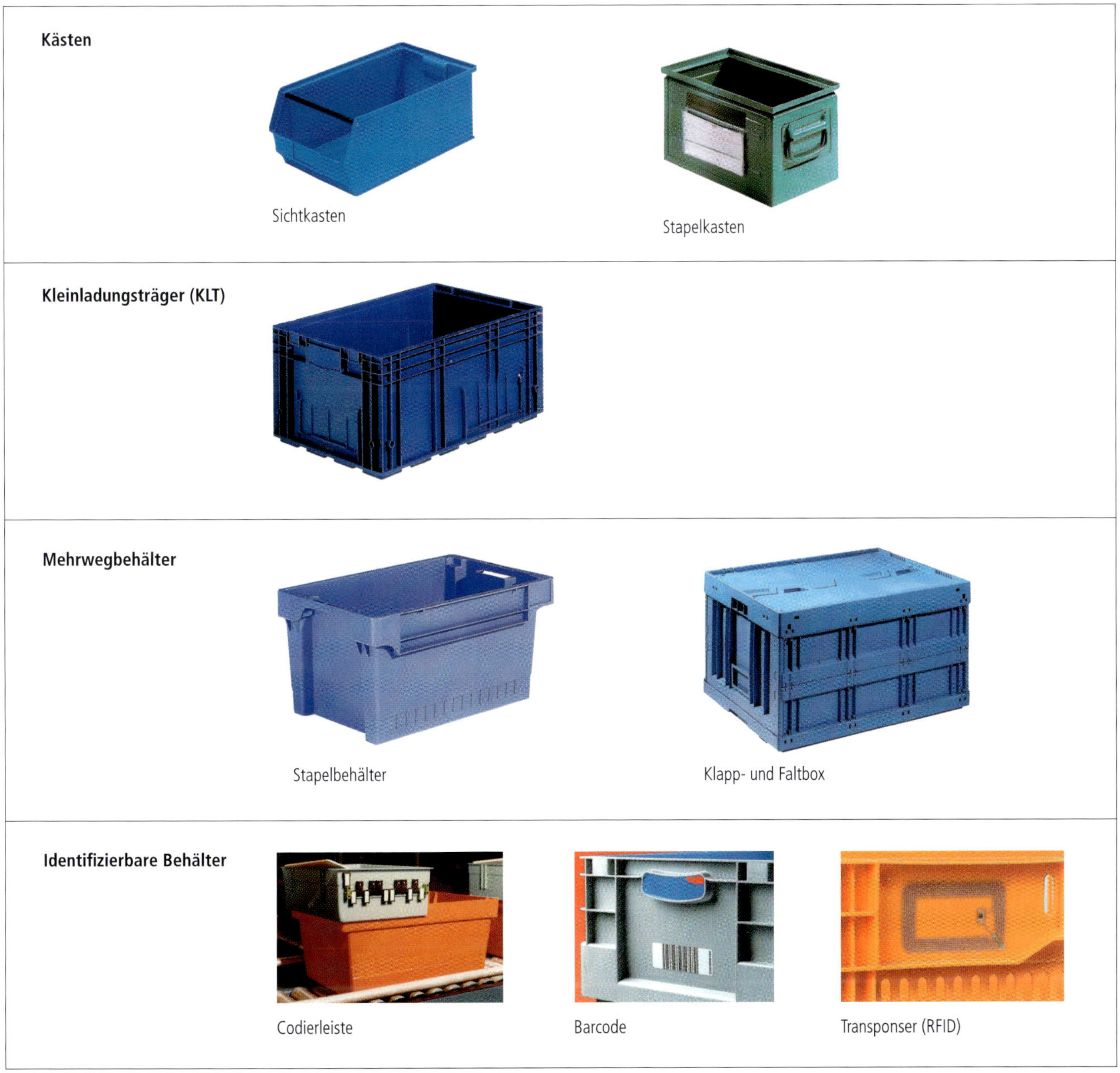

Kästen	Sichtkasten	Stapelkasten
Kleinladungsträger (KLT)		
Mehrwegbehälter	Stapelbehälter	Klapp- und Faltbox
Identifizierbare Behälter	Codierleiste	Barcode / Transponser (RFID)

25

Die nächsten Entwicklungen innerhalb der Produktfamilie der Kleinbehälter wurden wesentlich beeinflusst von den sich immer mehr ausbreitenden Konzepten und Systemen der neuzeitlichen Logistik und mit diesem Hilfsmittel als zentralem Logistikelement. Die Anforderungen an diese Hilfsmittel in den einzelnen Branchen und den Bereichen ihrer Unternehmen unterscheiden sich sehr stark, wodurch auch die Zahl weiterer Behältersysteme, wie zum Beispiel Stapel- und Drehstapelbehälter, Klapp- und Faltboxen, erheblich zugenommen hat. Inzwischen werden viele dieser Typen als Mehrwegbehälter eingesetzt und von Dienstleistungsunternehmen aus Poolsystemen zur Verfügung gestellt. Damit diese Mehrweglogistik funktioniert, ist allerdings ein professionelles Behältermanagement bei den Partnern notwendig. Die wachsende Bedeutung des Informationsflusses und seiner Verfolgung durch Steuerungs- und IT-Systeme sowohl in manuellen wie besonders in automatisierten Logistikanlagen machte es erforderlich, dass auch die Behälter mit entsprechenden Einrichtungen wie Etikettentaschen und -haltern, Codierleisten, Barcodes oder Transpondern (RFID) ausgerüstet wurden.

Langgut unterscheidet sich wesentlich von anderen Stückgütern, wie beispielsweise Paletten. Besonders die höheren Gewichte und größeren Abmessungen sowie ihre Instabilität und die sich daraus ergebenden Stapelprobleme erschweren ihre Handhabung in Produktions- und Lagerbetrieben. Deshalb wurden verschiedene Hilfsmittel wie Rungenpalette, Stapeljoch und Kassetten eingeführt. Damit können für das Bedienungspersonal große Arbeitserleichterungen, hohe Leistungssteigerungen und auch eine Reduzierung von Unfallrisiken erreicht werden. Obwohl dafür teilweise hohe Investitionen erforderlich sind, erzielt man mit diesen Maßnahmen interessante Rationalisierungseffekte.

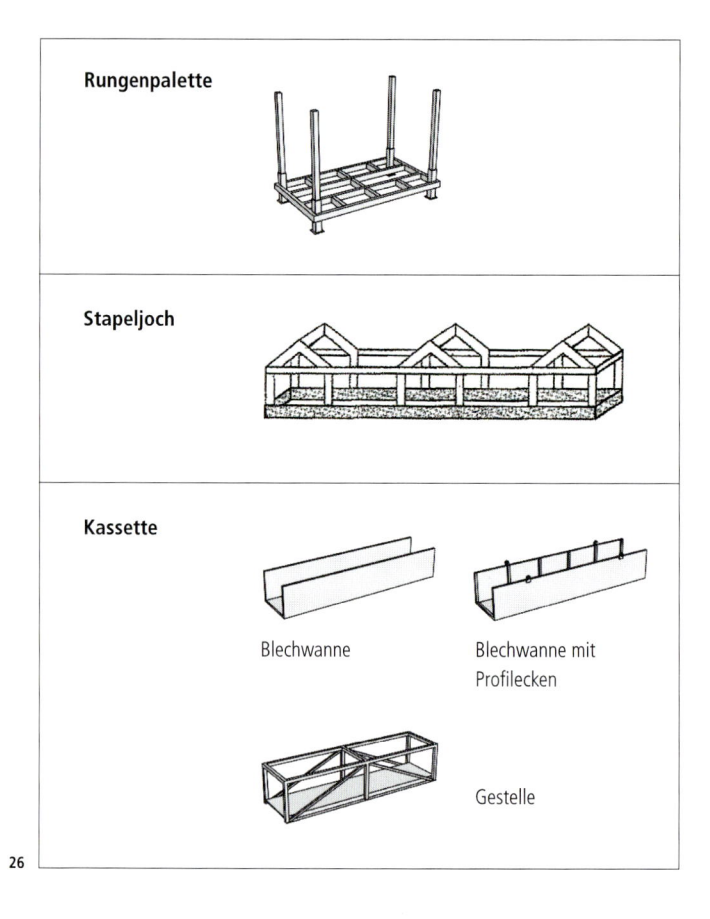

Rungenpalette

Stapeljoch

Kassette

Blechwanne

Blechwanne mit Profilecken

Gestelle

BILD 26 *Übersicht über Ladehilfsmittel für Langgut*

BILD 27 *Großbehälter in Form einer Wechselbrücke*

BILD 28 *Großbehälter in Form eines Containers*

Zur Rationalisierung des Umschlages zwischen LKW/Bahn/Schiff und zum Schutz gegen Transportschäden durch Stoß und Feuchtigkeit wurde in den **50er Jahren** in den USA von dem Spediteur Malcolm P. McLean ein Großbehälter, der Container, entwickelt und im nordamerikanischen Raum erfolgreich eingeführt. Die Aufnahme des Frachtverkehrs mit diesem Container über den Atlantik im Jahre 1966 revolutionierte die gesamte internationale Logistik, ähnlich wie vorher die Einführung der Standardpaletten. Heute steht ein komplettes Programm von genormten Containern für die unterschiedlichen Transportaufgaben zur Verfügung:

- Überseecontainer (ISO-Norm): 20, 30 und 40 Fuß.
- Binnencontainer (Euro-Norm): B12, B9 und B6
- Wechselbrücke

Trotz gewisser Maßabweichungen bei diesen Container-Typen ist es gelungen, die Eckpunkte in Form, Abmessung und Lage einheitlich zu gestalten, so dass der Umschlag auch mit den gleichen Hebezeugen und Spreadern erfolgen kann.

Die Wechselbrücke mit ihrem Aufbau hat sich inzwischen bei Logistikzentren als ein sehr effizienter Großbehälter sowohl für anzuliefernde Nachschubware wie für auszuliefernde Versandaufträge herausgestellt. Ihre einklappbaren Stützbeine bieten einerseits eine einfache Möglichkeit der Zwischenpufferung vor der Abfertigung, beziehungsweise dem Abtransport und andererseits eine Be- und Entladung sowohl ebenerdig wie auf Rampenhöhe. Eine Steigerung des »Kombinierten Verkehrs« mit dem Ziel der Optimierung der Verkehrsströme und der Entlastung des Straßenverkehrs wäre ohne diesen Großbehälter gar nicht denkbar.

HEBEZEUGE

Die begrenzte Leistungsfähigkeit des Menschen hinsichtlich Kraft und Ausdauer führte schon im frühen Altertum vor cirka 5000 Jahren zu Versuchen, leistungssteigernde Einrichtungen zu entwickeln. Dabei kann das reine Heben von Lasten vielleicht als Ursprung der späteren Fördertechnik angesehen werden. Schon in dieser Zeit erkannte man, dass eine Last leichter zu heben ist, wenn sie an einem Seil befestigt wird, das über einen festen Punkt, zum Beispiel einen Ast oder Stein, geführt wird.

Eine weitere Erleichterung ergab sich durch eine drehbare Rolle. Diese Kombination von Seil und Rolle ist bereits auf einem assyrischen Relief um 970 v. Chr. dargestellt. Da damals auch schon der Hebel als kraftminderndes Prinzip bekannt war, folgte logischerweise bald die Anwendung in Form eines Haspels.

Eine geniale Weiterentwicklung gelang um 260 v. Chr. offensichtlich Archimedes von Syrakus mit der Einführung von Mehrfachrollen zur Verminderung der aufzuwendenden Hubkraft. Mit dieser Kombination von festen und losen Rollen, wie sie nach arabischen Darstellungen und Texten von Vitruv sowie Heron von Alexandrien ausgesehen haben könnten, war der Vorläufer des heute noch existierenden **Flaschenzuges** geschaffen. In der Römerzeit fand dieses erste richtige Hebezeug seine große Verbreitung. Dabei wurde die Hubkraft über Spills oder Haspel aufgebracht, die gewöhnlich von Hand betätigt wurden. Später wurden an den Haspeln Trittplatten angebracht, wodurch ein **Tretrad** entstand und somit der Bediener sein ganzes Körpergewicht als Verstärkung einsetzen konnte. In der Renaissance fanden diese Hebemechanismen ihre spektakulären Anwendungen beim Aufrichten von Obelisken. In der Folgezeit blieben der Flaschenzug und seine Anwendungen weitgehend unverändert. Erst mit dem Differentialflaschenzug, erstmalig 1861 in London eingesetzt, konnte eine weitere Leistungssteigerung und günstigere Bauweise erreicht werden.

Hebezeuge und Krane

BILD 29 Buchtitel »Schauplatz der Hebezeuge« von Jacob Leupold, Leipzig 1725

BILD 30 Seilrolle und Haspel zum Heben von Lasten

BILD 31 Skizze eines altgriechischen Flaschenzugs

BILD 32 Modell eines Flaschenzugs und einer Haspelwinde

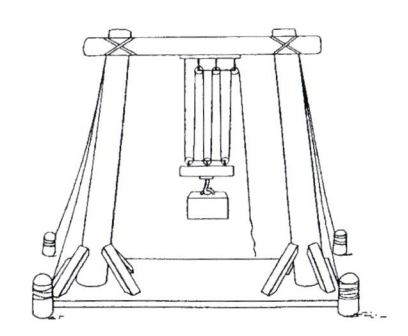

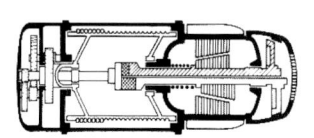

Bild 33 *Erster kompakter Elektrokettenzug von Stahl (1903)*

Bild 34 *Erster Elektroseilzug als Serienhebezeug*

Bild 35 *Schematische Darstellung des DEMAG-Elektroseilzug Typ P*

Bild 36 *Baugruppen eines Serienelektrozuges*

Bild 37 *Elektroseilzug im innerbetrieblichen Transport*

Einem durchgreifenden Wandel wurde die Hebetechnik an der Wende vom 19. zum 20. Jahrhundert durch die Einführung der elektrischen Energie unterworfen. Damit waren separate Antriebsmotoren auch für die Hubbewegung möglich. Gleichzeitig war auch die Entwicklung von Maschinenelementen so weit fortgeschritten, dass leistungsfähige und kompakte Zahnrad- und Schraubengetriebe mit sonstigen Bauteilen zur Verfügung standen.

Die Folge war die Entstehung unterschiedlicher Formen von elektrischen Winden, Ketten- und Seilzügen. Durch diese neuen technischen Möglichkeiten waren jetzt Hebezeuge vorhanden, die universell in praktisch allen Bereichen von Industrie, Handwerk, Landwirtschaft und auch in Handelsbetrieben in sinnvoller Weise eingesetzt werden konnten. Damit wurde von diesen Techniken ein bedeutender Beitrag zur Steigerung der Produktivität geleistet.

Diese vielfältige und explosionsartige Entwicklung wurde durch den Zweiten Weltkrieg über eine große Zeitspanne unterbrochen. Als dann in den **60er Jahren** durch den wirtschaftlichen Aufschwung neben den Anlagen der Produktionstechnik auch verstärkt fördertechnische Einrichtungen verlangt wurden, startete eine neue Phase der Entwicklung. Allerdings wurde diese Entwicklung jetzt systematischer und ingenieurmäßiger betrieben. Neben der Technik gewannen die Methoden von Standardisierung und Baukastensystemen zur Beherrschung der Variantenvielfalt, Reduzierung von Herstellkosten und Verkürzung von Lieferzeiten an Bedeutung.

Ein typisches Beispiel ist hierzu der Demag-Elektroseilzug Typ P. Charakteristisch war bei dieser Produktentwicklung eine klar abgegrenzte Aufteilung in Baugruppen wie Motor, Getriebe, Seiltrommel und Bauteile wie Befestigungsflansche, Mantel und andere Zubehörteile. Durch dieses Baukastenprinzip wurde es möglich, die Vielzahl der Varianten hinsichtlich Traglasten, Hubhöhen, Hubgeschwindigkeiten und besonders unterschiedlichsten Einbaubedingungen zu beherrschen.

36

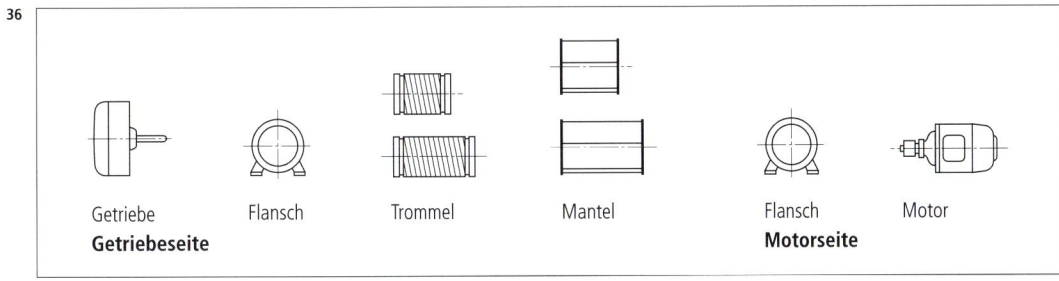

Getriebe	Flansch	Trommel	Mantel	Flansch	Motor
Getriebeseite				**Motorseite**	

37

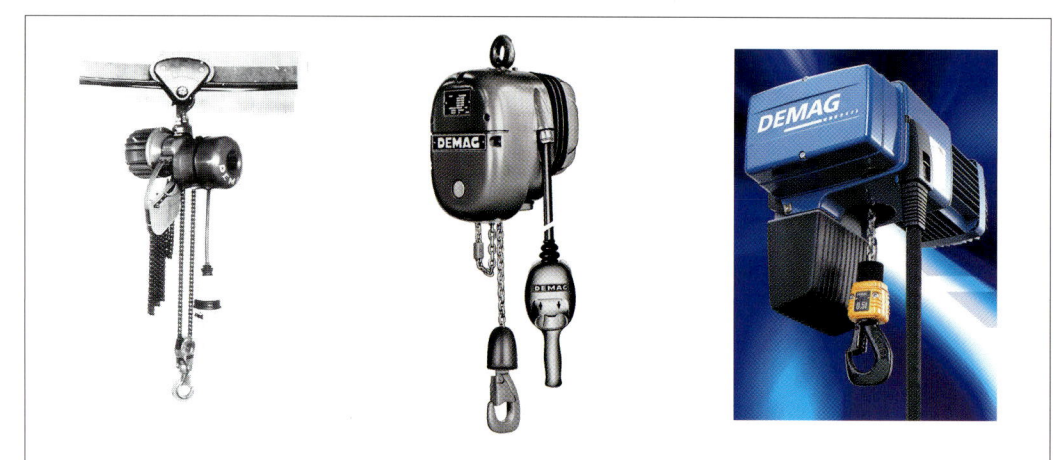

Die Vorzüge dieses ersten umfassenden Serienhebezeug-Programms machten einen weit verbreiteten Einsatz möglich, und zwar entweder als eigenständige Hubwerke oder als wichtige Funktionselemente in Geräten und Anlagen für die unterschiedlichsten logistischen Bereiche.

Für leichtere Traglasten, kürzere Hubwege und kleinere Bauweisen wurden die Elektrokettenzüge mit Gelenk- oder Rundstahlketten entwickelt. Interessant sind bei dieser Entwicklung auch die ständigen Veränderungen in der äußeren Form, denn auch bei diesen einfachen Produkten wurde im Laufe der Zeit nicht nur auf die Erfüllung der technischen Funktionen, sondern auch auf ein zeitgemäßes Design großer Wert gelegt.

Die Familie dieser Kleinhebezeuge erlebte Ende der **60er Jahre** einen großen Aufschwung, als mit ihnen unter dem Motto »Humanisierung am Arbeitsplatz« bessere Arbeitsbedingungen geschaffen werden konnten.

Unterstützt wurde die Effizienz dieser Geräte noch durch die Kombination mit Elementen aus Hängebahn-Baukästen in Leichtbauweise. Mit diesen Hängebahnen, Schwenk- und Deckenkranen wurde beim Handling von Teilen oder sonstigen Arbeitsabläufen der Aktionsradius für die Bedienungspersonen erheblich erweitert.

Später wurden Flexibilität, Komfort und auch Präzision durch Positioniersteuerungen, Zusatzgeräte und sensorgestützte Manipulatoren erhöht. Diese Möglichkeiten werden für die unterschiedlichsten Einsätze in Produktions- und Logistikbetrieben genutzt.

BILD 38 *Entwicklungsphasen von Elektrokettenzügen*

BILD 39 *Elektrokettenzug mit Manulift in Sitzfertigung*

BILD 40 *Schwenkkran mit Elektrokettenzug im Versand*

KRANE

ENTWICKLUNG Wie lässt sich das Heben schwerer Lasten erleichtern oder überhaupt bewältigen? Das war schon zu allerfrühesten Zeiten der Menschheitsgeschichte die Frage, wenn Größe und Gewicht der Last die menschliche Leistungsfähigkeit überstiegen. Im Laufe der Zeit wurden aus Erfahrungen und Experimenten verschiedene Hebezeug-Elemente als Kraftverstärker herausgefunden. Zuerst war es die Hebelwirkung, die als Hebebalken bei Wippkranen angewandt wurde. Aus alten Schriften der Griechen kann entnommen werden, dass mit dieser Technik anscheinend beim **Pyramidenbau** in Ägypten die schweren Steinblöcke stufenweise hoch gewuchtet wurden. Später kam dazu die Kombination von Seil und Rolle bis hin zur Verbindung von fester und loser Rolle, der Flaschenzug. Damit konnte der erforderliche Kraftaufwand verringert werden, allerdings mit einer im gleichen Verhältnis verlängerten Seilbewegung. Der Seilzug wurde erzeugt über Haspel- und Göpelwinden.

Die größte Verbesserung kam durch die Erfindung des Tretrades, mit dem das ganze Körpergewicht des Bedieners zur Wirkung kam und bei dem außerdem ein kontinuierlicher Bewegungsablauf gegeben war. Mit diesen seit der Antike bekannten Elementen wurden praktisch über 1800 Jahre lang die unterschiedlichsten Krantypen gebaut und vorwiegend bei den mittelalterlichen Großbauten eingesetzt. Als Hafenkrane in Form von Mastkranen mit Tretradantrieb, eingebaut in turmartigen Gebäuden, bildeten sie in vielen See- und Binnenhäfen ein weit sichtbares Wahrzeichen und waren dort auch bis ins 19. Jahrhundert im Einsatz.

Bild 41 *Hölzernes Hebezeug beim Bau der Stufenpyramide von Mejduin*

Bild 42 *Mobiler hölzerner Tretradkran für den Warenumschlag. Mit seiner Bauart und den reichen Ausschmückungen fügt er sich ganz selbstverständlich in die Ästhetik des mittelalterlichen Stadtbildes ein.*

Bild 43 *Tretradkran in einem Steinbruch im 18. Jahrhundert (Modellbild)*

Bild 44 *Kran im alten Hafen von Düsseldorf, von 1598 bis 1839 in Betrieb*

HEBEZEUGE UND KRANE

45

46

Die entscheidende Wende im Kranbau kam dann durch den Übergang von Holz- zu Stahlkonstruktionen und der Einführung von Dampfmaschinen und später Elektromotoren als Antriebselemente. Außerdem verlangte die boomende Industrie (Stahlwerke, Gießereien, Maschinenfabriken) eine andere Art von Kranen: Werkstattlaufkrane. Diese Anwendung von elektrischen Antrieben für alle Bewegungen der Krananlagen zusammen mit der Einführung elektrischer Schalt- und Steuerungstechniken war die Basis für die explosionsartige und variantenreiche Entwicklung einer großen Kran-Familie.

Mitte der **50er Jahre** vollzog sich der Übergang von Brückenkranen in Fachwerkkonstruktion hin zu Laufkranen mit geschweißten Vollwandbrücken und später Kastenträgern. Diese Form des Kranträgers hatte eindeutige Vorteile hinsichtlich geringerer Teilevielfalt, einfacherer schweißtechnischer Fertigung sowie besserem Korrosionsschutz durch die glatten, geschlossenen Flächen und damit verringerten Instandhaltungskosten. Eine weitere wichtige Erfindung war damals die Einführung einer Schraubverbindung zwischen den Kopfträgern und der Kranbrücke.

BILD 45 *Brückenkran für 25 Tonnen Tragkraft, angetrieben von einer Dampfmaschine (auf der Weltausstellung 1873)*

BILD 46 *Laufkran in Fachwerkbauweise*

BILD 47 *Kran mit geschweißtem Kranträger*

Diese technischen Veränderungen waren die Basis für eine Standardisierung der wichtigsten Komponenten und Baugruppen sowie der Entwicklung eines umfassenden Programms von Standardbrückenkranen. Eine echte Serienfertigung mit einer gesicherten Qualität und größeren Möglichkeiten für die Rationalisierung der Fertigung konnte damit eingeführt werden. Geringerer Aufwand für Projektierung und Konstruktion von Krananlagen sowie niedrigere Herstellkosten und auch längere Lebensdauer waren die direkten Folgen. Weiterhin wurden die Wartung und besonders auch die Ersatzteilhaltung wesentlich vereinfacht. Für weltweit operierende Kranhersteller war dies die entscheidende Voraussetzung, um ihre Geräte und Anlagen in der ganzen Welt mit gleicher Qualität und gesicherten Kosten anzubieten und zu realisieren.

In den **70er Jahren** lagen die Schwerpunkte auf der Verbesserung der Bedienbarkeit, z.B. durch handlichere Bedienungselemente und auch Funksteuerungen, und besonders auf der Erhöhung der Leistungsfähigkeit der Hebezeuge (Erhöhung der Tragfähigkeit und Hubgeschwindigkeit sowie Vergrößerung der Hakenwege). Außerdem wurde Wert auf geringere Gewichte und bessere Laufruhe sowie auf sanftere Anläufe, z.B. Feinfahrt und -hub gelegt.

BILD 48 *Kran mit standardisierten Baugruppen*

BILD 49 *Magnettraversen für das Handling im Stahlhandel*

49

Anfang der **80er Jahre** gab es bei einigen Herstellern eine weitere Initiative zur Standardisierung von Komponenten, wie komplette Schienenfahrwerke in Form von Standard-Radblöcken. Das diente der Vereinfachung der Konstruktion und weiteren Reduzierung der Herstellkosten sowie der Erweiterung der Einsatzbereiche. Weiterhin erfolgte die Verbesserung der Lastaufnahmemittel, wie spezielle Greifer für unterschiedliche Lasten und besonders Magnettraversen für Bleche und Langgut. Gleichzeitig wurden auch die ersten Steuerungen zur Dämpfung der Lastpendelung entwickelt und eine integrierte Elektronik für Steuerungs- und Überwachungs-Funktionen eingeführt. Durch diese verschiedenen Maßnahmen konnten mit Kranen auch die unterschiedlichsten Automatisierungsmöglichkeiten realisiert und somit die typischen Eigenschaften dieses Fördermittels besser genutzt werden. Somit war auch ein Einsatz innerhalb der an Bedeutung zunehmenden ganzheitlichen Materialfluss-Systeme mit dem Ziel der Optimierung sinnvoll. Diese Entwicklung ist ständig weitergegangen und heute existiert unter dem Fachbegriff »Prozesskrane« eine neue Generation von Kranen, die sich in vielen Branchen und Anwendungen erfolgreich durchgesetzt hat.

HEBEZEUGE UND KRANE

BILD 50 Krane in der Papierherstellung zum Transport von Tambouren und Papierrollen

BILD 51 Übergabebereich für Fahrerloses Transportsystem

BILD 52 Leitstand für Steuerung und Verwaltung incl. Visualisierung des Materialflusses

BILD 53 Automatischer Kran mit Spezialgreifern für das Handling der Papierrollen im Lager

BILD 54 Zusammenspiel mit Förderern

PROZESSKRANE Neben dem klassischen Einsatz als Fördermittel zum Heben und Transportieren von unterschiedlichsten Lasten hat sich die Kran-Familie in einigen Branchen spezielle Einsatzbereiche erobert. Es handelt sich um so genannte Prozesskrane mit Anwendungen z.B. in der Papierindustrie, im Handling für Langgut und Coils, beim Containerumschlag und für Aufgaben in der Produktionslogistik (Gießereien, Baustoffe und Müllverarbeitung). Dabei können sowohl ihre spezifischen Vorteile von Bodenfreiheit, großen Spannweiten und Tragfähigkeiten wie die heutigen Möglichkeiten der Automatisierung aller Funktionen einschließlich der Schnittstellen im Produktions- und Materialflussprozess genutzt werden.

In der **Papierindustrie**, seit Jahren eine Branche mit stetigem Wachstum, werden verstärkt mechanisierte und auch automatisierte Systeme für die unterschiedlichen Produktionsstufen und die gesamten innerbetrieblichen Materialflussprozesse eingesetzt, und zwar für Tambour-Handling, Coating, Umrollen und Lagern sowie Wartung. Die Funktion

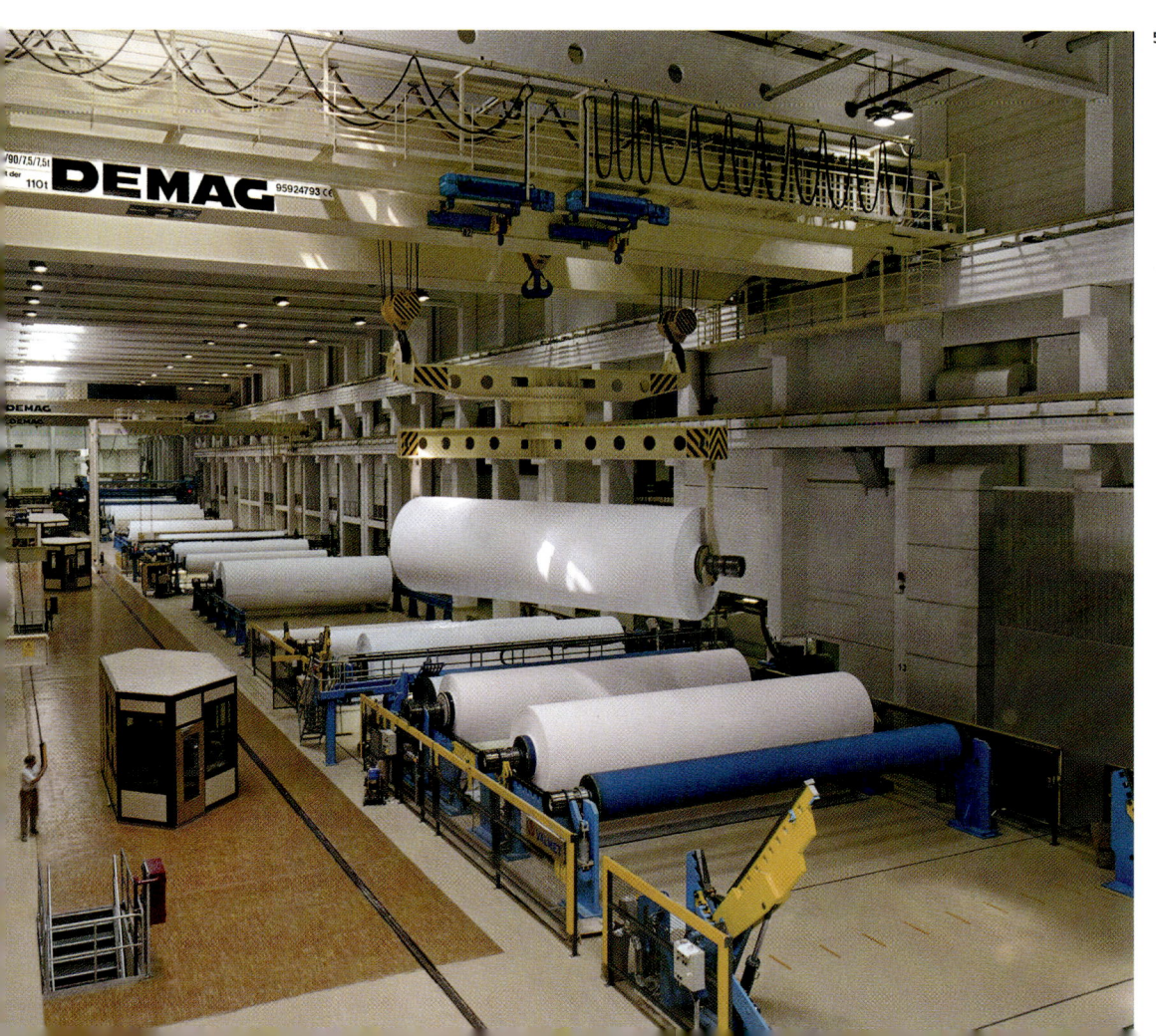

51

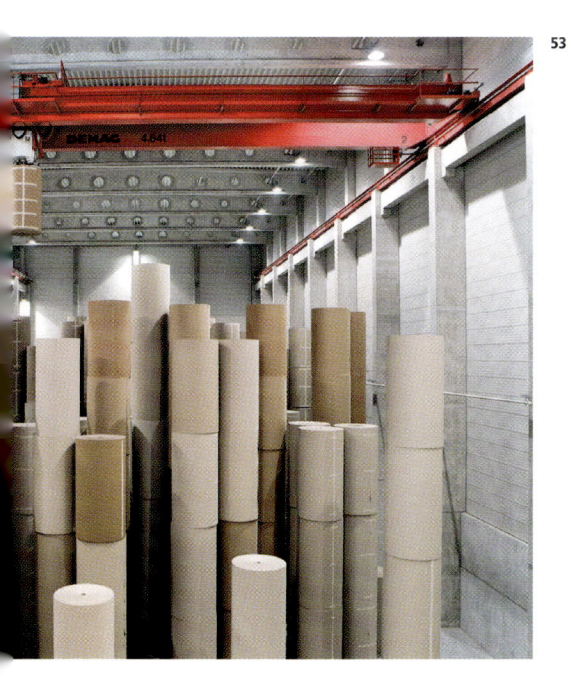

52

53

54

des Lagerns hat dadurch an Bedeutung gewonnen. Das gilt einerseits für den Puffer zwischen den Papiermaschinen und der Weiterverarbeitung und andererseits auch für das Versandlager, in dem die Rollen bis zur Komplettierung der Aufträge zwischenzulagern sind. Bei größerem Lagervolumen ist wegen guter Flächennutzung und geringerem Invest die günstigste Lagerform eine Blocklagerung. Mit Hilfe automatischer Brückenkrane, ausgerüstet mit Spezialgreifern, können die Transport- und Lagerfunktionen mit den empfindlichen Papierrollen schnell, sicher und schonend durchgeführt werden. Dabei ist auch die Verknüpfung mit den zu- und abfördernden Förder- und Transportsystemen einfach möglich.

Diese Abläufe werden automatisch gesteuert und über Bediener-Terminals kontrolliert. Die Visualisierung des gesamten Layouts mit seinen Elementen sowie die Anzeige der Materialfluss- und Handling-Operationen erleichtern diese Überwachung, insbesondere im Falle von Störungen.

Die Verwaltung hinsichtlich der Lagerplätze, Bestände und Lieferaufträge übernehmen IT-Hard- und Software-Systeme, die online-Verbindungen zu übergeordneten Rechnern von Produktion und Vertrieb besitzen.

Das **Handling von Coils** in Walzwerken, in der Weiterverarbeitung mit ihren Längs- und Querverteil-Anlagen, in Bereitstelllagern für Großabnehmer, z.B. Presswerke für die Automobilindustrie, und im Handel ist eine sehr schwierige Aufgabe.

Die großen Gewichte der Coils von 20 bis 30 Tonnen und die Empfindlichkeit der äußeren Lagen des aufgerollten Materials gegen Beschädigungen durch Stoß- und Druckbeanspruchungen stellen hohe Anforderungen an die einzusetzenden Fördermittel. Als Lastaufnahmemittel sind deshalb spezielle Greifer, C-Haken und Magnettraversen entwickelt worden. Für sichere und schonende Transport- und Lager-

BILD 55 *Automatischer Prozesskran in einem Coillager*

BILD 56 *Spezialgreifer für Coils*

BILD 57 *Brückenkran mit Spreader in einem Containerlager*

Container-Handling bei der Ein- und Auslagerung sowie beim Aufnehmen und Absetzen effizient und sicher durchgeführt werden kann. Dazu besitzt der Kran eine Zielpositioniersteuerung und so genannte Indrive-Fahrantriebe mit integrierten Frequenzumrichtern, die das feinfühlige Positionieren sicherstellen. Ein Lagerverwaltungsrechner verwaltet dieses Blocklager, speichert alle Informationen über die Container und ihre Inhalte und ermöglicht so den flexiblen Zugriff, gegebenenfalls durch entsprechende Umlagerungen, auf alle gelagerten Container.

vorgänge eignen sich am besten Brückenkrane mit der erforderlichen Tragfähigkeit und Spannweite sowie den benötigten Handling-Funktionen. Die Lagerung ist eine Blocklagerung, wobei die Mehrfachstapelung wegen der Druckbeanspruchung begrenzt ist. Dabei stellen frequenzgeregelte Antriebe für Fahr- und Hubwerke die erforderliche Präzision und Sanftheit der Bewegungen sicher. Die Abläufe wie Ein-, Aus- und Umlagerung, Zusammenstellung von Lieferaufträgen können manuell, halb- oder auch vollautomatisch gesteuert werden. Die gesamte Verwaltung von Lagerplätzen, Beständen und Aufträgen übernimmt ein leistungsfähiger Lagerverwaltungsrechner, der seine Informationen über die Lagergüter durch Identifikations-Systeme, z.B. Barcode-Leser, und Wiegeeinrichtungen erhält.

Neben dem Einsatz beim Transport per Schiff und im Kombinierten Verkehr haben Container und Wechselbrücken auch Anwendungen als reine Lagerbehälter in Großformat gefunden. In diesen Großbehältern werden Möbel, Akten und sonstige sperrige Güter eingelagert und in speziellen **Containerlagern**, die meistens von Dienstleistern betrieben werden, zwischengepuffert.

Die wirtschaftlichste Lagertechnik für diesen Anwendungsfall ist eine 4- bis 5-fach Blocklagerung und die Bedienung des Lagers mit einem automatischen Brückenkran. Dieser Kran hat als Lastaufnahmemittel einen so genannten Spreader und ist mit einer Drehlaufkatze ausgerüstet, womit das

Die Beschickung der Schmelzöfen in **Gießereibetrieben** ist eine eindeutige Domäne für speziell ausgerüstete Brückenkrane. Um bei den rauen Betriebsbedingungen durch Staubbelastung und hohe sowie schwankende Temperaturen funktions- und betriebssicher zu arbeiten, werden bei diesen Kranen zusätzliche technische Maßnahmen eingeführt wie:

- Redundanz durch mehrfache Auslegung von mechanischen und elektrischen Teilsystemen
- Intelligente Steuerungen für flexible Betriebsarten
- Visualisierungen zur Unterstützung von Bedienungs- und Wartungspersonal

Diese redundanten Systeme und Funktionen erfordern einen komplexen Aufbau der Steuerungssoftware verbunden mit übersichtlichen Visualisierungen.

Bild 58 *Portalkran mit Zweischienen-Drehlaufkatze*

Bild 59 *Beschickung von Schmelzöfen durch Brückenkran*

Bild 60 *Halbportalkran im Blechfreilager eines Fahrzeugherstellers*

Ein weiterer interessanter Vertreter der Kranfamilie ist der **Portalkran** in Voll- und Halbportalbauweise. Dieser Krantyp kommt zum Einsatz hauptsächlich bei Freilagerplätzen in den unterschiedlichsten Branchen und Anwendungen wie Baustoffindustrie und Betonfertigteilwerke, Stahl- und Holzlager, Schüttgüter aller Art und Schrotthandel. Weiterhin ist er in Hafenanlagen und Container-Terminals für den Kombinierten Verkehr das wichtigste Umschlaggerät. Große Spannweiten und Brückenlängen ermöglichen das Überspannen weiter Flächen. Die Portalbauweise mit den Kranstützen vermeidet teure Stahl- oder Betonkonstruktionen für die Kranschienen. Durch die Ausrüstung mit allen bekannten Lastaufnahmemitteln können auch alle Arten von Lasten bedient werden. Eine Automatisierung ist abhängig von der Eignung der Lasten auch möglich.

Durch die zunehmende Bedeutung der **Entsorgungslogistik** wurde bei den Müllverbrennungsanlagen viel in die Verbesserung der Abläufe für Anlieferung und Versorgung der Verbrennungsanlagen investiert. Das betrifft einmal das Handling der großen Müllcontainer mit Containerkranen und besonders die Versorgung der Öfen aus dem Müllbunker durch Motorgreiferkrane. Um diesen Betrieb automatisch und mit hohem Durchsatz durchzuführen, werden diese Krane ausgerüstet mit einem Last-Pendeldämpfungssystem zur Vermeidung von Zeitverlusten durch langes Auspendeln und auch Beschädigungen der Greifer.

BILD 61 *Müllgreiferkrane zur Versorgung von Verbrennungsöfen*

BILD 62 *Müllcontainerumschlag in einer Müllverbrennungsanlage*

62

Neben den Lauf- bzw. Brückenkranen stellen die **Hänge- bzw. Deckenkrane** ein wichtiges Mitglied der Kranfamilie dar. Sie sind dadurch gekennzeichnet, dass ihre Fahrbahnen über Zuganker an Decken und Dachkonstruktionen der Hallen aufgehängt sind und sowohl ihre Kopfträger als auch die Laufkatze in hängender Bauform durch entsprechende Laufwerke realisiert werden.

Dieser Krantyp erlaubt zwar durch die begrenzte Tragfähigkeit der Decken und Dachkonstruktionen nur Traglasten bis 10 Tonnen, er besitzt aber durch seine Bauweise mehrere interessante Eigenschaften. Das ist einmal eine gute Nutzung der Raumhöhen durch seine niedrige Bauweise und kleinere obere Sicherheitsabstände. Weiterhin kann durch die seitlichen Überhänge des Kranträgers der seitliche Hallenbereich voll genutzt werden. Das ist von Bedeutung für Aufnahme und Abgabe von Lasten oder für die Bedienung von Maschinen und Arbeitsplätzen, die dicht an der Hallenwand positioniert sind.

HEBEZEUGE UND KRANE

BILD 63 Hängekrananlage mit Stichbahnen für den Transport in mehrere Hallenschiffe

BILD 64 Hängekran mit Funksteuerung in einer Montagehalle für Straßenbahnen

BILD 65 Hängekrane mit Teleplattform zur Flugzeugwartung

Interessant ist auch die Möglichkeit der mechanischen Verriegelung von Deckenkranen, direkt oder über Stichbahnen, wodurch Lasten über mehrere Hallenschiffe mit ein und derselben Katze transportiert werden können. Auch Umsetzbrücken zum Fahrbahnwechsel, wie sie in Produktionsbetrieben benötigt werden oder auch beim ersten Hochregallager verwendet wurden, lassen sich mit dieser Verriegelungstechnik einfach realisieren.

Eine wichtige Eigenschaft ist auch die Art der Mehrfachaufhängung von Kranbahnen und damit die Erreichung sehr großer Kranlängen (bis 60 Meter). Das wird insbesondere bei Wartungskranen für Flugzeuge ausgenutzt. Dabei sind diese speziellen Hängekrane mit Teleskopsäulen und Wartungsplattformen versehen, so dass bei den Wartungs- und Überholungsarbeiten jede Position am Flugzeug sicher und sanft angefahren werden kann.

Hebezeuge und Krane

Bau- und Fahrzeugkrane Die bisher vorgestellten unterschiedlichen Krane und ihre Einsatzgebiete sind direkt in Logistikprozesse in den verschiedensten Branchen von Industrie und Handel integriert. Es gibt aber noch eine weitere bedeutende Kategorie von Kranen, und zwar Bau- und Fahrzeugkrane, die mehr indirekt mit der Logistik in Verbindung steht.

Baukrane sind bei der Realisierung von Logistikzentren mit ihren umfangreichen Gebäudekomplexen sowie auf sonstigen Großbaustellen nicht wegzudenkende Arbeitsgeräte für die Bereitstellung von Baumaterialien.

Fahrzeugkrane in unterschiedlichen Ausführungen werden bei diesen Logistikobjekten für flexible Transport- und Montagearbeiten benötigt, wie sie bei der Montage der Regalkonstruktionen und besonders der Einbringung der Regalbediengeräte für Hochregallager anfallen.

Die Wurzeln dieser Krantypen hinsichtlich verschiedener Technologien, wie der Hebetechnik, sind mit denen der Brücken- und Portalkrane absolut vergleichbar. Auch sind viele Komponenten, wie Motoren, Getriebe, Hebezeuge, Laufkatzen und Seiltriebe, ähnlich aufgebaut. Allerdings haben die unterschiedlichen Anforderungen von Einsatzarten und -gebieten komplett andere Konzeptionen für die Kranbestandteile und ihre Bauweisen erforderlich gemacht.

67

Transportanordnung

Während die industrielle Revolution im 18. und 19. Jahrhundert stattfand, erfolgte die technische Revolution im Bauwesen erst im 20. Jahrhundert. Der erste drehbare, schnell montierbare und fahrbare **Baukran** wurde auf der Leipziger Messe 1913 von der Heilbronner Firma Julius Wolff vorgestellt und 1928 präsentierte derselbe Hersteller den ersten Turmkran mit Katzausleger.

Nach dem Ende des Zweiten Weltkriegs ist Hans Liebherr auf der Suche nach schnell und einfach zu montierenden Kranen für sein Baugeschäft. Da er auf dem Markt nichts Passendes findet, beschließt er, selbst einen solchen Kran zu konstruieren, ohne zu ahnen, welchen Erfolg ihm diese Idee bringen wird. Er konzentriert sich dabei auf den Bau von Kranen, die unzerlegt transportiert werden und sich selbst aufstellen können.

Ab Ende der **50er Jahre** begann die große Zeit der unten drehenden Nadelausleger, die für die nächsten 20 Jahre den Markt dominierten. Für Großbaustellen, auf denen die Schienenanlagen der Nadelauslegerkrane als störend empfunden wurden, kamen erste Katzausleger auf den Markt, die durch ihre große Ausladung die Schienenverfahrbarkeit überflüssig machten und zusätzlich in der Lage waren, durch Klettern, also dem Einfügen von Turmstücken, dem Baufortschritt zu folgen. Mitte der **60er Jahre** eroberten die Katzausleger den deutschen Markt. In den 70er Jahren verschwanden die unten drehenden Nadelausleger von der Bildfläche. Die Ener-

Aufrichtstellung

BILD 66 *Der erste schnell montierbare und verfahrbare Baukran der Welt*

BILD 67 *Selbstaufstellender Hochbaukran (Transportanordnung und Aufrichtstellung)*

62 | **63**

BILD 68 Unten drehender Nadelausleger

BILD 69 Oben drehender Wippausleger

BILD 70 Oben drehender Katzausleger

BILD 71 Oben drehender Knickausleger

giepolitik der Regierung beeinflusste den Kranbau. Um die großen Kühltürme der Atomkraftwerke bauen zu können, setzten viele Hersteller auf das Knickauslegerprinzip, nachdem das Patent für den Knickausleger Mitte der 70er ausgelaufen war.

In den **80er Jahren** wurden Platz sparende Lösungen für enge Baustellen in den Großstädten gesucht und in Form von oben drehenden Wippauslegern gefunden. Diese Bauform, die wegen der engen Platzverhältnisse in Fernost dominierte, konnte sich in Deutschland allerdings bis heute nicht durchsetzen. Hier beherrschte der kostengünstigere Katzausleger den Markt, von dem immer größere Modelle mit Hakenhöhen von über 100 Metern, bis zu 100 Metern Ausladung und 180 Tonnen Tragfähigkeit an der Spitze entstanden.

70

71

In den **90er Jahren** kam mit dem spitzenlosen Katzausleger eine neue Bauform auf den Markt, die im Vergleich zu Katzauslegern mit Spitze durch Entfall der Turmspitze eine wesentlich geringere Gesamthöhe des Oberkrans als Vorteil ausspielte. Außerdem zieht in den 90er Jahren die Elektronik in Form von Frequenzumrichter gesteuerten Antrieben, elektronischer Lastmomentbegrenzung, Begrenzung des Arbeitsbereichs und Funkfernsteuerungen in die Krane ein. Per Mobilfunk können die Hersteller jederzeit alle Betriebsdaten auslesen und über Ferndiagnose den Service verbessern.

Fahrzeugkrane kommen dort zum Einsatz, wo keine stationären Krane verfügbar sind oder Hubaufgaben mit besonderen Anforderungen zu bewältigen sind. Sie sind hinsichtlich ihrer Einsatzmöglichkeiten besonders flexibel und können Ortswechsel mit eigenen Antrieben vollziehen. Man unterscheidet zwischen Autokranen, Mobilkranen, Schienenkranen und Raupenkranen, deren Ausleger als Teleskop- oder Gittermast-Ausleger ausgeführt sein können. Die Geschichte dieser Krantypen begann 1920 mit ersten straßenverfahrbaren Autokranen. Mit dem Vermietungsgeschäft als Motor erfolgte anschließend eine stürmische Entwicklung unterschiedlichster Ausführungen und ständig verbesserter Techniken.

BILD 72 Lorain-Autokran von 1920

BILD 73 Teleskopkran (Liebherr)

BILD 74 Mobilkran bei der Einbringung von Baugruppen für Regalbediengeräte in einem Hochregallager

BILD 75 Gittermast-Raupenkran (Terex-Demag)

75

Fahrzeugkrane mit Teleskopausleger (Telekrane) zeichnen sich durch besonders kurze Rüstzeiten aus, da ihr Ausleger bereits fertig montiert ist. Der überwiegende Anteil der Telekrane sind straßen- und geländegängige AT (All Terrain)-Krane, die bis zu neun Achsen besitzen. Diese Teleskopausleger sind in voll ausgefahrenem Zustand bis zu 100 Meter lang. Wenn noch längere Ausleger benötigt werden, gibt es Auslegerverlängerungen in Gittermastausführung, mit denen man Hubhöhen bis zu 200 Meter erreicht. Mit Teleskopkranen können Lasten bis zu 1.200 Tonnen gehoben werden.

Für Hubaufgaben, die höhere Traglasten erfordern oder besondere Anforderungen an die Hubhöhe oder Kranausladung stellen, werden Gittermast-Raupenkrane verwendet. Im Gegensatz zu den Teleskop-Autokranen können sie mit Hilfe des Raupenfahrwerks unter Last verfahren. Ihr Einsatzgebiet liegt hauptsächlich im Großanlagenbau, Stahl- und Hochbau. Gerade in diesen Industriezweigen besteht aus wirtschaftlichen und organisatorischen Gründen die Tendenz, immer größere Komponenten vorzumontieren, die dann in den Gesamtkomplex eingefügt werden. Diese Anwendungen führten zur Entwicklung von Gittermast-Raupenkranen mit Traglasten bis zu 1.600 Tonnen und Rollenhöhen bis zu 226 Meter.

BILD 76 *Unimate bei General Motors (GM)*

BILD 77 *Unimate bei General Electric (GE)*

BILD 78 *Synchrones Schweißen mehrerer Industrie-Roboter an einer Rohkarosse*

HISTORIE

Der Begriff Roboter leitet sich vom slawischen Wort »rabota« (Arbeit) ab und erscheint zum ersten Mal im Jahr 1920 im Drama »RUR« des tschechischen Schriftstellers K. Capek in Verbindung mit menschlichen Arbeitsmaschinen. Die eigentliche Geburtsstunde liegt allerdings im Jahr 1954, als der Amerikaner George Devol seinen Patententwurf mit der No. 2,988,237 für »eine programmierte Übergabe von Artikeln« anmeldete. Den ersten Vorläufer der heutigen Industrie-Roboter verkaufte die Firma Unimation an General Motors (GM), und so wurde im Jahr 1961 erstmalig ein Roboter namens »Unimate« für Schweißarbeiten eingesetzt. Eine Anwendung als Handhabungs-Roboter folgte 1963 in der Produktion bei General Electric (GE).

Während sich die Markteinführung in den USA auf breiter Front ab 1965 vollzog, wurden in Deutschland erst ab 1970 die ersten Groß-Anwendungen mit Industrie-Robotern realisiert, beispielsweise im Karosserie-Rohbau bei Mercedes Benz. Der Bereich der Automobilfertigung ist heute noch immer der größte Absatzmarkt für Roboter. Die vielfältigen Einsatzmöglichkeiten in vollautomatisierter Arbeitsweise für Handhabung und Fertigung, insbesondere bei unterschiedlichen Schweißaufgaben an schwer zugänglichen Stellen der Karosse, machen bei diesen Anwendungen Roboter praktisch unentbehrlich.

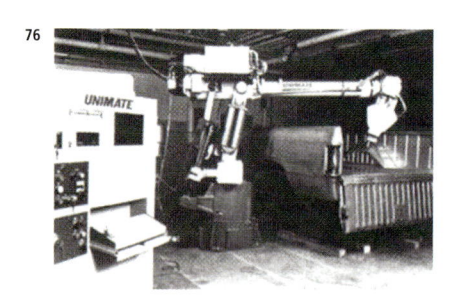

Robotik

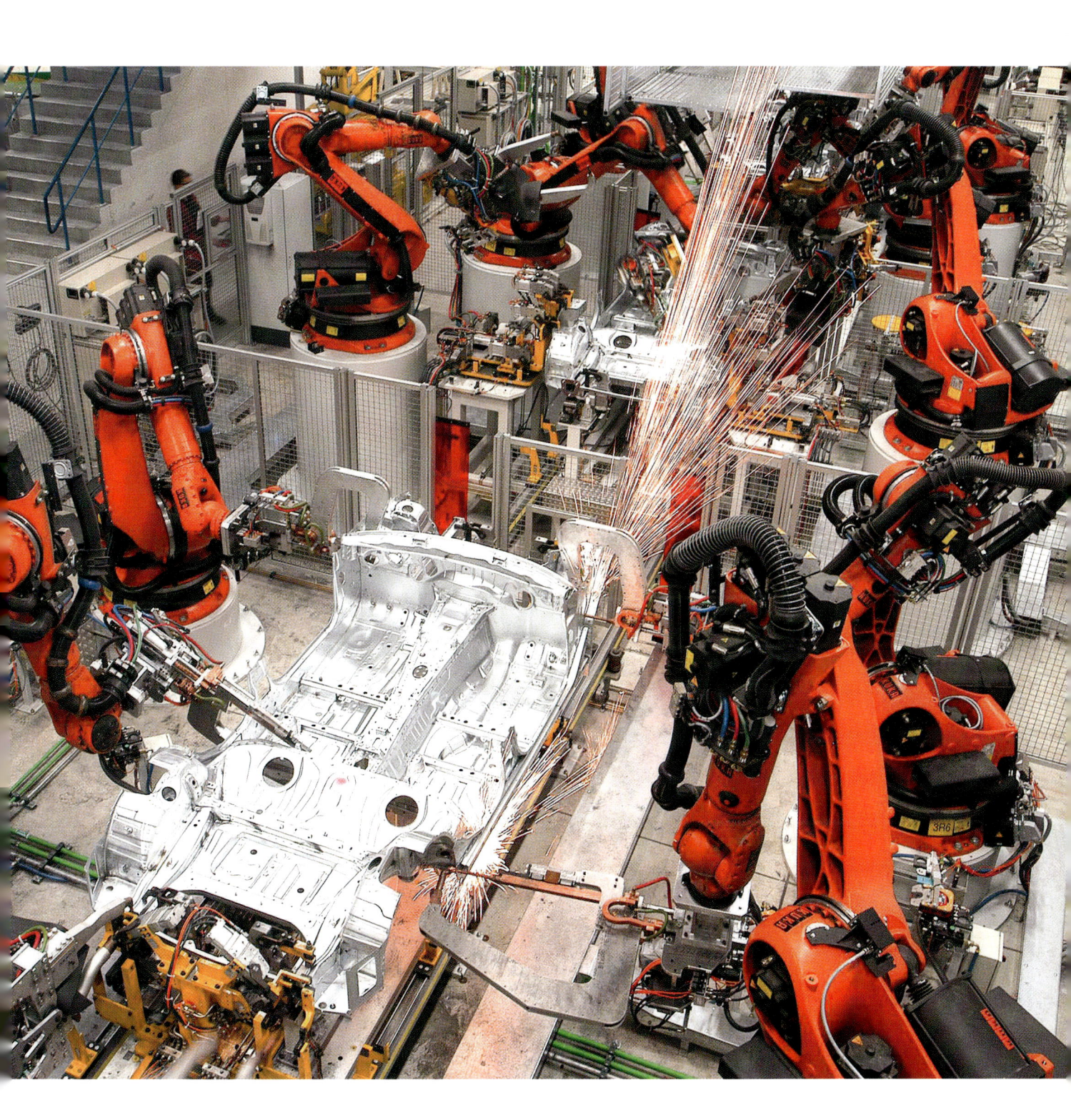

ROBOTIK

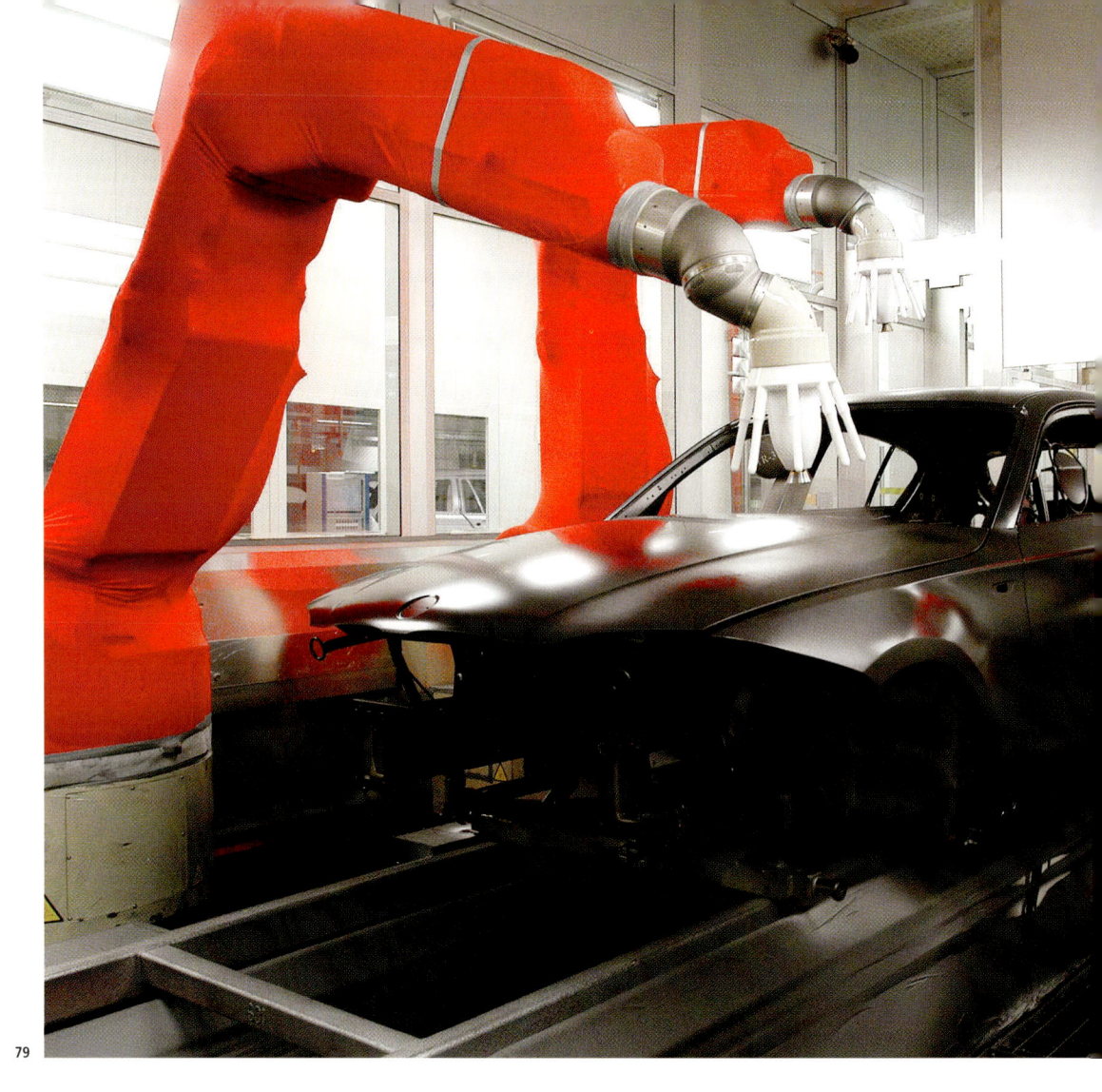

79

MARKT UND TECHNIK

Die Robotik verbindet in engster Weise die Fachdisziplinen Mechanik, Elektrik, Elektronik und Informatik. Der Industrie-Roboter ist als ein universell einsetzbarer Bewegungsautomat mit mehreren Achsen definiert (VDI 2860). Ein typisches Merkmal sind die frei programmierbaren Bewegungen der Roboterachsen in großen Arbeitsräumen und mit einer hohen Wiederholgenauigkeit. Anfangs wurden die Bewegungsabläufe noch über Lochstreifen und Magnetbänder gesteuert. In den **70er Jahren** erhielten Roboter nach und nach Sensoren und die Steuerung erweiterte sich von einem festen Programm hin zum rückgekoppelten System. Die Einführung individueller Greifer und spezieller Handhabungseinrichtungen half, dass sich die Robotik für immer mehr Handlings- und Fertigungsaufgaben eignete.

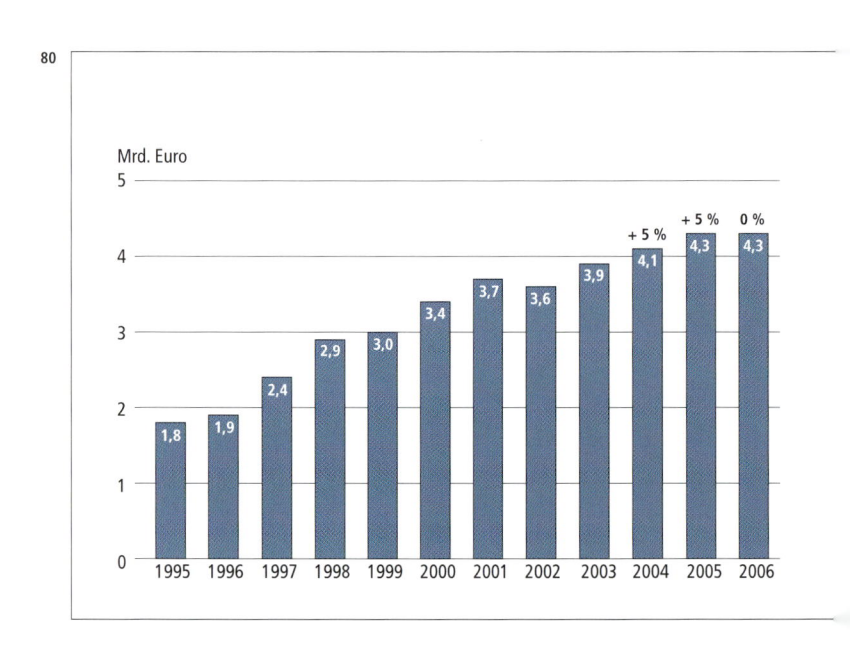

80

Mrd. Euro

Jahr	Wert	Veränderung
1995	1,8	
1996	1,9	
1997	2,4	
1998	2,9	
1999	3,0	
2000	3,4	
2001	3,7	
2002	3,6	
2003	3,9	
2004	4,1	+ 5 %
2005	4,3	+ 5 %
2006	4,3	0 %

Entwicklungen im gesamten Bereich der Robotik wurden wesentlich von Erfindungen der Steuerungstechnik sowie der Computer- und Automobilindustrie beeinflusst. Daher ist die Robotik dem 4. Kondratjew-Zyklus, genannt »Einzweck-Automatisierungs-Kondratjew« (etwa 1940 bis 1990), zuzuordnen.

Die zunehmende Verbreitung der Industrie-Roboter wurde durch einen ständig steigenden Automatisierungsbedarf begünstigt. Die intensive Weiterentwicklung der Roboter-Technologien machte weitere Anwendungen in den verschiedensten Bereichen der Produktion und der Logistik möglich. Bedeutend waren auch die Einsätze in High-Tech-Branchen, wie der Computer-Industrie bei der Chip- und Platinenfertigung, und besonders in der Medizintechnik. Der interessante Entwicklungsverlauf hinsichtlich der Aufteilung zwischen der Automobilindustrie und den übrigen Branchen sowie die Umsatzsteigerung in den dazugehörigen Branchen sind in den Statistiken von 1996 bis 2005 gut zu erkennen.

BILD 79 Robotereinsatz in der Lackierung

BILD 80 Jahresumsätze der Montage- und Handhabungstechnik

BILD 81 Jährliche Statistik über die Aufteilung bei neu installierten Industrie-Roboter zwischen Automobilindustrie und den übrigen Branchen

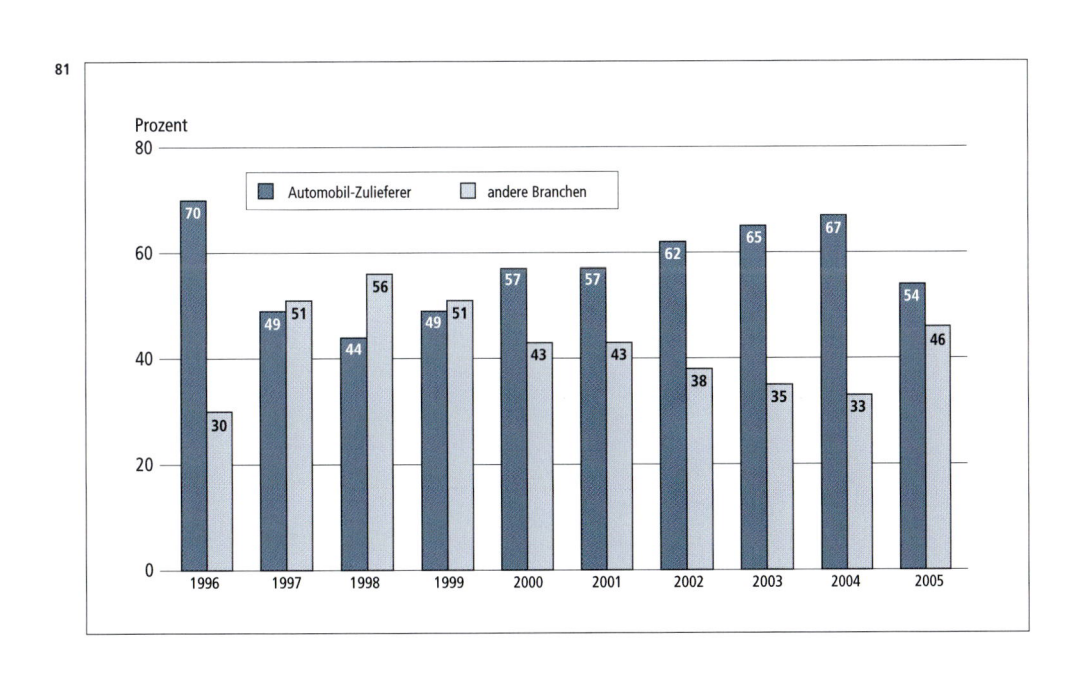

Im Laufe dieser langjährigen Entwicklungsphasen haben sich verschiedene Robotertypen mit unterschiedlichen Eigenschaften herausgebildet. Diese können zu drei Grundtypen zusammengefasst werden. Bei der Auswahl eines Roboters für den jeweiligen Einsatzfall ist zuerst die erforderliche Kinematik zu berücksichtigen. Weiterhin müssen Kriterien wie Nennlast, Reichweite, Geschwindigkeiten, Positioniergenauigkeit und Einbaulagen zur endgültigen Auswahl herangezogen werden.

Bild 82 *Roboter-Grundtypen*

Bild 83 *Palettieren von Kartons*

Bild 84 *Palettieren von Behältern*

Bild 85 *Kommissionier-Roboter*

82

Lineararm-Roboter (Portal-Roboter)

Knickarm-Roboter

Schwenkarm-Roboter (Scara-Roboter)

Lineararm-Roboter (Portal-Roboter) Das Grundelement ist ein Lineararm-Roboter mit zwei translatorischen Achsen. Durch die Portalbauweise kommt eine weitere translatorische Achse hinzu. Damit kann ein großer kubischer Arbeitsraum bedient werden, wobei die oben liegende Robotertechnik eine gute Nutzung des Bodenbereichs erlaubt.

Knickarm-Roboter Die bekannteste Kinematik für Roboter ist mit diesem Typ mit drei Hauptachsen (eine vertikale und zwei horizontale Drehachsen) und noch zusätzlich möglichen drei Nebenachsen realisiert. Dieser so genannte Sechs-Achser kann die unterschiedlichsten Bewegungen im Arbeitsraum einer Hohlkugel ausführen.

Schwenkarm-Roboter (Scara-Roboter) Die erste Hauptachse dieser Roboter ist meistens rotatorisch ausgelegt. Beim Schwenkarm-Roboter sind die weiteren Achsen translatorisch, wodurch der Arbeitsraum einen Hohlzylinder abdeckt. Die bekannteste Form dieser Bauweise ist der »Scara-Roboter« mit zwei rotatorischen und einer translatorischen Achse, der einen Arbeitsraum in Nierenform ermöglicht.

Der Einzug der Robotik in die Bereiche der Distributions- und Produktionslogistik vollzog sich in kleinen Schritten und war von einigen Rückschlägen gekennzeichnet. Einer der Gründe für diese langsame Einführung lag in der Problematik der Greifbarkeit. Die Handhabung der großen Vielfalt an Produktverpackungen und Gebinden, wie Kartons, Trays, Eimer, Kanister, Säcke, Getränkekisten und Flaschen sowie Kunststoffbehälter war und ist die größte Herausforderung. Erst durch die Weiterentwicklung einzelner Roboterkomponenten, beispielsweise der Greifer, die allmählich mit mechanischen und fluidischen Techniken sowie geeigneter Steuerung und Sensorik die Anforderungen an Funktionalität und Betriebssicherheit erfüllten, konnten sinnvolle Anwendungen realisiert werden.

DISTRIBUTIONSLOGISTIK

Bereits ein bedeutendes Einsatzgebiet für Industrie-Roboter in der Warendistribution ist die Handhabung von Kartonagen, die entweder auf Lagerpaletten bereitstehen oder über Förderanlagen einzeln zugeführt werden. Mit Hilfe von funktionssicheren Vakuum-Greifern werden diese Kartons vom Roboter auf die auszuliefernden Kundenpaletten palettiert. Das Palettiermuster und der Packplan werden jeweils in Abhängigkeit von den Kartonarten und ihren Abmessungen von einer speziellen Software bestimmt und dem Steuerungsrechner des Roboters zur Ausführung übermittelt. Als Robotertypen kommen sowohl Portal- als auch Knickarm-Roboter für diese Funktionen in Frage. Interessant ist die Lösung mit verfahrbaren Knickarm-Robotern, weil dadurch die Flexibilität und der Einsatzbereich erheblich erweitert werden.

Eine weitere Anwendung findet die Robotik in Distributionszentren, die ihre Waren mit Mehrwegbehältern ausliefern.

Die eigentliche Befüllung der Behälter erfolgt manuell in den Kommissionierbereichen, anschließend werden die fertig bearbeiteten Behälter über Förderer dem Versandbereich zugeführt. Dort übernehmen Roboter mit ihren mechanischen Greifern die Palettierung auf Versandpaletten. In diesen Bearbeitungszentren kann auch der umgekehrte Vorgang, und zwar die Depalettierung der zurückkommenden Leerbehälter und deren Weitertransport in die Kommissionierbereiche durchgeführt werden.

Seit dem Einsatz der Robotik in der Logistik wird versucht, den eigentlichen Kommissioniervorgang mit Industrie-Robotern zu realisieren. Ein Beispiel dafür war der im Jahre 1984 in München vorgestellte »Kommissionier-Peter« für den Pharmagroßhandel. Jedoch gibt es bis heute für den hierbei erforderlichen »Griff in die Kiste« keine zufrieden stellende Lösung, da die hierzu benötigte Greiftechnik und Sensorik sehr komplex ist. Technisch sind mit den heutigen Möglichkeiten derartige Robotersysteme realisierbar, jedoch keine hohen Kommissionierleistungen zu erzielen. Deshalb kann damit auch keine interessante Wirtschaftlichkeit erreicht werden. Bei geeigneten Artikel- und Auftragsstrukturen haben sich für diese Art von automatischer Kommissionierung in einigen Branchen inzwischen leistungsfähige und auch wirtschaftliche Systeme in Form von Kommissionierautomaten durchgesetzt.

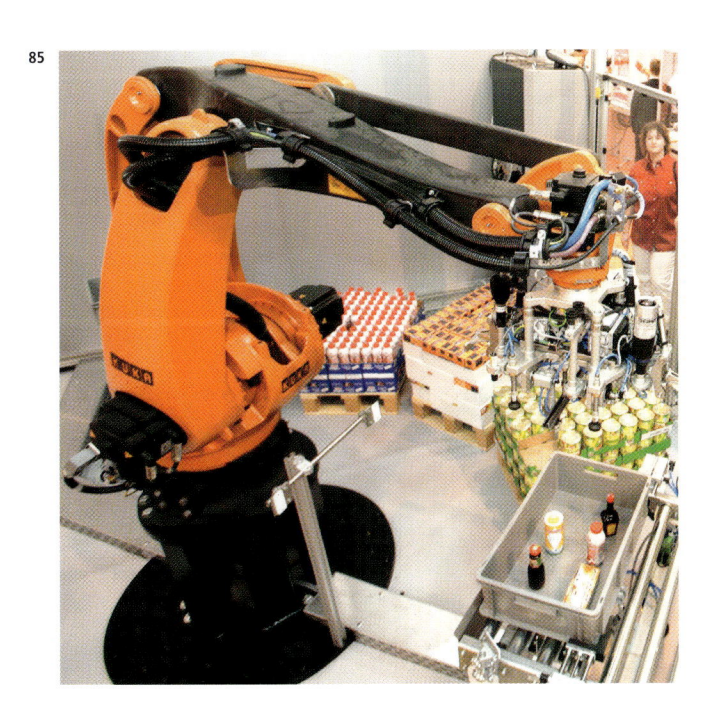

PRODUKTIONSLOGISTIK

Neben den Anwendungen im Maschinenbau, der Elektro- und Elektronikindustrie hat die Robotik auch für die Produktionslogistik in einigen Branchen, wie der Getränke- und Nahrungsmittelindustrie, Einsatzmöglichkeiten gefunden. Dieser Durchbruch gelang überall dort, wo Robotersysteme durch ihre Schnelligkeit, Präzision und ständige Verfügbarkeit im automatischen Betrieb und selbst bei schweren Lasten den Mensch als Bedienungsperson ersetzen konnten. In der Getränkeindustrie ist das der Fall bei der Leergut-Handhabung. Hier bewältigen Roboter mit hochflexiblen Greifern die Depalettierungkisten-, felder- oder lagenweise. Auch für den

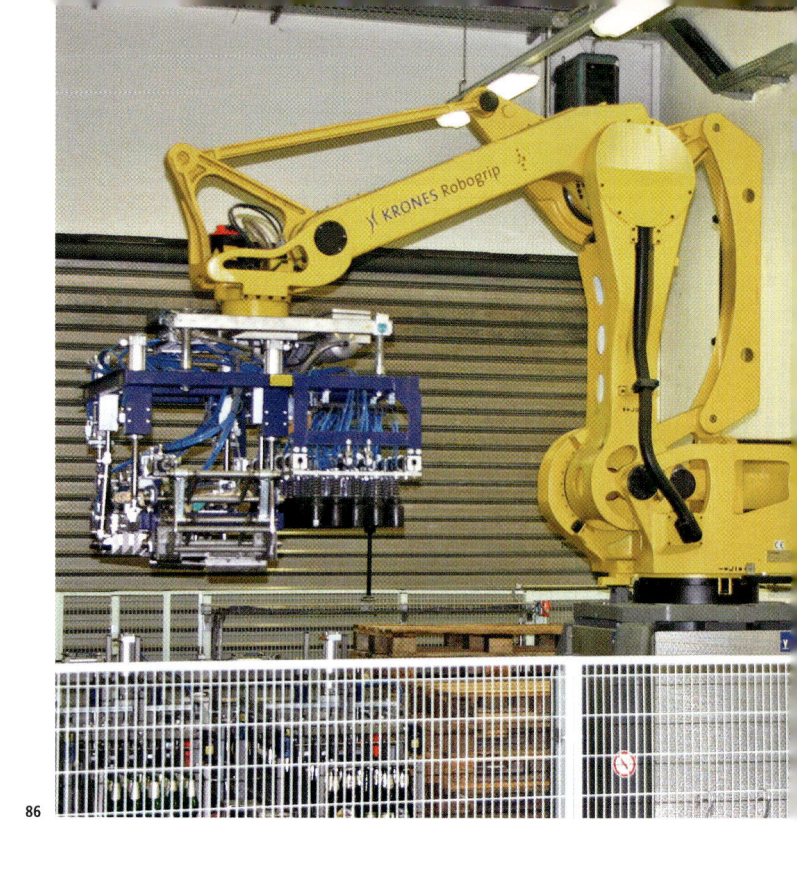

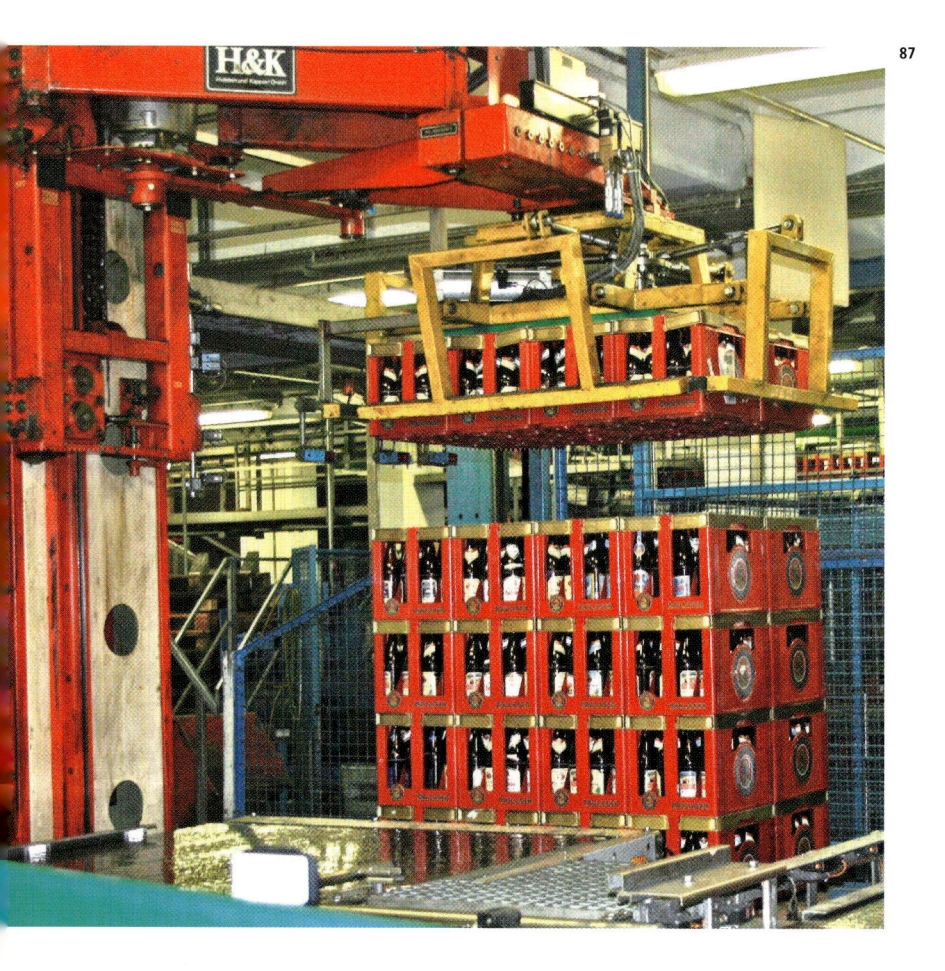

BILD 86 Einpacken von Flaschen

BILD 87 Depalettieren von Kästen

BILD 88 Palettieren von Käseblöcken

BILD 89 Umsetzen von Trays

BILD 90 Palettieren von Sackware

BILD 91 Entladung eines Paket-Containers

umgekehrten Vorgang, die Vollgut-Handhabung, können Roboter mit speziellen Greifern für Einzelflaschen zur Befüllung der Kästen und anschließend mit Klemmgreifern zur Palettierung zweckmäßig eingesetzt werden. Das trifft vor allem dann zu, wenn durch enge räumliche Verhältnisse der Einbau von Standard-Palettier-Einrichtungen nicht möglich ist.

In der Nahrungsmittelindustrie, besonders in Molkereibetrieben, übernehmen Roboter Palettieraufgaben für Fertigprodukte am Ende der Produktionskette. Durch eine Raum sparende Bauweise und die Möglichkeit der projektspezifischen Greiferauslegung können die unterschiedlichsten Güter, wie Trays, Kartons und Säcke von Robotersystemen am besten und wirtschaftlichsten gehandhabt werden.

88

89

90

Das Bestreben der Robotik war von Anfang an, immer neue Einsatzbereiche zu gewinnen. Ein sehr komplexes Beispiel dafür ist die Roboteranlage zur Entladung von Paketen aus Containern. Der Entladevorgang wird von einem leistungsfähigen Prozessrechner gesteuert, der die nötigen Angaben über den Beladezustand innerhalb des Containers durch einen 3D-Laserscanner und weitere Sensoren erhält. Auf der Basis dieser Informationen bestimmt der Rechner die Greifpunkte und generiert alle Bewegungsabläufe für den Roboter und dessen Greifer.

Die Erfahrungen mit dem Betrieb dieses High-Tech-Systems werden zeigen, ob einerseits die Funktionssicherheit und andererseits die Wirtschaftlichkeit gegeben sind. Mit einer erfolgreichen Markteinführung gehen die Logistik und die Robotik einen weiteren Schritt aufeinander zu.

91

STETIGFÖRDERER FÜR STÜCKGUT

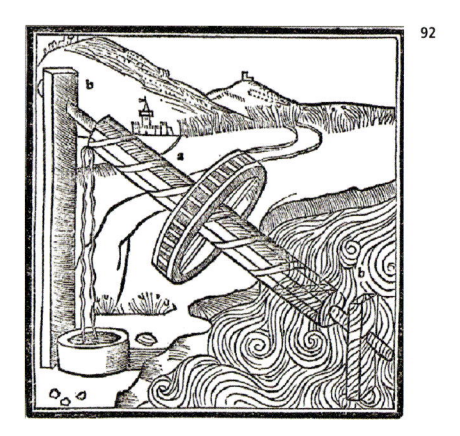

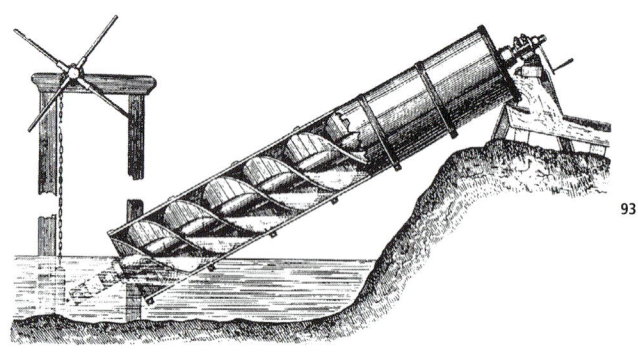

BILD 92 *Prinzipskizze der Archimedischen Wasserschraube im Altertum*

BILD 93 *Neuzeitlichere Form der Wasserschraube*

BILD 94 *Wasserschraube im Einsatz in Entwicklungsländern*

HISTORIE

Stetigförderer sind mechanische, pneumatische und hydraulische Fördereinrichtungen, bei denen das Fördergut auf festgelegten Förderwegen von Aufgabe- zu Abgabestellen stetig bewegt wird. Sie werden für Stückgut wie Kisten, Kästen, Behälter, Paletten und Schüttgut wie Sand, Kohle, Erze und Getreide angewendet.

Eine der ältesten dieser Fördereinrichtungen ist die von dem 287 v.Chr. in Syrakus (Sizilien) geborenen Archimedes erfundene Wasserschraube. Sie stellt eine Wasserschnecke, bestehend aus einem Hohlzylinder und einer eingepassten Schneckenwendel dar, die schon zur damaligen Zeit zur Be- und Entwässerung landwirtschaftlicher Flächen diente.

Noch heute wird sie manchmal im Fernen und Nahen Osten sowie in Ägypten als einfaches und effizientes Gerät eingesetzt.

Diese **Archimedische Wasserschraube** ist zwar eine antike, aber dennoch hochaktuelle Konstruktion, deren moderne Ableger als kontinuierlich arbeitende Schneckenförderer vielseitig im Bereich des Massengutumschlags von Schüttgütern zum Einsatz kommen. Steigende Nachfrage und erhöhte Anforderungen besonders bei Schiffsentladungen führten zur

Stetigförderer für Stückgut

Entwicklung von Hochleistungs-Schneckenförderern und zur intensiven Erforschung ihrer Eigenschaften und Leistungen auf modernsten Versuchseinrichtungen.

Eine andere Anwendung dieses Förderprinzips von Archimedes entstand in den **60er Jahren** mit dem Schraubenförderer. Er besaß die Elemente »Schrauber« und »Trudler«, die beide zur Aufnahme und Förderbewegung von Behältern mit schraubenförmig gedrehten Rundstählen ausgerüstet waren. Der »Schrauber« ermöglichte durch einen entsprechenden Antrieb sowohl die Auf- wie Abwärtsförderung, während der »Trudler« nur mit Hilfe der Schwerkraft abwärts fördern konnte.

Auch wenn sich diese Fördereinrichtung später nicht durchgesetzt hat, stellte sie doch einen interessanten Versuch dar, die Verbindung zwischen der Schüttgut- und Stückgut-Fördertechnik auf der Basis antiker Ideen herzustellen.

Erwähnenswert ist auch eine weitere Anwendung dieses Schraubenprinzips beim Kreisförderer für Hängewaren.

BILD 95 *Hochleistungsschneckenförderer als Schiffsentlader für Zementschüttgut*

BILD 96 *Schrauber und Trudler als Stückgutförderer nach dem Archimedes-Prinzip*

BILD 97 *Hängeförderer-System nach dem Schrauber-Prinzip*

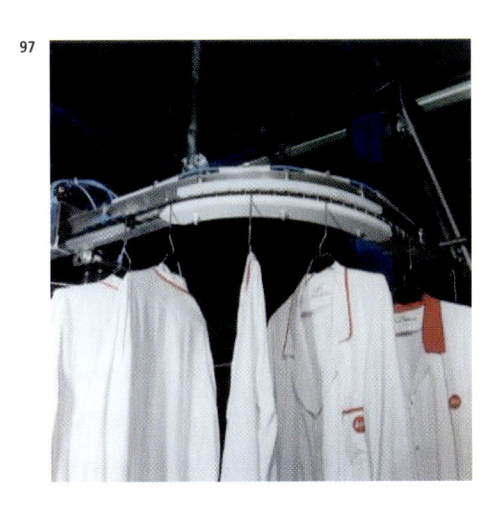

FLURGEBUNDENE STETIGFÖRDERER

LEICHTE STÜCKGUTFÖRDERER In der Industrialisierungsphase nach dem Zweiten Weltkrieg lag der Schwerpunkt der Investitionen zuerst in der Produktion und den erforderlichen Maschinen, Werkzeugen und sonstigen Fertigungseinrichtungen. Erst Mitte der 50er Jahre rückten auch die dazugehörenden Arbeitsplätze mit ihren innerbetrieblichen Verbindungen in den Blickpunkt der Fertigungsplaner. Zur Erleichterung und Beschleunigung der Arbeitsvorgänge setzte man zum Beispiel Rollenbahnen ein, auf denen Werkstücke bearbeitet wurden und über die anschließend auch die Übergabe an die nachfolgenden Arbeitsplätze in einfacher Weise erfolgen konnte.

Diese Art der Gestaltung und Verbindung von Arbeitsplätzen mit Geräten und Komponenten der Stückgutfördertechnik setzte sich mit der damals beginnenden großen Verbreitung der »Fließfertigung« immer stärker durch. Obwohl diese Fertigungsorganisation von Henry Ford schon seit 1913 bekannt war, wurden in Europa ihre Vorteile für Fertigungsbetriebe außerhalb der Automobilindustrie erst zu diesem späteren Zeitpunkt erkannt. Zuerst kamen nur nicht angetriebene **Rollen- und Röllchenbahnen** zum Einsatz. Weitere Elemente wie Kurven, Verzweigungen und Kreuzungen wurden zur Bildung einer Gesamtanlage eingeführt. Diese Verbindungen der einzelnen Arbeitsplätze in der »Fließfertigung« konnten quasi als Nebeneffekt als Zwischenpuffer genutzt werden, weshalb damals auch der Begriff einer »Fließlagerung« entstanden ist.

Diese Entwicklung wurde noch durch die gleichzeitig immer mehr zum Einsatz kommenden Transport- und Lagerhilfsmittel gefördert. Zuerst waren es noch Holzkästen und dann Kästen aus Blech, die bald als so genannte Sicht- und Stapelkästen genormt wurden und sich auf breiter Front vorwiegend in der Produktion und ihren Lagerbereichen durchsetzen konnten.

Damit wird deutlich, dass die Wurzeln der Familie der **Leichten Stückgutförderer** auch hauptsächlich in diesen Anwendungen liegen.

BILD 98   Rollenbahn in der Fertigung

BILD 99   Röllchenbahn-Anlage in einer Fließfertigung

BILD 100 Verbindung von Arbeitsplätzen in der Montage

BILD 101 Rollenbahnen zur Pufferung von Behältern

BILD 102 Behälterförderer in der mechanischen Fertigung

STETIGFÖRDERER FÜR STÜCKGUT

stärkt als angetriebene Förderer. Zur Überwindung von Höhenunterschieden in Gebäuden und zwischen Stockwerken wurde der **Gurtförderer**, der insbesondere bei Schüttgut in Klein- und Großanlagen schon länger existierte, in verfahrbarer oder stationärer Version verwendet. Die Be- und Entladung von LKW's wurde durch teleskopierbare Rollenbahnen oder Gurtförderer vereinfacht und wesentlich beschleunigt. Das Gewicht der bei diesen Anwendungen zu handhabenden Stückgüter wird durch die physische Leistungsfähigkeit des Personals begrenzt. Zu bewältigen sind Einheiten von maximal 50 Kilogramm und bei einem Dauereinsatz von höchstens 20 Kilogramm, was ähnlich auch schon zu Zeiten des Technik-Autors Jakob Leupold (1674 bis 1726) gegolten hat.

BILD 103 *Röllchenbahn im Versand*

BILD 104 *Gurtförderer zur Schrägförderung*

BILD 105 *Teleskopförderer zur Beladung*

Die Produktion blieb auch in der nächsten Phase für die Leichte Stückgutfördertechnik ein Schwerpunktbereich, weil weitere Funktionen in der innerbetrieblichen Förderung, Verteilung und Zusammenführung sowie Handhabung von Stückgütern zwecks Arbeitserleichterung und Produktionssteigerung integriert und mechanisiert wurden. Dabei konnte aber auch schon eine gewisse Verlagerung vom Handling der unfertigen Erzeugnisse innerhalb der Produktion zu den fertigen Erzeugnissen, beispielsweise Flaschenkästen in der Getränkeindustrie und Kartons in der Konsumgüterindustrie, festgestellt werden. Aber auch der Handel entdeckte zu dieser Zeit den Nutzen dieser noch neuen Techniken für seine Betriebe.

Für den einfachen Transport von A nach B wurden immer häufiger **Rollen- oder Röllchenbahnen** benutzt, bald auch ver-

Neben den bisher beschriebenen Funktionen entstand mit steigenden Stückzahlen als neue Anforderung die Möglichkeit des **Stauens** von Fördergütern. Diese Funktion wird immer dann benötigt, wenn wegen unterschiedlicher Abwicklungszeiten zwischen Einrichtungen und Bereichen Zwischenpuffer gebildet werden müssen. In der Produktion, zum Beispiel in der Nahrungsmittel- und Konsumgüterindustrie, ist diese Situation vor Abfüllmaschinen und vor der Palettierung gegeben. Im Handel, besonders im Versandhandel, tritt dieser Staueffekt in der Kommissionierung und vor der Packerei sowie im Versand auf. Dabei stellte besonders die Vorgabe nach einem Ansammeln der Güter ohne Staudruck, um Beschädigungen und das »Aufbäumen« zu vermeiden, die Entwickler vor eine schwierige Aufgabe. Die technische Lösung dazu kam aus den USA mit dem so genannten APC-Förderer von Rapistan. Das war in der Geschichte der Leichten Stückgutförderer ein wichtiger Meilenstein.

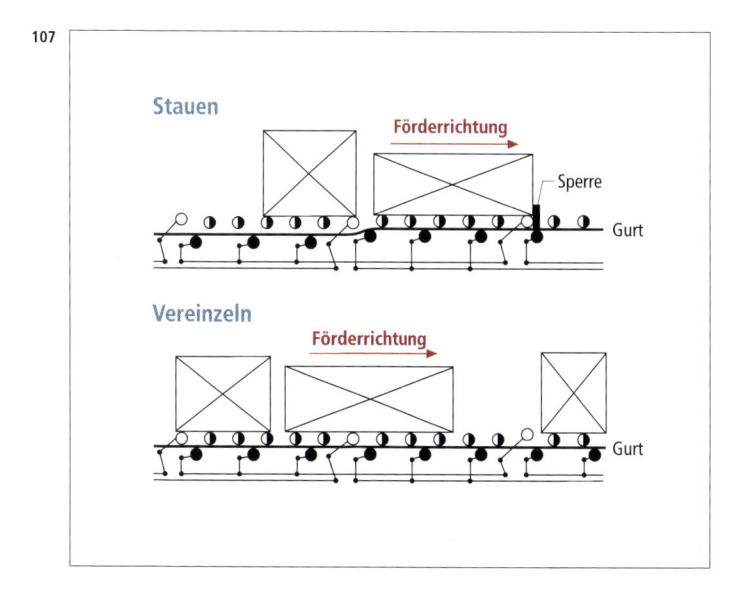

BILD 106 *Stauvorgang in einer Kartonförderanlage*

BILD 107 *Prinzipskizze des Stauförderersystems*

BILD 108 *Stauförderer für Kartons vor einer Verpackungslinie*

BILD 109 *Stauförderer in der Waschmittelproduktion*

STETIGFÖRDERER FÜR STÜCKGUT

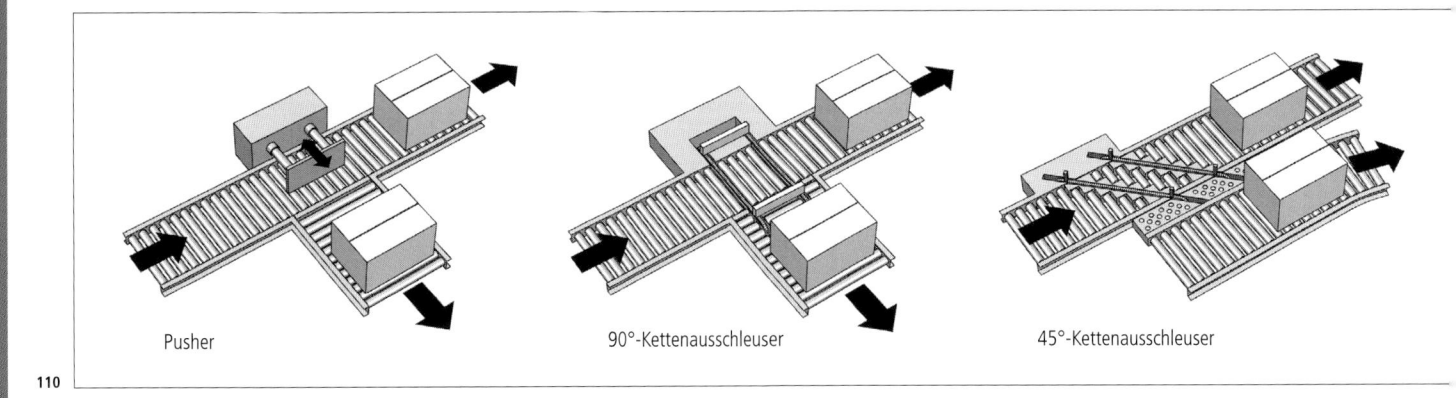

Pusher   90°-Kettenausschleuser   45°-Kettenausschleuser

Grundaufbau

Rollenförder Typ K   Rollenförder Typ G   Rollenförder Typ Z

Stauförder Typ K   Stauförder Typ R

Gurtförder Typ SR   Gurtförder Typ SG

Die ständig wachsende Nachfrage nach Förderanlagen zur Mobilisierung von Rationalisierungsreserven und die beeindruckenden Vorbilder aus Übersee motivierten viele kreative Ingenieure von Fördertechnikherstellern, sich intensiver mit der eigentlich einfach aufgebauten **Leichten Stückgutfördertechnik** zu befassen. Das Ergebnis war eine neue Generation von Fördergeräten, wie Rollenförderer, Gurtförderer, Stauförderer, Kettenförderer, Riemenförderer und Kurvenförderer. Durch die Vielzahl von Varianten, bedingt durch die sehr unterschiedlichen Fördergüter und Einsatzfälle ergab sich wegen der Vereinfachung von Projektierung, Konstruktion, Fertigung, Montage und Wartung der Zwang zur Standardisierung, also zur Schaffung von kompletten Baukasten-Systemen. Bei der Dimensionierung dieser Geräte wurde eine obere Gewichtsgrenze der Stückgüter von 100 Kilogramm quasi als Norm festgelegt.

Neben der Funktion des Förderns musste mit steigender Komplexität der Förderanlagen und höheren Durchsätzen die Aufgabe des Verteilens und Zusammenführens der Materialflüsse gelöst werden. Dazu dienten zuerst Weichen und später leistungsfähigere Pusher, Abweiser, Ausschleus- und Einschleuseinrichtungen mit Ketten, Riemen oder Hubröllchen.

Mit diesen angebotenen technischen Möglichkeiten erfüllte die Leichte Stückgutfördertechnik sehr gut die gestiegenen Anforderungen besonders von Großhandelsunternehmen für Pharmazeutika, Bücher, Schuhe, Textilien und Versandartikel. In diesen Branchen erforderten in den 70er Jahren wachsende Abnehmerkreise, hohe Auslieferungsleistungen bei kürzeren Lieferzeiten und rapide steigende Personalkosten den Einsatz von mehr mechanisierten Anlagen in allen Funktionsbereichen.

Bandabweiser — Gurttransfer — Pop-up-Transfer

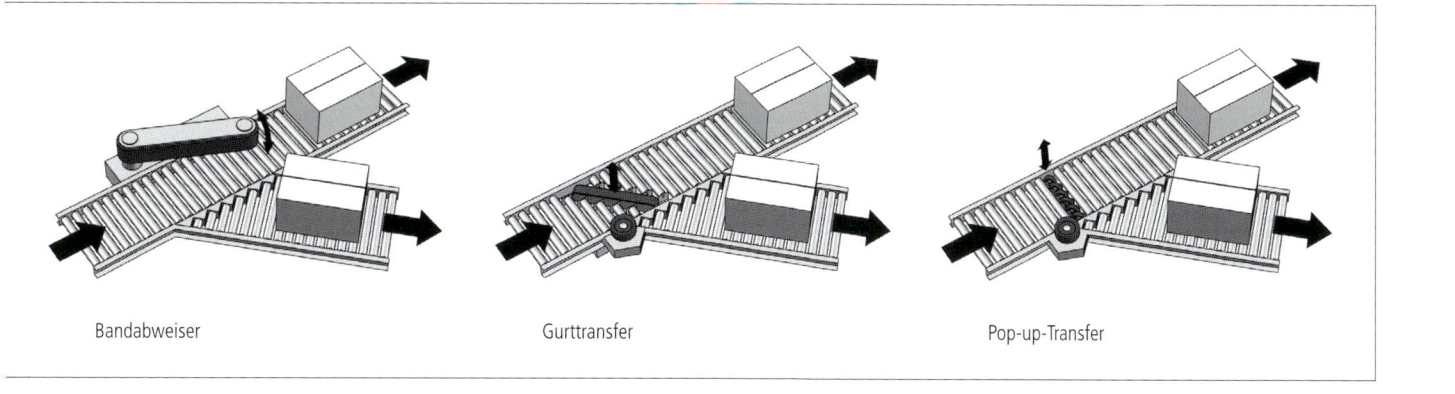

BILD 110   Transfer-Systeme für leichte Stückgüter

BILD 111   Modularer Baukasten für Stückgutförderer

BILD 112   Pharmagroßhandel

BILD 113   Buchgroßhandel

STETIGFÖRDERER FÜR STÜCKGUT

BILD 114 Geschenkgroßhandel (WMF)

BILD 115 Sammelbahnen im Versandbereich (WELLA)

BILD 116 Förderanlage in der Packerei (WELLA)

Schwerpunktmäßig betraf es die personalintensiven Kommissionierbereiche, in denen Förderer zur Erleichterung der Kommissionierarbeit und Reduzierung der Wegzeiten sinnvoll eingesetzt werden konnten. Aber auch für den innerbetrieblichen Transport in und zwischen den Bereichen mit teilweise langen Verbindungsstrecken und Sammel- sowie Staufunktionen eigneten sich diese Förderer und Zusatzeinrichtungen aus den Baukästen.

In der innerbetrieblichen Materialflusskette stiegen auch die Anforderungen an den Packbereich. Deshalb wurden die Funktionen von Zuförderung, Pufferung, Abförderung von Paketen und der Rücktransport von Leerbehältern stärker mechanisiert. Das betraf auch den Versandbereich als letztes Glied, in dem die versandfertigen Waren nach bestimmten Kriterien wie Kunden, Zielorten oder Touren für die Auslieferung zu sortieren und bereit zu stellen sind.

Ein weiteres großes Einsatzgebiet für die Leichten Stückgutförderer entstand durch die verstärkte Einführung von Kommissionieranlagen mit größeren Regalhöhen und deren Bedienung mit Regalbediengeräten. Das betraf hauptsächlich die Vorzonen vor den eigentlichen Lagerblöcken.

116

Bei den Anlagen nach dem Prinzip **Mann-zur-Ware** waren es einfache Förderer zur Zuförderung der Lagerartikel und Abförderung der Kommissionierwaren. Diese Vorzonen wurden wesentlich umfangreicher bei den so genannten AKL (Automatische Kleinteilelager), bei denen die Kommissionierung vor dem Lagerblock nach dem Prinzip Ware-zum-Mann erfolgt. Die Ver- und Entsorgung dieser stationären Kommissionierplätze benötigt wesentlich mehr Stückgutförderer mit allen erforderlichen Zusatzeinrichtungen.

BILD 117 Behälterförderanlage bei Kommissionierung nach dem Prinzip Mann-zur-Ware (Lingenbrink)

BILD 118 Kommissionieranlage nach dem Prinzip Ware-zum-Mann (Witron)

In den **70er Jahren** ergab sich eine weitere bedeutende Anwendung in der Nahrungs- und Konsumgüterindustrie. Durch breitere Sortimente und höhere Ausstöße wurden leistungsfähigere Einrichtungen zur automatischen Palettierung von Paletten entwickelt und eingesetzt, die wiederum umfangreiche Versorgungsanlagen mit entsprechenden Staufunktionen für die aus der Produktion kommenden Artikelkartons benötigten. Diese Anlagen bestanden aus kilometerlangen Strecken mit **Gurt-, Rollen- und Stauförderern** sowie **Sortiersystemen**, mit denen in dieser Zeit viele Produktionsstätten in Europa ausgerüstet wurden.

Dieser Trend zu mehr Gesamtanlagen setzte sich in den **80er Jahren** fort, nicht zuletzt auch durch die Einführung des Begriffes »Materialflusstechnik« und den damit verbundenen weiterreichenden ganzheitlichen Planungsaktivitäten. Ein allgemeiner Treiber war weiterhin der hohe Kostendruck, der in Industrie und Handel ständig zu Rationalisierungsmaßnahmen zwang. Dabei wurden natürlich alle Verbesserungen, die durch neue Techniken möglich wurden, umgehend genutzt, um schneller, kostengünstiger und mit besserer Qualität die Materialflussaufgaben zu erledigen. In diese Zeit fallen auch verschiedene strategische Veränderungen, die sich durch politische Entscheidungen wie die Einführung der Europäischen Union und wirtschaftliche Entwicklungen wie die Globalisierung zwangsläufig ergeben haben. Eine konkrete Folge war die starke Zentralisierung der Distribution. Unterstützt wurde diese Strategie auch noch durch die neue Generation von übernational organisierten Dienstleistern für die gesamte Distributionskette und die Tendenz bei vielen Unternehmen zur Auslagerung ihrer Distribution an diese Dienstleister. In den **90er Jahren** brachte in Deutschland die Wiedervereinigung einen zusätzlichen Schub für Investitionen, da viele Großprojekte in den neuen Bundesländern, gefördert durch hohe Subventionen, realisiert werden konnten.

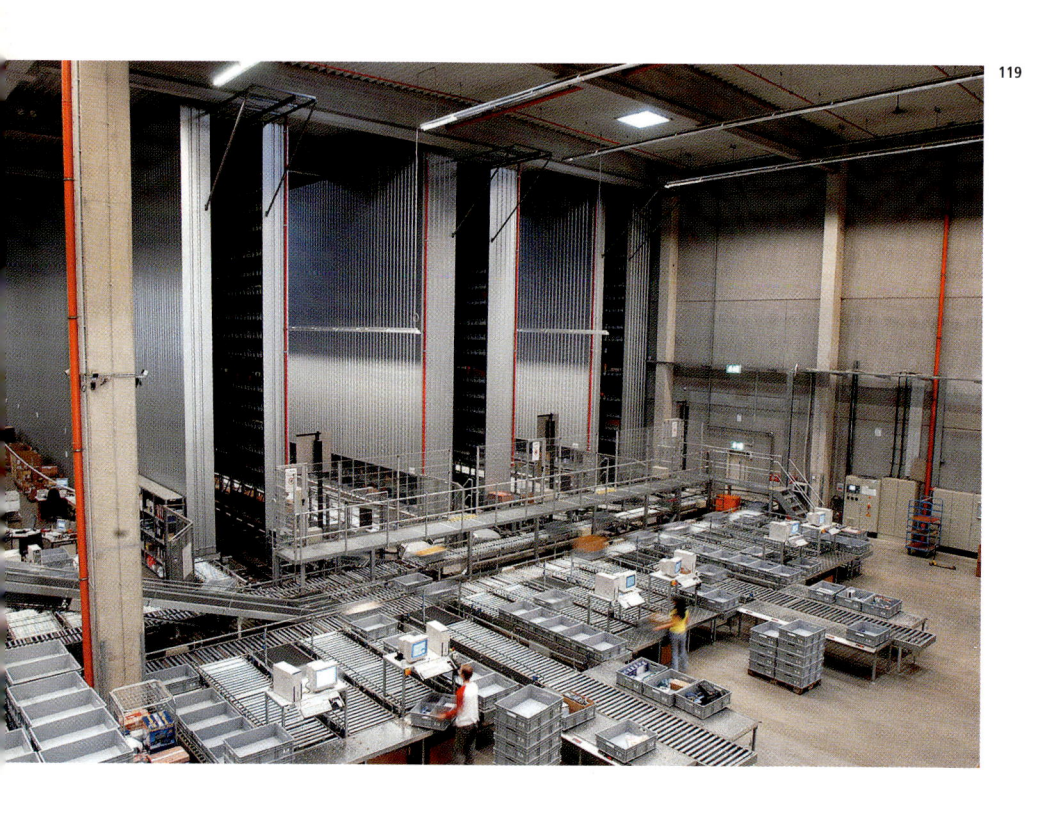

BILD 119 Behälterförderanlage in einem Distributionszentrum

BILD 120 Staubahnen vor einer Palettieranlage

STETIGFÖRDERER FÜR STÜCKGUT

BILD 121 Förderanlagen in einem Versandhaus für E-Commerce (Amazon)

BILD 122 Sortierförderer mit Sammelbahnen in einem Frachtzentrum (Tesco)

Der Effekt für die Leichte Stückgutfördertechnik war die Erschließung vieler neuer Märkte und Anwendungen. Durch die Zentralisierung entstanden in Europa Megazentren für Lagerung und Distribution, in denen besonders die Kommissionierbereiche an Bedeutung zunahmen. Der Grund lag darin, dass durch die Auflösung der dezentralen nationalen Verteilzentren die auszuliefernden Waren schon in der Zentrale für die Endkunden fertig zu stellen waren.

Ende der 90er Jahre traten unter dem Begriff »E-Commerce« neue Formen des Handels auf, und zwar mit den amerikanisierten Bezeichnungen b2b für geschäftliche und b2c für private Zwecke. Neue Verteilzentren mit großem Bedarf an **Leichter Stückgutfördertechnik** waren die Folge.

Der steigende Bedarf an höheren Sortierleistungen machte neue technische Entwicklungen erforderlich, um diese Leistungen zu ermöglichen. Neue Sorter mit Kippschalen-, Schuh- und Quergurt-Techniken und Sortierleistungen von bis zu 15.000 Teilen pro Stunde waren das Ergebnis. Eingesetzt wurden sie in Umschlagszentren von Fracht-, Paket- und Express-Diensten. Aber auch in Kommissionier- und Versandbereichen im Versandhandel und in anderen Distributionszentren wurden diese neuen Möglichkeiten genutzt. Eine weltweite Anwendung fanden entsprechend angepasste Förderer und Sorter aber besonders bei Gepäckförderanlagen auf Flughäfen.

123

FLURGEBUNDENE STETIGFÖRDERER

SCHWERE STÜCKGUTFÖRDERER Zur Beförderung von schweren Lasten wurden schon im Altertum neben der menschlichen Arbeitskraft Hilfsmittel wie Hebel und Rollen aus Holz eingesetzt, um den Bewegungswiderstand zu reduzieren und damit die Leistungsfähigkeit zu steigern. Mit der Erfindung des Rades wurde später über viele Jahrhunderte die Beförderung durch Wagen, gezogen von Tieren, vorgenommen. Im Zuge der Industrialisierung nahm die Bedeutung der innerbetrieblichen Transporte zu. Zuerst wurden diese Aufgaben mit Hallenkranen, später von den unterschiedlichen Arten der aufkommenden Gabelstapler übernommen, die im Vergleich zu Kranen flexibler und schneller arbeiten konnten.

Nach dem Zweiten Weltkrieg und mit den weiter ausgebauten Produktionsbetrieben und ihren höheren Umsätzen nahm die Anzahl an innerbetrieblichen Transporten schlagartig zu. Gleichzeitig setzte sich der Einsatz von standardisierten Transport- und Ladehilfsmitteln in Form von Paletten und Gitterboxen immer mehr durch. Da die bisherigen Transporthilfsmittel wie Krane und Stapler für eine weitergehende Mechanisierung und einen begleitfreien Transport nicht so gut geeignet waren, entstand der Bedarf nach den stetig fördernden Stückgutförderern.

Da in der Stahlindustrie schon früher wegen der Art des zu transportierenden Materials (schwer und heiß) Rollgänge eingesetzt werden mussten, orientierten sich die Fördertechnik-Ingenieure bei der Entwicklung dieses neuen Programms zuerst an diesen Förderanlagen. Das Ergebnis waren noch sehr aufwändige Konstruktionen mit voluminösen Tragrollen und Stehlagern.

124

Mitte der **60er Jahre** wurde dann allerdings diese Entwicklung systematischer aufgezogen. Die verschiedenen, für das komplette Fördererprogramm erforderlichen Bauelemente, wie zum Beispiel die Tragrollen, wurden nun systematischer, entsprechend den spezifischen Anforderungen entworfen. Weiterhin wurden Baukästen, bestehend aus Baugruppen, Komponenten und vollständigen Geräten entwickelt. Diese Entwicklungsaufgabe wurde erheblich erleichtert, weil sich europaweit inzwischen die Standardisierung von Paletten und Gitterboxen durchgesetzt hatte. Dadurch konnte die Variantenvielzahl begrenzt werden, was sich positiv auf alle Bereiche von Projektierung, Konstruktion, Fertigung und Montage ausgewirkt hat.

Mit diesen **Baukästen für Schwere Stückgüter** konnte in der Folge eine große Bandbreite von innerbetrieblichen Transportaufgaben gelöst werden. Das eindeutig bedeutendste Einsatzgebiet stellten zuerst die Anlagen der Lagertechnik dar. Aber neben dieser Art von Anlagen ergaben sich weitere neue Anwendungen, für die diese Stetigförderer prädestiniert waren. Bei Überbrückung langer Förderwege oder zur Überwindung von Hindernissen, Betriebshöfen und Straßen ist eine mechanisierte oder automatisierte Anlage mit diesen Förderelementen die günstigste Lösung. Der häufig erforderliche Stockwerkswechsel kann mit Etagenförderern schneller und begleitfrei erfolgen. Weitere sinnvolle Einsatzbeispiele sind bei der automatischen LKW-Beladung und in Kommissionierbereichen zu finden.

BILD 123 *Holzrollen beim Schwerlasttransport im Altertum*

BILD 124 *Förderanlagen im Walzwerk*

BILD 125 *Rollenförderer mit Stehlager für Langgutkassetten*

BILD 126 *Standard-Programm für Geräte zur Palettenförderung*

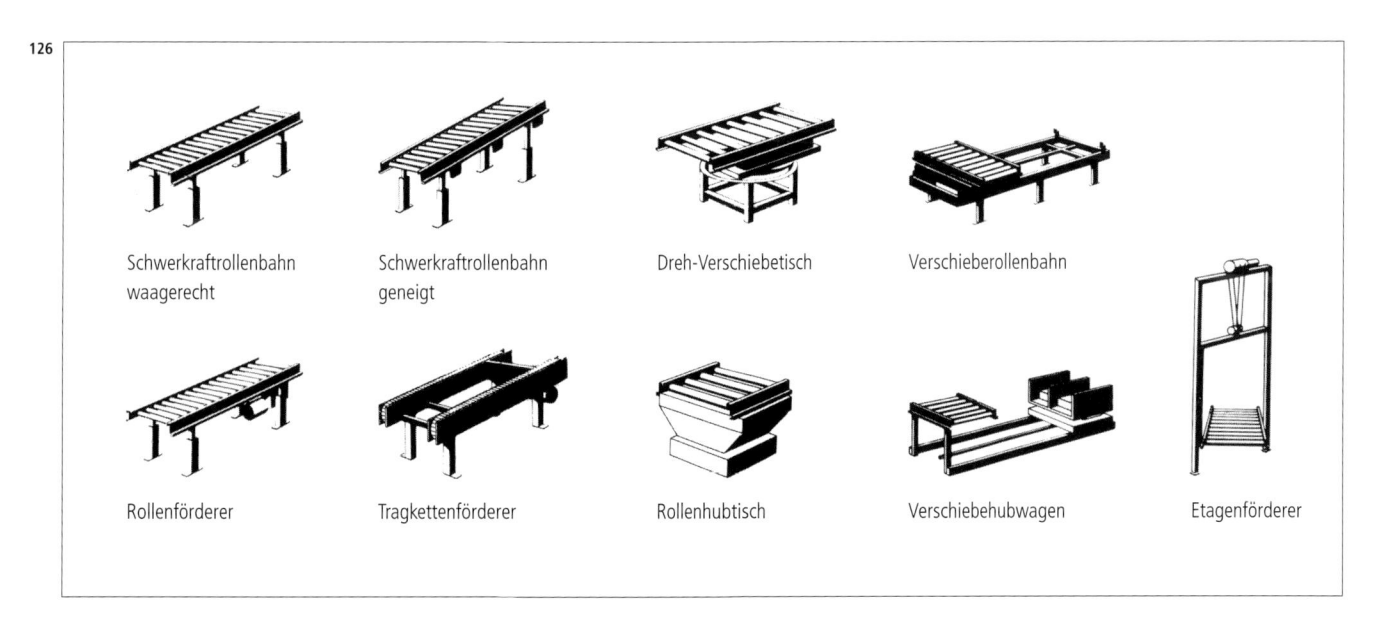

STETIGFÖRDERER FÜR STÜCKGUT

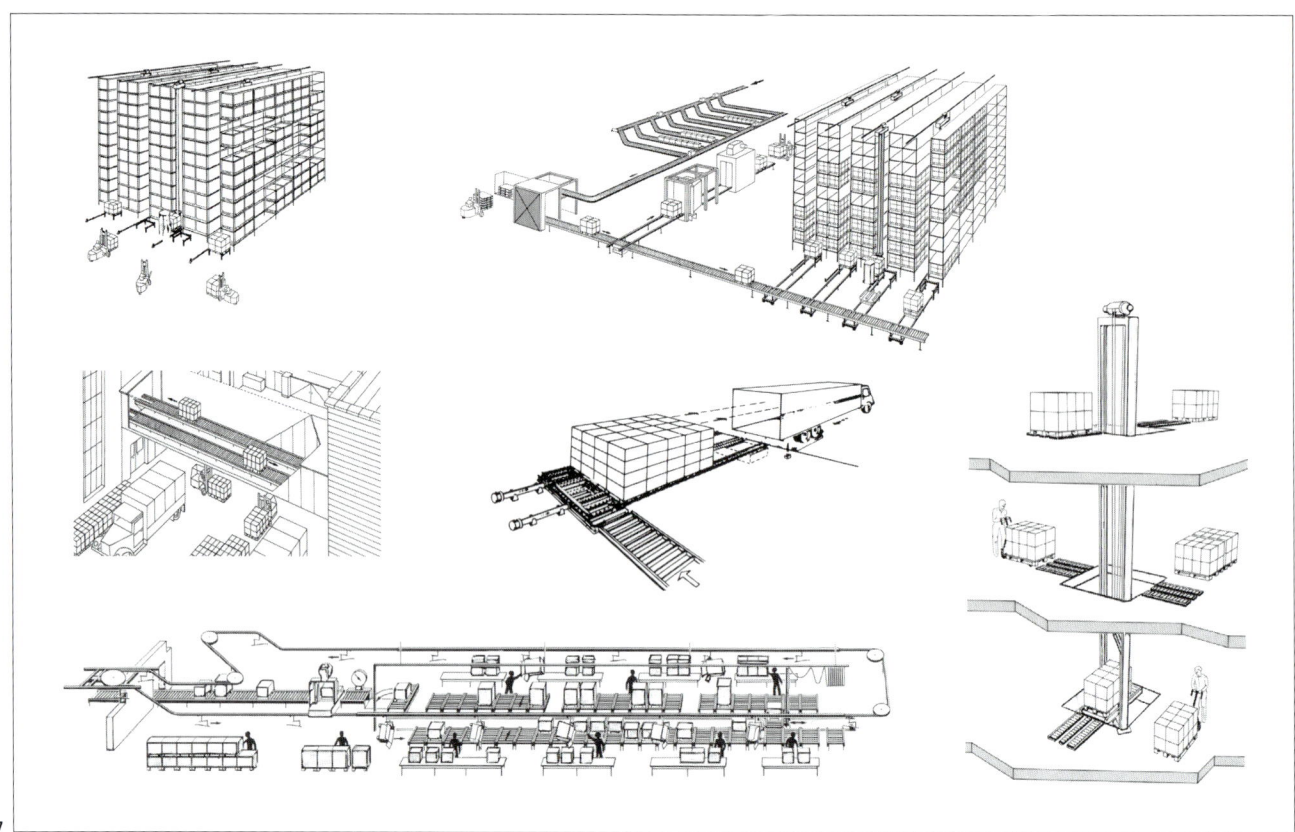

127

Der größte Vorteil dieser Stückgutfördertechnik ist durch die mechanisierte Förderung mit unterschiedlichen Automatisierungsgraden die Möglichkeit, einen vollständig begleitfreien Transport durchzuführen. Allerdings mussten anfänglich noch Erfahrungen über die Anforderungen an die Ladehilfsmittel und ihrer Ladung hinsichtlich Maßhaltigkeit und Festigkeit gesammelt werden. Das betraf insbesondere die Fördergüter, die mit dem Stückgutförderer an vollautomatisierte Lagerbediengeräte übergeben werden sollten. Damit dieser Prozess störungsfrei ablaufen konnte, wurden vor der Einlagerung am so genannten I-Punkt spezielle Prüfeinrichtungen eingeführt, die ungeeignete Lagergüter aussortierten.

Durch die Vielfalt der Fördergeräte und ihrer Zusatzeinrichtungen konnten immer weitere Einsatzfälle gefunden werden. Diese Verbreitung wurde auch dadurch begünstigt, dass neben der Ausnutzung der Automatisierungsmöglichkeiten in den **80er Jahren** höhere Fördergeschwindigkeiten, bessere Regelungs- und Steuerungstechniken sowie geräuschärmere Anlagen eingeführt wurden. Einige typische Anwendungen werden im Folgenden näher vorgestellt.

128

BILD 127 Anwendungsbeispiele für Palettenförderer in Industrie und Handel

BILD 128 Ein- und Auslagerungsförderer für automatische Lager

BILD 129 Neuzeitliche Prüfeinrichtung für Lagergut vor dem I-Punkt

BILD 130 Ungeeignetes Lagergut für Automatikbetrieb

BILD 131 Tragkettenförderer zur Förderung von empfindlichen Ladungen

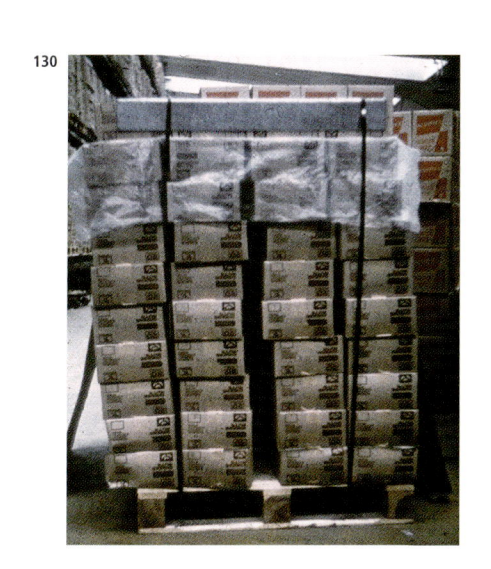

STETIGFÖRDERER FÜR STÜCKGUT

Bei schwierigen Fördergütern, wie eine hohe Beladung mit empfindlichen Gütern, ermöglicht der Tragkettenförderer bei entsprechender technischer Auslegung eine bessere Handhabung als der Gabelstapler. Die Verteilung von Fördergütern auf mehrere Strecken, beispielsweise im Versand, übernimmt auf einfache und sichere Weise ein Verschiebewagen mit aufgesetztem Rollenförderer. Für Ein- und Ausschleusungen innerhalb von Förderanlagen ist der Drehtisch ein bewährtes Fördergerät. Zur Überwindung von Niveauunterschieden werden normalerweise Aufzüge erforderlich, bei denen allerdings das Flurförderzeug und die Bedienungsperson mitfahren müssen. Schneller und kostengünstiger kann dieser Vorgang mit Etagenförderern erfolgen, die mit Rollenförderern bestückt sind. Dadurch kann das Fördergut begleitfrei befördert werden. Wird der Etagenförderer zusätzlich mit einem Drehtisch ausgerüstet, so können auch versetzt angeordnete Auf- und Abgabepunkte bedient werden.

Häufig kommen Förder- und besonders Lageranlagen vor, bei denen die zu handhabenden Güter wegen Problemen von Maßhaltigkeit, Festigkeit und Qualität nicht für die mechanisierte und automatische Förderung und Lagerung geeignet sind. In diesen Fällen werden einwandfreie Ladehilfsmittel als Untersetzpaletten eingesetzt, die nur in den internen Bereichen verbleiben. Diese so genannten Hauspaletten befinden sich in Magazinen und werden daraus den Plätzen zugeführt, wo das eigentliche Förder- und Lagergut aufgesetzt wird. Am Ende der Anlage, also bei der Auslagerung, erfolgt der umgekehrte Vorgang und die Leerpaletten werden in den Magazinen gespeichert.

132

133

BILD 132 Drehtisch in einer Süßwarenproduktion

BILD 133 Intermittierender Verschiebewagen als Verteiler für Paletten

BILD 134 Etagenförderer zur begleitfreien Höhenüberwindung

134

96 | 97

STETIGFÖRDERER FÜR STÜCKGUT

135

BILD 135 Magazineinrichtungen zur Speicherung und Bereitstellung von Leerpaletten

BILD 136 Kommissionieranlage für Gitterboxen in der Fertigung

Die fortschreitende Automatisierung des gesamten Materialflusses in den Betrieben durch direkte Verkettung von Fertigung, Lagerung, Kommissionierung und Versand erforderte aus Leistungs-, Organisations- sowie Platzgründen einen verstärkten Einsatz von mechanisier- und automatisierbaren Fördermitteln. Die verschiedenen Geräte aus dem Baukasten für schwere Fördergüter waren dafür bestens geeignet. Ein gutes Beispiel ist der Einsatz in Kommissionierbereichen in der Distribution, aber auch in der Fertigung, die nach dem Prinzip **Ware-zum-Mann** organisiert sind. Dabei übernehmen Rollenförderer und Verteilerwagen in Platz sparender Weise die automatische Zu- und Abförderung der Paletten oder Boxen zu den Arbeitsplätzen, an denen Ware oder Werkstücke entnommen oder zugelegt werden.

136

STETIGFÖRDERER FÜR STÜCKGUT

Eine weitere bedeutende Entwicklung bei der **Schweren Stückgutfördertechnik** war das Durchlauflager. Es besteht aus einzelnen Kanälen mit schräg angeordneten Gefällerollenbahnen. Diese Bahnen sind mit besonderen Bremseinrichtungen ausgerüstet, die für ein kontrolliertes Ablaufen der Fördergüter sorgen. Diese Bremseinrichtungen lösten in den 60er Jahren einen ausgedehnten Erfinderwettbewerb aus, in dem die unterschiedlichsten Lösungen in Form von mechanischen, hydraulischen und elektrischen Bremssystemen entwickelt wurden. Letztlich hat sich nur die Fliehkraftbremse wegen ihrer Funktionssicherheit, Montagefreundlichkeit sowie günstiger Herstellkosten durchgesetzt. Die Ein- und Auslagerung erfolgt manuell mit Gabelstaplern oder automatisch mit speziellen Bediengeräten. Mit dieser Lagerart wird das Organisationsprinzip **First in-First out** zwangsläufig und ohne steuerungstechnischen Aufwand erreicht.

BILD 137 Automatische Einlagerung für Durchlauflager für Paletten mit Röstkaffee (Tchibo)

BILD 138 Gefällebahnen für Durchlauflager mit Staplerbetrieb (Hella)

BILD 139 Auslagerungszone eines Durchlaufagers mit Übergabe zum Versandbereich (Tchibo)

138

139

STETIGFÖRDERER FÜR STÜCKGUT

Lager mit Hochregalstaplern haben seit Mitte der **70er Jahre** ihren Platz in der Lagertechnik erobert. Die Zu- und Abförderung der Lagergüter und das Zusammenspiel mit dem Hochregalstapler erfolgen bei größeren Anlagen auch mit Rollenförderern.

Das letzte Glied in der innerbetrieblichen Transportkette ist der LKW mit dem Be- und Entladevorgang. Mitte der **70er Jahre** wurden dafür erstmalig automatische Lösungen gefunden, mit denen der Ladevorgang in rund drei Minuten abgeschlossen werden konnte.

BILD 140 *Zusammenspiel zwischen Hochregalstapler und Pallettenförderer*

BILD 141 *Automatische LKW-Beladung in der Getränkeindustrie (Jägermeister)*

141

STETIGFÖRDERER FÜR STÜCKGUT

FLURFREIE STETIGFÖRDERER

KREISFÖRDERER Kreisförderer sind Stetigförderer, bei denen das Fördergut hängend transportiert wird. Diese Art von Fördertechnik ist wahrscheinlich von der Seilbahn abgeleitet, wie sie im Mittelalter schon zur Erdabtragung und zum Abtransport über große Entfernungen existiert hat. Sicher ist auch eine gewisse Verwandtschaft zu den Seilbahnen für den Personentransport vorhanden.

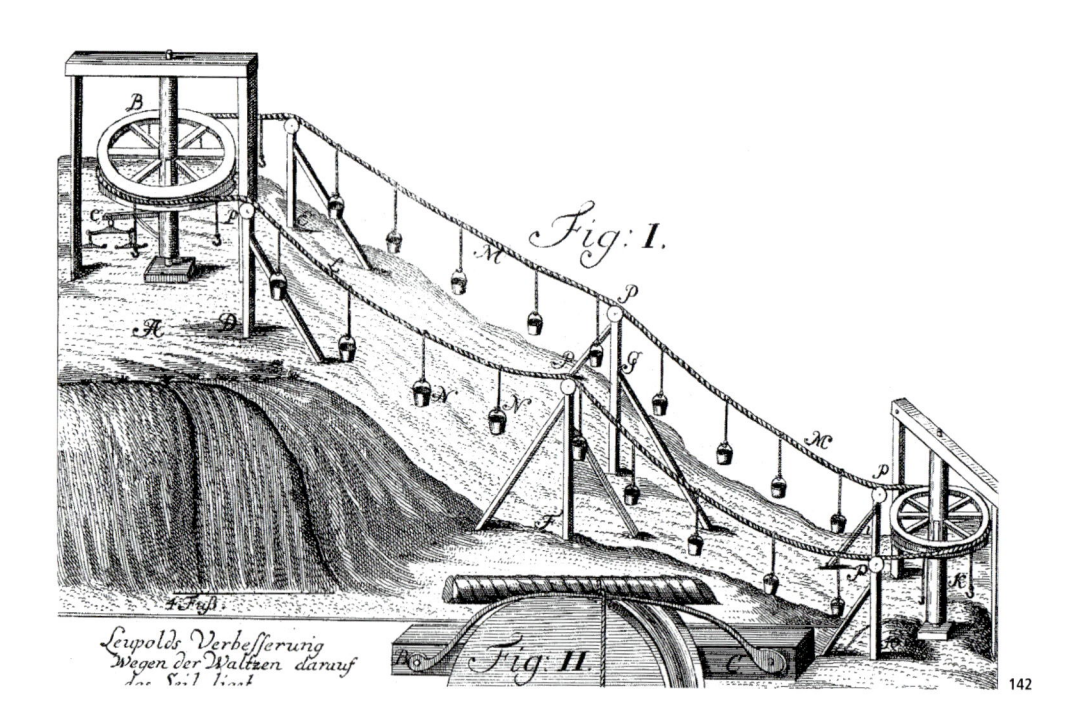

142

143

144

BILD 142 *Seilbahn mit Göpelantrieb in Danzig (1644)*

BILD 143 *Einfacher Kreisförderer für den innerbetrieblichen Transport von Gebinden*

BILD 144 *Neuzeitliche Seilbahn*

BILD 145 *Schleppkreisförderer in einer LKW-Montage*

Zuerst wurden **Kreisförderer** nur zum einfachen Transport innerhalb von Betrieben verwendet. Der echte Start für ihre Einsätze war der Zeitpunkt, als Henry Ford 1912 begann die Fahrzeuge auf einem Fließband herzustellen. Dabei wurde es notwendig, die Montageteile im kontinuierlichen Fluss heranzubringen, ohne die Verkehrswege und Montagearbeitsplätze zu stören.

Seitdem war die Automobilindustrie der wichtigste Abnehmer für Kreisfördereranlagen.

145

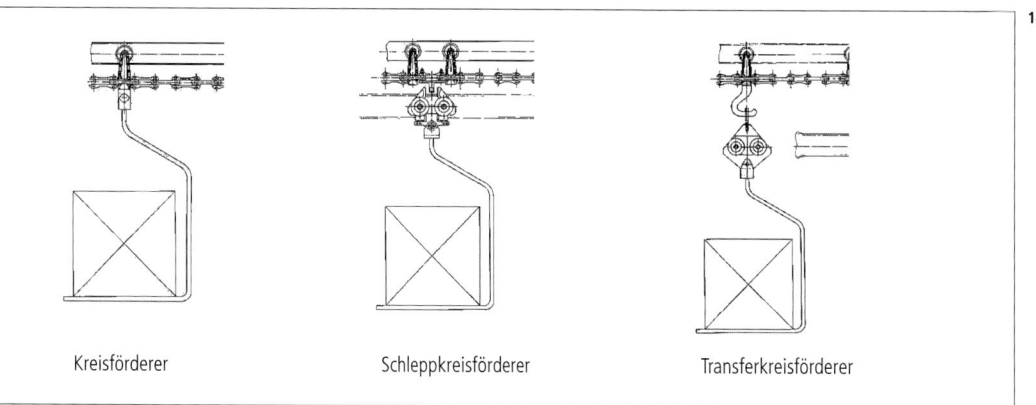

BILD 146 *Bauarten von Kreisförderern*

BILD 147 *Schema eines Kreisförderers zur Verbindung von Arbeitsbereichen in mehreren Gebäudegeschossen*

BILD 148 *Laufbahntypen von Kreisförderern*

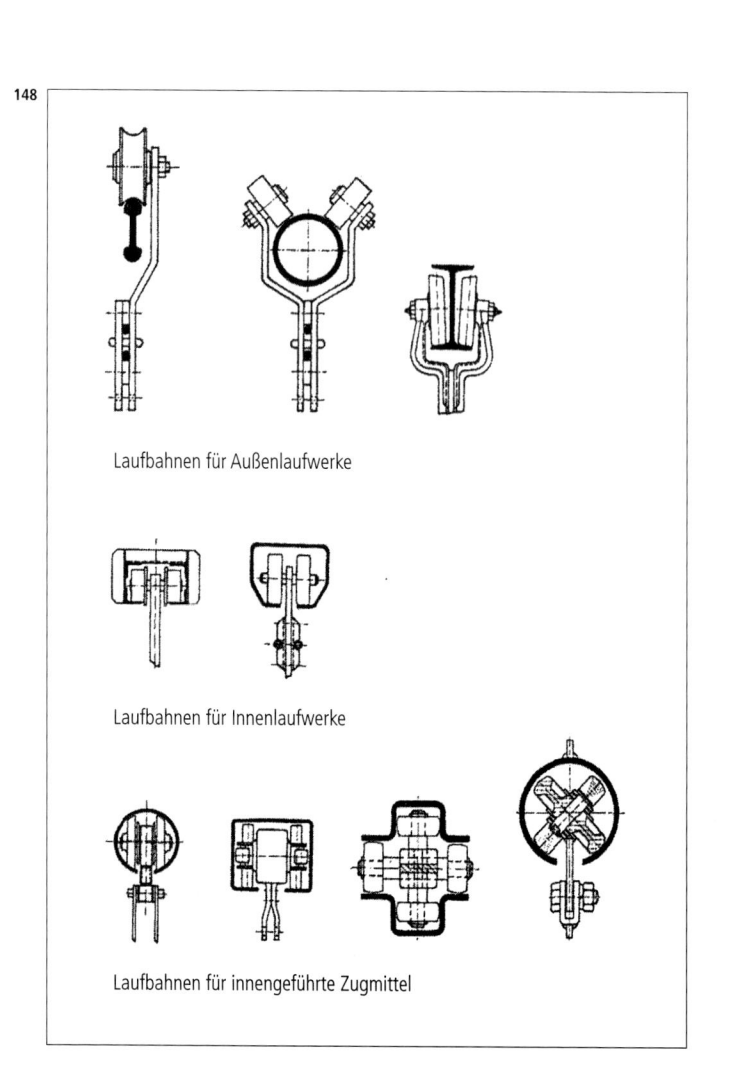

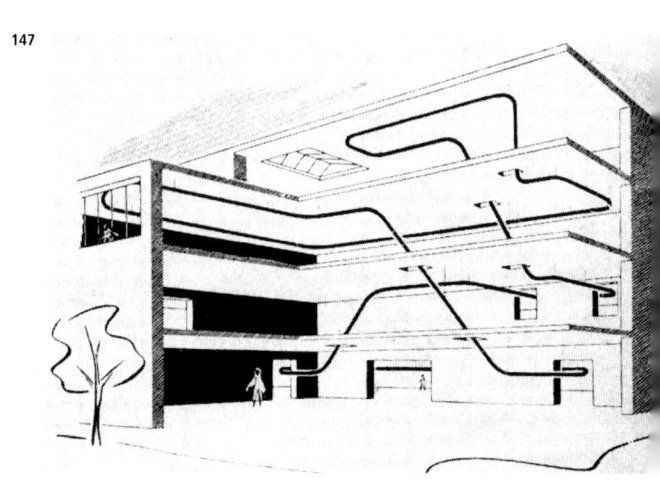

Im Laufe der Zeit wurden entsprechend den verschiedensten Anforderungen unterschiedliche Ausführungen für Laufbahnen, Zugmittel, Laufwerke und Gehänge entwickelt. Um neben reinen Transportfunktionen weitere Aufgaben im innerbetrieblichen Transport übernehmen zu können, entstanden neue Förderertypen. Diese Weiterentwicklungen leiteten sich von den **Kreisförderern** ab, indem zusätzlich die Möglichkeiten von Hängebahnen genutzt wurden. Diese Kombination ergab **Schleppkreisförderer** (auch Power & Free-Förderer genannt) und **Transferkreisförderer**, mit denen das Fördergut aus dem zwangsläufigen Transport ausgereiht, gestaut oder auf eine andere Förderstrecke übergeleitet werden konnte.

Durch diese technischen Voraussetzungen konnten mit der gesamten Produktpalette der Familie der **Kreisförderer** viele Einsatzmöglichkeiten gefunden werden. Typisch war dabei neben dem flurfreien Transport besonders die Realisierung von räumlich beliebig angeordneten Förderstrecken.

Die **60er Jahre** waren in der Automobilindustrie durch große Investitionen in komplett neue Montagewerke auf der »Grünen Wiese« geprägt, allen voran die Ford-Werke AG zuerst in Genk und später in Saarlouis. Aber auch die anderen Unternehmen wie Opel, VW und BMW folgten diesem Beispiel. In allen Fertigungsbereichen dieser Werke, Rohbau, Lackiererei und Endmontage sowie verschiedenen Vormontagen wurden **Kreis- und Schleppkreisförderer** für den innerbetrieblichen Transport in großem Umfang eingesetzt. Aufbauend auf den Erfahrungen aus der amerikanischen Automobilindustrie, wo schon genormte und standardisierte Bauelemente vorhanden waren, konnten kilometerlange Anlagen mit verzwickten Streckenverläufen auf einfache Weise realisiert werden. Hohe Förderleistung, große Speicherkapazitäten, der Transport von voluminösen Teilen und besonders die flexible Anpassung an unterschiedliche räumliche Gegebenheiten waren die entscheidenden Vorteile dieser Hängeförderer. Hinzu kam noch, dass die Hängeförderer auch bei rauen Betriebsverhältnissen, beispielsweise bei extremen Temperaturen, starkem Staubanfall und im Nassbereich betriebssicher funktionierten. Auch die ständigen Umbauten und Erweiterungen, typisch im Automobilbau aufgrund von Modellwechseln und Einführung neuer Fertigungsmethoden, lassen sich bei diesen Förderertypen in extrem kurzen Zeiträumen, oft müssen die Werksferien reichen, bewältigen. Die später aufkommenden höheren Anforderungen an die Flexibilität und Steuerung des Materialflusses waren mit dem Schleppkreisfördererprogramm durch neuartige Baugruppen (Weiche, Drehscheibe, Vertikalstation, Free-Wagen mit Staueffekt) und unterschiedlichen Transfereinrichtungen, ohne weiteres realisierbar.

BILD 149 *Montagewerk von Ford in Genk (1965)*

BILD 150 *Arbeitsplatz zur Montage von LKW-Reifen*

STETIGFÖRDERER FÜR STÜCKGUT

Anfang der **80er Jahre** galt es, die Wünsche nach ergonomisch günstigeren Arbeitsverhältnissen an den Montagelinien zu erfüllen. Durch die Anpassung des Streckenverlaufes und der Position der Karosse an die Belange des Montagepersonals sollten sich neben Arbeitserleichterungen auch Steigerungen hinsichtlich Leistung und Qualität ergeben. Das führte zur Weiterentwicklung des **Schleppkreisförderers** zu einem Dreischienensystem mit oben liegender Power-Bahn und einem speziellen Schwenkgehänge, mit dem die Karosse um bis zu 55 Grad um ihre Längsachse geschwenkt werden kann. Damit lassen sich Arbeiten am Boden der Karosse aufrecht stehend und bei besseren Lichtverhältnissen erledigen und sich somit der Anteil der ungünstigen Überkopfarbeiten erheblich reduzieren.

154

BILD 151 *Schwenkbares Montagegehänge in der Automobilmontage (Audi)*

BILD 152 *Bahnverlauf in einer Montagestrecke*

BILD 153 *Rollcontainer-Transport in einem Großkrankenhaus*

BILD 154 *Langguttransport mit Kreisförderersystem*

Neben der Automobilindustrie konnten die **Kreisförderer** durch ihre vielfältigen technischen Möglichkeiten auch in den anderen Bereichen von Industrie und Handel auf breiter Front zum Einsatz kommen. Dabei waren sie für den Transport von Stückgütern aller Art und als Zubringe-, Verteil-, Sortier-, Montage-, Spritz-, Tauch-, Trocken- oder Kühlförderer sowie auch als wanderndes Lager (Fließlager) geeignet. Einige typische Anwendungen werden nachfolgend aufgezeigt.

STETIGFÖRDERER FÜR STÜCKGUT

155

BILD 155 *Pufferstrecken in einer Motorenfertigung mit einer Schleppkreisförderer-Anlage*

BILD 156 *Kreisförderer mit Kommissionierbehälter im Versandhandel*

In Produktionsbetrieben wird von den Fördermitteln neben der Erfüllung der verschiedenen Funktionen besonders verlangt, dass sie diese Funktionen auch unter den teilweise sehr rauen Bedingungen, zum Beispiel Staub, Schmutz sowie hohe oder niedrige Temperaturen mit hoher Betriebssicherheit bewältigen. Die Einfachheit der Konstruktionen der **Kreisförderer** und die Robustheit ihrer Bauelemente waren der Garant für die erforderliche Zuverlässigkeit und somit die Voraussetzung für den erfolgreichen Einsatz in solchen Bereichen.

Die Möglichkeiten des **Schleppkreisförderers** passten auch gut zu den Anforderungen in Großkrankenhäusern. Damit konnten der Transport wie die Verteilung der unterschiedlichen Container zwischen den Abteilungen sowohl in der Zuführung wie in der Rückführung und der Pufferung einfach und betriebssicher gelöst werden.

Ein wichtiger Einsatzbereich für **Kreisförderer** ist seit Ende der **60er Jahre** der Versandhandel. Wegen der großen Anzahl von Sortimenten und Artikeln ist der Kommissionierbereich in diesen Versandhäusern sehr ausgedehnt und zusätzlich noch in mehreren Geschossen angesiedelt. Deshalb war der Kreisförderer, ausgerüstet mit Gehängen für die Kommissionierbehälter, ein ideales Fördermittel, um in den einzelnen Bereichen die kommissionierten Waren einzusammeln und zur Packerei zu transportieren. Weitere Vorzüge waren seine hohe Betriebssicherheit und geringe Geräuschentwicklung.

In großen Montagewerken ist neben reinen Transportfunktionen besonders die Pufferung der Baugruppen vor ihrer Weiterverwendung gefordert. Oft werden aus Platzgründen diese Anlagen oberhalb der Arbeitsflächen im Deckenbereich angebracht. Entsprechend den Montageabläufen muss dann die Zuteilung zum richtigen Zeitpunkt erfolgen. Insgesamt sind dies alles Aufgaben, für die **Schleppkreisförderer** mit ihren Transfer- und Stausystemen bestens geeignet sind.

Flurfreie Stetigförderer

HÄNGEBAHNEN Hängebahnen sind flurfreie Fördermittel, mit denen Transportvorgänge in den normalerweise ungenutzten oberen Bereichen von Hallen und Werkstätten, in die so genannte zweite Transportebene verlegt werden können. Beim Rückblick in die Geschichte der Fördertechnik findet man schon Beschreibungen und Skizzen über ähnliche Transporteinrichtungen in China um 300 v. Chr. und in Europa im Mittelalter, mit denen Menschen mit Rutenkörben und Hanfseilen befördert wurden.

Anfang des 20. Jahrhunderts wurden die vielen Vorteile dieses flurfreien Transportes, wie Schaffung von freien Flächen, keine Behinderung von unterhalb liegenden Produktionsbereichen sowie die gute Anpassungsfähigkeit der Linienführung erkannt und erste Anlagen realisiert.

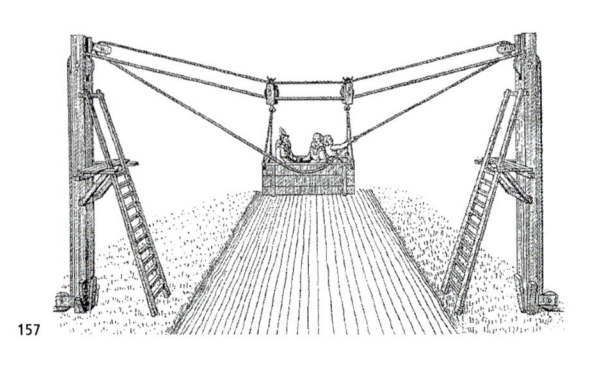

Allmählich setzte sich diese Art von **Hängebahnen** nicht nur in industriellen Bereichen, sondern auch in Betrieben des Handels oder in Krankenhäusern und Rehabilitationszentren durch. Hilfreich war dabei, dass sich die Hängebahnen hinsichtlich Bauart und äußerer Gestaltung inzwischen weiterentwickelt hatten. Die Bahnen bestanden jetzt aus Hohlprofilen mit Innenläuferfahrwerken. Neben Laufruhe und Geräuscharmut bestach die äußere Form als ansprechendes Design. Um für alle Anwendungen die günstigste Lösung anbieten zu können, wurden dazu abgestufte Profilreihen entworfen.

Später wurden komplette Programme für die Einschienenbahnen inklusive Aufhängungen sowie Laufkatzen mit Hebezeugen entwickelt. Damit konnten praktisch alle Bereiche der Industrie und auch des Handwerks bedient werden. Die mit diesen Anlagen sich einstellenden besseren Arbeitsbedingungen erhöhten die Produktivität des Personals. Die Übersichtlichkeit in den Abläufen durch direkte und zwangsläufige Verkettung von Arbeitsplätzen verbesserte sich und die Durchlaufzeiten konnten erheblich verkürzt werden.

BILD 157 Hängebahn zur Personenbeförderung aus dem 16. Jahrhundert

BILD 158 Transport in einer Fabrik für Fertighaus-Bauelemente

BILD 159 Werkstück-Handling in der Oberflächenbehandlung

BILD 160 Profilreihe für Hängebahnen (Demag-KBK)

161

Ende des 19. Jahrhunderts konnten durch die Verbreitung der elektrischen Energie und die Erfindung des Elektromotors erstmalig Antriebssysteme mit Elektromotoren auch für Transportmittel, wie Straßenbahnen, eingeführt werden. Ein spektakuläres Beispiel dafür ist die **Wuppertaler Schwebebahn**, die 1905 in Betrieb gegangen ist. Es handelt sich im Prinzip um eine Hängebahnanlage mit elektromotorisch angetriebenen Fahrwerken und angehängten Kabinen für den Personentransport. Sie verbindet noch heute die weit auseinander liegenden Stadtteile von Wuppertal. Ihre Bahn verläuft immer oberhalb der anderen Verkehrsflächen und größtenteils über dem Flussbett der Wupper.

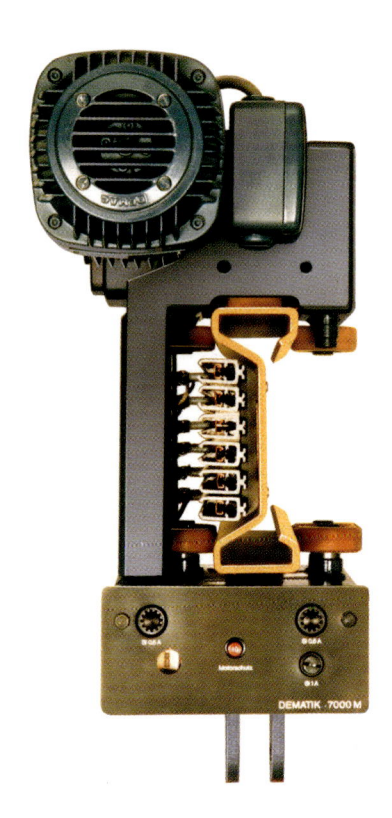

162

Aber auch in den Fertigungsbetrieben wurde zu dieser Zeit erkannt, dass der Rationalisierungseffekt von flurfreien Fördermitteln mit elektrisch angetriebenen Transportkatzen, so genannten innerbetrieblichen Schwebebahnen, noch erheblich gesteigert werden kann. Zur Gestaltung des Streckenverlaufs solcher Hängebahnanlagen wurden verschiedene Profilformen und davon abhängig auch unterschiedliche Fahrwerkstypen, wie Außenläufer, Innenläufer und Obenläufer, entworfen. Als Ende der **60er Jahre** der Bedarf an Hängebahnanlagen mit hohem Automatisierungsgrad stark zunahm, führten die systematischer durchgeführten Entwicklungsarbeiten entsprechend dieser neuen Anforderungen auch zu einem neuen Typ von **Elektrohängebahn (EHB)**, und zwar mit einer Konstruktion als Oberläufer. Mit diesem Oberläuferprinzip ist der modulare Aufbau von Fahr- und Stromschiene und den mechanischen, elektrischen und elektronischen Baugruppen des Fahrwerks aus Kosten- und Funktionsgründen am besten zu gestalten.

Bild 161 *Wuppertaler Schwebebahn (1905)*

Bild 162 *Fahrzeug und Fahrschiene einer Elektrohängebahn*

Bild 163 *Bahnarten für Elektrohängebahnen*

Bild 164 *Mechanische, elektrische und elektronische Baugruppen des Fahrzeugs*

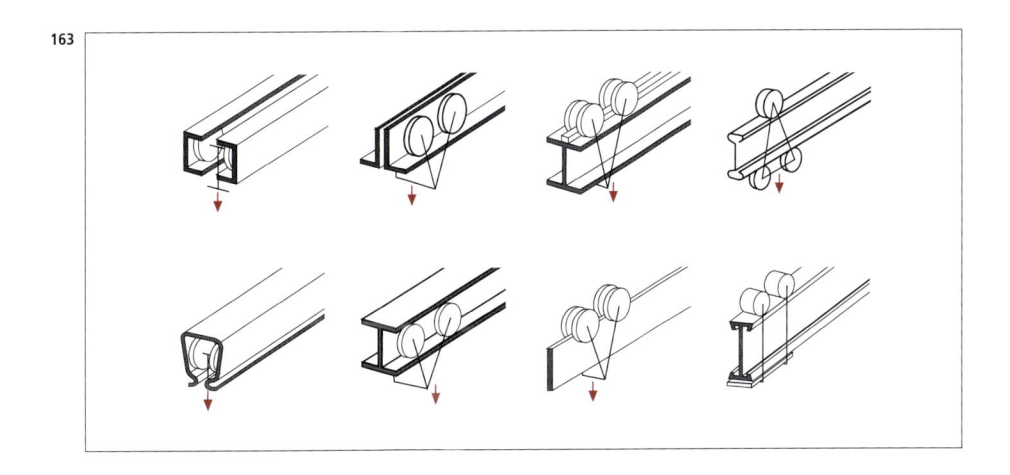

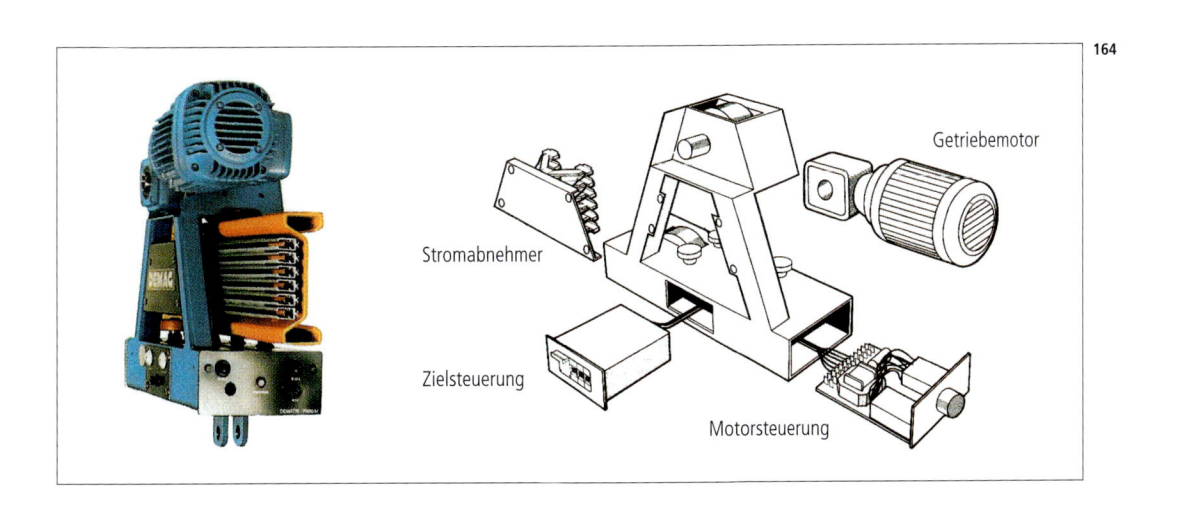

165

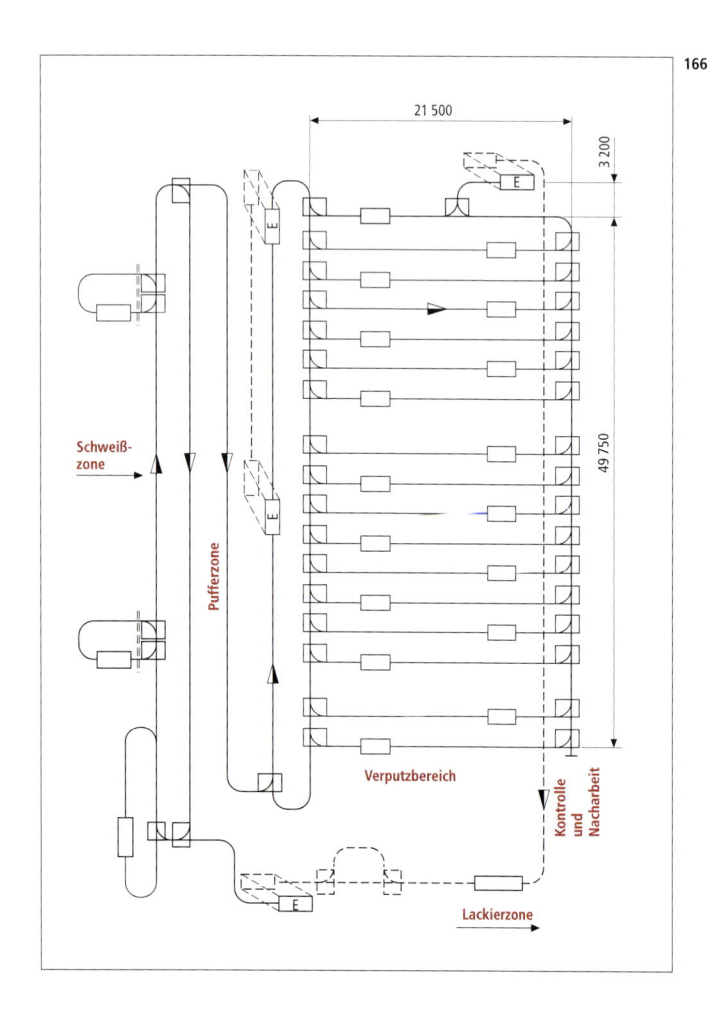

166

Schweiß-
zone

Pufferzone

Verputzbereich

Kontrolle
und
Nacharbeit

Lackierzone

21 500

3 200

49 750

Allerdings entwickelten die verschiedenen Hersteller unterschiedliche Ausführungen. Das führte bei Erweiterungen von Anlagen zu Komplikationen, wenn diese nicht vom gleichen Hersteller vorgenommen wurden. Um diese Problematik zu vermeiden, haben sich unter Führung des VDI die Hersteller und Betreiber solcher Anlagen in bemerkenswerter Weise Anfang der **80er Jahre** auf einen Kompromiss geeinigt. Diese Vereinbarung ist in der VDI-Richtlinie 3643 ausführlich beschrieben. Sie betrifft die Festlegung von Systemdaten, die den Einsatz von Hängebahnen unterschiedlicher Hersteller in einem Gesamtsystem und damit das wechselseitige Durchfahren der Elektrohängebahn-Fahrzeuge möglich machen. Die damit festgelegte Profilschiene mit Oberläufer wurde **C1-Profil** genannt. Durch die enge Zusammenarbeit zwischen

Herstellern und Betreibern war ein Transportsystem entstanden, mit dem alle Vorteile des flurfreien Fördermittels ausgeschöpft werden konnten. Damit wurde eine große Verbreitung bei den Transportvorgängen erreicht, die das große Spektrum von der gradlinigen Verbindung von Arbeitsplätzen über weit verzweigte Verteilsysteme bis zur automatischen, rechnergesteuerten Verkettung in der Fertigung mit selbsttätiger Lastaufnahme und -abgabe umfasst.

BILD 165 *Automatisches Materialfluss-System in einer Zahnradfertigung*

BILD 166 *Layout einer 720 Meter langen automatischen Hängebahnanlage in mehreren Ebenen in einer Führerhausfertigung*

BILD 167 *Kontroll- und Nacharbeitszone für Führerhäuser*

STETIGFÖRDERER FÜR STÜCKGUT

Die Automobilindustrie war am Anfang das wichtigste Einsatzgebiet der **Elektrohängebahnen**, sowohl in der Montage wie in den Komponentenwerken für Motoren, Getriebe, Achsen, etc.. Besonders für großvolumige Baugruppen, wie LKW-Führerhäuser mit den vielen Arbeitsgängen, waren in der Verputzerei, der Station zwischen Schweißen und Lackieren, ihre Möglichkeiten von Vorteil. In den Montagewerken übernehmen Elektrohängebahnen einen großen Teil der Anlieferungen der Komponenten und Baugruppen an die jeweiligen Stationen an den Montagelinien. Diese Güter kommen aus den internen Vormontagen, aus dem Wareneingang oder von an das Werk direkt angeschlossenen Zulieferern.

Anfang der **90er Jahre** war in der Logistik der Automobilindustrie wieder einmal ein starker Wandel festzustellen. Ziel dieses Wandels war besonders die Reduzierung der Durchlaufzeiten, um dadurch auch wesentlich kürzere Lieferzeiten für kundenspezifische Bestellungen zu erreichen. Natürlich waren damit auch Vorgaben nach größerer Flexibilität und Wünsche für verringerte Kosten verbunden. Die Lösung für diese neuen Forderungen waren Ansiedlungen von Lieferanten und Logistik-Dienstleistern in unmittelbarer Nähe in Industrieparks. Inzwischen existieren in Europa über 30 solcher Zuliefererparks.

In einigen dieser Parks wird die Verbindung zwischen den Aufnahmestellen bei den Zulieferern und den Abgabestellen im Montagewerk nicht durch LKW-Transporte, sondern mit einem Elektrohängebahn-System durchgeführt, das in einer Förderbrücke eingebaut ist.

BILD 168 *Ergonomisch optimierte Karossenpositionen durch Spezialhubwerk*

BILD 169 *Automatische Zuführung von Fahrzeugkomponenten im Automobilwerk*

BILD 170 *Förderanlagen innerhalb der Förderbrücke*

STETIGFÖRDERER FÜR STÜCKGUT

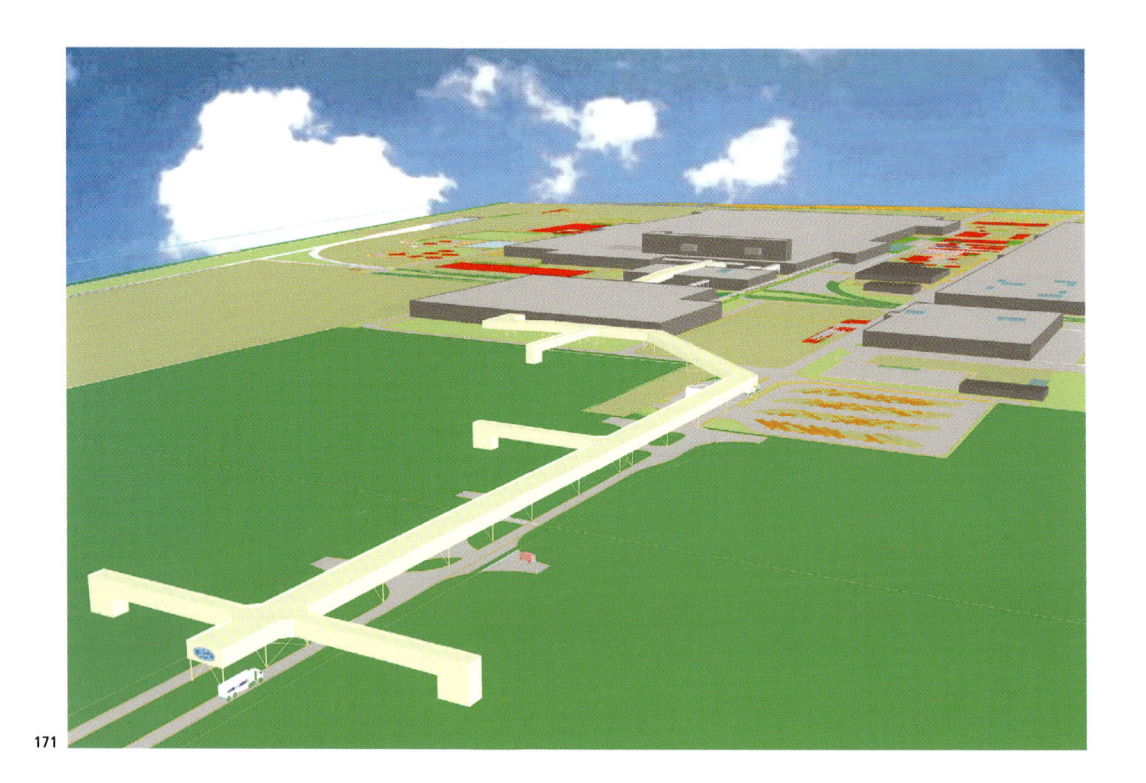

171

Bei dem dargestellten Beispiel vom Lieferantenpark beim Ford-Montagewerk in Genk ist diese Förderbrücke ca. 900 Meter lang. Das Hängebahn-Schienennetz hat insgesamt eine Länge von 8.000 Metern. Zum Transport der verschiedenen Baugruppen werden 450 Fahrzeuge und 30 unterschiedliche Gehängetypen benötigt. Interessant war bei diesem Projekt auch eine neuartige Realisierung und Finanzierung nach dem »**BOT**«-Prinzip, d.h.

B = Built: Der Lieferant der Anlage realisiert und finanziert die Anlage als Generalunternehmer.

O = Operate: Die Anlage wird von diesem Lieferanten betrieben und seine Bezahlung erfolgt auf Basis der Transportleistung.

T = Transfer: Der Transfer der Anlage an das Automobilunternehmen wird erst nach einer vereinbarten Betriebszeit vorgenommen.

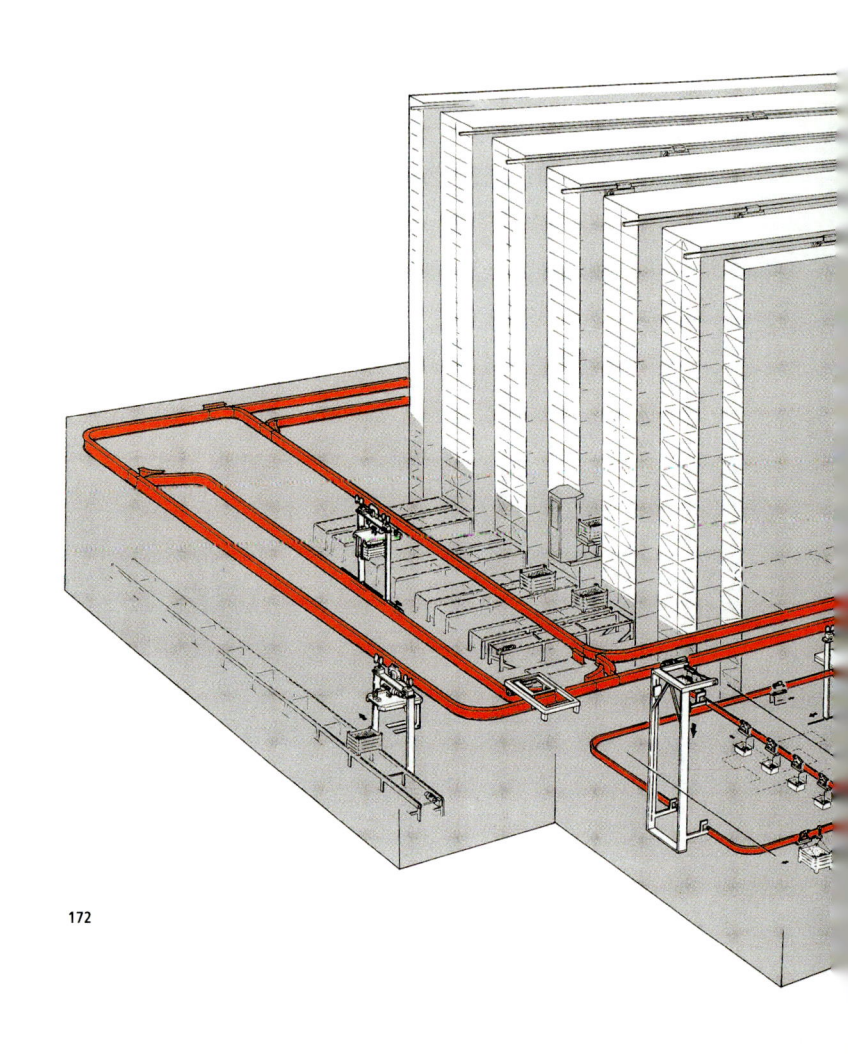

172

BILD 171 Zuliefererpark mit Förderbrücken beim Montagewerk von Ford in Genk/Belgien

BILD 172 Verbindung von Produktions- und Lagerbereichen durch automatische Hängebahnanlage

BILD 173 Ein- und Auslagerung durch Gehänge mit Tragkettenförderer in einem Hochregallager

Ein bedeutendes Einsatzgebiet für Materialfluss-Systeme ist neben der Automobilindustrie die Distributionslogistik für die unterschiedlichsten Branchen. Auch hier konnte sich die Technik der **Elektrohängebahnen** bei vielen Objekten als neue Alternative gegenüber anderen Transportmitteln durchsetzen. Das war besonders dann der Fall, wenn eine automatisierte Verbindung zwischen Produktionsbereich und Logistikzentrum, auch über lange Strecken und Förderbrücken, erforderlich war. Die Gehänge der **Elektrohängebahn** wurden dabei mit Fördermitteln wie Tragkettenförderer zur automatischen Aufnahme und Abgabe der Fördergüter bestückt.

STETIGFÖRDERER FÜR STÜCKGUT

Durch die Weiterentwicklung der Antriebstechniken und der dazu gehörenden Steuerungen konnten die Geschwindigkeiten der Fahrwerke der **Elektrohängebahnen** wesentlich gesteigert werden. Dadurch ergaben sich weitere Einsatzmöglichkeiten bei produktionsnahen Transportaufgaben der Nahrungs- und Genussmittel- sowie Milchwirtschaft und Getränkeindustrie.

Eine der spektakulärsten Anlagen mit diesen hohen Geschwindigkeiten ist das »Aalsmeer Shuttle« für einen niederländischen Blumengroßhändler, bei dem auf dem 18 Kilometer langen Kurs insgesamt 1.300 Fahrzeuge regelrecht »dahinfegen«.

BILD 174 Palettentransport in Getränkeindustrie

BILD 175 Elektrohängebahn mit 18.000 m Gesamtlänge im Blumengroßhandel (Bloemenveiling Aalsmeer/Niederlande)

BILD 176 Schwere Elektrohängebahn für den Transport von 1,5 t Flüssigmaterial zur Herstellung von Zylinderköpfen

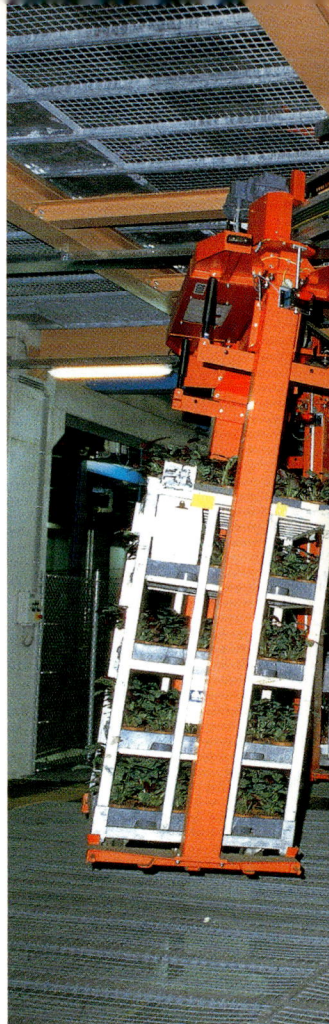

Für höhere Traglastbereiche über 800 Kilogramm wurde das Elektrohängebahn-Programm durch entsprechende Profilreihen für Schienen und Bauelemente nach oben ausgebaut. Damit wurden Einsätze unter erschwerten Bedingungen möglich, bei denen die Eigenschaften des flurfreien und automatischen Transports gebraucht wurden. Das waren Anlagen in der Glasindustrie, in Beizereien und zur taktgesteuerten Verkettung von Bearbeitungsmaschinen. Eine Steigerung von Nutzen und Effektivität dieses Typs der schweren Elektrohängebahn kann durch die Möglichkeit erreicht werden, mit Hilfe einer Überfahreinrichtung mit dem Fahrzeug auf eine Hängekranbrücke zu fahren. Damit wird ein einfacher Übergang von einer Linien- zu einer Flächenbedienung möglich, was in ausgedehnten Fertigungsbereichen, wie beispielsweise in der Flugzeugindustrie, verlangt wird.

176

SORTIERTECHNIK

Die Sortiertechnik hat die Aufgabe des Verteilens von Objekten aus einer ungeordneten Gesamtmenge. Dabei werden meist Stückgüter nach bestimmten Unterscheidungsmerkmalen wie Größe, Farbe oder Produktart in der richtigen Reihenfolge zur richtigen Abgabestelle transportiert. Die Sortierung ist ein Bestandteil vieler Prozessschritte in der logistischen Kette und aufgrund ihres Einflusses auf die Lieferqualität (Nullfehler-Strategie) oder auf die Durchlaufzeiten eine der wichtigsten.

Die Sortierung ist eine Aufgabe, die der Mensch seit Urzeiten durchführt. Dies erledigte er bis in die **50er Jahre** mit seinen Händen. Es wurden dazu Hilfsmittel wie Sortiertische, Regale als Ablagefächer oder entsprechend markierte Bodenflächen benutzt. Besonders die Sortierung von Briefen war der Auslöser für eine Mechanisierung der Sortiertechnik. Bei der Post wurden Briefe manuell per Handwurf in Postsäcke oder Behälter mit der entsprechenden Zieladresse sortiert. Mit der Unterstützung durch Hilfsmittel erreichte ein Mensch eine Sortierleistung von weniger als 1.000 Stück pro Stunde. Doch die manuelle Sortierung war von der Leistungsbereitschaft und dem Leistungsvermögen der Mitarbeiter abhängig. Dazu kam vor allem durch die manuelle Identifikation eine hohe Fehlerquote, die sich bei einer zeitkritischen Sortierung durch Stress weiter erhöhte. Nach dem Zweiten Weltkrieg wurden erste mechanisierte Systeme eingeführt. Diese Systeme wurden nötig, weil das schnell steigende und hohe Briefaufkommen mit herkömmlichen Methoden nicht mehr zu bewältigen war. Vorreiter war der United States Postal Service (USPS), der in den **50er Jahren** Projekte zur Technologieentwicklung von Briefsortern, Briefwendemaschinen, Paketsortern, automatischen Adresslesern, Kippschalenförderern und Fördertechnik ausschrieb. Die erste semiautomatische Sortiermaschine »Transnorma« (multiposition letter sorting machine = MPLSM) entwickelte eine holländische Firma in den Jahren 1956/57. Diese erbrachte die doppelte Leistung wie ein Mensch alleine. Mit fünf Bedienern zum Identifizieren und Eingeben der Adressen wurde eine Leistung von 15.000 Stück pro Stunde erreicht. Aus diesem Prototypen wurde Ende der 50er der erste amerikanische Briefsorter entwickelt. Dieser diente bei der USPS für die kommenden beiden Jahrzehnte und wurde Mitte der **60er Jahre** durch einen Adressleser weiter automatisiert.

BILD 177 *Manuelle Briefsortierung in Postsäcke*

BILD 178 *Erste Briefsortiermaschine der Deutschen Post*

178

Auch das deutsche Postministerium wollte ab 1955 die Automatisierung des Briefdienstes vorantreiben, denn von 1950 bis 1964 verdoppelte sich die Anzahl der Sendungen pro Jahr auf 9,3 Milliarden. Erste mechanisierte Sorter waren zu dieser Zeit schon im Einsatz. Es handelte sich dabei um automatische Stetigförderer wie Rollen- oder Bandförderer mit manueller Abweisung. Der Mensch schob dabei bis zu 1.000 Pakete pro Stunde vom Stetigförderer in die Endstelle.

Am 14. Juli 1961 wurde die erste funktionierende Versuchsanlage zur Briefsortierung von Telefunken in Darmstadt in Betrieb genommen. Es dauerte vier Jahre, bis die erste in der Praxis bei der Post laufende Sortieranlage von Siemens in Pforzheim aufgebaut wurde. 1966 folgte die erste Briefsortieranlage von Telefunken in Bochum. 1978 nahm die Deutsche Post die erste Briefsortieranlage mit automatischer Anschriftenlesung und Videocodierung von AEG-Telefunken in Wiesbaden in Betrieb.

STETIGFÖRDERER FÜR STÜCKGUT

Neben der Postverteilung nahm auch in den Betrieben in Industrie und Handel das zu verteilende Volumen an größeren Stückgütern in Form von Päckchen und Kartons zu. Zuerst wurde diese Sortierung manuell durchgeführt, indem die Bearbeiter die Stückgüter per Hand von einem Verteilförderer in die verschiedenen Zielbahnen abschoben. Die weitere ständige Zunahme der zu versendenden Waren erforderte in den **60er Jahren** die Entwicklung leistungsfähigerer Fördersysteme und insbesondere auch Sortiereinrichtungen. Zuerst waren es noch Rollen- oder Röllchenweichen, die aber eine viel zu geringe Verteilleistung hatten. Anschließend kamen Pusher, Puller und unterschiedliche Kettentransfers mit Ausschleusleistungen von cirka 1.000 Stück pro Stunde. Gleichzeitig wurden in dieser Zeit viele weitere Ideen, wie Schwenkarm und -rollen, Quergurt, Bandabweiser oder sich öffnende Bodenplatten, ausprobiert, von denen sich die meisten nicht durchsetzen konnten. Interessant war dabei aber der Gurttransfer, der durch höhere Fördergeschwindigkeiten und kürzere Reaktionszeiten schon Leistungen von über 2.000 Stück pro Stunde erreichen konnte.

Für höhere Leistungen wurden Mitte der **60er Jahre** in den USA die ersten einfachen Schalenkreisförderer, quasi die Vorläufer der späteren Kippschalensorter, konzipiert und besonders im Versandhandel eingesetzt. Dort dienten sie im Kommissionierbereich zur Sortierung nach Kunden und im Versandbereich zur Verteilung auf Touren oder nach Transportrichtungen.

Trotz dieser zunehmenden Automatisierung erfolgte die Kodierung weiterhin manuell und beschränkte somit die Leistung. Dabei wurde bei der Einschleusung das Etikett vom Bedienungspersonal gelesen, die Information in die Zielsteuerung, beispielsweise ein Mitlauf- oder Serienspeichersystem, eingegeben und das Gut über einen Einschleuser auf eine Schale des Förderers abgelegt. An der kundenbezogenen Sammelrutsche wurde die Schale gekippt und der kommissionierte Artikel abgeworfen. Bei einer Fördergeschwindigkeit von 0,8 bis 1,0 Metern pro Sekunde konnte somit eine Verteilleistung zwischen 1.500 und 2.500 Stück pro Stunde erbracht werden. Die Kodierleistung durch diese manuelle Eingabe betrug zwischen 1.200 und 1.500 Artikel pro Stunde und konnte um 40 Prozent gesteigert werden, wenn eine zweite Person die Information am Artikel vorher ablas und der Person am Eingabepult zurief.

BILD 179 *Manueller Verteilerkreisel*

BILD 180 *Einfache Transfereinrichtungen*

BILD 181 *Einschleusung mit manueller Codierung*

BILD 182 *Schalenkreisförderer bei Penny, Wauwatosa, USA*

180

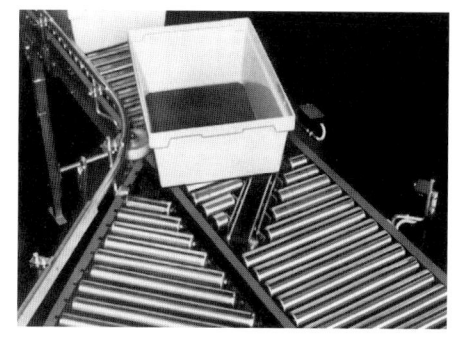

Pusher

Kettentransfer

Gurttransfer

181

182

126 | 127

STETIGFÖRDERER FÜR STÜCKGUT

183

Pop-up-Sorter

Kippschalensorter

Schuhsorter

Da der Bedarf an **Sortierförderern** mit höheren Leistungen immer weiter stieg, insbesondere in den Kommissionierzentren mit ihren Verpackungs- und Versandbereichen, wurde in den 70er Jahren die Weiterentwicklung ganzheitlich bezogen auf alle Funktionen betrieben. Um 1980 wurden erste Pop-up-Sorter mit schräger Ausschleusung auf den Markt gebracht, mit deren neuartiger Ausschleustechnik 7.000 Güter pro Stunde bei einer Fördergeschwindigkeit von einem Meter pro Sekunde sortiert werden konnten. Im folgenden Jahrzehnt lag der Schwerpunkt auf der Erhöhung der Geschwindigkeit auf bis zu 1,5 Meter pro Sekunde und der Entwicklung von Hochleistungssortierern. Dazu gehörte der so

184

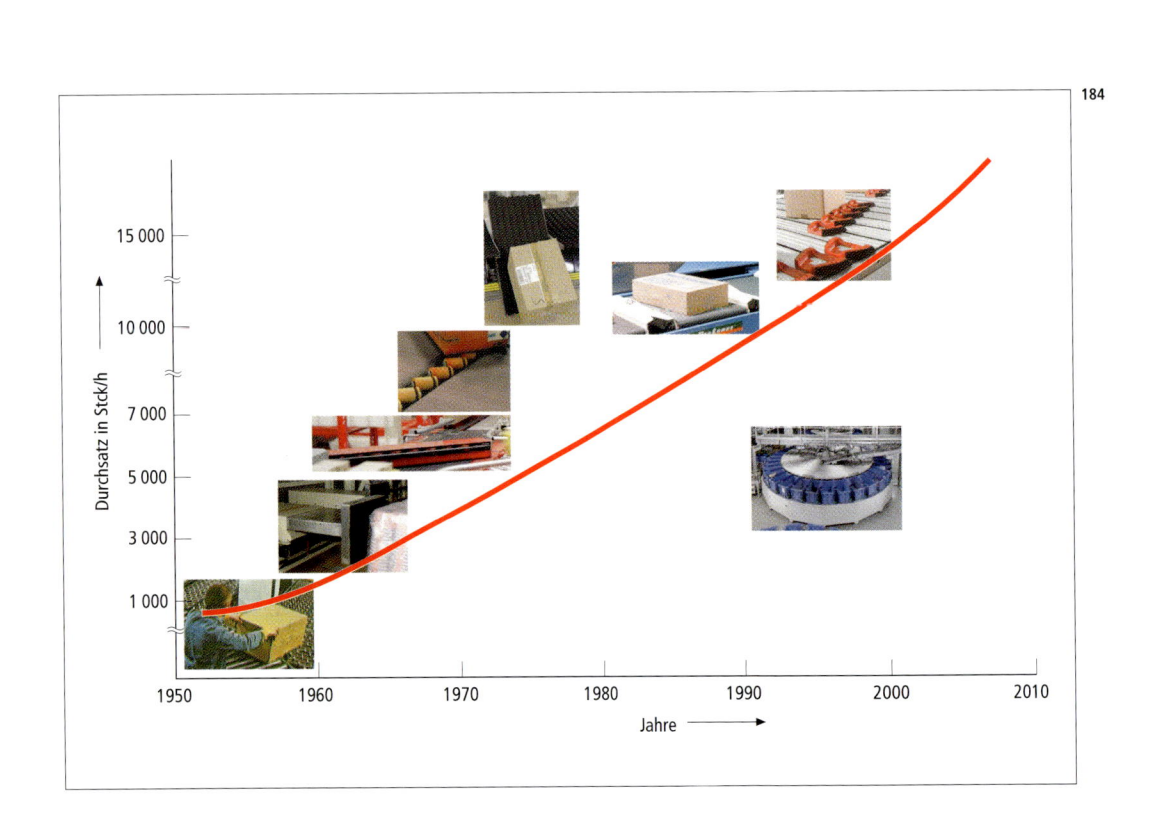

BILD 183 *Verschiedene Typen von Hochleistungs-Sortiersystemen*

BILD 184 *Entwicklungsphasen in der Sortiertechnik*

BILD 185 *Ringsorter*

Quergurtsorter

genannte Schuhsorter mit einer Leistung von über 10.000 Stück pro Stunde, der sich durch eine flexible Einstellung der Ausschleuselemente an die Größe des auszuschleusenden Gutes anpassen konnte. Weitere Typen dieser neuen Generation von Sortern waren Anlagen mit Kippschalen und Quergurten. Die nächsten Steigerungen gelangen über die weitere Erhöhung der Fördergeschwindigkeit auf 2 bis 2,5 Meter pro Sekunde durch Fortschritte in der Antriebstechnik mit Linearmotoren und geregelten Antrieben, so dass heute Sortierleistungen von 15.000 Stück pro Stunde erreicht werden können.

Neben der Entwicklung dieser mechanischen und steuerungstechnischen Systeme war die ständige Verbesserung der Identifikationstechniken durch maschinenlesbare Etiketten in Form der Barcodes sowie immer leistungsfähigeren und sichereren Lesegeräten die entscheidende Basis zur Erreichung des heutigen Stands in der Sortiertechnik. Das Ergebnis dieser intensiv durchgeführten Entwicklungen ist eine Vielzahl verschiedener Bauarten mit unterschiedlichen Eigenschaften und Kapazitäten für spezifische Einsätze im breiten Feld der Logistik.

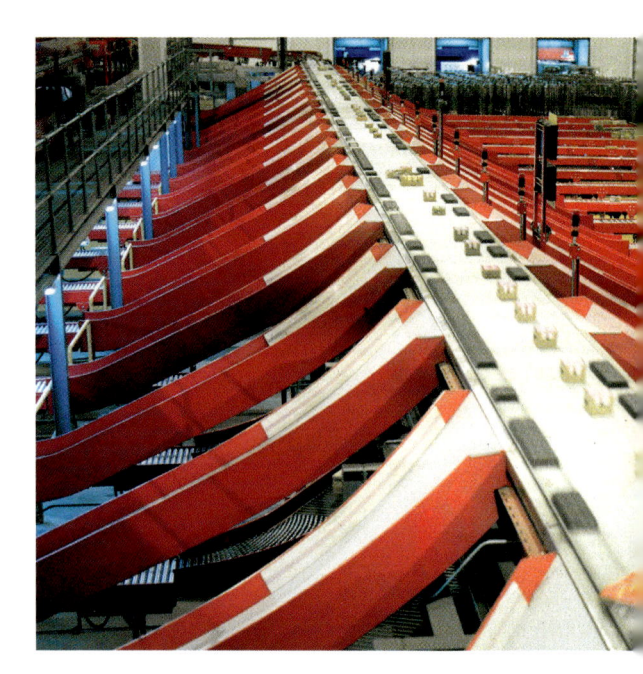

Pop-up-Sorter In einem Rollen- oder Bandförderer liegen an den Ausschleusstellen unterhalb der Lauffläche angetriebene Rollen, die in einem bestimmten Winkel angeordnet sind und angehoben, beziehungsweise wieder abgesenkt werden können. Durch das Anheben wird das Gut ausgeschleust. Es ist je nach Anwendungsfall eine Leistung von 4.000 bis 10.000 Stück pro Stunde möglich.

Kippschalensorter Der Sorter besteht aus einem angetriebenen Band von einzelnen Kippschalen, die das Gut transportieren. An der Ausschleusstelle wird die Kippschale an einer Seite angehoben und das Gut rutscht in die Sortierbahn. Dieser Hochleistungssorter kann bis zu 15.000 Stück pro Stunde sortieren.

Schuhsorter In den Zwischenräumen eines Plattenbandförderers befinden sich Gleitschuhe, die an den Ausschleusstellen über unten liegende Kufen seitlich bewegt werden und so das Gut abschieben. Mit beidseitig angelegten Zielstellen werden bis zu 12.000 Stück pro Stunde befördert.

Quergurtsorter Der Sorter setzt sich aus einem Gliederband von kleinen Gurtbändern zusammen, die quer zur Förderrichtung auf einem Fahruntersatz angebracht sind und auf denen das Gut liegt. An den Zielstellen wird der Quergurt kurz angetrieben und damit das Ausschleusen vollzogen. Quergurtsorter können auf beiden Seiten ausschleusen und sind mit bis zu 16.000 Stück pro Stunde eines der leistungsfähigsten Sortiersysteme.

Die Auswahl der geeigneten Sortiersysteme aus dieser großen Anzahl mit unterschiedlichen Techniken hängt von den jeweiligen Einsatzbedingungen ab. Wesentliche Kriterien sind hierbei zuerst das Sortiergut (Abmessungen, Gewichte, Verpackung, Stoßempfindlichkeiten, etc.) und der geforderte Durchsatz. Aber auch die räumlichen Gegebenheiten und der gewünschte Streckenverlauf sowie Vorgaben hinsichtlich des Geräuschpegels sind weitere wichtige Faktoren. Den endgültigen Ausschlag gibt letztlich die Wirtschaftlichkeit der Investition. Durch diese vielfältigen Möglichkeiten können die verschiedenen Sortertypen ein breites Feld von Anwendungen in der Logistik abdecken.

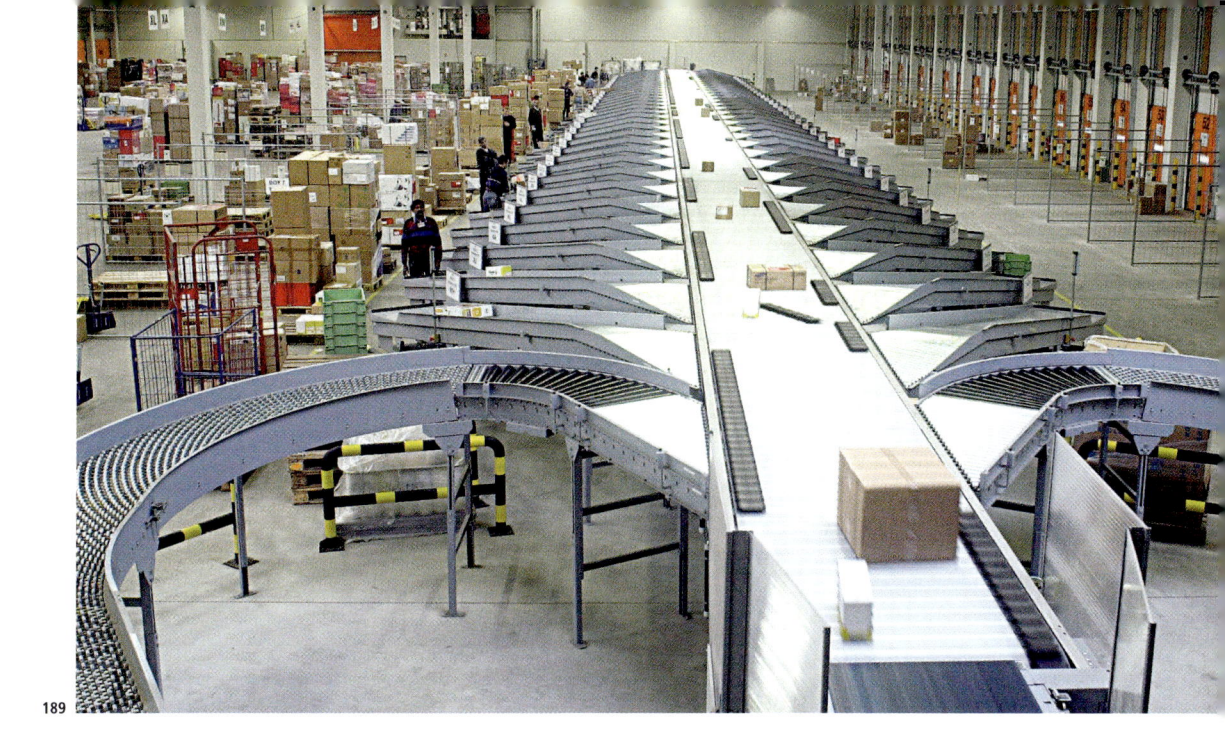

Bild 186 Sortierung im Versand eines Großhändlers für Montageteile (Würth)

Bild 187 Aussortierung von leeren Fremdflaschen

Bild 188 Versandbereich für ein Distributionszentrum für den Filialhandel (Tesco)

Bild 189 Frachtverteilzentrum (Trans-o-flex)

Kleinanlagen Für Einsätze bei begrenztem Flächenangebot und auch aus Kostengründen ist der so genannte Ringsorter ein oft gewähltes System mit einer beachtlichen Sortierleistung von bis zu 5.000 Stück pro Stunde.

Handel Alle Handelsformen, wie Einzel-, Filial- und Versandhandel sowie E-Commerce, sind in der heutigen Zeit von einer starken Zunahme von Aufträgen mit immer kleineren Mengen und kürzeren Lieferzeiten betroffen. Die dadurch gestiegenen Anforderungen für Kommissionierung und Versand in den Distributionszentren können oft von Hochleistungssortern am besten erfüllt werden.

Frachtzentren Diese Veränderungen in den Versandstrukturen hatten natürlich auch einen großen Einfluss auf die KEP (Kurier-, Express-, Paketdienst)-Branche, die die Verteilung und Auslieferung dieser Warenströme durchführt. Es entstand ein Netzwerk von Frachtzentren, in denen Hochleistungssorter, wie Schuh-, Kippschalen- und Quergurtsorter den erforderlichen Durchsatz bei hoher Qualität sicherstellen. Auch die neuen Anforderungen einer ständigen Information über den Bearbeitungsstand der Lieferungen, Tracking und Tracing, kann mit diesen Techniken und ihren überlagerten IT-Systemen zufrieden stellend gelöst werden.

Flughäfen Ein weiterer Schwerpunkt sind Gepäckförderanlagen in Flughäfen. Ständig wachsende Passagierzahlen und kürzere Umsteigezeiten können nur noch mit dem Einsatz von Hochleistungssortern (Kippschalen- oder Quergurtsorter) für die Gepäckverteilung auf die Fluglinien bewältigt werden.

Leergut Die Sortierung von Leergut in Form von unterschiedlichen Flaschen hat sowohl im Handel als auch in der Getränkeindustrie immer mehr an Bedeutung gewonnen. Inzwischen können spezielle Sorter mit ihren Erkennungseinrichtungen per Kamera, zum Beispiel in Brauereien, die Aussortierung nach Flaschentypen vornehmen und anschließend wieder geordnet zusammenführen.

GEPÄCKFÖRDERANLAGEN

Die zunehmende Globalisierung führt zu einer weltweiten und immer schnelleren Beförderung von Gütern und Personen. Eine Verdreifachung der Flugreisen von 1980 bis 2000 war die Folge. Trotz des gewissen Einbruchs durch die Attentate des 11. Septembers 2001 soll sich die Anzahl von Business- und besonders von Urlaubsflügen von 2000 bis 2020 verdoppeln.

Um dieses Wachstum zu bewältigen, werden weltweit ständig große Investitionen für den Bau neuer und die Erweiterungen vorhandener Flughäfen getätigt.

Dabei ist der Anteil der Investitionen für die Gepäckförderung beträchtlich, da diese inzwischen eine Schlüsselrolle beim schnellen Transport und der richtigen Zuteilung des Gepäcks im Flughafenbereich einnimmt.

Noch in den **60er Jahren** wurde die Gepäckförderung mit einfachen Bandförderern und ansonsten manuell mit speziellen Gepäckförderwagen durchgeführt. Heute besteht selbst bei Flughäfen mittlerer Größe die Gepäckförderanlage aus mehreren Funktionsbereichen für Check-in, innerbetrieblichen Transport, Gepäckspeicherung, Sortierung, Bereitstellung zur Verladung, Transfergepäck, Gepäckausgabe und Gepäckkontrolleinrichtungen. In allen Bereichen werden leistungsfähige Fördertechniken bei maximaler Automatisierung eingesetzt. Die manuellen Tätigkeiten beschränken sich da-

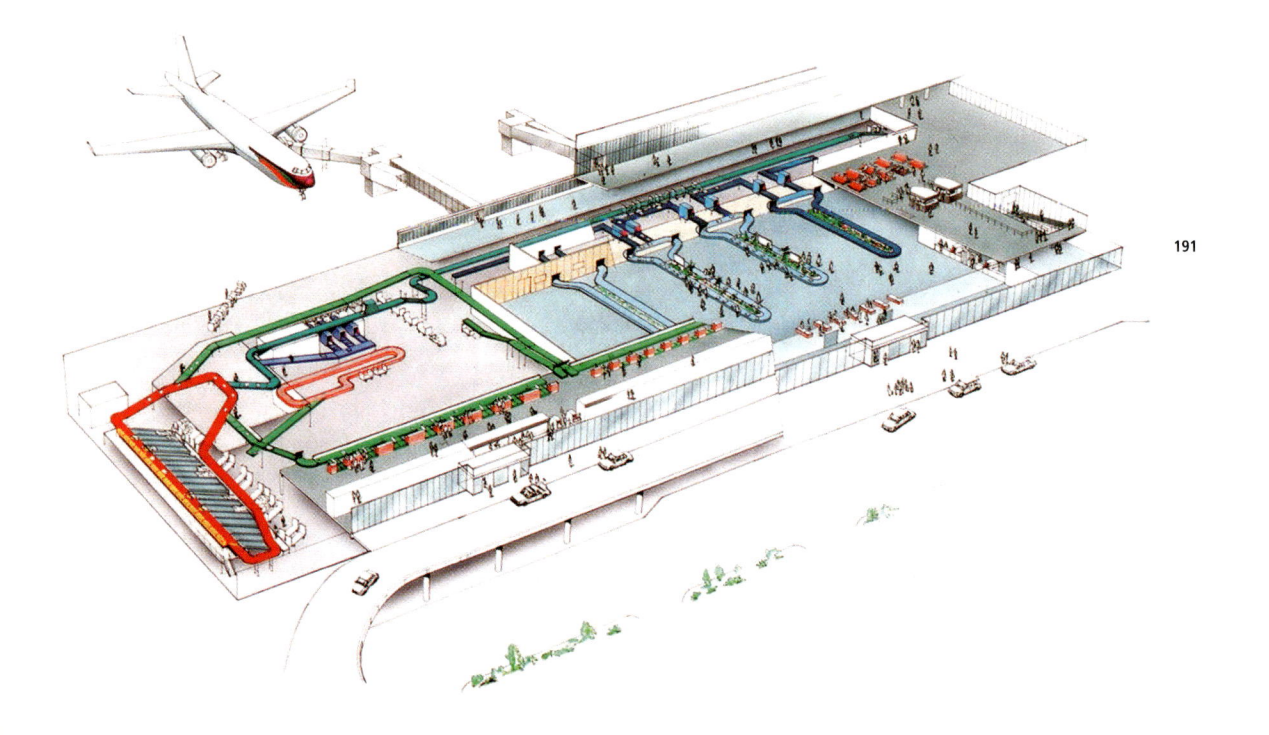

BILD 190   Typisches Fluggepäck

BILD 191   Überblick über die Gepäckförderanlage auf einem Flughafen mittlerer Größe (Airport Bahrain)

BILD 192   Check-in-Schalter

BILD 193   Sortierförderer mit Parallelabweiser

BILD 194   Beschicken eines Kippschalenförderers

durch auf die Schnittstellen zum Flugfeld mit dem Be- und Entladen der Gepäckförderwagen. Bei großen Flughäfen erreichen diese Förderanlagen inzwischen Gesamtlängen von 50 bis 180 km.

Die Gepäckaufgabe beim Flugantritt startet am Check-in-Schalter. Dort wird das Gepäckstück mit einem Identifikationsetikett auf Barcode-Basis versehen, das sowohl die Daten für den betreffenden Flug als auch über den Passagier enthält. Mit Hilfe dieses Etikettes wird auf den sich anschließenden Transport- und Sortieranlagen die automatische Erkennung mit Scanner-Lesegeräten und damit die Zuteilung auf die richtige Fluglinie sichergestellt. Die Anforderungen an diese Funktionen nehmen ständig zu. Ein Beispiel ist, dass der Check-in immer später erfolgt und gleichzeitig erwartet wird, dass das Gepäck noch rechtzeitig das richtige Flugzeug erreicht, während diese Transportwege auf größeren Flug-

häfen und dezentral angesiedelten Check-in-Schaltern immer länger werden.

Der Transport des Fluggepäcks vom Check-in-Bereich zur Gepäckhalle wurde und wird auch heute noch hauptsächlich mit Bandförderern durchgeführt. Problematisch waren früher noch die Kurvenmodule in der Förderstrecke. Erst 1985 konnten dazu preiswertere und betriebssichere Kurvengurtförderer mit Gurtkantenführung eingesetzt werden.

Die Sortierung wurde in den **70er Jahren** durch mechanische Abweiser vorgenommen. Diese Technik eignet sich weiterhin bei kleineren Flughäfen mit geringeren Förder- und Sortierleistungen. Bei größeren Flughäfen werden für den Sortiervorgang heute Kippschalenförderer eingesetzt, die wesentlich höhere Sortierleistungen erreichen.

Nach der Ausschleusung landen die Gepäckstücke in Rutschen, den so genannten Zielboxen, aus denen sie vom Bedienungspersonal entnommen und in die Gepäckwagen gelegt werden, mit denen der Weitertransport über das Flugfeld zu den Flugzeugen erfolgt.

Das Fluggepäck war wegen seiner Vielfalt schon immer problematisch für die Förderung auf den Gepäckförderanlagen mit den verschiedenen Handling-Funktionen. Im Laufe der Zeit erweiterte sich das Spektrum noch um spezielles und auch modisches Weichgepäck, wie zum Beispiel Rucksäcke, Sporttaschen und Trollies. Aus diesen Gründen gab es erstmalig Mitte der **70er Jahre** am Flughafen Frankfurt die Überlegung, das Gepäck in Behältern zu transportieren. Diese Behälter waren damals mit einem Festcode versehen. Beim Einlegen des Gepäckstückes direkt hinter dem Check-in wurde die Behälternummer mit den Daten des Gepäckstückes »verheiratet« und der zentralen Steuerung übermittelt. Mit dieser Behälterfördertechnik waren wesentlich höhere Geschwindigkeiten möglich und auch die übrigen Funktionen, wie Verzweigen, Zusammenführen, Stauen und Puffern konnten einfacher realisiert werden. Diese komplexe Anlage in Frankfurt machte beim Betriebsanlauf anfänglich erhebliche Schwierigkeiten und wurde deshalb auch massiv kritisiert. Als diese Anlaufprobleme beseitigt waren, erfüllte die Anlage allerdings vollständig die Erwartungen und machte den Frankfurter Flughafen zum Großflughafen mit den weltweit kürzesten Umsteigezeiten.

Diese Art von Behältersystemen wurde über die Jahre entsprechend den sich verändernden Anforderungen von verschiedenen Herstellern weiterentwickelt. Das betraf einmal die Behälter in Bezug auf Form, Identifikationstechnik und sonstige Eigenschaften (geräuscharm, schwer entflammbar, röntgenfähig, stabil, leicht, stapelbar). Darüber hinaus wurde die Fördertechnik (Band- oder Doppelgurtförderer) auf Geschwindigkeiten von rund zehn Metern pro Sekunde ausgelegt und die anderen Einrichtungen für die Be- und Entladung, Pufferung sowie Lagerung dem Bedarf entsprechend konzipiert.

Moderne Flughäfen oder neuere Erweiterungen, wie München, Terminal 2 und Paris, Charles de Gaulle II, können nur mit diesen Systemen die erforderlichen Leistungen, insbesondere beim Handling des Transfergepäcks bei den kurzen Umsteigezeiten, erreichen. Das betrifft auch die Zwischenpufferung von Gepäck im so genannten Frühgepäckspeicher, was durch die standardisierten Behälter als Ladehilfsmittel mit den klassischen Methoden der Lagertechnik, also Regalbediengerät und Regallager, einfach gelöst werden kann.

BILD 195 Abkippvorgang bei einem Kippschalenförderer

BILD 196 Zielboxen in Gepäckhalle

BILD 197 Erste Behälterförderanlage für Fluggepäck (Flughafen Frankfurt)

BILD 198 Automatische Beladung des Behälters

BILD 199 Frühgepäckspeicher

Eine weitere wichtige Funktion der **Gepäckförderanlage** ist die Gepäckausgabe bei der Ankunft. Neben der Transportaufgabe wird durch die Ausgabebänder auf einfache Weise eine klare Trennung zwischen den Innenbereichen und den Außenbereichen der Flughäfen erreicht. Die Ausgabebänder sind Rundläufe, bestehend aus Schuppenbandförderern, die wegen der Schnittstelle zu den Passagieren mit hoher Sicherheit und ansprechendem Design entworfen werden.

Die Steuerung einer **Gepäckförderanlage** erfordert bei den heutigen Anforderungen an Funktionalität, Flexibilität, Verfügbarkeit und Sicherheit eine komplexe Konfiguration. Das zentrale Element ist der Sortierleitrechner, der mit den unterlagerten Steuerungen der Förderanlage und den Bedienerterminals direkt in Verbindung steht. Weitere wichtige Schnittstellen existieren zum Flugplan-Managementsystem und Flugplan-Informationssystem, zum Security-Check-System, zu den Luftfahrtgesellschaften und weiteren Servicesystemen zur Gepäckabwicklung. Über diese Schnittstellen werden in beiden Richtungen alle erforderlichen Daten über die Gepäckstücke (Flug, Person, Verladestatus) und Angaben über den Sicherheitsstatus ausgetauscht.

Der Betrieb wird von einem Leitstand gesteuert, von dem aus auch die Abläufe kontrolliert werden. Dort sind alle Informationen vorhanden, um die Belegung zu planen, die Belastungen der Anlagenteile zu überwachen, Störungen rechtzeitig zu erkennen und ihre Beseitigung schnellstens zu organisieren.

Neben der verschärften Sicherheitskontrolle der Passagiere wurde nach den verschiedenen Bombenattentaten von den zuständigen Organisationen und Behörden vor einiger Zeit auch eine 100-prozentige Gepäckkontrolle zur Auflage gemacht. Dabei geht es hauptsächlich um die Detektion von Sprengstoffen. Die große Menge von zu kontrollierendem

BILD 200 Gepäckausgabeband

BILD 201 Gepäckrundlauf zwischen Gepäckhalle und Gepäckausgabebereich

BILD 202 Leitstand der Gepäckförderanlage des Terminal 2, Flughafen München

BILD 203 Hochleistungs-Röntgenprüfgerät für verdächtige Gepäckstücke

Gepäck kann nur durch ein automatisches Mehrstufen-Prüfsystem bewerkstelligt werden. In der ersten Stufe wird mit einem Röntgenprüfgerät mit großem Durchsatz und hoher Detektionsfähigkeit gegenüber Sprengstoffen verdächtiges Gepäck aussortiert. In der zweiten Stufe werden mit einem speziellen Röntgenprüfverfahren für Sprengstoffe diese verdächtigen Gepäckstücke näher untersucht. Der nach dieser Prüfung noch verbleibende Teil wird dem Nachkontrollplatz, Stufe 3, zugeführt, wo der Verdacht durch Öffnen, auch im Beisein des Passagiers, geklärt wird.

Diese Kontrollsysteme mit den vor- und nachgeschalteten Förderern bedingen einen großen Platzbedarf, was insbesondere den nachträglichen Einbau in existierende Anlagen schwierig gestaltet.

STAPLER

HISTORIE Die Beförderung von Lasten in Form von Baumaterialien, Rohstoffen und sonstigen Produkten des täglichen Lebens war schon zu allen Zeiten eine wichtige und zentrale Aufgabe in der Gesellschaft. Diese Arbeit bewältigten früher Lastenträger und sie wurde »von jeher als eine besonders harte und bedrückende empfunden« (Zitat aus einer Studie von Otto Kammerer-Charlottenburg von 1904 zur Entwicklung der Hebemaschinen). Deshalb erfand man schon frühzeitig unterschiedliche Einrichtungen, um diese Arbeit zu erleichtern. Dazu gehörten die Tragmulden, später der Handkarren und besonders die Schubkarre sowie auch die Sackkarre, die noch bis vor 50 Jahren in vielen Lagerhäusern und Hafenbetrieben im Einsatz war.

BILD 204 *Tragmulde auf einer mittelalterlichen Baustelle*

BILD 205 *Transport von Erzen mit Schubkarren*

BILD 206 *Der erste Gabelstapler der Welt (Clark, Baujahr 1917)*

BILD 207 *Rahmenhubwagen zum Transport von Lagergütern*

FLURFÖRDERZEUGE

Die bahnbrechenden Innovationen für diese Art von Lastenförderung kamen von Unternehmen in den USA am Anfang des 20. Jahrhunderts. Zuerst waren es noch kleine handbediente Zieh- und Handwagen, später Rahmenhubwagen mit einer Plattform statt Gabeln für Aufnahme und Transport von Ladungen und Ladepritschen. Den endgültigen Durchbruch schaffte aber 1917 die Firma Clark mit einem Transportwagen mit Hubeinrichtung für den Transport von Sand und Gussteilen. Das war die Geburtsstunde des »**Gabelstaplers**« der Neuzeit. Dieses Konzept wurde anschließend von anderen Herstellern in den USA und später auch in Europa übernommen, die unterschiedliche Gerätetypen entwickelten. Eine entscheidende Förderung des Gabelstapler-Einsatzes wurde durch die US-Armee im Zweiten Weltkrieg eingeleitet, die mit dieser neuen Transport- und Ladetechnik die Kriegsfronten in Fernost und Europa erheblich schneller mit Kriegsmaterialien bedienen konnte.

206

207

BILD 208 Überblick über manuelle und automatische Staplergeräte

Handgabelhubwagen

Frontstapler
(Dreiradbauweise)

Frontstapler
(Vierradbauweise)

Schubmaststapler

Dreirad-Elektro-Schlepper

PRODUKTPROGRAMM Seit der Entstehung der Flurförderzeuge wurde von den Herstellern eine Vielzahl von Geräten und Einrichtungen entwickelt, um die unterschiedlichsten Transport-, Stapel- und Handhabungsarbeiten in den verschiedenen Bereichen der Logistik effizient und kostengünstig zu bewerkstelligen. Die Lösungen reichen von bedienergeführten Geräten über unterstützende Automatisierungs-Einrichtungen bis hin zu vollautomatisierten Anlagen.

In Europa wurde diese Entwicklung durch eine konsequente Standardisierung und Normung über EG-Richtlinien sowohl der Flurförderzeuge als auch besonders der Transport- und Ladehilfsmittel gefördert und führte zu einer klar gegliederten Struktur hinsichtlich Bauarten, Tragfähigkeit, Hubhöhen, Standsicherheit und sonstigen Sicherheitsbestimmungen. Neben der Leistungsfähigkeit und Wirtschaftlichkeit wurde in den letzten Jahren erheblicher Wert auf Bedienerfreundlich-

Elektro-Deichsel-Gabelhubwagen

Elektro-Deichsel-Gabelhubwagen mit Fahrerstandplattform

Elektro-Seitsitz-Gabelhubwagen

Schmalgangstapler

Horizontal-Kommissionierstapler

Vertikal-Kommissionierstapler

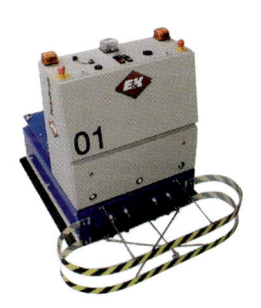

Automatisches Schlepperfahrzeug

Automatischer Hochregalstapler

Fahrerloses Transportfahrzeug

keit, Umweltschutz und auch ansprechendes Design gelegt. Die Auswahl aus diesem breit gefächerten Produktprogramm ist für Planer und Betreiber eine Aufgabe, die systematisch angegangen werden muss. Ausgehend von den gestellten Anforderungen sind die Leistungsprofile der Geräte anhand technischer Unterlagen und entsprechender Wirtschaftlichkeitsberechnungen zugrunde zu legen. Eine gewisse Aufgabenverteilung innerhalb der Produktpalette besteht darin, dass **Gabelhubwagen** für den reinen Palettentransport verwendet werden, **Stapler** übernehmen Transport-, Stapel- und Lagerfunktionen, **Elektrokarren** verbinden Betriebsbereiche und **Schlepper** ziehen mit Lasten beladene Anhänger. Neben den mechanischen Eigenschaften kommt der Bedienart eine große Bedeutung zu. Durch die ständigen Weiterentwicklungen können inzwischen praktisch alle Flurförderzeugtypen unter bestimmten Voraussetzungen automatisch

BILD 209 Heckbeladung mit Elektrogabelhubwagen

BILD 210 Seitenbeladung mit Frontstapler

BILD 211 Schubmaststapler und Horizontal-Kommissioniergerät für Lagerbedienung und Kommissionierung

211

betrieben werden. Unter dem Oberbegriff **Fahrerlose Transport-Systeme** (FTS) existieren automatische Stapler, Schlepper, Trägerfahrzeuge und Montageplattformen. Entscheidend für einen erfolgreichen Einsatz ist neben der vom Hersteller zu garantierenden Technik inklusive Steuerung ein angepasstes Umfeld hinsichtlich Betrieb und Wartung der Geräte und Anlagen.

EINSATZBEREICHE Zwischen den Herstellern hat sich durch die Globalisierung der Wettbewerb erheblich verschärft. Dadurch sind neue Service- und Finanzierungsmodelle speziell für diese Branche entstanden. Sie bieten für den Betreiber den Vorteil, anstelle einer eigenen Investition zwischen Leasing oder Miete zu wählen.

Der Einsatz von Flurförderzeugen in der Logistik ist äußerst vielseitig. An den Schnittstellen in der Logistikkette haben sie die wichtige Aufgabe des Be- und Entladens von LKW's, Waggons oder Containern, was entweder rückseitig und von Rampen oder seitlich und ebenerdig mit passenden Flurförderzeugtypen wie Gabelhubwagen und Frontstaplern erfolgt.

Ein weiterer großer Aufgabenbereich ist der innerbetriebliche Transport. Die Auswahl der Geräte ist abhängig von Einflussfaktoren wie Transportfrequenzen und -wege, Eigenschaften des Transportgutes sowie weiteren Rahmenbedingungen (Gebäudestrukturen, Bodenqualität, Tragfähigkeit).

FLURFÖRDERZEUGE

Für die Intralogistik sowohl in Produktions- wie in Distributionsbetrieben übernehmen **Schubmast- und Hochregalstapler** das Ein- und Auslagern von Lagereinheiten. Die Kommissionierung von Aufträgen wird mit **Horizontal- oder Vertikal-Kommissionierern** durchgeführt.

Mit den **Fahrerlosen Transportsystemen (FTS)** haben sich auch vollautomatische Anlagen bei vielen Anwendungen durchgesetzt. In der Produktion sind es Aufgaben zur Verknüpfung von Fertigungsmaschinen und Montagearbeitsplätzen oder direkt als »Mobile Werkbank«. In der Distribution sind es hauptsächlich Transportaufgaben bei langen Wegen und hohen Leistungen. Aber auch eine größere Sicherheit und weniger Transportschäden sind oft ein entscheidender Vorteil des FTS.

Bild 212 Kommissionierung mit Vertikal-Kommissionierstapler

Bild 213 FTS in der Produktion als »Mobile Werkbank«

Bild 214 FTS als Transportsystem im Handelslager

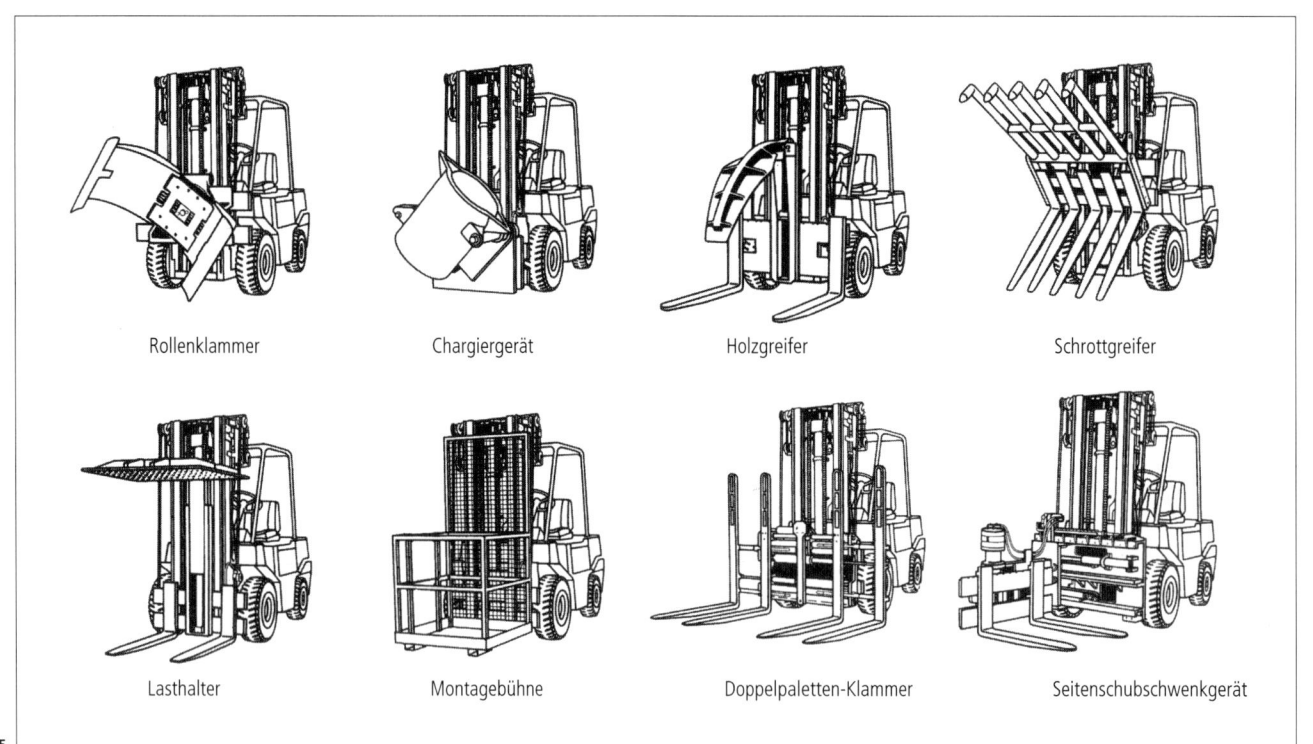

Rollenklammer	Chargiergerät	Holzgreifer	Schrottgreifer
Lasthalter	Montagebühne	Doppelpaletten-Klammer	Seitenschubschwenkgerät

BILD 215 *Anbaugeräte für Stapler*

BILD 216 *Erste Universalklammer (Steinbock, Baujahr 1958)*

Die Entwicklung von Anbaugeräten begann in den **50er Jahren** und führte zu einer bedeutenden Erweiterung des Einsatzbereiches für Gabelstapler. Bei diesem umfangreichen Programm handelt es sich um Anbaugeräte direkt als Lastträger, Bewegungsgeräte und spezielle Ergänzungseinrichtungen. Damit sind viele wichtige Transport-, Lager- und Handling-Funktionen in Produktions- und Logistikbereichen in einfacher und effizienter Weise möglich, zum Beispiel Klammern, Greifen, Drehen, Lasthalten und -schieben sowie Gabelverstellen. Besonders nützlich war die Erfindung von Klammer-Anbaugeräten zum Transportieren von nicht unterfahrbaren Ladeeinheiten wie Ballen, Rollen, Fässer, Kisten und Steinblöcke.

Ein wichtiger Einsatz existiert auch heute noch in der Papier- und Druckindustrie bei der Lagerung von Papierrollen in Blocklagern und bei ihrem innerbetrieblichen Transport mit automatischen FTS mit Dornen als Lastträger.

Durch die starke Verbreitung von standardisierten Transport- und Ladehilfsmittel (TPM und LHM) in Form von Behältern, Paletten, Boxen, Gestellen und Containern nahm die Bedeutung verschiedener Anbaugeräte ab.

Gleichzeitig entstanden aber neue Anwendungen mit entsprechend angepassten Typen von Staplern und Anbaugeräten, wie am Beispiel des Reach-Stackers mit Spezialgreifeinrichtung für das Container-Handling gezeigt werden soll.

Anpassungsfähigkeit an die gestellten Aufgaben sowie hohe Flexibilität im Betrieb und relativ niedrige Investitionen sind die herausragenden Eigenschaften der großen Familie der Staplergeräte.

BILD 217 *FTS mit Dorn und Hubeinrichtung beim Papierrollen-Handling*

BILD 218 *Stapler im Papierrollenlager*

BILD 219 *Reach-Stacker mit Teleskopausleger und Spezialgreifer*

Weitere interessante Eigenschaften dieser neuen Transporttechniken waren neben den Möglichkeiten der Transport-Automatisierung die nicht verbauten Verkehrswege, eine hohe Flexibilität bei der Gestaltung des Fahrkurses und auch die Steuerung der Transportkapazitäten. Durch diese Vorteile wurden immer mehr Anwendungen gefunden und aus einfachen Einsätzen mit Schleppfahrzeugen entstanden Ende der 60er Jahre umfangreiche Anlagen mit mehreren **Fahrerlosen Transportfahrzeugen**. Das war die Geburtsstunde der **Fahrerlosen Transportsysteme**.

Auf dem deutschen Markt hielten diese Systeme Anfang der 60er Jahre ihren Einzug. Elektro-Gabelhubwagen und Plattformfahrzeuge, die ursprünglich für eine manuelle Bedienung ausgelegt waren, wurden mit entsprechenden technischen Einrichtungen zur Steuerung und Führung des Fahrzeuges entlang des festgelegten Fahrkurses versehen. Maßgebliche Pioniere dieser Entwicklungen waren die Firmen Wagner Fördertechnik und Jungheinrich mit ihrem 1962 präsentierten »Teletrak«.

FAHRERLOSE TRANSPORTSYSTEME

TECHNIK UND MARKT **Fahrerlose Transportsysteme (FTS)** sind Anlagen mit Flurförderzeugen, die ohne Bedienungspersonal, elektromotorisch angetrieben und automatisch gesteuert auf einem festgelegten Fahrkurs innerbetriebliche Transportaufgaben durchführen.

Das erste **Fahrerlose Transportfahrzeug (FTF)** dieser Art wurde 1954 von der amerikanischen Firma Barrett-Cravens Co. für einen industriellen Einsatz entwickelt. Es handelte sich dabei um einen Schlepper, der mit Magnetsensoren ausgestattet war und sich mit dieser Technik an einem elektromagnetischen Feld eines im Hallenboden verlegten Leitdrahtes orientieren konnte. Die ersten Anwendungen fand dieser Schleppzug mit der Bezeichnung »Guide-o-matic« zunächst in einem Lebensmittellager für die Durchführung von wiederkehrenden Sammeltransporten zwischen den verschiedenen Bereichen innerhalb dieses Lagers. Später folgten ähnliche Einsätze praktisch in allen Bereichen von Handel und Industrie.

BILD 220 *FTF »Guide-o-matic« von Barrett*

BILD 221 *Photo-elektronisch gesteuerter Hubwagen der Fa. Wagner*

BILD 222 *Teletrak von Jungheinrich*

221

222

148 | 149

Insbesondere die automatisierungsorientierte Automobilindustrie setzte große Hoffnungen in die als fortschrittlich und flexibel geltende Technologie und sorgte durch große Investitionen auf diesem Gebiet für einen regelrechten Boom der FTS-Technologie in den **70er und 80er Jahren**. Durch diesen enormen Aufschwung tauchten natürlich viele neue Systemanbieter auf dem Markt auf. Von ihnen wurden mit viel Elan die Techniken für Fahrzeuge und deren Steuerung weiterentwickelt. Für Antriebe, Fahrwerke und Lenkung entstanden standardisierte Komponenten, mit denen die verschiedensten Fahrkurse und Fahrtrichtungen bewältigt werden können. Die Führung der Fahrzeuge auf dem Fahrkurs wurde mit unterschiedlichsten Prinzipien, mechanisch, optisch oder induktiv, vorgenommen.

Dieser zunehmende Wettbewerb und der unbedingte Drang der Betreiber zur maximalen Automatisierung führten in einigen Fällen zur Realisierung von Transportsystemen, die nicht betriebssicher und auch nicht wirtschaftlich waren. Daher mehrten sich Ende der 80er Jahre die Erfahrungsberichte von unzufriedenen Betreibern, die ihre hohen Erwartungen bezüglich Leistung, Funktionssicherheit und Wirtschaftlichkeit enttäuscht sahen. Es war wieder die Automobilindustrie, die 1990 eine Trendwende herbeiführte. Dieses Mal allerdings mit einem stark negativen Einfluss auf den Absatzmarkt für **Fahrerlose Transportsysteme**. Die sinkende Nachfrage bewirkte den Rückzug vieler Neueinsteiger, aber leider auch einiger etablierter Anbieter. Darunter litt oftmals die Wartung und Instandhaltung der existierenden Anlagen, was eine abschreckende Wirkung verursachte und die Attraktivität für neue Investoren weiter schmälerte. Dieser Imageschaden war so gravierend, dass damals selbst technisch und wirtschaftlich sehr sinnvolle Projekte mit diesen Systemen nicht mehr realisiert wurden.

Nach diesem dramatischen Niedergang in den 90er Jahren hat sich während der letzten Jahre die Lage auf diesem speziellen Markt wieder normalisiert. Aus technischer und wirtschaftlicher Sicht haben die Technologien von Fahrzeug und Fahrkurs sowie Steuerung und Zusatzeinrichtungen einen zufrieden stellenden Stand erreicht. Damit hat diese Technik ihre Marktposition als ein höchst anpassungsfähiges, modular aufgebautes und automatisiertes Transportsystem langfristig in der Logistik gesichert.

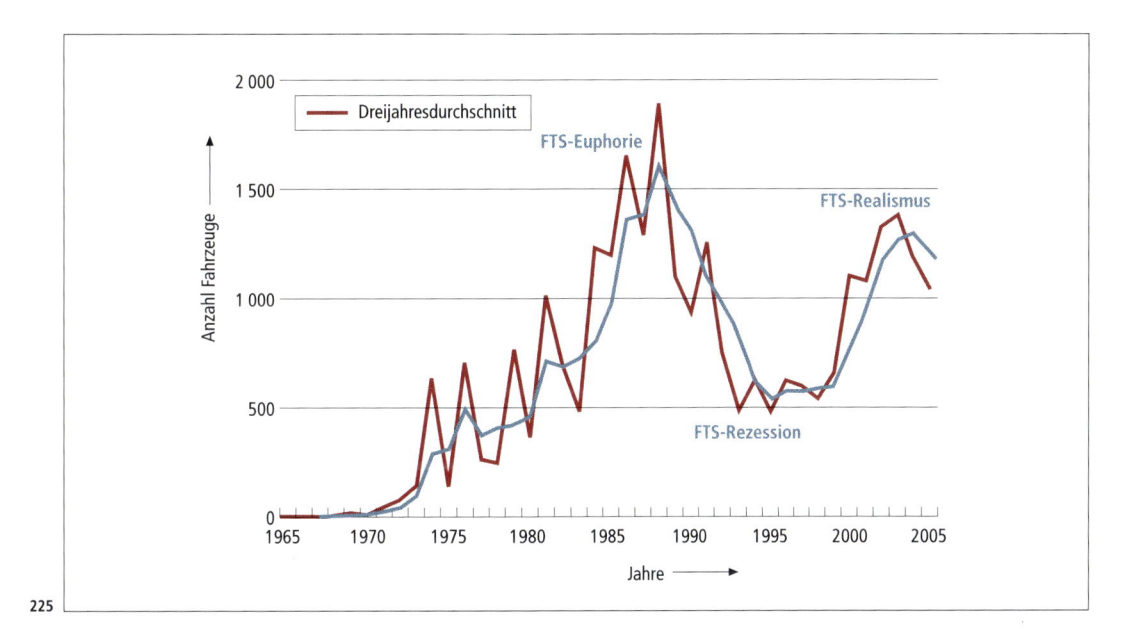

BILD 223 FTS-Einsatz in der Automobilindustrie (Rohbau)

BILD 224 FTS-Einsatz in der Automobilindustrie (Vormontage)

BILD 225 FTS-Fahrzeuge, Inbetriebnahmen ab 1965

BILD 226 Lenkwerk eines FTF

FÜHRUNGSTECHNIK UND STEUERUNG

Nach den ersten Anlagen auf der Basis mechanischer oder optischer Führungssysteme war die Leitdraht- oder auch Induktivführung die grundlegende Steuerungstechnik der **Fahrerlosen Transportfahrzeuge** bis in die **70er Jahre**.

Die Installation dieser Leitdrähte war allerdings immer mit hohen Kosten verbunden, da für sie die Kanäle ganz präzise entsprechend des Fahrkurses, besonders für die Kurven und Abzweigungen, in den Boden gefräst werden mussten. Einen Meilenstein in der Steuerungstechnik dieser autonomen Transportsysteme stellte die Einführung drahtloser Transportsysteme in den frühen 80er Jahren dar. Durch Technologien wie Lasertriangulation und Raster-Navigation konnte eine große Flexibilität bei der Festlegung des Fahrkurses mit ausreichender Genauigkeit erreicht werden. Bei den Navigations-Systemen orientiert sich das Fahrzeug an räumlich angebrachten Reflektoren (Lasertechnik) oder an im Boden verlegten Magneten oder Transpondern (Rastertechnik) und kann somit einen programmierten Kurs abfahren. Die Steuerung der **Fahrerlosen Transportfahrzeuge** kann durch dezentrale oder zentrale Strukturen erfolgen. Die einfachste Form ist die dezentrale Steuerung über am Fahrzeug befindliche Tableaus, in die die Ziele eingegeben und anschließend automatisch angefahren werden. Eine weitere Möglichkeit zur dezentralen Steuerung stellen Speicherterminals dar, die an den Zielpunkten angeordnet sind und über die **Fahrerlose Transportfahrzeuge** angefordert werden können. Bei der zentralen Steuerung steht ein Zentralrechner mittels automatischer Datenübertragung in ständiger Verbindung mit den internen Steuerungen der einzelnen Fahrzeuge und kann so alle Aufgaben initialisieren und überwachen.

227

Neben dem Einsatz zur Navigation spielen Sensoren auch im Bereich der Sicherheitstechnik bei **Fahrerlosen Transportfahrzeugen** eine entscheidende Rolle. Kollisionen, besonders mit Menschen, gilt es zu vermeiden, um Verletzungen, Beschädigungen und Stillstandszeiten zu verhindern, beziehungsweise ihre Auswirkungen gering zu halten. Zu diesem Zweck werden aktive und passive Sicherheitseinrichtungen verwendet. Aktive Sicherheitseinrichtungen können durch das Aussenden von Signalen und das Empfangen deren Reflexionen Informationen über die Umgebung des FTF liefern und im Falle einer Gefahr eine entsprechende Warnmeldung geben. In diese Kategorie fallen Laserscanner und Radar- oder Ultraschalltaster zur Personen- und Hinderniserkennung. Passive Sicherheitseinrichtungen, ähnlich einer Stoßstange mit speziellen Schaltleisten, so genannte Bumper, oder Not-Aus-Taster reagieren erst im Falle einer direkten Berührung und lösen dann das sofortige Abbremsen des Fahrzeugs aus. Ergänzend zur Sensortechnik sorgen optische und akustische Warnsignale im Fahrbetrieb sowie eine angepasste Fahrgeschwindigkeit für die Personensicherheit. Sicherheits- wie auch Warneinrichtungen sind für **Fahrerlose Transportfahrzeuge** verbindlich vorgeschrieben, um Unfälle und Betriebsstörungen zu verhindern.

228

ANWENDUNGEN In den vergangenen 50 Jahren hat sich das Einsatzfeld von **Fahrerlosen Transportsystemen** stark erweitert. Von einfacher traditioneller Güterverteilung bis hin zu komplexen, computergesteuerten Transport- und Montagesystemen reichen heute die Anwendungen. Begünstigt wurde die Variantenvielfalt bei den **Fahrerlosen Transportfahrzeugen** durch die vielen Freiheitsgrade bei ihrer konstruktiven Gestaltung. Zu den automatisierten Schleppzügen, die die Vorreiterrolle spielten für die **Fahrerlosen Transportsfahrzeuge**, gesellten sich im Laufe der Zeit diverse weitere Bauarten für den Einsatz im innerbetrieblichen Transport, wie Hubgabel-FTF zum Heben und Transportieren von Lasten, FTF mit integrierten Rollenbahnen für Paletten oder Kleinladungsträger, Unterfahrschlepper-FTF zum Bewegen von Rollcontainern oder FTF-Tambourtransporter für den Transport von Papier- oder Kartonrollen. Auch bei Aufgaben außerhalb von Hallen können inzwischen für den innerwerklichen Transport speziell entwickelte FTF mit entsprechenden Antriebs- und Führungstechniken eingesetzt werden.

BILD 227   *FTF mit Warnblinklicht*

BILD 228   *Mit Bumpers ausgestattete FTF*

BILD 229   *Tambourtransporter*

BILD 230   *Fahrerloses Transportfahrzeug im Einsatz als Schlepper*

BILD 231   *Palettentransport*

Die komplexesten Anwendungen finden in Produktions- und besonders in Montagebereichen statt. Dort sind die typischen Aufgaben die Verknüpfung von Bearbeitungsmaschinen und Arbeitsplätzen sowie auch die Verwendung als »Mobile Werkbank«.

Ein interessantes Anwendungsgebiet ist auch der Warentransport innerhalb großer Krankenhäuser. Die Kliniklogistik muss den Versorgungsstrom für Essen, Medikamente, Wäsche und Post aufrechterhalten und gleichzeitig für die Entsorgung von Müll, Geschirr und Schmutzwäsche sorgen. Bei den eingesetzten **Fahrerlosen Transportfahrzeugen** handelt es sich um Unterfahrschlepper, die an speziell entworfenen Transportcontainern andocken und diese im gesamten Klinikbereich bewegen können.

BILD 232 *Unterfahrschlepper-FTF*

BILD 233 *FTS in der Hafenlogistik (AGV)*

BILD 234 *Montage-FTF*

BILD 235 *Montagelinie in der »Gläsernen Manufaktur« von VW in Dresden*

Mit einem Transponderraster wird bei **Fahrerlosen Transportsystemen** in der Hafenlogistik gearbeitet. Transponder, die an die momentane Position eines FTF angrenzen, werden deaktiviert. Damit ergibt sich eine Schutzzone um jedes Fahrzeug, die gegenseitigen Behinderungen vorbeugt. Einsatz finden solche Systeme in großen internationalen Häfen, wie dem Hamburger Hafen oder dem Hafen von Rotterdam, wo der gesamte Containertransport zwischen Verladebahnhöfen, Lagerhallen und Hafenkränen bereits fahrerlos erfolgt.

BILD 236 Prototyp eines mechanisierten Lagerbediengerätes (ca. 1955)

BILD 237 Komplett mechanisiertes Regalbediengerät (Baujahr 1964)

BILD 238 Kleinteile-Kommissionierung mit Decombi (Baujahr 1968)

REGALBEDIENGERÄTE

KLEINTEILELAGER Durch bedeutende Produktionssteigerungen und Erweiterungen der Sortimente ergab sich Anfang der **60er Jahre** der Zwang zu einer Verbesserung und Rationalisierung der Fertigungsabläufe und des innerbetrieblichen Materialflusses. Dadurch kam auch der verstärkte Einsatz von Behältern innerhalb der Produktion zur Pufferung von produzierten Teilen und zur Bereitstellung von zur Produktion benötigten Kleinteilen (Schrauben, Muttern und andere Betriebsmittel wie auch Zubehörteile) zum Zuge. Unter dem Begriff »Lagersichtkästen« wurden allmählich überall diese standardisierten Behälter eingeführt. Die Folge war ein erhöhter Bedarf an Lagerkapazitäten für diese Art von Lagergütern. Zur Lagerung wurden entsprechende Behälterregale verwendet. Für die Ein- und Auslagerung kompletter Behälter und für Be- und Entladevorgänge wurden zuerst Leitern zur Erreichung der oberen Höhen benutzt. Später wurden in einer Art Experimentierphase Leitern zu verfahrbaren Geräten zusammengebastelt, quasi die Urväter der **Regalbediengeräte**.

LAGERTECHNIK

238

Als die Nachfrage weiter stieg und auch die Anlagen größere Lagerkapazitäten und höhere Leistungen benötigten, wurde in professioneller Weise die erste Generation der manuellen **Regalbediengeräte** für Behälterlager entwickelt.

Die Forderung nach optimaler Flächennutzung wurde durch hohe Regale und schmale Regalgänge (nur cirka ein Meter breit) erfüllt. Kurze Spielzeiten für die Fahr- und Hubbewegungen des Gerätes wurden durch geeignete Stahlkonstruktionen für Bodentraverse, Säule und Hubwagen mit Fahrerstand sowie Bedienungstisch und leistungsfähige Antriebe erreicht. Die Flurverfahrbarkeit auf Bodenschienen und die seitliche Abstützung an einer oben angebrachten Führungsschiene waren weitere wichtige Voraussetzungen zur Erzielung dieser höheren Fahr- und Hubleistungen. Angenehmes und effizientes Arbeiten für die Bedienungsperson wurde sichergestellt durch:

- einfache und sinnvolle Bedienungselemente
- bequemen Führerstand mit Klappsitz und Rückenpolster
- ergonomisch gestalteten Bedienungstisch
- Arbeitsplatzbeleuchtung
- praktischen Ausstieg auch im beladenen Zustand.

Zweihandbedienung, Fangvorrichtung, Fuß- und Armschutz sowie die erforderlichen Sicherheitsendschalter gewährleisteten die Sicherheit für die mitfahrende Bedienungsperson.

Im Verlaufe der Zeit konnte diese Lagertechnik für Behälter weitere Einsatzbereiche wie komplette Distributionszentren, beispielsweise Ersatzteillager, erobern. Dadurch wurden Anlagen mit größeren Lagerhöhen (12 bis 14 Metern) und auch mit umfangreicheren Vorzonen, bestehend aus entsprechenden Stückgutförderern zwecks Verknüpfung mit den anderen Bereichen realisiert.

Zudem wurde der Bedienungstisch im Fahrerstand zur Steigerung der Leistung und Verkürzung von Abwicklungszeiten mit Zusatzeinrichtungen wie Rollen- und Kugeltischen, Gabel- und Teleskopausfahreinrichtungen sowie Zähl- und Tarierwaagen ausgerüstet.

BILD 239 *Bedienungstisch auf einem manuellen Kommissioniergerät*

BILD 240 *Hubtisch mit Lastaufnahmemittel für Kartons*

BILD 241 *Automatisches Hochraumlager für Kartons im Versandzentrum von Otto in Haldensleben*

Neben der Entnahme aus Behältern gewannen bald auch Lagersysteme für Kartons an Bedeutung. Zuerst wurden noch manuelle **Regalbediengeräte** benutzt und die Entnahme der Kartons vom Bediener vorgenommen. Mit fortschreitender Automatisierung wurden auch vollautomatische Lager für Kartons möglich. Das erste Lager dieses Typs wurde von psb in Pirmasens Anfang der 70er Jahre in Betrieb genommen. Ein großes Kartonlager für 144.000 Stellplätze wurde 1973 von Demag für das Versandzentrum von Schiesser in Radolfszell installiert und diente dort als automatisches Reserve- und Nachschublager für die Kommissionierbereiche.

Die Herausforderung bei diesen Lagersystemen bestand vor allem in der Konstruktion geeigneter Lastaufnahmemittel. Gelöst wurde diese Aufgabe mit Einrichtungen, die hinter den Karton greifen und ihn mit Hilfe von klappbaren Hebeln auf den Lagerplatz schieben oder ihn aus diesem herausziehen.

Diese Art von Reservelager auf Kartonbasis wird auch heute noch oft benötigt, besonders im Versand- und Einzelhandel. Im Gegensatz zur Palettenlagerung ist hiermit ein schneller Zugriff auf kleine Lagereinheiten möglich, was dem heutigen Trend zur Auslieferung von kleineren Mengen entspricht.

Beeindruckende Projekte wurden in den letzten Jahren bei Neckermann in Frankfurt, Quelle in Leipzig und Otto in Haldensleben realisiert.

Die Kommissionierung im Kleinteilelager nach dem Prinzip **Mann-zur-Ware** ist durch den großen Anteil der Fahrzeiten, während derer der Kommissionierer keine wertschöpfenden Tätigkeiten ausüben kann, nicht effizient. Um diesen Nachteil auszuschalten, wurden im Verlaufe der **70er Jahre** in den USA automatische Kleinteilelager nach dem Prinzip **Ware-zum-Mann** entwickelt, und zwar von Eaton Kenway unter dem Namen »Miniload«. Es dauerte jedoch bis 1979, bis diese Technologie auch in Europa erstmalig zur Anwendung kam: Das schweizerische Unternehmen Digitron installierte für die Firma Sprenger in Iserlohn drei voneinander unabhängig operierende Miniload-Anlagen.

Die Vorteile dieser neuen Technik mit deutlich höheren Ein- und Auslagerleistungen, bedingt durch die leichteren und schnelleren Regalbediengeräte, führten bald zu einem Siegeszug, der bis in die heutige Zeit reicht.

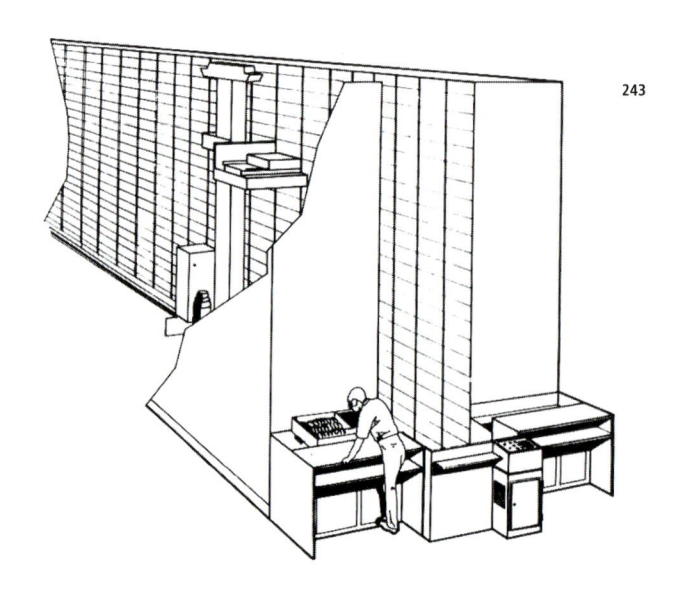

BILD 242 *Regalbediengerät*

BILD 243 *Prinzipdarstellung einer Miniload-Anlage*

BILD 244 *Kommissionierplatz vor dem Regal*

BILD 245 *Moderner Arbeitsplatz für beleglose Kommissionierung*

Die Techniken dieser neuen **Kleinteilelager** ähnelten den bereits etablierten automatischen Palettenlagern. Als **Regalbediengeräte** wurden bodenverfahrbare Einmastgeräte mit oben liegender Führung verwendet. Die Ladehilfsmittel waren Behälter und Tablare, die mit speziellen Lastaufnahmemitteln manipuliert wurden. Allerdings wurde eine leistungsfähigere Lagerverwaltung notwendig, die sowohl hinsichtlich Datenspeicherung als auch Antwortzeiten die wesentlich höheren kapazitiven und zeitlichen Anforderungen erfüllen konnte.

Ein großes Augenmerk musste auf die Gestaltung des Kommissionierplatzes direkt vor dem Lager gelegt werden. Typischerweise werden die Ein- und Auslagerbahnen vor dem Arbeitsplatz u-förmig angeordnet und die kommissionierte Ware gegenüberliegend abtransportiert.

Für eine durchgängige Integration dieser Lagersysteme in den Gesamtprozess der Produktions- und Distributionslogistik war der verstärkte Einsatz von Informationstechniken erforderlich. Das betraf einerseits die beleglose Bearbeitung von Kommissionieraufträgen per Bildschirm und andererseits besonders die Schnittstellen zu übergeordneten Steuerungs- und Verwaltungsebenen. So wurden Mitte der **80er Jahre** online-Steuerungen eingeführt, die eine direkte Übergabe der Auftragsdaten an die Lagerverwaltung und Lagersteuerung ermöglichten.

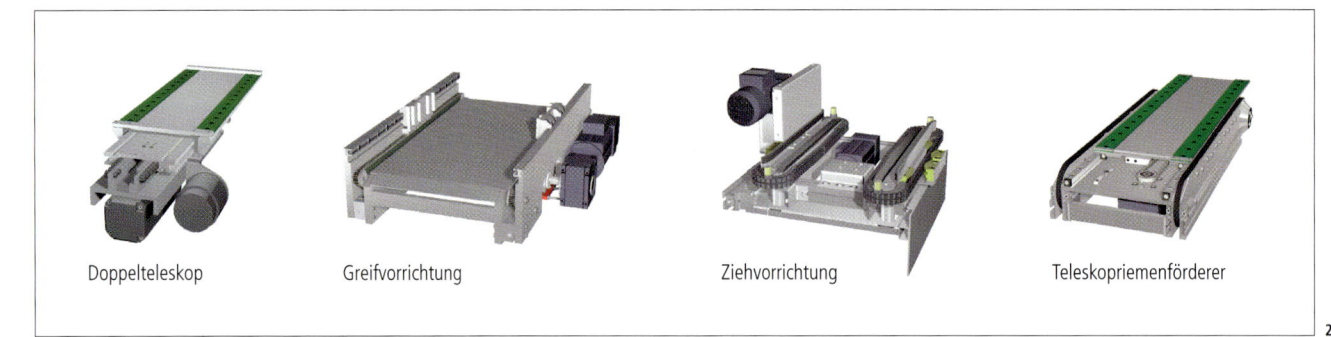

| Doppelteleskop | Greifvorrichtung | Ziehvorrichtung | Teleskopriemenförderer |

Die zentralen Baugruppen bei den automatischen **Kleinteilelagern** sind die Lastaufnahmemittel. Sie sind entscheidend für eine gute Funktions- und Betriebssicherheit des Automatikbetriebs. Deshalb waren sie bei den Lieferanten immer ein Schwerpunkt in der Entwicklung und Konstruktion.

Bei Behältern und Tablaren können zwei Grundprinzipien unterschieden werden: Bei der Ziehtechnik werden die Behälter an speziellen Griffen gefasst und auf das Lastaufnahmemittel gezogen, während die Ladeeinheiten bei der Teleskoptechnik, ähnlich wie bei der Aufnahme von Paletten, unterfahren und durch eine kurze Hubbewegung auf die Teleskopgabel aufgesetzt werden. Unterstützt von einem Gurtförderer wird die Gabel samt Behälter dann auf das Lastaufnahmemittel gefördert.

Bei aktuellen Lastaufnahmemitteln kommt häufig auch eine Ziehtechnik zum Einsatz, bei der keine Griffe an den Behältern mehr benötigt werden, sondern zwei Teleskopstangen seitlich neben diesen ausfahren und an ihren Enden befestigte Klappen den Behälter hintergreifen.

Beim Handling von Kartons wurden die früheren Techniken ständig verfeinert.

Mit der heutigen Technik können auch unterschiedliche Kartonbreiten manipuliert werden. Das geschieht durch seitlich neigbare Backen und klappbare Mitnehmer, unterstützt durch einen Gurtförderer auf dem Lastaufnahmemittel.

Das Streben nach höheren Durchsätzen durch kürzere Spielzeiten für Einzel- und Doppelspiele wurde einerseits von den Betreibern gefordert, andererseits aber auch von den Lieferanten, die sich dadurch gewisse Vorteile im Wettbewerb verschaffen wollten, forciert.

BILD 246 *Prinzipskizzen verschiedener Typen von Lastaufnahmemitteln*

BILD 247 *Lastaufnahmemittel für Kartons*

BILD 248 *Hochleistungs-RBG*

Eine Entwicklungsrichtung war, diese Leistungssteigerung durch Erhöhung von Beschleunigung und Geschwindigkeit der Fahr- und Hubbewegungen zu erzielen. Dazu wurden die klassischen Antriebstechniken ständig verbessert, zum Beispiel Reibradantriebe mit höheren Reibwerten sowie unten- und obenliegende Fahrantriebe. Es sind aber auch ganz neue Techniken in Form der zugmittelgeführten Regalbediengeräte entstanden, bei denen die Antriebsmotore stationär angeordnet sind und die Geräte über Zahnriemen bewegt wer-

248

den. Weitere Gewichtsersparnisse wurden durch die Mastkonstruktion in Aluminium-Leichtbauweise erreicht, die nach den neuesten Erkenntnissen der Schwingungstechnik konzipiert wurde. Neben diesen konstruktiven Maßnahmen konnten insbesondere auch die neuen Steuerungs- und Regeltechniken der Fahr- und Hubbewegungen für eine Verkürzung der Spielzeiten sorgen.

Die verschiedenen Maßnahmen und Weiterentwicklungen haben dazu geführt, dass die Ein- und Auslagerleistungen von anfänglich etwa 40 Doppelspielen pro Stunde bei der ersten Gerätegeneration, über rund 90 Doppelspiele pro Stunde in den **90er Jahren** bis auf cirka 150 Doppelspiele pro Stunde bei der heutigen Generation von Hochleistungsgeräten gestiegen sind.

Ein weiterer Weg zu höheren Durchsätzen war die Ausrüstung der Hubwagen der **Regalbediengeräte** für die Aufnahme von mehreren Lagereinheiten. Gleichzeitig wurde dabei teilweise auch eine mehrfachtiefe Lagerung zur Verbesserung des Volumennutzungsgrades realisiert.

Anfang der **90er Jahre** führte Digitron als erster solch ein Multiload-System für Behälter in einem Lager mit dreifachtiefer Lagerung vor. Das Kernstück dieser neuartigen Technik war ein komplexer Lastaufnahmemittel-Hubwagen, bestehend aus nebeneinander liegenden Förderern für die Ein-, Aus- und Umlagerung sowie der Transfereinrichtung. Durch diese Technik konnten bei einer Anlage bei Lego in Dänemark ca. 300 Ein- und Auslagerungen pro Stunde nachgewiesen werden.

Später wurden einfachere Konstruktionen für doppeltiefe Lagerungen eingesetzt. Dabei werden auch hohe Ansprüche an die Ein-, Aus- und Umlagertechnik bei den verschiedenen Abläufen im Lagerbetrieb gestellt.

Auch bei Lageranlagen mit einem breiten Spektrum von unterschiedlichen Lagergütern bestand die Forderung nach höheren Durchsätzen. In diesen Fällen wurden Hubwagen konstruiert, die mit speziellen Lastaufnahmemitteln für die verschiedenen Typen von Lagereinheiten ausgerüstet wurden.

Eine andere Form dieser Multiload-Techniken war der vom Fraunhofer-IML und der damaligen Siemag Transplan Anfang der **90er Jahre** entwickelte Sistore. Das Regalbediengerät dieses automatischen Lagersystems für Behälter besitzt eine Doppelsäulen-Konstruktion, in der für jede Lagerebene ein eigenes Lastaufnahmemittel eingebaut ist. Vor dem Regalkomplex befinden sich jeweils ein Vertikalförderer für die ein- und auszulagernden Behälter. Durch die gleichzeitige Über-

252

BILD 249 *Multiload-RBG*

BILD 250 *RBG für doppeltiefe Lagerung*

BILD 251 *Mehrfach-Lastaufnahmemittel*

BILD 252 *Sistore*

gabe der Behälter in allen Ebenen bei den Funktionen im und vor dem Regal ist eine hohe Leistung von ca. 500 bis 600 Ein- und Auslagerungen pro Stunde erreichbar.

Das erste Lager dieser Art wurde 1991 bei dem schweizerischen Textilproduzenten Calida für dessen Versandlager in Sursee installiert. Danach konnte nur noch eine weitere Anlage mit diesem System in der Schweiz realisiert werden. Trotz interessanter Technik konnte wahrscheinlich wegen der hohen Investitionen, auch in die Vorzonen-Fördertechnik, keine ausreichende Wirtschaftlichkeit bei den verschiedenen Projekten nachgewiesen werden.

Umlauflager Bei Umlauflagern wird das Prinzip **Ware-zum-Mann** durch eine Rotationsbewegung des Lagergestells erreicht. Je nach Umlaufrichtung werden diese Lager in **Karusselllager** (horizontaler Umlauf) und **Paternosterlager** (vertikaler Umlauf) eingeteilt.

Lagersysteme mit dieser Charakteristik wurden von psb unter dem Namen »Rotastore« und von TGW unter »Rotary Rack« auf den Markt gebracht. Es handelt sich um horizontale Umlauflager mit einzelnen, getrennt angetriebenen Lagerebenen. Die Ein- und Auslagerung der Lagereinheiten erfolgt über einen zentralen Vertikalförderer mit entsprechenden Ein- und Ausschleuseinrichtungen. Diese Systeme ermöglichen hohe Ein- und Ausschleusleistungen von bis zu 800 Einheiten pro Stunde. Sie eignen sich als Material-Puffer in der Fertigung und als Versandpuffer in Handelslagern. Allerdings besitzen sie aus technischen Gründen nur eine begrenzte Lagerkapazität.

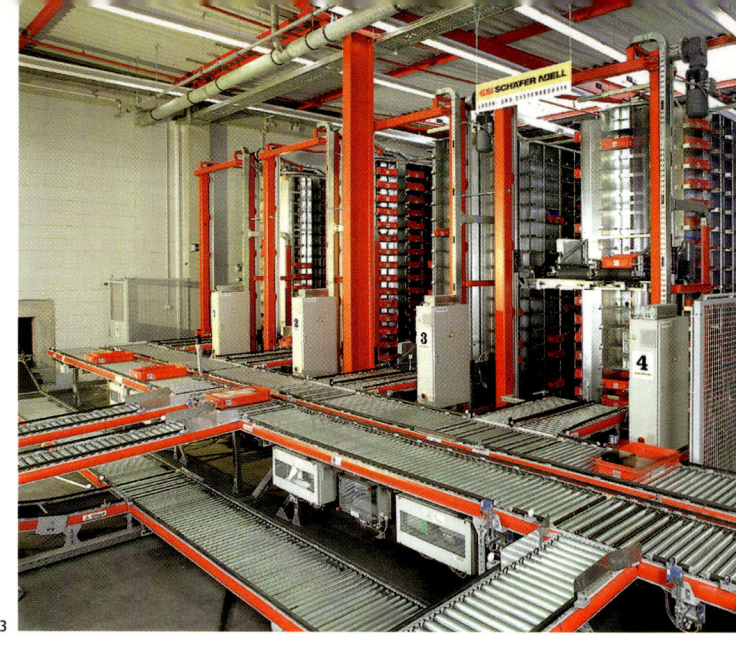

BILD 253 *Karussellager mit Vorzone*

BILD 254 *Prinzipskizze eines Umlauflagers (Rotastore von psb)*

BILD 255 *Paternosterlager*

BILD 256 *Abholstation für Pakete von DHL*

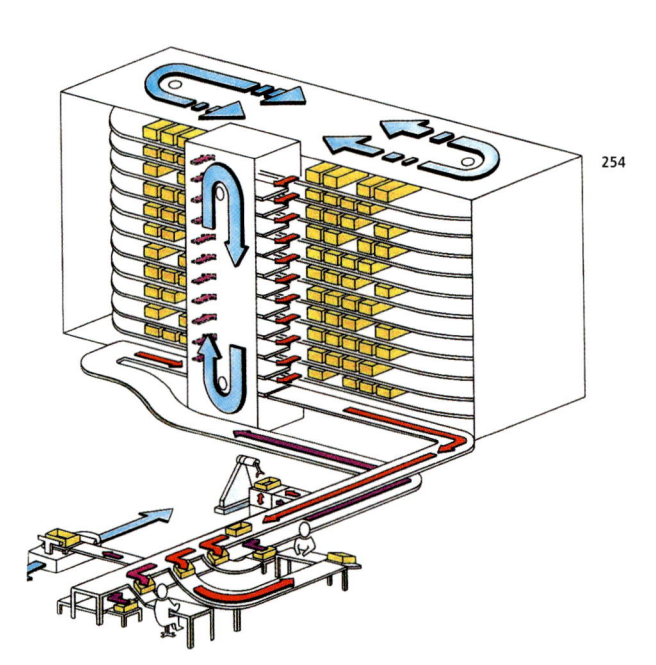

256

Eine andere Konstruktion ist das **Karusselllager** mit horizontal umlaufenden Lagergestellen, die mit mehreren vertikal angeordneten Lagerplätzen versehen sind. An den Übergabestellen befinden sich Vertikalförderer, die in den einzelnen Ebenen die Ein- und Auslagerung vornehmen. Damit kann ein hoher Durchsatz zur Ver- und Entsorgung von Kommissionierbereichen erzielt werden. Außerdem bietet dieses Lagersystem eine große Lagerkapazität bei hoher Flexibilität und automatischem Zugriff auf alle Lagereinheiten.

Ein Umlauflager, bei dem das Lagergestell vertikal umläuft, wird als **Paternosterlager** bezeichnet. Dieser Lagertyp beansprucht nur wenig Platz und kann auch nachträglich problemlos in die Betriebe eingebaut werden.

Er hat sich für die Lagerung von Kleinstteilen, zum Beispiel Ersatzteile, Elektroteile, Arzneiartikel und Dokumente, in vielen Branchen durchgesetzt.

Das starke Wachstum von E-Commerce hat zu einer großen Zunahme von Paketsendungen auch für Privatpersonen geführt. Um die Zustellung nach Hause auch für berufstätige Kunden zeitunabhängig und auch kostengünstiger zu organisieren, bietet ein Dienstleister einen flächendeckenden Service mit Packstationen an. Das Paketlager im Innern ist ein **Karusselllager**.

REGALBEDIENGERÄTE

PALETTENLAGER Ende der **50er Jahre** war ein ständig steigender Bedarf an Lagerkapazitäten praktisch in allen Branchen und ihren Produktions- und Distributionsbereichen festzustellen. Zu diesem Zeitpunkt wurden auch die europäischen Normungsbestrebungen hinsichtlich einheitlicher Transport-, Lager- und Ladehilfsmittel mit der Einigung auf genormte Paletten, die Euro-Paletten, erfolgreich abgeschlossen.

Diese Situation war der Ausgangspunkt für die Entwicklung ganz neuer Lagersysteme und somit der Start der neuzeitlichen Lagertechnik. Dabei war das Palettenlager der Vorreiter, bei dem durch die genormten Paletten die große Chance zur Standardisierung der erforderlichen Komponenten, Baugruppen und Geräte nebst Zusatzeinrichtungen genutzt werden konnte. Der erfolgreiche Verlauf dieser Entwicklung wurde später auf andere Lagereinheiten wie Behälter, Schwer- und Langgut, Coils sowie Papierrollen übertragen.

Die erste Generation dieser neuartigen **Regalbediengeräte** (zuerst noch Regalförderzeuge genannt) setzte sich aus den bewährten Baugruppen des Kranbaus wie Brückenträger, Kopfträger und einer Laufkatze zusammen. Neu war die Stapelsäule, mit deren Hilfe ein Hubwagen mit Lastaufnahmemittel und Fahrerkabine die erforderlichen Hub- und Senkbewegungen durchführen konnte. Dieser so genannte **Stapelkran** erfüllte schon gut die neuen Anforderungen für **Palettenlager** und hatte zudem noch den Vorteil der Bodenfreiheit sowie die Möglichkeit, mehrere Regalgänge zu bedienen. Allerdings begrenzte diese Konstruktion die erreichbare Lagerhöhe auf normale Hallenhöhen von bis zu 10 Metern.

BILD 257 *Brückenkran mit Stapelsäule, Hubwagen und Fahrerkabine*

BILD 258 *Stapelkran in Hängekranversion*

BILD 259 *Außenansicht des »Bertelmann-Büchersilo«*

BILD 260 *Das Regalbediengerät im Mittelgang*

Das war der Grund für die Entwicklung eines anderen Konzeptes, das auf der bekannten Hängebahn- und Hängekrantechnik beruhte. Eine Einschienen-Stapelkatze mit einer hängenden Zweisäulen-Konstruktion für den Hubwagen fuhr auf einer oben und mittig im Regalgang angeordneten Hängebahn. Die Bedienung mehrerer Gänge erfolgte durch Umsetzen über einen Hängekran als Umsetzbrücke mit der ihm eigenen Verriegelungstechnik. Dieses Konzept wurde erstmalig 1962 bei Bertelsmann in Gütersloh für ein Bücherlager mit einer Lagerhöhe von 19,25 Meter eingesetzt, dem weltweit ersten Hochregallager.

Eine Neuheit war dabei auch die verwendete Silobauweise, bei der das Palettenregal gleichzeitig auch die Dach- und Wandkonstruktionen trägt.

Diese neuen Techniken der Lagerung von Paletten mit maximaler Flächen- und Raumausnutzung war für die Industrie und den Handel eine große Chance zur entscheidenden Verbesserung ihrer Lagerproblematiken. Besonders dem Handel wurden dadurch interessante Möglichkeiten zur Einführung neuer Strategien hinsichtlich verstärkter Zentralisierung mit den Vorteilen für Sortimentserweiterung, Bestandsoptimierung und Kundenservice geboten.

260

LAGERTECHNIK

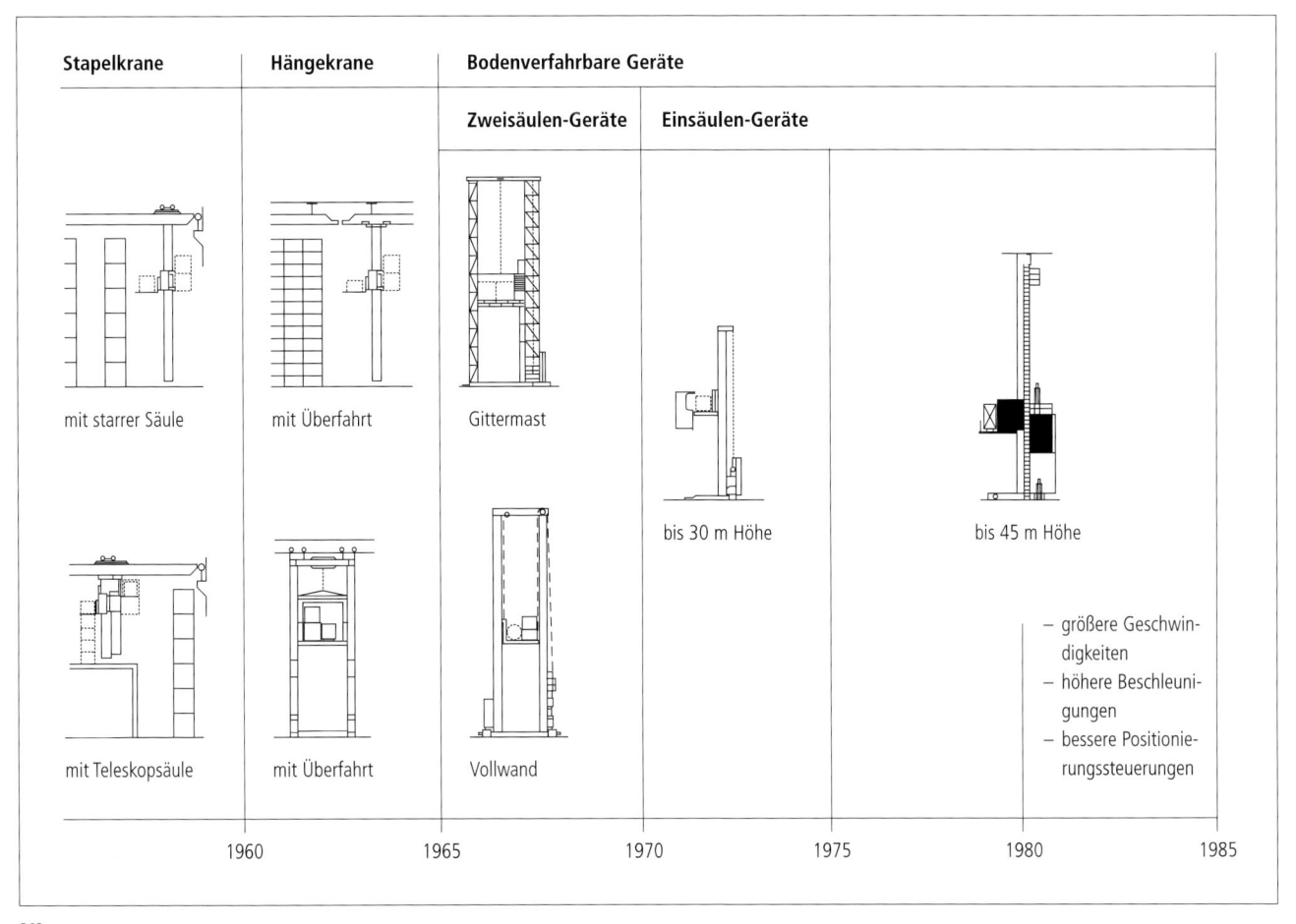

Stapelkrane	Hängekrane	Bodenverfahrbare Geräte			
		Zweisäulen-Geräte	Einsäulen-Geräte		
mit starrer Säule	mit Überfahrt	Gittermast		bis 30 m Höhe	bis 45 m Höhe
mit Teleskopsäule	mit Überfahrt	Vollwand			– größere Geschwindigkeiten – höhere Beschleunigungen – bessere Positionierungssteuerungen
1960	1965	1970	1975	1980	1985

262

BILD 261 *Gasse in einem Hochregallager*

BILD 262 *Entwicklung der Bauformen von Regalbediengeräten*

Durch diese starke Nachfrage nach größeren und höheren Lagern mit auch höheren Durchsätzen entstand eine Phase sehr dynamischer Aktivitäten für die Entwicklung unterschiedlicher Konstruktionen von Regalbediengeräten bei den zuständigen Lieferanten für fördertechnische Geräte, besonders in Deutschland und in der Schweiz. Über die Vorstufen wie Stapelkrane, Hängekrane und regalverfahrbare Geräte kamen alle Unternehmen letztlich auf die Lösung der bodenverfahrbaren Geräte. Mit dieser Bauform waren die statischen und dynamischen Kräfte, die das **Regalbediengerät** im Betrieb verursacht, wesentlich besser aufzunehmen, wodurch größere Lagerhöhen (bis 45 Meter) und besonders höhere Fahrgeschwindigkeiten (140 bis 200 Meter pro Minute) erzielt werden konnten.

Zuerst wurden diese Geräte hauptsächlich noch in einer Zweimast-Version ausgeführt. Außerdem gab es noch unterschiedliche Konzepte bei der Ausführung der Säulenkonstruktion, und zwar die Gittermast- und Vollwandbauweise. Durchgesetzt hat sich die Vollwandsäule wegen des geringeren Aufwands für Fertigung und Instandhaltung und insbesondere auch wegen der besseren dynamischen Eigenschaften (Schwingungsverhalten und Hubwagenführung).

Neben der Schaffung einer grundlegenden Konzeption für **Regalbediengeräte** hatte die Entwicklung einiger Baugruppen eine genauso große Bedeutung. Dazu gehört sicher die Teleskopgabel als Lastaufnahmemittel für Paletten, durch die erst das Unterfahren bei einem Einfahrmaß von nur 100 Millimetern und einer Gangbreite von 1,4 Metern möglich wurde.

Parallel zu diesen Entwicklungen wurde die Automatisierung aller Abläufe des Lagerbetriebes für Lastaufnahme und -abgabe sowie alle Fahr- und Hubbewegungen einschließlich der Ziel- und Positionierfunktionen vorangetrieben.

Alles zusammen führte dazu, dass in Europa immer mehr Hochregallager wie Pilze aus dem Boden schossen und in der Landschaft als neue Form von Industrie- und Gewerbebauten auftauchten. Bald wurde aber auch erkannt, dass eine wirtschaftliche Lösung nur dann erreicht wird, wenn nicht das Lager alleine, sondern auch die Materialbewegungen vor und hinter dem Lager berücksichtigt werden. Es wurden daher Lagerzonen, bestehend aus Elementen der Palettenfördertechnik (Rollen- und Tragkettenförderer, Umsetzeinrichtungen wie Hub- und Drehtische und andere Transfergeräte) konzipiert. Durch diese weitgehende Mechanisierung und Automatisierung konnte ein begleitfreier Transport vom Wareneingang über das Lager bis zum Warenausgang realisiert werden. Erst mit dieser ganzheitlichen Lösung wurde der gewünschte Rationalisierungseffekt erreicht.

BILD 263 *Einlagerung mit Teleskopgabel*

BILD 264 *Vorzone in einem Hochregallager*

In dieser Phase der Markteinführung der neuen Generation von mechanisierten Speziallagern für Paletten gelang der Staplerbranche Ende der **60er Jahre** mit der Entwicklung eines Zwei- beziehungsweise Drei-Seitenstaplers ein wichtiger Schritt, um sich bei der weiteren Verbreitung dieser Palettenlager mit ihren Produkten erfolgreich im Wettbewerb behaupten zu können. Mit diesen Staplertypen war durch ihre Lastaufnahmemittel, wie Dreh- und Vorschubgabel, Schwenkschubgabel und später Teleskopgabel, ein Einsatz auch bei relativ schmalen Gangbreiten (1,7 bis 2 Meter) bei Lagerhöhen bis maximal 14 Meter möglich. Deshalb wurde für sie auch die Bezeichnung **Schmalgangstapler** oder **Hochregalstapler** geprägt. Neben einer guten Flächen- und Raumnutzung boten diese Geräte die typischen Vorteile eines Staplerbetriebes mit einer freien Verfahrbarkeit und somit auch einer relativ einfachen Möglichkeit des Regalgangwechsels.

LAGERTECHNIK

BILD 265 *Hochregalstapler in »man-down«-Version*

BILD 266 *Hochregalstapler in »man-up«-Version*

BILD 267 *Vollautomatisches System mit Verschieberegal und Schmalgangstapler*

BILD 268 *Umsetzbrücken für Gangwechsel von Regalbediengeräten*

268

Damit konnten Lagertypen mit hoher Lagerkapazität aber niedrigem Durchsatz wesentlich kostengünstiger realisiert und betrieben werden. Am Anfang wurden diese Geräte in »man-down«-Bauweise ausgeführt. Zur Verbesserung der Bedienung wurden im Laufe der Zeit immer mehr Funktionen teilautomatisiert. Später entstand eine Variante als »man-up«-Version, die besonders für die Kommissionierung geeignet ist. Anfang 2000 wurde diese Tendenz zur Automatisierung weitergeführt bis zu vollautomatisierten Lageranlagen mit automatischen, frei verfahrbaren Staplern und kompakten Verschieberegalen sowie den Zu- und Abfördersystemen.

Diese Konkurrenzsituation bewirkte, dass sich auch die Lieferanten für schienengeführte Regalbediengeräte neue Techniken einfallen lassen mussten, wenn bei Projekten mit einer bestimmten Lagerstruktur, wie großes Lagervolumen, aber kleiner Durchsatz, die Zahl der Regalgänge größer war als die aus Leistungsgründen erforderliche Anzahl von Geräten. Für diese Fälle wurden spezielle Umsetzeinrichtungen geschaffen, die dem eigentlich ganggebundenen Regalbediengerät den Wechsel in einen anderen Gang des Lagers ermöglichten. Es handelt sich um Umsetzbrücken, die vor dem jeweiligen Gang positioniert sind und in die das Regalbediengerät einfährt, um anschließend seitlich vor den anderen Gang umgesetzt zu werden.

LAGERTECHNIK

BILD 269 Anlage mit kurvengängigen Regalbediengeräten

BILD 270 Staplerbedientes Durchlauflager für Paletten

Eine weitere Entwicklung zur Realisierung dieser Umsetzfunktionen waren die **kurvengängigen Regalbediengeräte**, die mit einem lenkbaren Bodenfahrwerk ausgerüstet sind und über eine Vorzone mit entsprechenden Bodenschienen inklusive Weichen den Gangwechsel vornehmen können. Diese Umsetzvorgänge können natürlich bei beiden Techniken, Umsetzbrücke und Kurventechnik, vollautomatisch mit den gleichen Steuerungssystemen wie in den Regalgängen durchgeführt werden. Interessant sind auch die Möglichkeiten, die diese Techniken für die Gestaltung des Materialflusses an den Übergabestellen vor dem eigentlichen Lagerbereich zu bieten haben.

Insgesamt führten diese ständigen technologischen Fortschritte und immer neuen Anforderungen mit der Chance für weitere Einsatzfelder zu einer vorher nie gekannten Aufbruchstimmung in der gesamten Fördertechnikindustrie, so dass auf breiter Front weitere Formen von Lagertechniken für Paletten entwickelt wurden. Eine Domäne waren hierbei die so genannten **Kanallager**.

Zuerst waren es in den **60er Jahren** Durchlauflager, bestehend aus nebeneinander und übereinander liegenden Kanälen mit Gefällerollenbahnen und speziellen Bremseinrichtungen. Diese Lager eignen sich gut als Pufferlager für Paletten in vielen Branchen, wie Lebensmittel, Getränke oder Genussmittel, bei denen ein kleines Sortiment mit hohem Umschlag und großer Palettenzahl pro Artikel vorhanden ist. Insbesondere das **First in-First out**-Prinzip wird durch Funktion und Anordnung der Gefällebahnen zwangsläufig und ohne zusätzlichen Steuerungsaufwand erreicht. Allerdings ist die Euphorie der frühen Jahre für diesen Lagertyp verflogen und heute kommt er nur noch in den Bereichen zum Einsatz, wo seine spezifischen Eigenschaften sinnvoll genutzt werden können.

LAGERTECHNIK

BILD 271 *Regalbediengerät für Satelliten beim Einlagern*

BILD 272 *Kanal für Satellitenlager*

Anfang der **70er Jahre** entstand eine weitere Art der Kanallagertechnik mit den so genannten **Satelliten**. Das Prinzip beruhte auf einer französischen Erfindung, die sich aber erst wesentlich später in Deutschland Anfang der **80er Jahre** durch eine professionelle Entwicklung der speziellen Komponenten und ihrer anwendungstechnischen Einführung nachhaltig durchsetzen konnte. Zu den für die Satelliten-Technik geeigneten Bedingungen zählt neben einem Zwang zu hoher Flächen- und Raumausnutzung eine kleine Anzahl von zu lagernden Artikeln bei großen Lagermengen pro Artikel. Diese Voraussetzungen sind bei ähnlichen Branchen erfüllt, wie oben beim Durchlauflager aufgeführt, aber besonders auch in der Tiefkühlindustrie (Produktion und Distribution).

LAGERTECHNIK

274

BILD 273 *Regalbediengerät mit an Seilen hängendem Lastaufnahmemittel, genannt Transfaster*

BILD 274 *Ein Magmatic-Regalbediengerät im Hochregal*

Veränderte Produktions- und Distributionsstrategien oder auch Restriktionen in den zur Verfügung stehenden Räumlichkeiten haben findige Ingenieure bis heute immer wieder motiviert, ganz neuartige Techniken für **Palettenlager** zu entwickeln und dem Markt anzubieten. Dazu gehört zum Beispiel der **Transfaster**, ein automatisches, flurfrei arbeitendes Regalbediengerät mit oben auf dem Regal fahrender Katze. Das Lastaufnahmemittel ist auf einer an Seilen aufgehängten Plattform. Diese Technologie bietet neue Möglichkeiten der Gestaltung der Lageranlagen (Überfahren von Einbauten und Zonen in den Regalgängen). In diese Kategorie innovativer Techniken passt auch ein französisches System, genannt **Magmatic**. Es arbeitet mit mobilen, batteriebetriebenen Fahrzeugen, die jede Regalgasse und jedes Lagerfach über ein verzweigtes Schienennetz automatisch bedienen können. Vorteilhaft ist diese Technik bei Lagern mit hoher Kapazität und niedrigem Durchsatz sowie durch ihre Flexibilität bei der Anpassung an Gebäudeformen und Erweiterungen.

REGALBEDIENGERÄTE

LANGGUTLAGER Die Beförderung von Lasten ist schon immer eine wichtige, aber mühsame Arbeit für Lastenträger gewesen. Wenn die menschliche Leistungskraft nicht mehr ausreichte, wurden Lastentiere als Transportmittel eingesetzt. Noch schwieriger sind das Heben und Transportieren von Langgütern, weil neben der erforderlichen Kraft noch eine gute Balancierfähigkeit vorhanden sein muss. Die Handhabung von Langgütern unterscheidet sich wesentlich von anderen Stückgütern. Neben den höheren Gewichten und größeren Abmessungen besteht die Problematik von Instabilität, Unhandlichkeit und mangelnder Stapelfähigkeit. Aus diesen Gründen wurden für diese Lasten geeignete Geräte und Einrichtungen entwickelt, bestehend aus Einzelprofilen, Bunden oder Ladehilfsmitteln, wie Gestelle und Kassetten, die in Blocklagern oder Regalen gelagert werden.

Das Handling erfolgt mit manuell bedienten, bodenverfahrbaren Geräten wie Schwerlaststaplern, Mobil- oder Portalkranen. Weiter eignen sich besonders innerhalb von Gebäuden schienengeführte Hallenkrane (Lauf- und Hängekrane) und Stapelkrane für diesen Einsatz. Die Hallenkrane in Form von Lauf- und Hängekranen können neben der Funktion als Lagerbediengeräte auch weitere Aufgaben wie die Verkettung von Lager, Weiterverarbeitung und Be- und Entladebereichen übernehmen. Durch die Realisierung großer Spannweiten mit der vollständigen Bodenfreiheit erlauben diese Geräte eine optimale und flexible Gestaltung des Lager-Layouts. Durch Zusatzeinrichtungen wie Magnettraversen, Lastpendeldämpfung und Fernbedienung sowie auch Möglichkeiten zur Automatisierung können erhebliche Effizienzsteigerungen für den Lagerbetrieb erreicht werden.

Langgutlager mit den Lagergütern Stabstahl, Profile, Röhren sowie Rollenwaren aus Stahl und anderen Werkstoffen sind heute in vielen Branchen in der Produktion und Weiterverarbeitung sowie besonders auch im Handel stark verbreitet. Dadurch sind für die verschiedenen Anwendungen auch unterschiedliche Systeme entstanden, die bei einer maximalen Raumausnutzung einen kostengünstigen Betrieb sicherstellen. Das wird neben ausgeklügelten mechanischen Strukturen insbesondere durch eine komplette Automatisierung der Zu- und Abförderung und der Lagervorgänge erreicht. An den Schnittstellen zur Weiterverarbeitung oder zur Kommissionierung überwiegen noch manuell bediente Arbeitsplätze, unterstützt durch Einrichtungen zum Handling der schweren und unhandlichen Güter und zur Durchführung administrativer Arbeiten wie Wiegen, Identifizieren, Kennzeichnen. Diese neue Generation von automatischen Langgutlagern ermöglicht eine komplette Integration in die Informationslogistik der Betriebe. Damit ist immer der gesicherte Überblick über die Lagerbestände und deren Optimierung gewährleistet.

BILD 275 *Mensch und Tier als Lastenträger*

BILD 276 *Förder- und Transportgeräte für manuelles Langgut-Handling*

BILD 277 *Hallenkran mit speziellem Lastaufnahmemittel im Handelslager für Langgut*

276

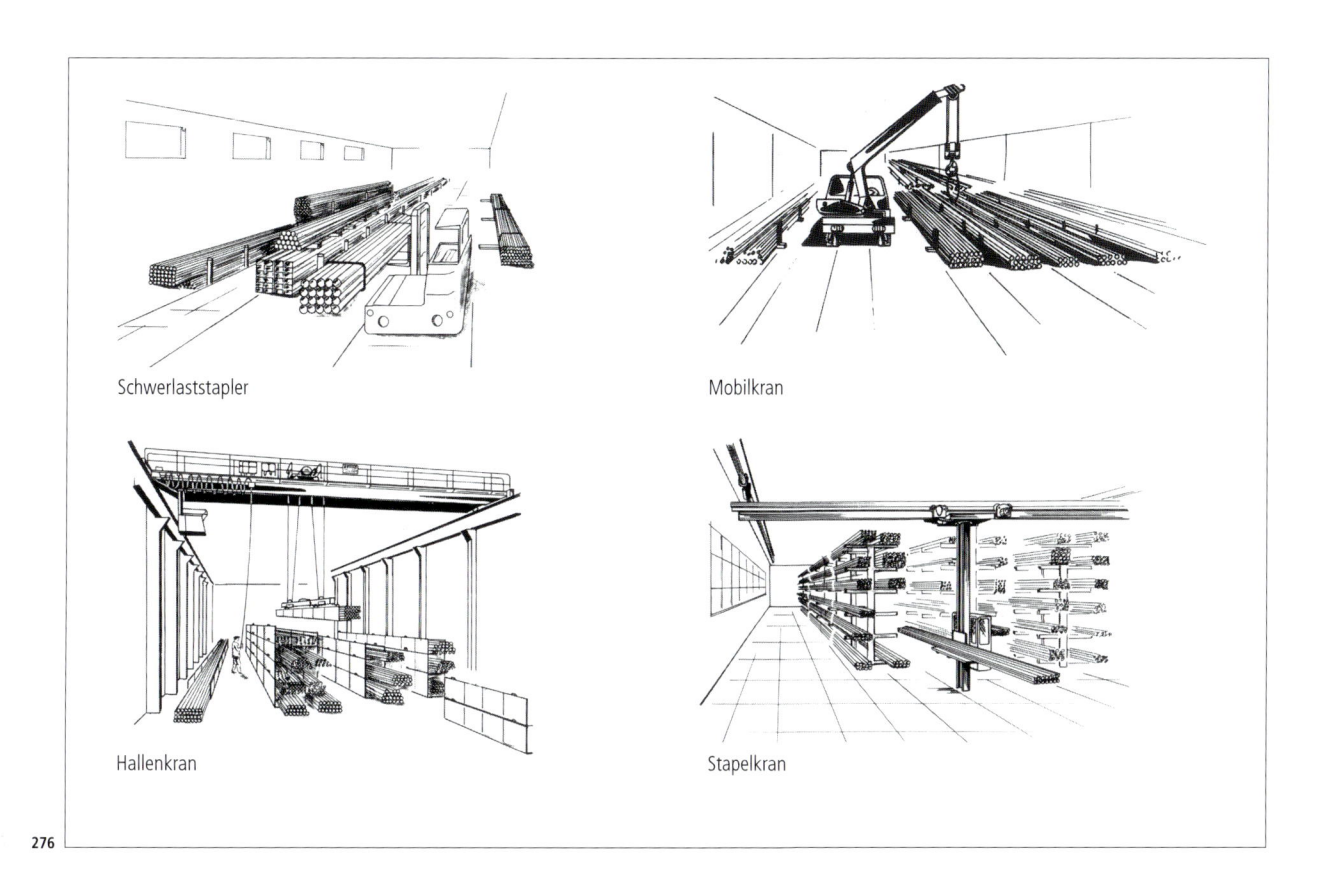

Schwerlaststapler

Mobilkran

Hallenkran

Stapelkran

277

Überfahrlager

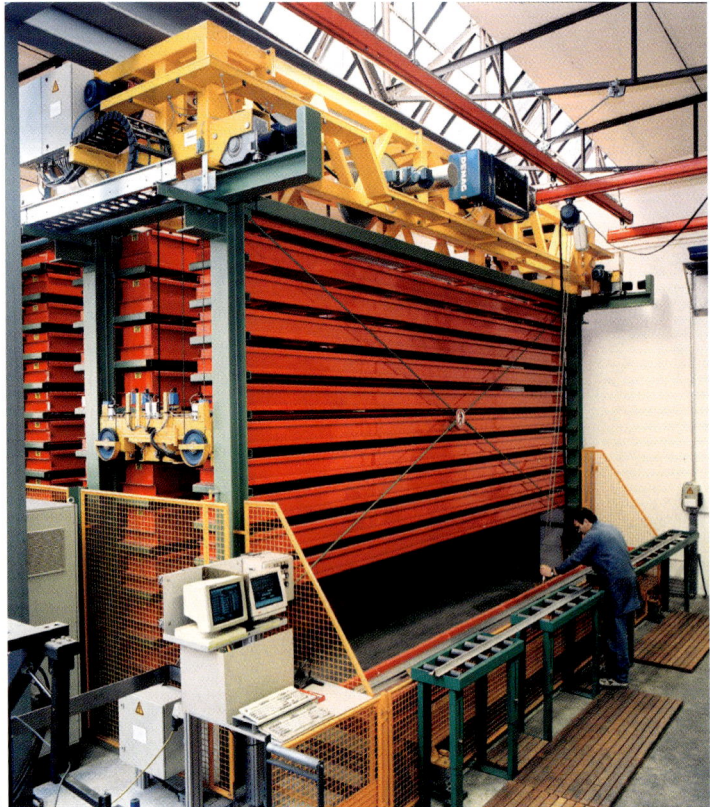

Paternosterlager

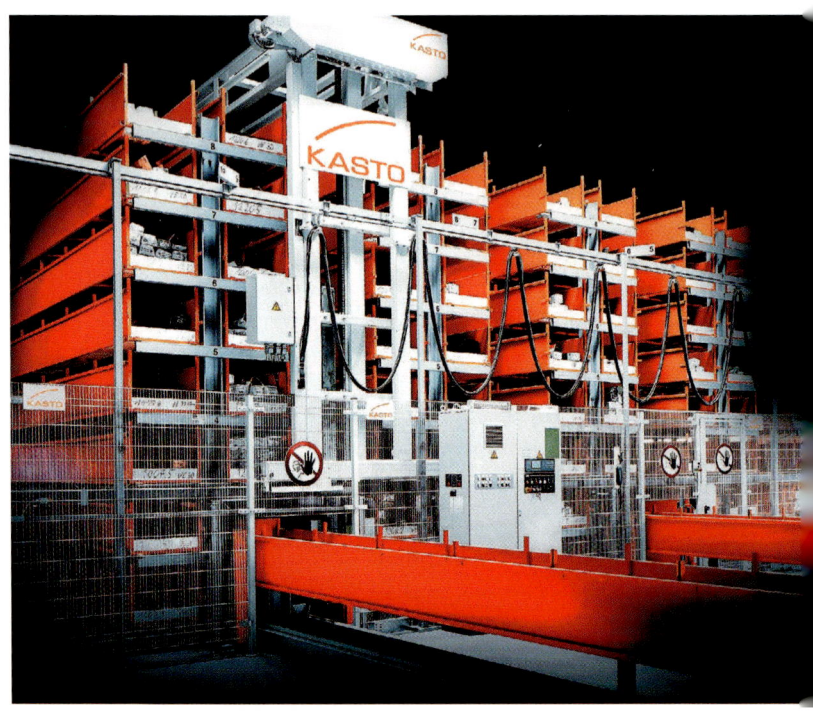

Hochregallager

Portallager

BILD 278 *Überblick über automatische Langgutlager*

Wabenlager

Vertikallager

Überfahr- und Portallager Das Überfahrlager besteht aus einem Tragarmregal zur Aufnahme des Lagergutes. Das Bediengerät fährt auf oberhalb des Regals angeordneten Schienen und hat eine hängende, heb- und senkbare Lasttraverse mit seitlich ausfahrbarem Lastaufnahmemittel. Das Portallager ist ähnlich aufgebaut, wobei das Bediengerät aber in Portalbauweise auf unten liegenden Bodenschienen verfährt. Beide Lagertypen bieten Platz sparende und flexible Einbaumöglichkeiten in vorhandene Hallen.

Wabenlager Das Lager besitzt einen breiten Mittelgang für das bodenverfahrbare Bediengerät und zwei gegenüberliegende Regalblöcke, in die die Langgutkassetten quer zur Fahrtrichtung in wabenartig angeordneten Fächern gelagert werden. Das Gerät verfügt über einen Hubwagen mit Zug- und Schubeinrichtungen für die Ein- und Auslagerung der Kassetten. Durch die kurzen Abstände der Lagerplätze wird ein hoher Durchsatz erzielt, weshalb der Einsatz überwiegend im Langguthandel vorkommt.

Hochregallager Hochregallager werden von sich paarweise gegenüberstehenden Regalzeilen und im Gang bodenverfahrbaren Bediengeräten gebildet. Die Lagerfächer sind parallel zum Gang in Längsrichtung angeordnet und werden über die Teleskopeinrichtung des Bediengerätes bedient. Neben einer hohen Umschlagsleistung zeichnet sich dieser Lagertyp durch eine optimale Nutzung der Flächen bei Lagerhöhen von bis zu 40 Metern aus.

Paternoster- und Vertikallager Bei beiden Lagertypen wird das Langgut in Kassetten gelagert, die beim Paternosterlager mit einer umlaufenden Kette und beim Vertikallager mit einem Hubgerät befördert werden. Vor dem Lager befindet sich ein Arbeitsplatz mit Handlingseinrichtungen. Beide Systeme eignen sich hauptsächlich für kleinere Lagerkapazitäten innerhalb von Produktionsbereichen.

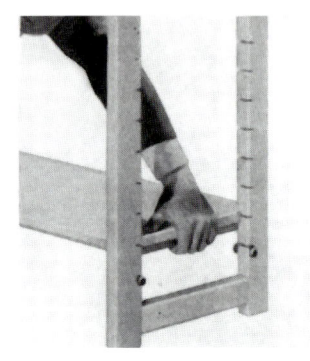

Holzregal

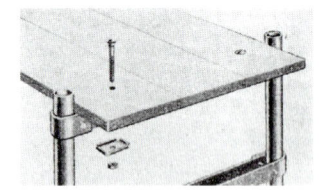

Regal mit Holzböden und Stahlleitern

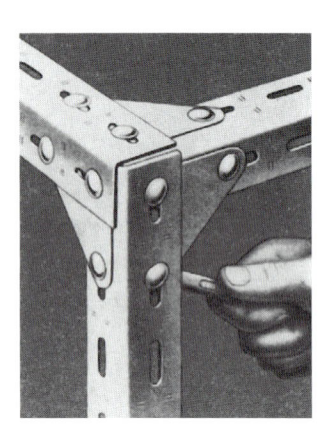

Lochprofile für Schraubverbindung

Gestanzte Profile für Steckverbindung

REGALBAU

ENTWICKLUNG Das Volumen von zu lagernden Artikeln und Produkten nahm Anfang des 20. Jahrhunderts durch die fortschreitende Industrialisierung sowohl in der Industrie als auch im Handel ständig zu. Deshalb war es logisch, dass in vielen Betrieben nach sinnvollen Lagerlösungen mit besserer Raumausnutzung und auch mehr Übersichtlichkeit gesucht wurde. Das war die Geburtsstunde der Regale.

Zuerst waren es noch einfache Holzregale. Im Laufe der Zeit wurden daraus Montageregale aus Fertigteilen für Regalleitern und Regalböden. Der nächste Fortschritt waren Stahlregale mit gelochten Profilen, die mit Schraub- oder Steckver-

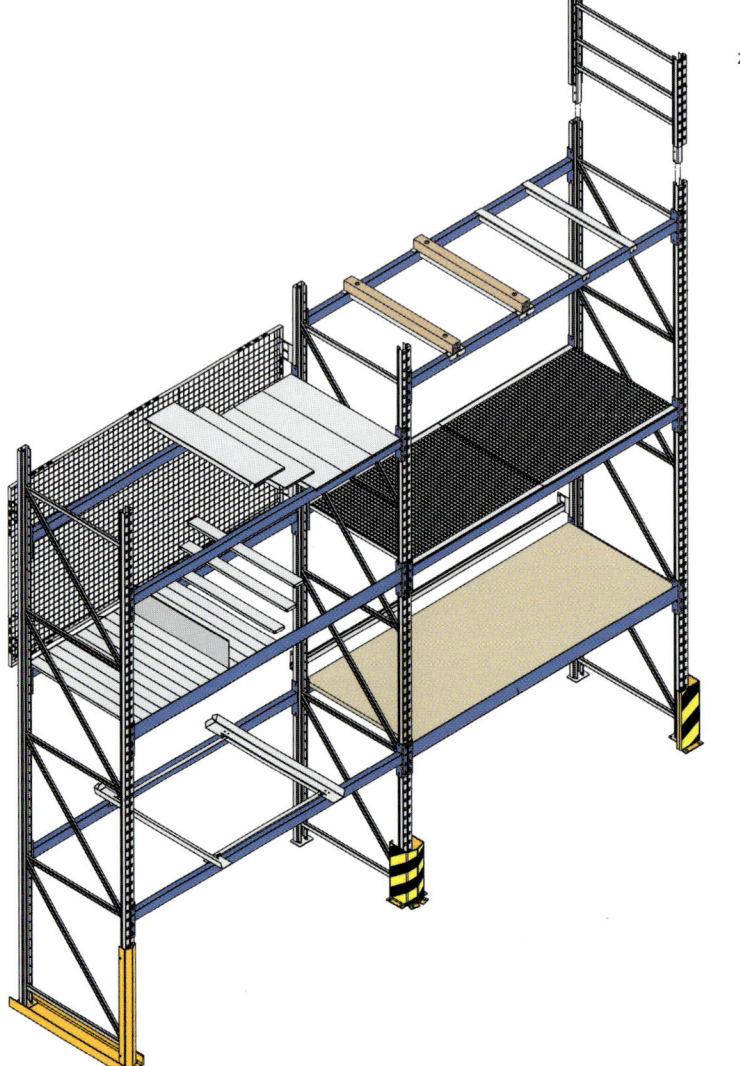

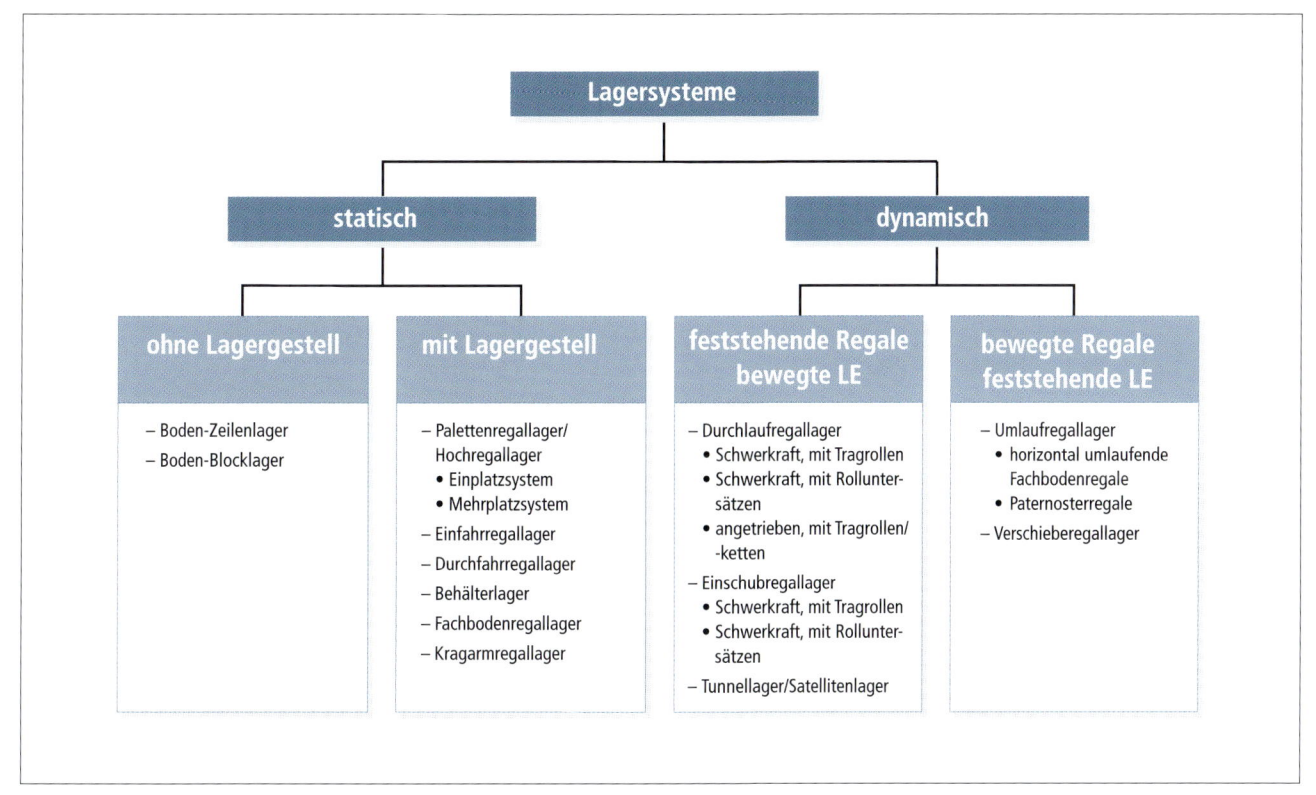

```
                            Lagersysteme
                    ┌────────────────┴────────────────┐
                 statisch                          dynamisch
           ┌────────┴────────┐              ┌─────────┴─────────┐
    ohne Lagergestell   mit Lagergestell   feststehende Regale   bewegte Regale
                                              bewegte LE         feststehende LE
```

ohne Lagergestell
- Boden-Zeilenlager
- Boden-Blocklager

mit Lagergestell
- Palettenregallager/Hochregallager
  • Einplatzsystem
  • Mehrplatzsystem
- Einfahrregallager
- Durchfahrregallager
- Behälterlager
- Fachbodenregallager
- Kragarmregallager

feststehende Regale bewegte LE
- Durchlaufregallager
  • Schwerkraft, mit Tragrollen
  • Schwerkraft, mit Rolluntersätzen
  • angetrieben, mit Tragrollen/-ketten
- Einschubregallager
  • Schwerkraft, mit Tragrollen
  • Schwerkraft, mit Rolluntersätzen
- Tunnellager/Satellitenlager

bewegte Regale feststehende LE
- Umlaufregallager
  • horizontal umlaufende Fachbodenregale
  • Paternosterregale
- Verschieberegallager

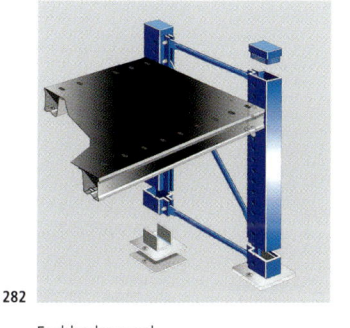

Fachbodenregal 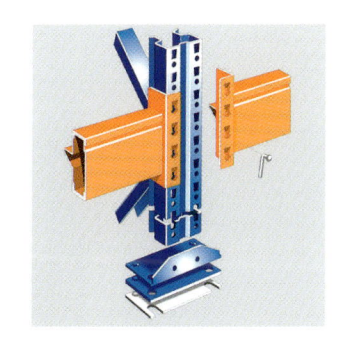   Palettenregal

BILD 279 Phasen des frühen Regalbaus

BILD 280 Standardprogramm für Palettenregale

BILD 281 Übersicht über Lagersysteme

BILD 282 Profile für Fachböden- und Palettenregale

bindungen montiert wurden. Der stark steigende Bedarf an Lagerkapazitäten machte bald größere Regalhöhen erforderlich. Damit die Lieferanten für diese Regale kostengünstige, flexible und leicht montierbare Systeme anbieten konnten, entstanden in den **60er Jahren** Konstruktionen in Stahlleichtbauweise. Dünnwandige, kalt gewalzte Profile mit speziellen Lochbildern und dazu passenden Verbindungs-Techniken waren die Basis dieser neuen Generation von Regalen. Gleichzeitig wurden für die unterschiedlichen Lagergüter komplette Regalbaukästen mit allen erforderlichen Baugruppen und Zubehörteilen als Standard entwickelt.

Inzwischen gibt es eine große Anzahl von Regaltypen, um bei den verschiedenen Anwendungen und für die große Palette von Lagergütern sowie Ladehilfsmitteln jeweils eine optimale Lösung anbieten zu können. Bei der Fülle dieser Angebote von unterschiedlichen Lagertechniken kann die richtige Auswahl nur dann getroffen werden, wenn die jeweiligen Anforderungen für Lagergüter, Kapazitäten und Leistungen sowie die Randbedingungen hinsichtlich der Betriebsabläufe und räumlichen Verhältnisse sorgfältig festgelegt werden.

MANUELLE LAGER Trotz der vielen spektakulären Logistikprojekte mit hoch automatisierten Lager- und Kommissioniersystemen sind die manuell bedienten Regalanlagen von sechs bis 12 Metern Höhe mit Abstand die verbreitetsten Hilfsmittel für Reserve- und Kommissionierlager. In Abhängigkeit von Artikel- und Auftragsstrukturen sowie den Ladehilfsmitteln kommen unterschiedliche Typen wie Fachbodenregale, Palettenregale und kombinierte Regalanlagen zum Einsatz.

Die älteste Form ist das **Fachbodenregal**, das zur Lagerung und Kommissionierung von nicht palettierten Lagereinheiten, Kleinteilen in Behältern und Umverpackungen oder Lagergütern in loser Form dient. Die Grundform ist eingeschossig, sie ist aber auf einfache Weise zu einer mehrgeschossigen Anlage erweiterbar. Dadurch kann der Raumnutzungsgrad verdoppelt werden und fast 50 Prozent, bezogen auf das Bruttolagervolumen, erreichen. Interessant ist dabei auch, dass die namhaften Lieferanten alle Systembauteile für solche Anlagen als Standard anbieten können. Günstige Kosten und große Flexibilität hinsichtlich Veränderungen sowie auch Integration in vorhandene Nutzungskonzepte sind dadurch gegeben.

Durch die Standardisierung der Ladehilfsmittel, wie Paletten und Gitterboxen, stehen für deren Lagerung auch vollkommen standardisierte **Palettenregale** zur Verfügung, die sich durch niedrige Investitionskosten, leichte Aufstellung und damit auch Umbaufähigkeit auszeichnen. Die wichtigsten Systembauteile, wie Stützrahmen, Traversen, Fachebenen und Auflagen, sind für die verschiedenen Funktionen und Lagerarten ausgelegt. Das betrifft die Quereinlagerung für Vorrats- und Reservelager und die Längseinlagerung für Kommissionierlager. Die Regalgassen können problemlos an die Bedienung durch unterschiedliche Stapler, wie Front-, Schubmast- oder Schmalgangstapler, angepasst werden.

Bild 283 *Fachbodenregal*

Bild 284 *Kombiniertes Regal*

Bild 285 *Palettenregal*

285

In vielen Fällen ist unter wirtschaftlichen Gesichtspunkten besonders bei Kommissionierzentren eine Mischform zwischen der Lagerung der verschiedenen Lagergüter und den Abläufen anzustreben. Das bedeutet die Kombination unterschiedlicher Regalsysteme und auch die Trennung von Kommissionier- und Nachschubgängen. Weiterhin ist auch eine mehrgeschossige Bauweise zur bestmöglichen Raumnutzung und Optimierung der Abläufe sinnvoll. Kompetente Lieferanten bieten dafür durchdachte Baukästen an, mit denen alle Systeme im Verbund aufeinander angeschlossen werden können und auch die erforderlichen Zwischenbühnen standardmäßig und kostengünstig realisierbar sind.

Hochregallager

HOCHREGALLAGER Durch den epochalen Erfolg des schon vielfach zitierten ersten Hochregallagers bei Bertelsmann 1962 war der Durchbruch für diese neue Art der Palettenlagerung gelungen. In der Folge lag der Schwerpunkt auf der Konzipierung von günstigsten technischen Lösungen für die Regalbediengeräte (oben hängend, mittig hängend oder bodenverfahrbar) und die Regalkonstruktionen, verbunden mit den erforderlichen Bautechniken für Bodenplatte, Dach und Wand.

Anfänglich gab es praktisch bei jedem Lagerprojekt lange Diskussionen über die beiden Bauarten, und zwar Lagerhalle mit innen freistehendem Palettenregal oder dach- und wandtragender Palettensilo. Beim Vergleich der Investitionskosten mussten alle Gewerke für Bautechnik und Lagereinrichtung vollständig berücksichtigt werden, wozu erstmalig eine enge Zusammenarbeit der Planer von Bau- und Lagertechnik notwendig war. Die Vergleiche ergaben meistens, dass erst ab größeren Lagerhöhen (ca. 18 Meter) der Palettensilo kostengünstiger war. Neben dem Kostenvergleich war aber auch die Frage Universal- oder Einzweckbau unter dem Aspekt späterer Nutzungsänderungen von Bedeutung. Diese Entscheidung findet bei heutigen Projekten auf der Basis fundierter Unterlagen statt, da die beteiligten Planer alle über langjährige Erfahrungen verfügen, um die richtige Empfehlung an den Bauherrn abzugeben.

BILD 286 Vergleich Einbauregal und Palettensilo

BILD 287 Hochregallager in Silobauweise

BILD 288 Regalanlage für Kleinteile

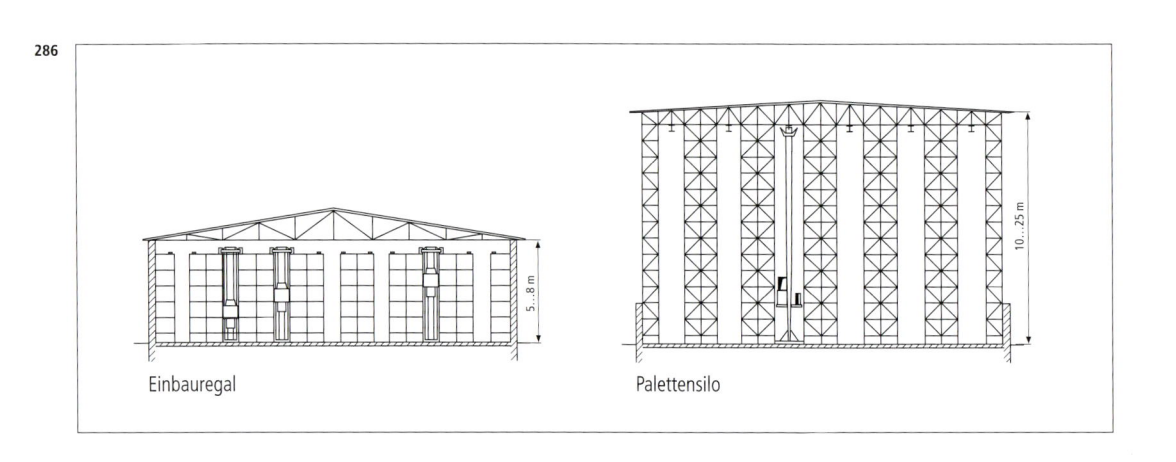

Um diese neue Regaltechnik erfolgreich einzuführen, waren viele Hürden zu überwinden. Dazu gehörten die Konstruktion von preiswerten kalt gewalzten Profilen, deren Fertigung bei kompetenten Kaltwalzern und ihre Montage mit den geforderten engeren Toleranzen. Weiterhin mussten für viele Details die richtigen Lösungen gefunden werden, wie passende Verbindungsmittel, geeignete Nivellierungs-Verankerungen und Unterstopfungen der Regalfüße. Aber auch der Nachweis für Prüfstatiker für diese neue Regaltechnik, für die in Deutschland keine Normen vorlagen, war eine schwierige Aufgabe und gelang nur über umfangreiche Versuche an Hochschulinstituten. Inzwischen werden Hochregallager bis zu 50 Metern Lagerhöhe realisiert. Ab einer bestimmten Höhe werden die Regale mit warm gewalzten Profilen oder einer Mischkonstruktion mit kalt gewalzten Profilen gebaut. Die Erfahrungen mit den Palettenregalen konnten später in den **80er Jahren** auch für die Regalkonstruktionen für Kleinteilelager erfolgreich genutzt werden, um auch hier preiswerte und funktionssichere Anlagen zu erhalten.

Der Trend zum Hochregallager setzte sich in der zweiten Hälfte der **60er Jahre** weiter fort, da neben der besseren Flächennutzung inzwischen auch die Automatisierung des gesamten Materialflusses beherrscht werden konnte. Für die Regalbauer kam dadurch neben dem Zwang zu kostengünstigen Konstruktionen noch die Forderung nach engeren Toleranzen für den Automatikbetrieb. Deshalb waren von ihnen in dieser Zeit einige Pionierleistungen zu vollbringen. An der Spitze ist dafür Alfred Kocher zu nennen, der 1968 mit seinem noch jungen Unternehmen den ersten Palettensilo mit kalt gewalzten Profilen bei Bellaplast in Deizisau realisiert hat.

288

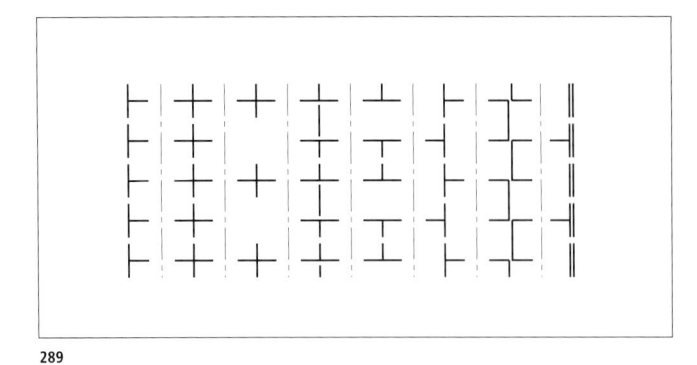

BETONLAGER In der ersten Phase der Einführung von Hochregallagern war der Stahlbau die vorherrschende Bauform. Mit wachsender Bedeutung der neuen Bauprojekte beschäftigten sich aber auch die Bauingenieure mehr mit diesen Objekten, wodurch bald einige Hochregallager in Ganzbeton oder Stahlbeton entstanden. Die Vorteile dieser Bauweisen lagen besonders in ihrer Feuerbeständigkeit, den geringeren Unterhaltskosten und einfacher nachträglicher Verstellbarkeit der Palettenträger. Ein entscheidender Schritt zur besseren Vermarktung dieser Bauweisen in Beton gelang 1965 dem schweizerische Bauingenieur Marcel Desserich mit der Konzipierung eines Bausystems mit Betonfertigteilen. Diese werden in Betonwerken hergestellt, auf die Baustelle transportiert und dort nacheinander vertikal und fluchtend zur Gestell- bzw. Wandachse montiert. Dieses System aus vertikalen Tragsäulen und statisch wirksamen Dachscheiben ist gleichzeitig tragende Gestellkonstruktion und raumschließender Fassaden- und Dachabschluss.

BILD 289 *Grundriss-Systeme mit verschiedenen Tragsäulen*

BILD 290 *Anlieferung von 28 m langen Tragsäulen*

BILD 291 *Montage der Tragsäule*

BILD 292 *Logistikzentrum mit Betonhochregal (Goetze)*

Der Grundriss eines Lagers kann mit verschiedenen Querschnittstypen der Tragsäulen, wie T-, U-, H- oder L-Form, entsprechend den jeweiligen Vorgaben gestaltet werden. Mit dieser Bautechnik ist es auch einfach möglich, einzelne Gassen komplett abzuschotten und die erforderlichen Brandwände zu realisieren.

Die ersten Hochregallager in Fertigteilbauweise wurden in der Schweiz ab 1968 und in Deutschland ab 1969 gebaut. Vorreiter waren zuerst Chemie- und Nahrungsmittelbetriebe und später folgten Anwendungen praktisch in allen Branchen.

Allerdings konnte diese Bauweise in Beton nie die Zehn-Prozent-Marke der Hochregallager-Statistik überschreiten. Der Hauptgrund lag, und liegt auch heute noch, nicht in den Investitionskosten, sondern daran, dass die nachweislich vorhandenen Vorteile bei vielen Planern nicht bekannt sind. Außerdem scheuen leider viele Generalunternehmer und Systemintegratoren die im Vergleich zum Stahlbau etwas aufwändigere Projektabwicklung mit komplizierteren Schnittstellen zur Bautechnik.

Transport und Montage

Beim Transport von schweren Lasten über längere Strecken, wie großen Bausteinen für Pyramiden oder schweren Statuen und Monumenten, gab es schon immer Überlegungen, neben dem Einsatz von Menschenmassen, Einrichtungen zu schaffen, mit denen die menschliche Muskelkraft vervielfältigt werden konnte. Rollen, Walzen und hölzerne Schlitten, eingesetzt auf speziell vorbereiteten Transportwegen, waren solche Transporthilfsmittel. Dazu gehörte allerdings neben

Bild 293 *Transport von Bausteinen beim Pyramidenbau*

Bild 294 *Lange Bauteile wie Regale und Säulen werden mit Spezial-LKW transportiert*

Bild 295 *Schiffe als Schwerlasttransporter im Altertum*

den reinen Transportarbeitern immer noch ein großer Stab von technischem Begleitpersonal sowie vielen Soldaten zur Sicherstellung der schwierigen Arbeit des Transportes. Andere Möglichkeiten bot das Wasser als Transportweg, zum Beispiel während der dreimonatigen Überschwemmungszeit des Nils. Noch intelligenter war das Verfahren, schwere Lasten durch Auftriebskräfte der Wasserverdrängung durch den Schiffskörper zu heben und anschließend den Wassertransportweg zu nutzen.

Beim Transport der Regalbediengeräte und teilweise auch der Regaleinrichtungen gibt es heute Spezialtransport-Fahrzeuge, die sowohl hinsichtlich Abmessungen wie Traglasten diese Einrichtungen problemlos über das normale Straßennetz zum Einsatzort transportieren können. Beschränkungen existieren nur in der Breite (2,5 Meter), Höhe (4 Meter), Länge (28 Meter) und den Achslasten (5 Tonnen pro Achse). Außerdem können noch Sondertransporte über ausgesuchte Strecken organisiert werden, allerdings mit entsprechenden Auflagen.

Nach der Bewältigung der extrem schwierigen und mühsamen Aufgabe des Transportes war dann die Problematik der Aufstellung dieser schweren und voluminösen Lasten zu lösen. Es ist heute immer noch rätselhaft, welche Techniken bei den Monumenten der Ägypter, den Tempelbauten der Inkas, den Steinriesen auf den Südseeinseln, den Menhiren in der Bretagne und anderen Kultstätten wie Dolmen und Hünengräber eingesetzt wurden.

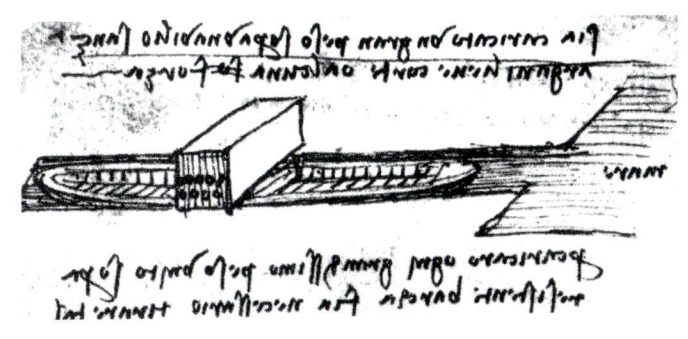

295

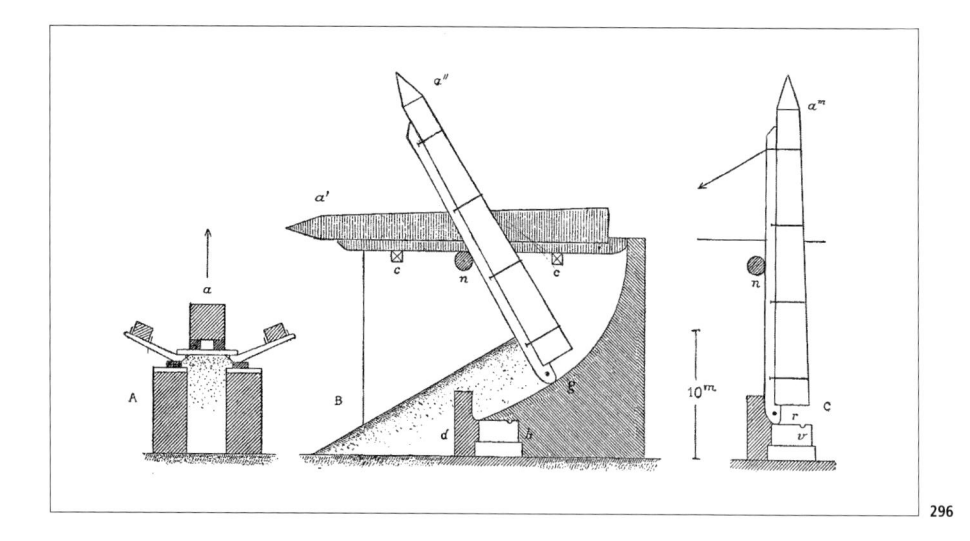

Bei der Aufstellung von Monolithen wurde durch Forschungen eine früher angewandte, raffinierte Methode herausgefunden. Dabei wurde die Last, die immer auf nachgefüllten Erdaufschüttungen auflag, mit vielen Gewichtshebeln angehoben, und nach jedem Hubvorgang wurden die Unterstützungspunkte der Hebel durch Aufschütten der Erde höher gelegt, bis die obere Position erreicht war. Anschließend ließ man das untere Ende des Monolithen mit Hilfe von Schlittenkufen und allmählicher Entleerung der Erdaufschüttung auf einer speziell geformten Mauer bis auf das Fundament herunter gleiten.

Im Mittelalter wurde bei der Aufrichtung von Obelisken eine Technik mit hohen Holzgerüsten und oben angebrachten Flaschenzügen angewendet, wobei die unteren Umlenkrollen an der Verschalung des Obelisken befestigt waren. Die Zugseile liefen über Führungsrollen zu mann- und pferdebetriebenen Göppelwinden. Spektakuläre Einsatzbeispiele waren dafür die Aufstellung des Vatikan Obelisken auf dem Platz vor dem Petersdom in Rom (1586) und 250 Jahre später des Obelisken auf dem Place de la Concorde in Paris.

BILD 296 *Aufrichten von Säulen und Monolithen mittels Hebeltechnik und Erdaufschüttungen*

BILD 297 *Flaschenzüge und Holzgerüste zum Aufstellen von Obelisken im Mittelalter*

BILD 298 *Einbringung von Regalbediengeräten in Hochregallager mit Montagekranen*

Die Montage der Regalbediengeräte für die neuzeitlichen Hochregallager mit ihren Lagerhöhen bis zu 50 Metern und somit auch den entsprechenden Mastlängen der Geräte ist eine vergleichbare Aufgabe. Dabei können diese Geräte entweder stirnseitig vor den Regalgang senkrecht aufgestellt und anschließend über die Bodenschienen in den Gang eingebracht werden. Eine alternative und effizientere Methode ist allerdings das Einbringen der Geräte von oben durch eine Luke im Dach des Lagers. Für diese diffizilen Arbeiten stehen heute spezielle Autokrane zur Verfügung, die hinsichtlich Hubkraft, Auslegermaße und Manövrierfähigkeit die erforderliche Leistung und Präzision erbringen können.

BILD 299 Europa-Logistikzentrum von Villeroy&Boch in Merzig

BILD 300 Produktionsteilelager von Mekra Lang im Werk Ergersheim

ARCHITEKTUR UND DESIGN

Seit der Realisierung des ersten Hochraumlagers sind ständig überall in den Städten und auf dem Lande neue Lager wie »Pilze aus dem Boden geschossen«. Mit ihren riesigen Ausmaßen sind sie weithin sichtbar und prägen stark das Landschaftsbild. Meistens sind es farblose und klotzige Gebilde, da die Bauherren mehr Wert auf Funktionalität und Wirtschaftlichkeit als auf Schönheit gelegt haben. Aber es gibt auch viele Beispiele, bei denen das äußere Design phantasievoll gestaltet wurde, um sich harmonisch in die Landschaft einzupassen oder um die Schwerpunkte eigener Unternehmensphilosophien eindrucksvoll darzustellen.

Der saarländische Keramikproduzent Villeroy& Boch zählt zu den ältesten Unternehmen in Deutschland. Pünktlich zu seinem 250. Firmenjubiläum im Frühjahr 1998 ging das neue Europa-Logistikzentrum in Merzig in Betrieb. Von dieser logistischen Drehscheibe wurden ab diesem Zeitpunkt mit modernsten Systemen die Lieferaufträge schon für die Endkunden komplett zusammengestellt und weltweit verschickt. Modernes Design war schon immer der Anspruch für die eigenen Produkte der Tischkultur. Deshalb wurde auch eine attraktive Gestaltung der Außenfassaden in Holz und Glas ausgewählt. Während sich die Holzfassade unauffällig in die Flusslandschaft an der Saar einfügt, öffnet die Glasfassade auf der anderen Seite den Blick in modernste Lagertechniken.

Schon seit 1932 befasst sich das Unternehmen Mekra Lang mit der Produktion von Spiegeln. Heute umfasst das weltweit organisierte Produktionsprogramm alles zum Thema Rundumsichtsysteme für Nutzfahrzeuge. An einem der wichtigsten Standorte in Ergersheim bei Rothenburg wurde 2005 ein Hochraumlager zur Versorgung der Produktion bei gleichzeitiger Gewinnung neuer Produktionsflächen errichtet. Da bei Mekra Lang als Mitglied des Umweltpakts von Bayern der angewandte Natur- und Umweltschutz ernst genommen wird, wurde auch der Gestaltung der Außenflächen des Lagers gesteigerte Beachtung geschenkt. Das Ergebnis ist ein Erscheinungsbild, das sich an die dörfliche Struktur, umgeben von landwirtschaftlich genutzten Flächen, mustergültig anpasst. Es ist ein guter Beweis dafür, dass das Produktionsgeschehen moderner Industrieunternehmen sich mit einer verantwortungsvollen Umweltpolitik vereinbaren lässt.

LAGERTECHNIK

301

Das Traditionsunternehmen Sedus Stoll AG mit 130-jähriger Firmengeschichte ist ein führender europäischer Hersteller für Büromöbel. Bei der Gestaltung des neuen Hochregallagers in Dogern am Hochrhein sollten der Variantenreichtum speziell bei der Bürostuhlfertigung und weitere Merkmale wie Qualität, gutes Design und optimale Ergonomie als unübersehbares Zeichen symbolisiert werden: Fassade als Spiegel der Unternehmenskultur. Entstanden sind bei diesem Hochraumlager Außenwände mit tausenden von Blechpaneelen in unterschiedlichen Farben, die sich zu einem abstrakten Bild zusammenfügen. Der Komplex harmoniert mit den Farben seiner Umgebung, zitiert Töne und Nuancen der Fertigungsgebäude, des kleinen Ortes, der Felder und Wiesen in der Nachbarschaft und des nahe gelegenen Schwarzwaldes.

302

Im Industriepark Höchst in Frankfurt realisierte die Aventis Pharma Deutschland GmbH, ein Unternehmen der Sanofi-Aventis Gruppe, 2003 ein so genanntes IDC (= Integrated Distribution Center). Dort werden die Arzneimittel der ganzen Gruppe zentral gelagert und weltweit an die über 100 nationalen Vetriebszentren distribuiert. Ziel der Zentralisierungsmaßnahme war, mit modernsten Lager- und Versandeinrichtungen eine bessere und schnellere Medikamentenversorgung zu erreichen. Die Integration des massiven Komplexes in die gepflegte Industrielandschaft gelang durch eine virtuos gestaltete Außenfassade. Mit sechs unterschiedlichen Paneeltypen wurde in preiswerter Weise eine sehr ansehnliche, amorphe Wandstruktur vom Boden bis zum Dach mit den Farben der Umgebung geschaffen.

BILD 301 *Hochraumlager der Sedus Stoll AG in Dogern*

BILD 302 *Distributionszentrum von Aventis Deutschland GmbH in Frankfurt*

Die Erco Leuchten GmbH wurde 1934 in Lüdenscheid gegründet und ist heute ein führendes Unternehmen der Leuchten-Industrie. Mit seiner Philosophie »Licht statt Leuchten« ist Erco sehr erfolgreich und hat viele anspruchsvolle Bauwerke, darunter den Berliner Reichstag und den Louvre in Paris, beleuchtet. Natürlich wurde 2002 beim Bau eines Lagers im eigenen Werk auch versucht, diese Unternehmenskultur durch gestalterische Maßnahmen zu verdeutlichen. Die Vorgaben von Erco hinsichtlich Funktion, Technik und Ästhetik wurden von den Architekten und Lichtplanern in spektakulärer Weise umgesetzt. Durch eine Fassade, die weitgehend aus transparenten und transluzenten Glasflächen besteht, wird interner Materialfluss durch Lichtsysteme außen sichtbar. Lichtinszenierungen hinter der Fassade mit vertikalen Linien symbolisieren moderne Barcode-Steuerungstechnik. Diese Architektur stellt eine hohe Qualität in der Gestaltung von Industriebauten dar und die Lichteffekte verwandeln das Lager nachts weithin sichtbar in eine wahre Lichtskulptur.

BILD 303 *ERCO Hochregallager im Werk Lüdenscheid*

BILD 304 *Gesamtwerk mit Produktion, Warenverteilzentrum und Verwaltung in Pfieffewiesen bei Melsungen*

BILD 305 *Versandgebäude*

Das 1839 aus einer Apotheke hervorgegangene Unternehmen für Pharma- und Krankenhausprodukte B. Braun Melsungen AG plante 1992 ein komplett neues Werk auf der »grünen Wiese«. Um für dieses Werk am landschaftlich schönen Standort Pfieffewiesen bei Melsungen/Nordhessen sowohl die geeignete Werksstruktur als auch eine ansprechende Architektur zu finden, wurde der renommierte englische Architekt Sir James Stirling mit der Planung beauftragt. Entstanden ist ein riesiger funktional gegliederter Industrie-Komplex, der sich aber mit einer faszinierenden Architektur unauffällig in die umliegende Landschaft einfügt. Eine effiziente Produktion, verbunden mit allen logistischen Abläufen, wird durch ein klares Grundkonzept der Werksstruktur mit separaten Niveaus für die verschiedenen Betriebsfunktionen erreicht. Besonders futuristisch wirkt das große Warenverteilzentrum durch sein vorgelagertes Versandgebäude mit den ovalen Formen und der Landschaft angepasster, ausgeprägter grüner Farbgebung.

KURIOSITÄTEN

Die Lagertechnik hat mit ihren vielseitigen Möglichkeiten immer wieder neue Einsatzbereiche in den unterschiedlichsten Branchen gefunden, wobei allerdings teilweise auch eigenartige Anwendungen realisiert wurden.

Weinlager In dem berühmten französischen Weinanbaugebiet von Medoc im Bordeaux ist die alte ehrwürdige Kirche von Potensac heute kein Ort mehr für die Besinnung frommer Seelen. Diese Kirche wurde in ein staplerbedientes Lager für in Flaschen abgefüllte Rotweine des Weingutes Château Potensac umfunktioniert. Offensichtlich bieten die alten kirchlichen Gemäuer die besten Bedingungen für eine gute Alterung und optimale Lagerung des begehrten »Cru Bourgeois«.

BILD 306 *Weinlager in einer Kirche*

BILD 307 *Kathedral-Komplex von Barcelona – Archivlager*

BILD 308 *Hochraumlager für Leercontainer*

Archivlager Die Kathedrale von Barcelona stellt zusammen mit den angrenzenden Gebäuden und dem beeindruckenden Kreuzgang einen imposanten historischen Komplex von unterschiedlichen Stilrichtungen, wie Romanik, Gotik, Renaissance und auch Jugendstil dar. Umso verwunderlicher war in den 90er Jahren die Entdeckung einer Baustelle für eine Regalanlage an der Fassade eines dieser Gebäude. Diese Lageranlage diente als provisorisches Archivlager während der Erstellung des neuen Archivs. Sie wurde später wieder abgebaut, nachdem das neue Archivlager fertiggestellt und eingerichtet war. Danach wurde die Außenfassade verändert und so gut wie möglich an die vorhandene Struktur angepasst.

Provisorium

Inneneinrichtungen

Endausbau Außenfassade

308

Leercontainerlager Bei einer Fahrt mit dem »Skytrain« des Düsseldorfer Flughafens kommt kurz vor der Einfahrt in das Terminal ein klotziges Gebäude, versehen mit einer großflächigen Reklame eines Mobilfunkanbieters, in das Blickfeld. Beim näheren Hinsehen und beim »Blick hinter die Fassade« stellt es sich als ein 20 Meter hohes Lagergebäude heraus, das in der durch Verkehrswege und Gebäude stark begrenzten Fläche in erstaunlicher Weise platziert werden konnte. Ursprünglich war im Innern dieses Gebäudes ein vollautomatisches Regallager als Puffer für leere Gepäckcontainer installiert. Diese Funktion wird heute in dieser Form nicht mehr benötigt. Geblieben ist die äußere Hülle, die heute nur noch als Werbefläche genutzt wird.

206 | 207

MARKTÜBERSICHT

Mit der Inbetriebnahme des ersten deutschen Hochregallagers bei Bertelsmann in Gütersloh im Jahre 1962 wurde der Grundstein für die weltweite Entwicklung der mechanisierten Lagertechnik gelegt. Mit annähernd 20 Metern Höhe und einem Fassungsvermögen von bis zu sieben Millionen Büchern auf 4.500 Paletten wurde erstmals ein Lager mit derartiger Leistungsfähigkeit auf so geringer Fläche errichtet. Neben der Realisierung dieser revolutionären Silobauweise für Hochraumlager entstand dadurch auch ein Anstoß, um unterschiedliche Formen von Regalbediengeräten, manuell, halb- oder vollautomatisch, zu entwickeln. Damit konnten die verschiedenen Aufgaben für Lagerung und Kommissionierung immer effizienter und kostengünstiger bewältigt werden.

Die Folge war, dass sich seit diesem Zeitpunkt, abgesehen von konjunkturell bedingten Schwankungen, ein ständiges Wachstum bei Hochregallagern und Regalbediengeräten ergeben hat, so dass Ende 2005 ungefähr 5.000 Hochregallager sowie über 16.000 Regalbediengeräte registriert werden konnten. Diese Angaben und die nachfolgenden Analysen über die Entwicklung und Strukturen dieser Lagertechnik bis zum Jahre 2005 waren nur möglich, weil seit 1962 auf Initiative der Zeitschrift »Materialfluss« eine jährliche Statistik für den deutschen Wirtschaftsraum erstellt wird.

Bei der Betrachtung der Statistik der jährlichen Inbetriebnahmen von Hochregallagern in diesem Zeitraum fällt auf, dass sich verschiedene Einflüsse wie neue Logistikkonzepte, Konjunkturverläufe und bedeutende politische Ereignisse gut ablesen lassen.

Ab Mitte der **80er Jahre** ist der Effekt der »Just-in-time«-Strategie zu erkennen, wodurch viele Zulieferer in neue Lagertechnikanlagen investieren mussten, um diese neuen Anforderungen erfüllen zu können. Von 1989 bis 1996 ist ein wesentlich höheres Wachstum vorhanden, was mit der deutschen Wiedervereinigung und der damit verbundenen Investitionswelle zu begründen ist. Die neuen Bundesländer mussten auch hinsichtlich Lagertechnik mit Hochregallagern vollständig neu erschlossen werden, da zu Zeiten der Deutschen Demokratischen Republik derartige Anlagen nahezu nicht vorhanden waren.

Ab Mitte der **90er Jahre** war dieser Bedarf weitgehend gedeckt, wodurch anschließend auch ein gewisser Rückgang festzustellen war.

Im Jahre 2000 wurden gegenüber dem Vorjahr etwa 60 Lager mehr in Betrieb genommen, was einer Steigerung um ungefähr 30 Prozent entspricht. Eine Erklärung dafür ist einerseits die boomende Weltkonjunktur, wodurch auch Deutschland ein Wirtschaftswachstum von drei Prozent erlebte.

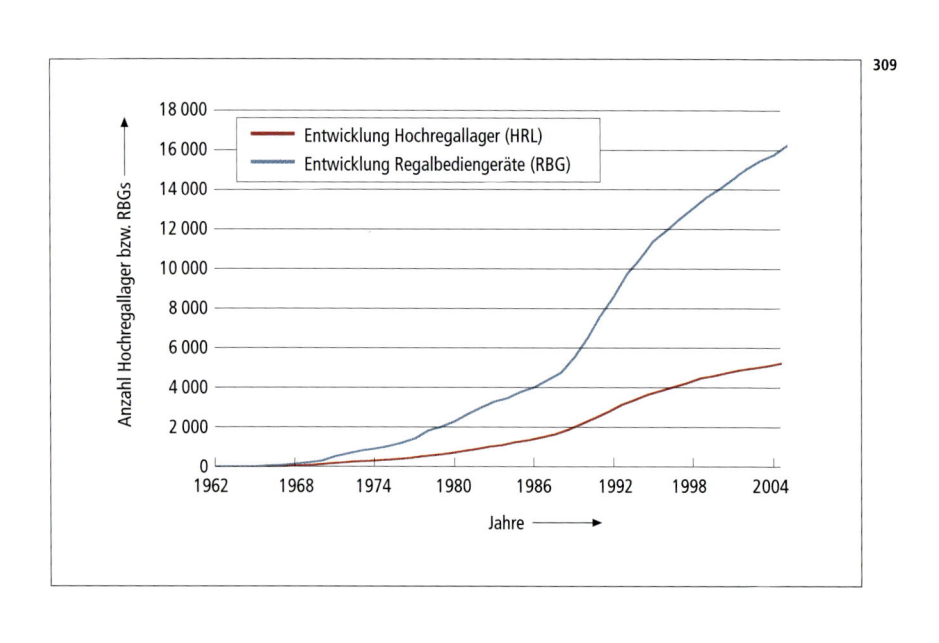

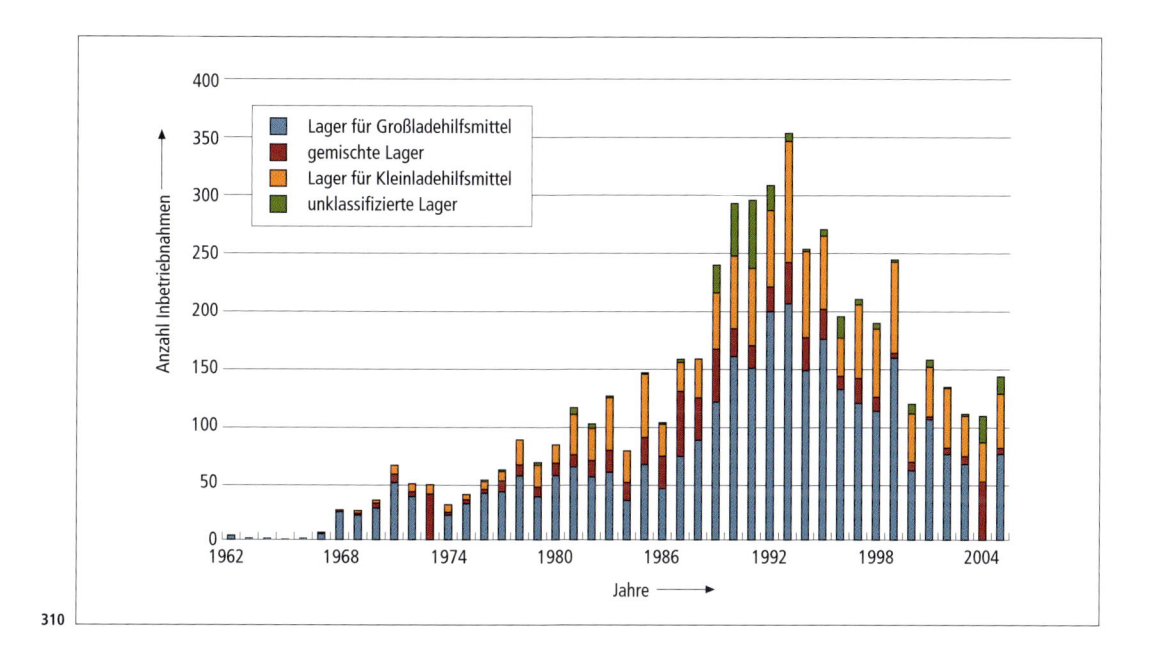

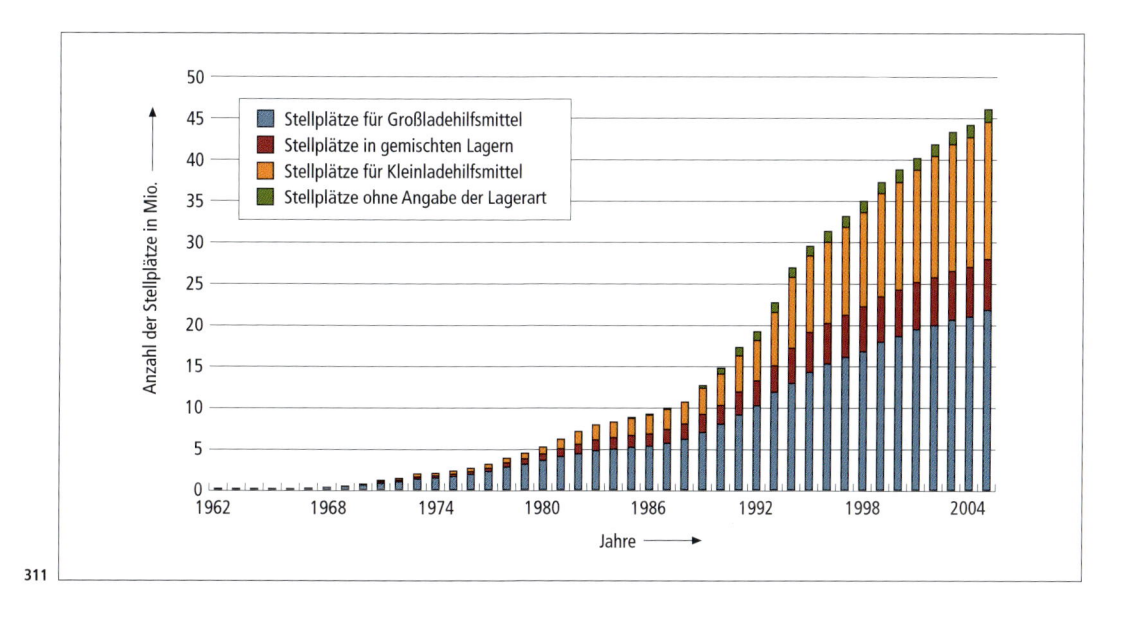

BILD 309 Gesamtentwicklung der Anzahl von Lager und Regalbediengeräten

BILD 310 Jährliche Zunahme von Lageranlagen

BILD 311 Gesamtverlauf der Lagerkapazität

Andererseits haben aber auch die Einführung des europäischen Binnenmarktes und die durch die Eurologistik entstandenen Projekte, europäische, übernationale Distributionszentren, ihren Einfluss gehabt. Weiterhin führten damals auch die verstärkte Firmenpolitik der Aus- und Verlagerung von Logistikfunktionen zu Dienstleistern, das Outsourcing und die Externalisation, zu vielen Investitionen in neue Logistikzentren. Unmittelbar danach gab es 2001 wieder einen starken Rückgang von rund 125 weniger in Betrieb genommenen Lagern, der sich aufgrund der damals weltweit schlechten Konjunktur ergeben hat.

BILD 312 *Jährliche Zunahme der Stellplatzkapazitäten*

BILD 313 *Verteilung nach Lagerhöhen*

BILD 314 *Verteilung nach Lagerkapazitäten*

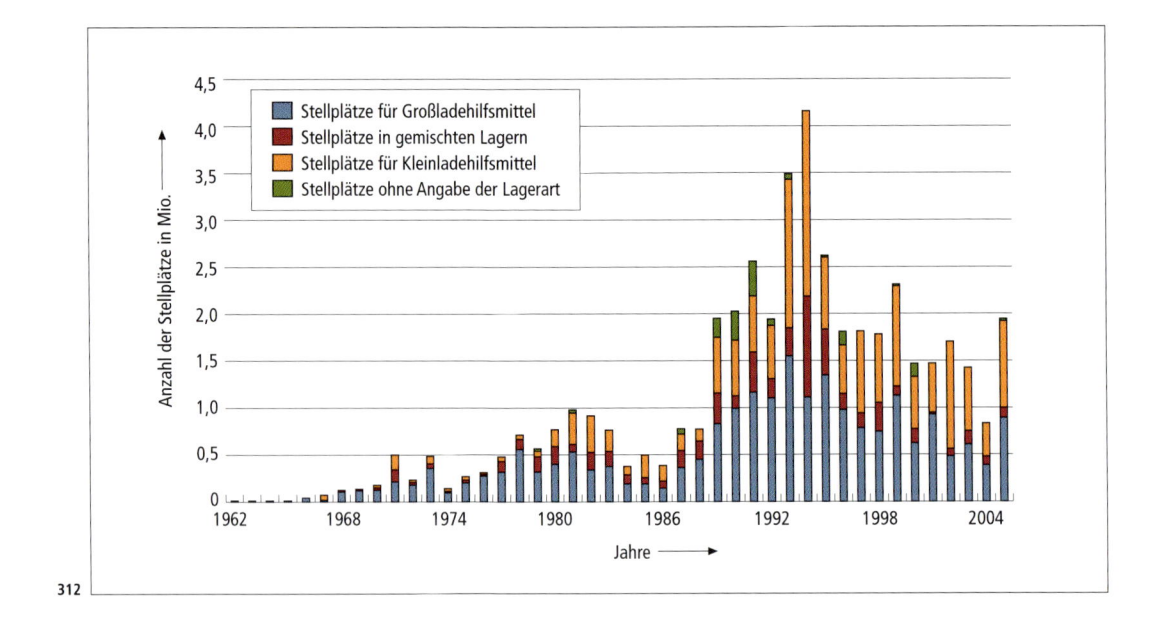

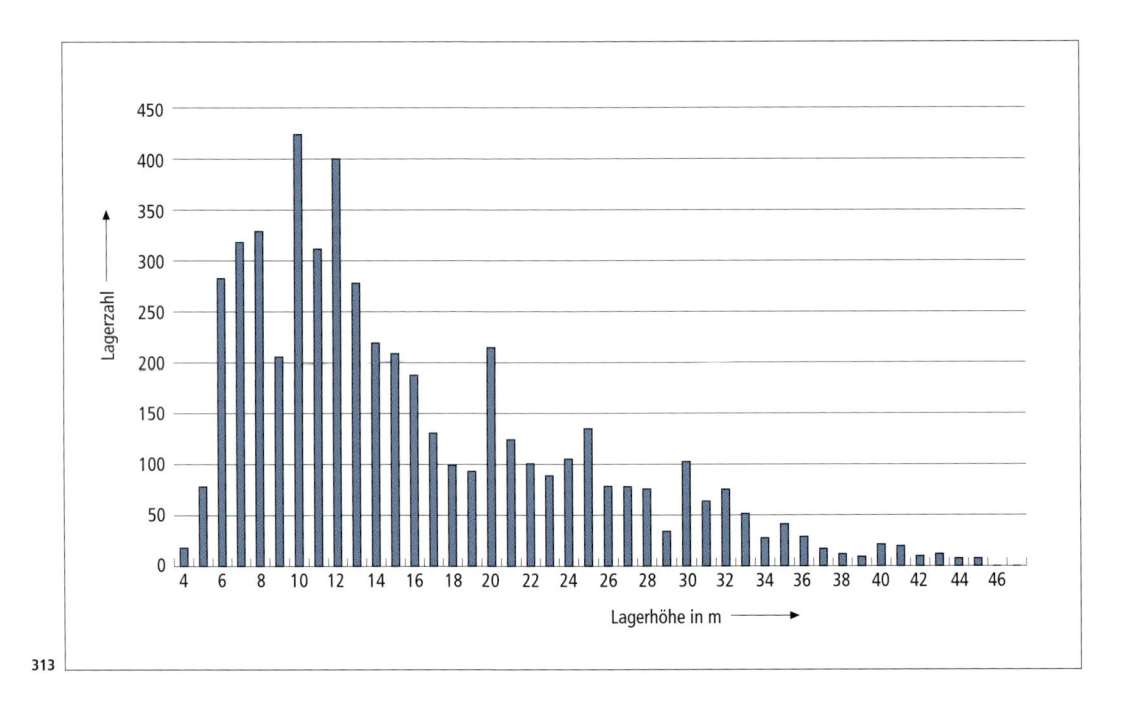

Interessant ist die Auswertung dieser Statistik hinsichtlich der Aufteilung der Lagertypen. Die Lager für Kleinladehilfsmittel gewinnen erst Mitte der **80er Jahre** an Bedeutung, was durch die Einführung der AKL (= Automatische Kleinteilelager) zu erklären ist. In den anschließenden Jahren bleibt dann allerdings das Verhältnis der Anzahl von Lagern mit Großladehilfsmitteln zu Lagern mit Kleinladehilfsmitteln nahezu gleich.

Die Statistik über die Entwicklung der Stellplätze weist aus, dass Ende 2005 die Gesamtheit der in Deutschland befindlichen Hochregallager eine Gesamtkapazität von knapp 50.000.000 Stellplätzen besaß. Damit erhöhte sich die Stellplatzkapazität seit der Wiedervereinigung um mehr als 300 Prozent. Bei der jährlichen Übersicht über die Zunahme der Stellplätze zeigen besonders die Jahre 1993 und 1994 deutliche Steigerungen. Diese Spitzen sind zum Teil dadurch zu erklären, dass in diesem Zeitraum drei riesige Hochraumlager fertig gestellt wurden, die auch heute noch zu den größten Stellplatzkapazitäten in Deutschland zählen, und zwar Quelle, Leipzig, mit 700.000 Stellplätzen und Otto in Haldensleben und Hamburg-Bramfeld mit jeweils 600.000 Stellplätzen.

Bei den Lagerhöhen liegt der Schwerpunkt eindeutig bei Höhen zwischen sechs und 13 Metern. Ab 20 Metern ist wieder eine größere Anzahl Lager vorhanden, weil ab dieser Höhe insbesondere automatische Anlagen in Silobauweise bei guter Flächenausnutzung kostengünstiger sind. Das höchste Lager, das diese Statistik enthält, ist 47 Meter hoch (Stute Nahrungsmittelwerke, Paderborn mit 97.000 Stellplätzen).

Bei den Lagerkapazitäten besitzen rund 45 Prozent der Lager eine Anzahl von 2.000 bis 10.000 Stellplätzen. Dabei ist die Aufteilung in Klein- und Großladehilfsmittel bis auf kleine Lager praktisch gleich. Interessant ist aber auch der relativ hohe Anteil von großen Lagern mit ca. 20.000 Stellplätzen.

Die hier vorgestellte Untersuchung der Statistik der Lagertechnik in dem Zeitraum von 1962 bis 2005 und die Auswertung nach verschiedenen Kriterien hat die ungebrochene Bedeutung dieser Technik in der Logistik eindeutig aufzeigen können. Durch die ständige Einführung neuer Technologien sowie Logistikstrategien, -konzepten und -systemen wurden immer weitere Einsatzmöglichkeiten für Industrie, Handel und Dienstleistung geschaffen. Aber auch bedeutende gesellschafts- und wirtschaftspolitische Entscheidungen, wie die deutsche Wiedervereinigung und die Europäische Union, haben ihren positiven Beitrag gebracht. In Zukunft wird durch die Osterweiterung der EU mit ihrem Einfluss auf die anderen Länder im Osten und auch durch neue Handelsarten, beispielsweise E-Commerce in Form von Internethandel und Teleshopping, weiterhin ein florierender Markt für Lagertechnik vorhanden sein.

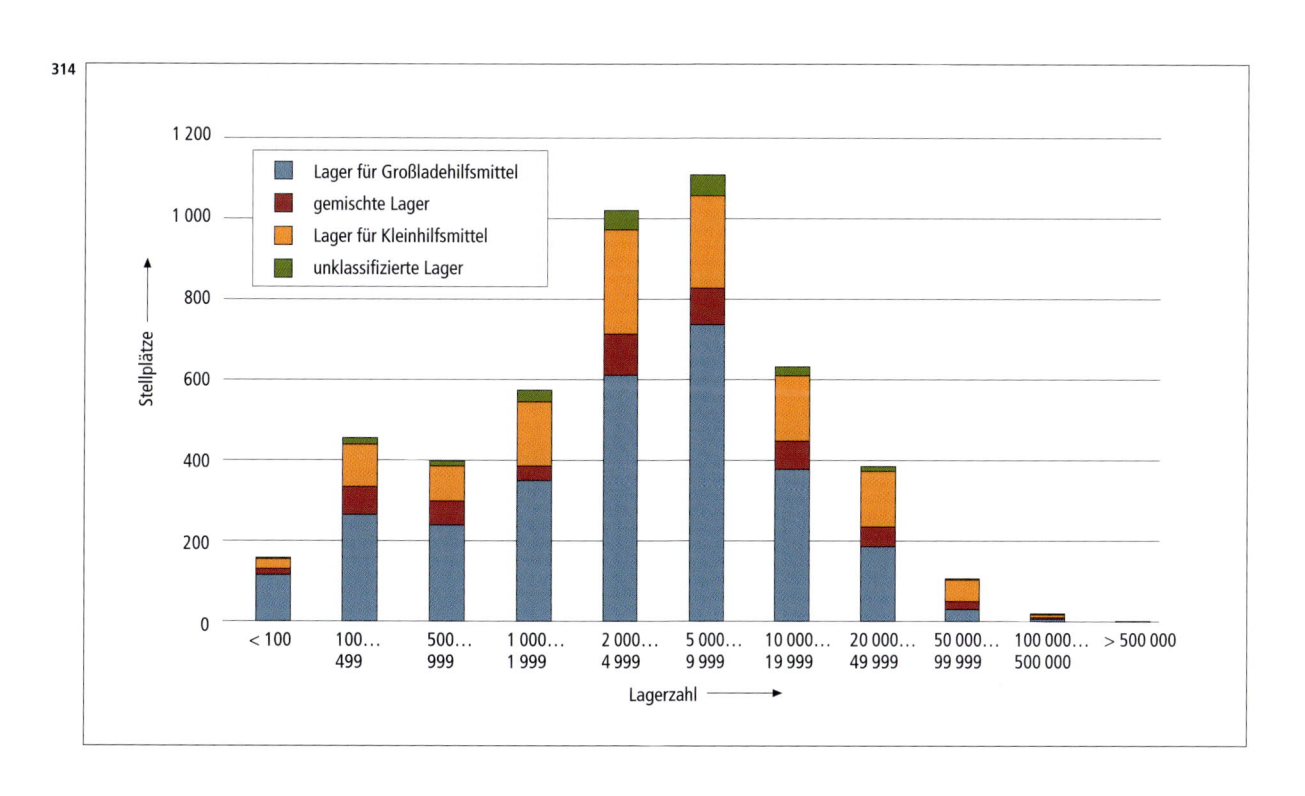

BILD 315 *Modell eines alten Einkaufsladens*

BILD 316 *Verfahrbare Leiter als Hilfsmittel zum Kommissionieren*

Entwicklung

Im Gegensatz zu heute hatte früher die **Kommissionierung** keine große Bedeutung bei der Warenverteilung. Einer der Gründe dafür lag in der damaligen Struktur des Handels. Es war nämlich der Einzelhändler, der direkt in seinem Laden die Aufgabe der verkaufsfertigen Aufbereitung eines großen Teils der Nahrungs-, Genuss- und Verbrauchsartikel übernommen hat. In dem Modell eines solchen Ladens ist gut zu erkennen, dass sich die Waren in größeren Mengen in Säcken, Behältnissen und Schubladen befanden. Der Händler entnahm daraus die gewünschte Menge, machte sie mit Hilfe von Tüten, Schachteln und Flaschen transportfähig und überreichte sie dem Kunden.

KOMMISSIONIERTECHNIK

316

Nach dem Zweiten Weltkrieg änderte sich diese Situation allmählich, da durch wachsende Nachfrage und Sortimente mit breiterem Artikel-Spektrum die Verkaufseinheiten mit kundenfreundlicher Konfektionierung schon beim Hersteller gebildet wurden. Diese Entwicklung wurde durch die steigende Bedeutung des Versandhandels und besonders auch durch die Versorgung der Einzelhändler durch den Großhandel beschleunigt. Dadurch bekam die **Kommissionierung** einen genauso hohen Stellenwert wie die Lagerung. Die bis dahin praktizierten einfachen Methoden der **Kommissionierung** mit Wagen und Leitern konnten die gestiegenen Anforderungen nicht mehr bewerkstelligen. Zudem wurden separate Bereiche für die **Kommissionierung** geschaffen, in denen ganz neue Konzepte und Systeme zum Einsatz kommen konnten.

317

In den **50er und 60er Jahren** war es besonders der Versandhandel, der diese neuen Wege mit bedeutenden Investitionen einschlug. Den Anfang machte Quelle mit der Realisierung des neuen Großversandhauses in Nürnberg. Dabei wurde bei der Planung erstmalig auch der Schwerpunkt mehr auf das Materialflusskonzept gelegt. Ein ausgeklügeltes System von Kreisförderern, Paternostern, Sammelförderern und Bandanlagen sorgte in effizienter Weise für den Nachschub in die Kommissionierbereiche und den gesamten Durchlauf der Kundenaufträge durch Kommissionierung, Packerei bis hin zum Versand. Die Gebäudestrukturen und Haustechniken mussten mit der Vorgabe »form follows functions« anschließend daran angepasst werden. Später folgten die Versandhäuser Neckermann in Frankfurt und Otto in Hamburg mit ähnlichen Objekten, wobei dort schon flexiblere Techniken in Form von Kreisförderern mit Spezialgehängen für die Kommissionier-Behälter eingesetzt wurden. Die Begriffe »picken, putten und packen« als zentrale Funktionen der Auftragsbearbeitung stammen aus dieser Zeit.

Ende der **60er Jahre** entstanden auch in anderen Branchen die ersten Projekte in einer völlig neuen Größenordnung, insbesondere für die Kommissionierbereiche und für die Leistungen hinsichtlich Durchlaufzeiten und Servicegrade.

Anfang der **70er Jahre** übernahm eine neue Generation von Materialflusstechnikern die Initiative für grundlegende Untersuchungen des gesamten Gebietes der Kommissionier-Technik. Dabei konnte zwar auf einer gewissen Analogie zur

318

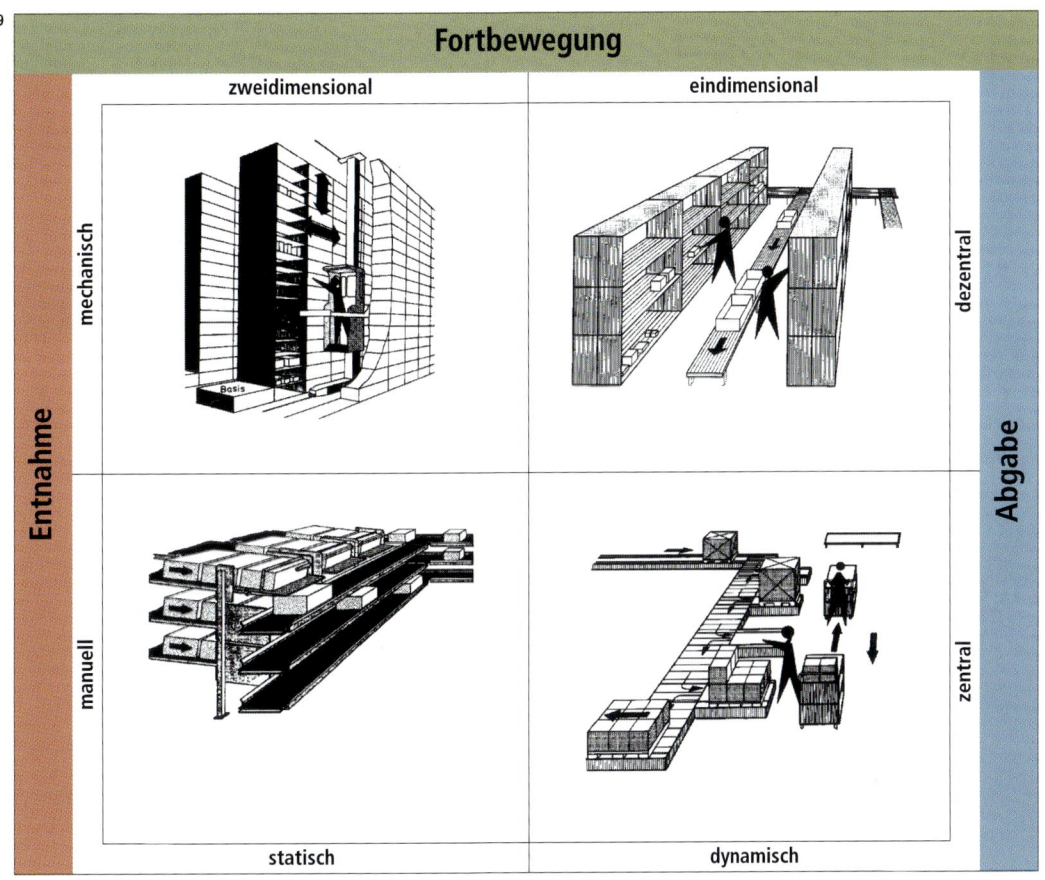

BILD 317 Außenansicht des Versandhauses Quelle AG

BILD 318 Packstraße im Versandhaus Quelle AG

BILD 319 Grundfunktionen der Kommissionierung und ihre prinzipiellen Realisierungsmöglichkeiten

schon intensiver erforschten Fertigung aufgebaut werden, allerdings stellte sich bald heraus, dass wesentliche Dimensionierungsgrößen, wie Kommissionierzeiten und Leistungen sowie Durchlaufzeiten statistische Größen sind, deren Berechnung nur mit Methoden der Wahrscheinlichkeitsrechnung und mathematischer Statistik erfolgen konnte. Das Ergebnis dieser Forschungen waren Berechnungsmethoden, mit denen Kommissionierleistung, Durchsatz, Grenzleistungen und Warteschlangen von Planern, Lieferanten und Betreibern in relativ einfacher Weise ermittelt werden konnten. Bei diesen Forschungsarbeiten entstanden auch schematische Darstellungen für die Klassifizierung der Kommissionierprozesse. Diese Darstellungen trugen durch ihre Übersichtlichkeit zum besseren Verständnis bei und werden auch heute noch zu Darstellungszwecken herangezogen.

Die Folge dieser umfassenden Grundlagenforschungen war, dass bei den damals anstehenden Projekten ein systematischer Planungsablauf von der Ermittlung der Planungsgrundlagen über die Systemauswahl bis zur Realisierungsbetreuung angewendet wurde. Dieses Vorgehen orientierte sich an den damals üblichen Methoden bei der Fabrikplanung. Das Ergebnis war eine Vielzahl von bedeutenden Warenverteilzentren für den Großhandel mit dem Schwerpunkt der **Kommissionierung** und mit fortschrittlichen Techniken für Lagerung, Kommissionierung, Sortierung und Versand. Dabei kamen erstmalig auch Vorläufer des heutigen Barcodes in Form von Strichcodes zur Identifikation von Kommissionierbehältern zum Einsatz. Außerdem wurden die Ausschleuskapazitäten auf vorher noch nie erreichte Leistungen von bis zu 6.000 Behältern pro Stunde erhöht.

KOMMISSIONIERTECHNIK

Stationäres Terminal

Mobiles Terminal

Pick-by-light

Pick-by-voice

MANUELLE KOMMISSIONIERUNG

Zuerst war die typische Kommissionieranlage das Regallager und die Kommissionierung erfolgte mit Kommissionierwagen, Staplern oder mechanischen Regalbediengeräten nach dem Prinzip »Mann-zur-Ware«. Aus der Erkenntnis, dass der größte Teil der Kommissionierzeit durch die Wegezeiten verbraucht wird, setzten sich auch andere Formen von Kommissionieranlagen durch. Insbesondere trifft dies auf den Pharmagroßhandel zu, der schon immer Trendsetter für fortschrittliche Techniken war.

Diese Kommissionieranlagen zeichneten sich durch ergonomisch an das Personal angepasste Regale aus. Der Einsatz von automatisierten Förderanlagen gestattete die dezentrale Abgabe von Kommissionierbehältern und ermöglichte eine Reduzierung der Wegzeit.

BILD 320 *Beleglose Informationsübertragung*

BILD 321 *Kommissionierregal im Pharmagroßhandel*

Zur Zielsteuerung der Behälter dienten Codierleisten. Aber ganz entscheidend war bei diesem Materialfluss-System, dass im Kommissionierbereich eine Doppelbahn eingerichtet wurde: vorne verlief eine Arbeitsbahn und dahinter im Regal integriert die Abförderbahn. Diese Trennung von Arbeitsbereich und Förderbahn führte zu einer signifikanten Verkürzung der Durchlaufzeiten, da keine Staueffekte vor den Arbeitsbereichen mehr entstehen konnten. Der nächste Schritt hinsichtlich Beschleunigung der Abläufe und Erhöhung der Flexibilität konnte durch die Einführung leistungsfähiger Rechner und festcodierter Behälter gemacht werden. Außerdem wurde damit auch die Vollständigkeitskontrolle der Kommissionierbehälter durch automatische Waagen im Durchlauf möglich.

Diese Art von Kommissioniersystemen hat sich im Laufe der Jahre auf breiter Front praktisch in allen Branchen durchgesetzt. Weitere Leistungssteigerungen wurden später bei diesen Anlagen mit den Systemen der beleglosen Informationsbereitstellung durch stationäre und mobile Terminals sowie durch »Pick-by-light« und »Pick-by-voice« möglich.

Eine weitere Steigerung, besonders hinsichtlich Optimierung der Kommissionierzonen und Verkürzung der Laufwege der Kommissionierer, wurde durch das »Dynamic Picking System« von Witron erreicht. Dabei werden die Artikel erst dann in dem Kommissionierregal automatisch bereitgestellt, wenn Aufträge speziell für diesen Artikel vorliegen. Die Bereitstellung sowie die Abholung bei abgeschlossener Kommissionierung werden automatisch durch Regalbediengeräte vorgenommen.

Eine andere Form der Kommissionierung ist das Prinzip **Ware-zum-Mann**. Im Kleinteilebereich hat sich dieses Prinzip mit der Einführung der Miniload-Systeme wegen ihrer hohen Ein- und Auslagerleistungen immer mehr verbreitet. Die Kommissionierplätze wurden direkt vor dem Lagerbereich angeordnet, waren ergonomisch bestens konzipiert und über stationäre Datenterminals direkt mit den übergeordneten IT-Systemen und nachgeschalteten Steuerungen verbunden. Durch die automatische Anbindung der Zu- und Abför-

BILD 322 Kommissionierung nach dem Dynamic Picking System

BILD 323 Kommissionierplätze vor einem automatischen Kleinteilelager

BILD 324 Paternoster-Regalanlage

derung von Kommissionierbehältern konnten diese Bereiche gut in den gesamten Materialfluss eines Betriebes eingebunden werden.

Neben den Miniload-Anlagen wurden weitere Systeme entwickelt, wie Paternoster, Rotastore, Karusselllager und Hubbalkenanlagen, die für unterschiedliche Anwendungen und Artikel- wie Auftragsstrukturen für die Kommissionierung von Kleinteilen ihre Einsatzbereiche gefunden haben.

Bei der Abkommissionierung von Paletten hat sich das »Ware-zum-Mann«-Prinzip nur in den Fällen bewährt, wo die Entnahmemenge pro Auftragsposition groß genug ist, also der Kommissionierfaktor kleiner fünf ist.

Automatische Kommissionierung

Die ersten Erfolge wurden in den **70er Jahren** mit amerikanischen **Kommissionierautomaten** für Pharma- und Kosmetikartikel erzielt. In Europa kamen solche Automaten vereinzelt zum Einsatz. Für eine größere Verbreitung dieser Anlagen fehlte die Wirtschaftlichkeit, da diese Automaten noch relativ teuer waren und in den meisten Kommissionierzentren die praktisch möglichen Leistungen von 12.000 Stück pro Stunde überhaupt nicht gebraucht wurden. Mitte der **80er Jahre** hatten dann europäische Fachfirmen wesentlich preiswertere Konstruktionen entwickelt. Außerdem begannen in einigen Handelsbranchen die ersten Zentralisierungs-Maßnahmen, wodurch auch höhere Durchsätze zu bewältigen waren. Heute sind diese Automaten in vielen Branchen im Einsatz, bei denen die Verpackungsformen der Artikel für diesen Automatikbetrieb geeignet sind.

BILD 325 *Kommissionierautomat im Großhandel*

BILD 326 *Kommissionierplatz für Paletten*

BILD 327 *Portalroboter im Getränkehandel*

Mitte der **80er Jahre** wurden auch die ersten im Regalgang verfahrbaren Roboter vorgestellt, die den berühmten automatischen »Griff in die Kiste« machen konnten. Diese Gerätetypen konnten sich jedoch nicht durchsetzen, da die Kommissionierleistung im Vergleich zum technischen Aufwand zu gering war. Allerdings konnten sich stationäre Roboter für bestimmte Aufgaben in der Kommissionierung und der Auftragspalettierung, hauptsächlich von Kartons und Kästen, einen gewissen Platz erobern.

KOMMISSIONIERTECHNIK

sequenzgerechte Auslagerung aus dem Lager

Zuführung zur Case Order Machine und Ziehen auf Verladeplattform

seitliches Verschieben in Verladeposition, ablegen im Rollcontainer mit Beladezunge

Speziell für Handelsware von Supermarkt-Ketten gibt es seit kurzer Zeit eine vollautomatische Lösung, durch die alle Funktionen von Lagern, Kommissionieren und Beladen der Ladungsträger ganzheitlich organisiert werden. Es ist das OPM-System (Order Picking Machinery), das einen vollautomatisierten Prozess vom Wareneingang über Reservelager, Kommissionierlager, Kommissionierung auf Ladungsträger, Ladungssicherung und Warenausgang durchführt.

Das »Herzstück« und wichtigste Bindeglied in dieser gesamten Kette ist die Kommissioniermaschine COM (Case Order Machine), die nach einer vorher generierten Matrix den Ladungsträger (Palette oder Rollcontainer) automatisch belädt.

Die Leistungen der unterschiedlichen Kommissioniersysteme unterscheiden sich stark voneinander. Diese Unterschiede rühren einerseits von den Systemeigenschaften und andererseits von den Artikelstrukturen her. Erfahrungsgemäß wird in einem Distributionszentrum nicht die vollständige Automatisierung des kompletten Artikelsortiments aus Gründen von Funktionalität, Komplexität und Wirtschaftlichkeit gewählt. Nur durch eine sinnvolle Aufteilung der Kommissionieraufgaben zwischen manuellen und automatischen Abläufen in Abhängigkeit der Kommissionierstrukturen ist das Gesamtoptimum zu erreichen.

BILD 328 *Order Picking Machinery (Kommissionierlager mit Trays und Case Order Machine)*

BILD 329 *Leistung automatischer Kommissioniersysteme*

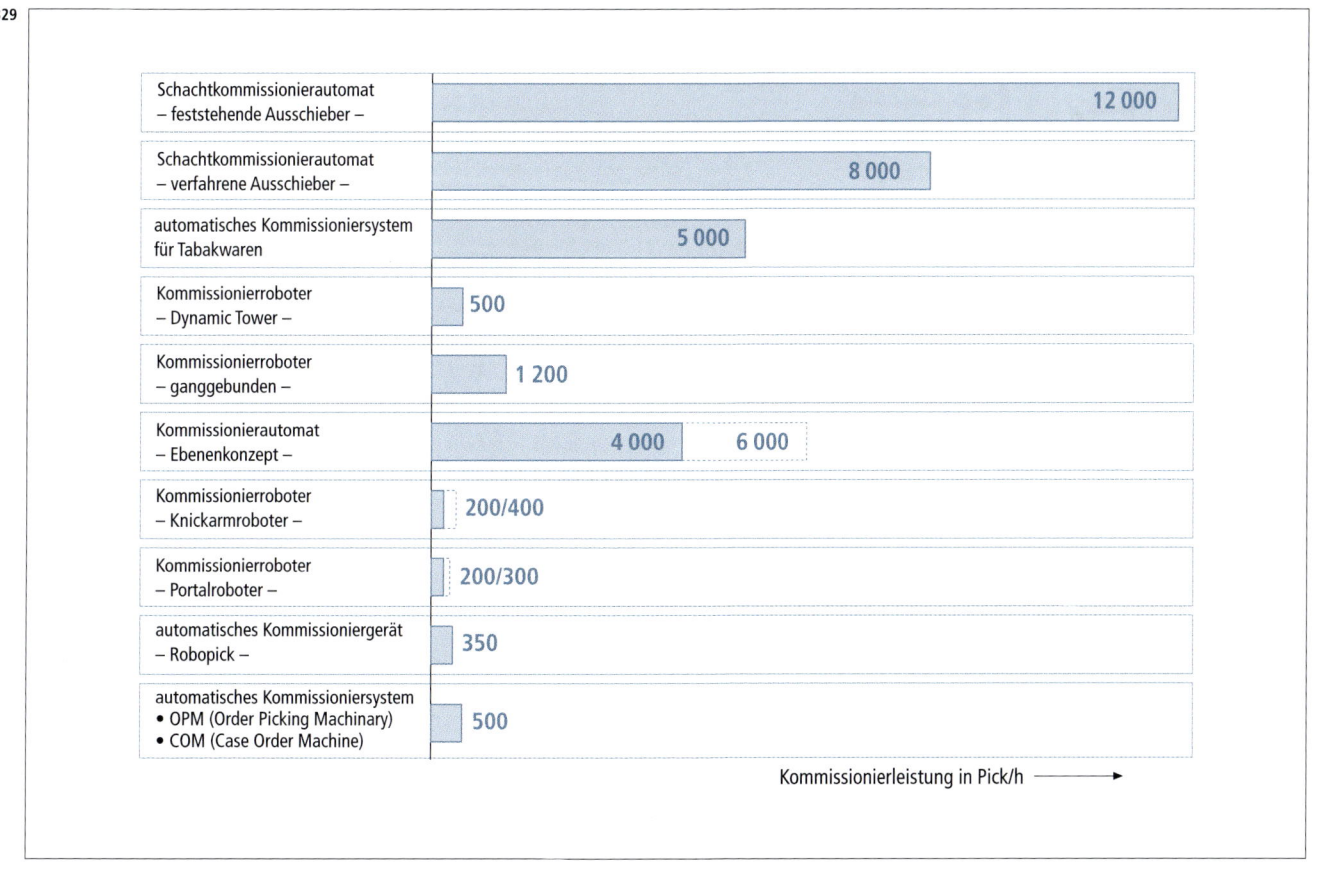

System	Kommissionierleistung in Pick/h
Schachtkommissionierautomat – feststehende Ausschieber –	12 000
Schachtkommissionierautomat – verfahrene Ausschieber –	8 000
automatisches Kommissioniersystem für Tabakwaren	5 000
Kommissionierroboter – Dynamic Tower –	500
Kommissionierroboter – ganggebunden –	1 200
Kommissionierautomat – Ebenenkonzept –	4 000 – 6 000
Kommissionierroboter – Knickarmroboter –	200/400
Kommissionierroboter – Portalroboter –	200/300
automatisches Kommissioniergerät – Robopick –	350
automatisches Kommissioniersystem • OPM (Order Picking Machinary) • COM (Case Order Machine)	500

INFORMATIONSLOGISTIK

BILD 330 *Aufbau eines Logistik-Informations-Systems*

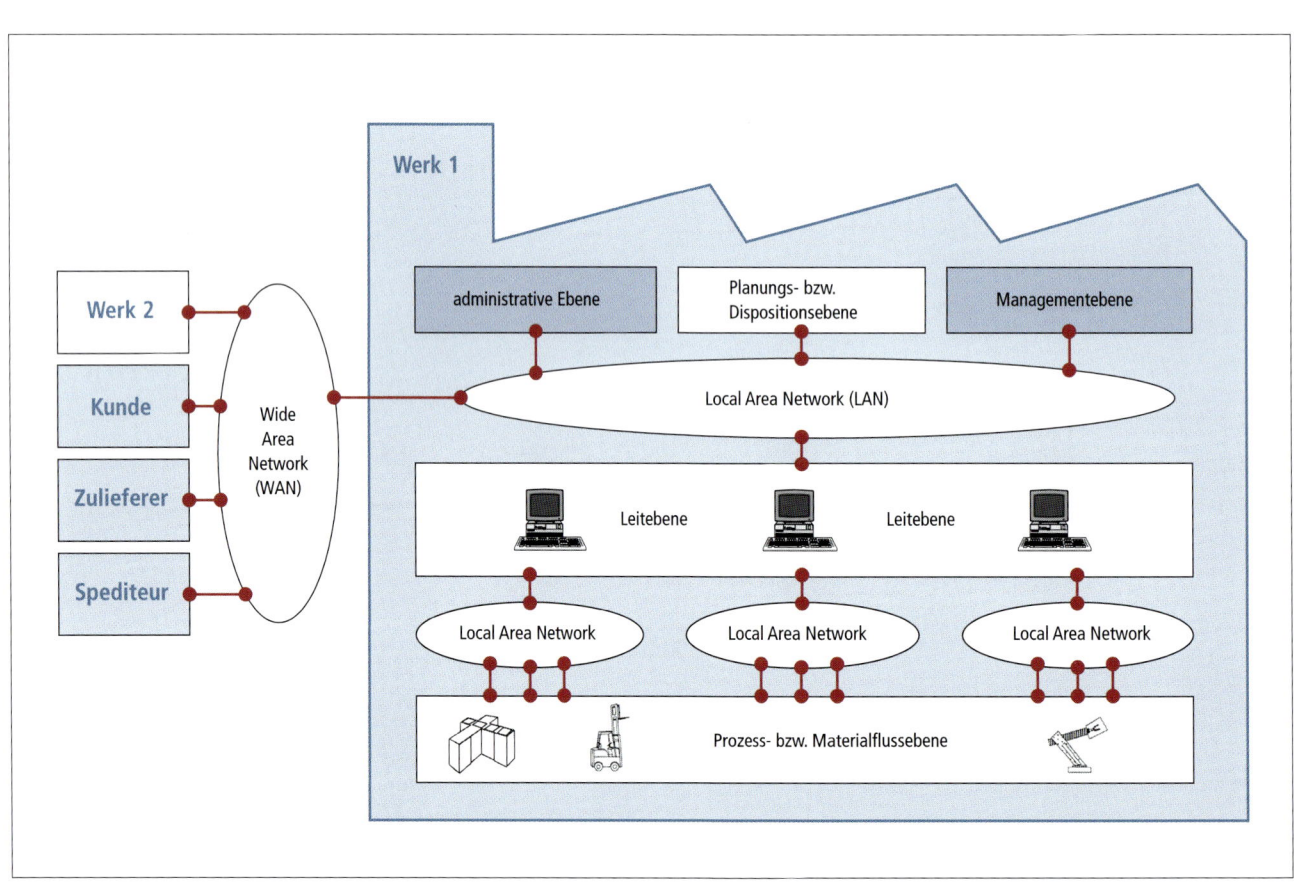

INFORMATIONSLOGISTIK

STEUERUNGS- UND LEITTECHNIK

Die Informationslogistik befasst sich als Teilgebiet des gesamten Informationsmanagements mit Informationsflüssen hinsichtlich Lager- und Transportvorgängen innerhalb von Unternehmensbereichen oder in unternehmensübergreifenden Ketten und Netzwerken.

Ziel ist die Bereitstellung von Informationen
- für Planung, Steuerung und Kontrolle,
- in der benötigten Form und Qualität,
- in der geforderten Menge,
- am richtigen Ort,
- für den passenden Adressaten und
- zur richtigen Zeit.

Zur Erfüllung dieser Aufgaben muss das erforderliche Informationssystem die in die Funktionen der Logistik involvierten Unternehmensbereiche bedienen, das sich durch eine hierarchische Struktur aus drei Ebenen beschreiben lässt. Diese Ebenen sind:

- Ebene 1: Prozess- und Materialflussebene
- Ebene 2: Leitebene
- Ebene 3: Planungs- und Distributionsebene

Bei den heutigen Systemen sind diese Ebenen sowohl innerbetrieblich als auch außerbetrieblich über Netzwerke (LAN und WAN) direkt miteinander verbunden. Die geschichtliche Entwicklung der Technologien der Elemente dieser einzelnen Ebenen verlief sehr unterschiedlich und wird deshalb im Folgenden auch getrennt beschrieben.

INFORMATIONSLOGISTIK

**EBENE 1: PROZESS- UND MATERIAL-
FLUSSEBENE** In der Logistik besteht diese Ebene aus Geräten und Systemen der Materialflusstechnik. Als Antriebselemente sind vorwiegend Motoren und Stellglieder eingesetzt, die über Schütze und Relais mit elektrischer Energie versorgt werden. Die Technik zum Ein- und Ausschalten von Motoren hat sich nicht wesentlich verändert. Allerdings wurde die Regelung dieser Antriebselemente ständig verbessert, angefangen 1930 mit gesteuerten Gleichrichtern über Thyristoren bis zu den heutigen Frequenzumrichtern.

Die nächste Funktion in dieser Ebene ist die logische Verknüpfung von Abläufen bei einzelnen Geräten oder bei kompletten Materialflussanlagen. Ein einmaliges Beispiel für solch eine logische Verknüpfung liefert die Geschichte Ende des 18. Jahrhunderts in Form der Steuerung eines mechanischen Webstuhls mit einer Art Lochkarte und zwar einem entsprechend gelochten Pappkarton. Zu Beginn der verstärkten Bemühungen um Automatisierung wurden die Ablaufsteuerungen noch mit der Schütz- und Relaistechnik aufgebaut.

Ende der 60er Jahre wurden Steuerungen erstmalig durch eine Registerschaltung mit Reedrelais realisiert. Diese elektromechanische Lösung ergab zwar eine sichere Schaltung, mit der auch viele Anlagen damals ausgeführt wurden, allerdings mit sehr großem Aufwand.

Der nächste Schritt war eine elektronische Lösung mit diskreten aufgebauten Halbleiterschaltkreisen. Diese Technik ist als verschaltungsprogrammierte Logik bekannt, bei der die verschiedenen logischen Verknüpfungen einer Materialflussanlage in Steckkarten abgebildet waren. Nachteilig war der Aufwand durch die große Anzahl benötigter Steckkarten und besonders bei Änderungen im Materialfluss, da die Steuerung immer umgebaut werden musste.

Diese Nachteile konnten schlagartig durch die Einführung programmierbarer Steuerungen Ende der 60er Jahre vermieden werden. Durch den Einsatz von Mikroprozessoren wurden diese programmierbaren Steuerungen ab 1971 dann auch einfach, kompakt und zuverlässig aufbaubar. Es dauerte allerdings noch bis zur Mitte der 70er Jahre, bis diese Steuerungsart dank leistungsfähiger Mikroprozessoren eine breite Anwendung im Produktions- und Logistikbereich gefunden hat.

Für komplexe logistische Systeme erlaubte der Einsatz der Mikroprozessoren die Aufteilung eines Gesamtsystems in autonome Subsysteme. Außerdem gestatteten sie die Möglichkeit, mit seriellen Schnittstellen zu arbeiten, einen online-Datenaustausch mit benachbarten Systembereichen und anderen Ebenen des Informationssystems, zum Beispiel der übergeordneten Ebenen 2 und 3, durchzuführen.

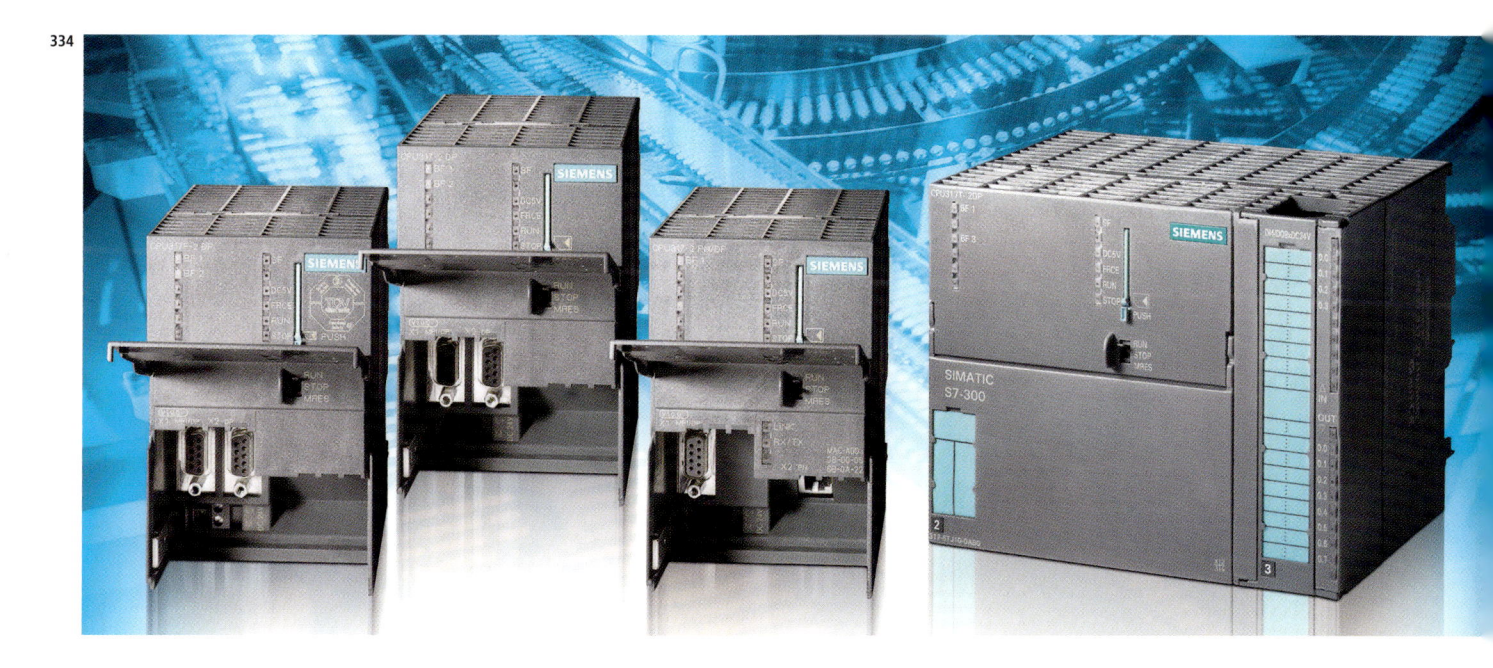

BILD 331 *Webstuhl von Jaquard (18. Jahrhundert)*

BILD 332 *Siemens-Steuerung in Blockbauweise*

BILD 333 *Erste speicherprogrammierbare Steuerung (Modicon, 1969)*

BILD 334 *Modernes speicherprogrammierbares System (Siemens Simatic S7)*

INFORMATIONSLOGISTIK

EBENE 2: LEITEBENE In der Logistik hat das Lager eine zentrale Funktion. Deshalb ist die Verwaltung des Lagerbestandes und die Überwachung der Betriebsabläufe in diesem Bereich eine wesentliche Aufgabe der Leitebene in einer Logistikkette.

In den Anfängen der Lagertechnik waren die Lager noch klein und übersichtlich und wurden in der Regel manuell bedient. Die Verwaltung der Artikel erfolgte mit Hilfe von einfachen Karteikästen. Ansonsten wusste der Lagerleiter, wo welche Artikel zu finden waren.

BILD 335 *Einfacher Karteikasten für Lagerverwaltung*

BILD 336 *Lochkartensteuerung*

Lochkarte

Mit dem Aufkommen von automatischen Regalbediengeräten und Lagern mit größeren Kapazitäten wurden maschinell lesbare Lochkarten als Datenträger sowohl für artikelspezifische als auch lagerspezifische Daten benutzt. Durch die maschinenlesbare Form der gestanzten Lochkarten konnten die Ein- und Auslagerungsinformationen über Kartenleser automatisch ermittelt und an die untergeordneten Steuerungssysteme weitergegeben werden.

Diese Form der Lagerverwaltung hat sich damals über ein Jahrzehnt bestens bewährt, da es sich um ein in der kommerziellen EDV eingeführtes Verfahren handelte. Auch die Trennung zwischen der EDV-Zentrale und der Lagerverwaltung, der so genannte offline-Betrieb, war für die erste Phase der automatischen Lager von Vorteil, da dadurch eine klar definierte Schnittstelle vorhanden war. Besonders effizient war damals die Organisation mit Standard-Lochkarten für die Lagerplätze und Aufnahmetaschen für die artikelspezifischen Daten. Damit war der Lagerspiegel hinsichtlich Lagerplatzbelegung und Artikelzuordnung auf einfache Weise immer überprüfbar.

I-Punkt mit Kartenleser für Lagerplatzlochkarte

Bearbeitungsplatz

337

Die steigenden Anforderungen aufgrund höheren Durchsatzes, größerer Kapazitäten und kürzerer Reaktionszeiten machten es erforderlich, die administrative Ebene mit der Verwaltungs- und Materialflussebene direkt zu verbinden. Das war Ende der **70er Jahre** auch möglich, weil die Rechner hinsichtlich Speicherkapazität und Bearbeitungs- sowie Antwortzeiten wesentlich leistungsfähiger waren. Mit dieser online-Verbindung wurde die Lochkartenorganisation überflüssig.

Ein typischer Vertreter für Rechner der zweiten Ebene war der VAX-Computer von DEC, der noch bis Anfang 2000 für diese Art von Anwendungen in Produktion und Logistik erfolgreich eingesetzt wurde. Durch die ständig steigende Leistungsfähigkeit der Personal Computer konnten Ende der 80er Jahre diese Aufgaben der Lagerverwaltung wesentlich kostengünstiger sogar von diesen »Kleinrechnern« übernommen werden.

Trotz der vollständigen Vernetzung der Ebenen blieb immer noch die Schnittstelle an dem so genannten I-Punkt für die Wareneinlagerung und am K-Punkt für den Warenausgang. Dort musste die Ware immer noch manuell identifiziert werden. Später wurde diese Identifikation durch Scanner-Lesegeräte vereinfacht. Allerdings musste meistens noch eine innerbetriebliche Kennzeichnung der Ware vorgenommen werden. Der automatische I-Punkt ohne jeglichen manuellen Eingriff wird dann möglich, wenn die Identifikation des Lagergutes eindeutig erfolgen kann, zum Beispiel mit Hilfe von Auto-ID-Techniken.

In neuester Zeit hat sich durch diese Rechner-Organisation eine weitere Verbesserung der Abläufe im logistischen Bereich mit **Logistikleitständen** ergeben, da mit Visualisierungs-Programmen alle Betriebszustände übersichtlich auf Bildschirmen abgebildet werden können. Störungen und Fehlfunktionen können damit sofort erkannt und die Maßnahmen zur Behebung umgehend eingeleitet werden. Eine weitergehende Funktion solcher Leitstände kann die Planung, Steuerung und Überwachung der Auftragsdurchläufe sein. Damit können besonders in manuellen Kommissionierbereichen Auslastungsschwankungen ausgeglichen und somit erforderliche Durchlaufzeiten garantiert werden.

Eine wichtige Frage bei der Lagerverwaltung ist die verwendete Software. Früher war es immer eine Individual-Software,

BILD 337 *I-Punkt eines automatischen Lagers*

BILD 338 *Leitrechner VAX 11/750*

BILD 339 *Leitstand beim Distributionszentrum von Villeroy&Boch in Merzig*

die noch in den Programmiersprachen Fortran oder Cobol, aufwändig erstellt und implementiert werden musste. In der heutigen Zeit geht der Trend eindeutig zur Standard-Software. Der Hauptmotor für diese Entwicklung ist das Softwarehaus SAP, das im Laufe der Zeit seine standardisierte Lagerverwaltungs-Software immer weiter verbessert und den gestiegenen Anforderungen auch an größte Installationen angepasst hat. Eine weitere Entwicklung ist die Öffnung durch so genannten Application Service Provider, die auf ihren Zentralrechnern standardisierte Programme als Dienstleistung anbieten. Der Zugang ist für alle Kunden einfach über das Internet möglich und kann durch die unterschiedlichsten Terminals, sogar über Mobile Terminals und über das Mobiltelefon, erfolgen.

INFORMATIONSLOGISTIK

EBENE 3: PLANUNGS- UND DISPOSITIONSEBENE
In der Ebene der Planung und Disposition sowie natürlich auch administrativer Funktionen wurde schon frühzeitig versucht, die Arbeiten durch den Einsatz von Maschinen zu erleichtern. Als Vater der Datenverarbeitung kann Hermann Hollerith, der Erfinder des gleichnamigen Lochkartenverfahrens, bezeichnet werden. Ende des 19. Jahrhunderts gelang ihm der Durchbruch mit seiner Lochkartenmaschine, mit der große Mengen gleichartiger Informationen, beispielsweise bei Volkszählungen, schnell und exakt aufgezeichnet werden konnten. Aus seinem Unternehmen entwickelte sich später auch IBM, die Weltfirma für Büromaschinen und Computertechniken. Bei der Erfindung von Rechenanlagen dauerte es bis 1941, ehe Zuse die erste vollautomatische, programmgesteuerte und frei programmierbare Rechenanlage (Z3) funktionsfähig vorstellen konnte. Ihre Weiterentwicklung wurde durch den Zweiten Weltkrieg leider unterbrochen.

Ab Mitte der 50er Jahre wurden kommerzielle Rechner in den Unternehmen verwendet, um den kompletten administrativen Vorgang von der Bestellannahme bis zum Lieferschein- und Rechnungsdruck maschinell durchzuführen. Solche Informatiksysteme arbeiteten nun an Stelle der davor üblichen Elektronenröhren mit Transistoren und Dioden. Die Elektronikbauteile wurden auf Steckkarten montiert und in Schaltschränken zu Funktionsbaugruppen zusammengefasst. Die Verwaltung der verschiedenen Daten, insbesondere des Lagerbestandes, wurde von einem Magnettrommelspeicher übernommen. Die Rechenanlagen bestanden aus einem Zentralrechner, der im Zeitmultiplex mit den verschiedenen Eingabestationen verbunden wurde und so die erforderlichen Daten einsammelte. Der größte Teil der Daten wurde noch über Lochstreifen, Lochkarten und Magnetbänder verarbeitet.

Die kommerziellen Rechner und ihre Peripheriegeräte in der Ebene 3 erlebten in der Folge die gleiche Entwicklung wie die Mikroprozessoren und Personal Computer zu immer höherer Performance und besonders zur Vernetzungsfähigkeit. Gegenwärtig kann in einem Informationssystem für ein Logistikzentrum immer noch das 3-Ebenen-Konzept erkannt werden, allerdings in kompletter Vernetzung mit allen beteiligten Funktionselementen.

Diese Vernetzung erfolgt mit standardisierten Ethernet-Netzwerken. Der neueste Trend ist die Verwendung von drahtlosen Schnittstellen, wie WLAN, Bluetooth oder Zigbee. Neben der Erhöhung der Flexibilität im Betrieb wird der Aufwand für die Verkabelung stark reduziert und auch die Umsetzung von Einrichtungen und Anlagen vereinfacht sich erheblich.

Bild 340 *Zählmaschinenautomat von Hollerith*

Bild 341 *Nachbau der ersten Rechenanlage (Z3) von Zuse (1941)*

Bild 342 *Großrechneranlage im Versandhaus von Quelle (1956)*

Bild 343 *Informationssystem bei einem Distributionszentrum*

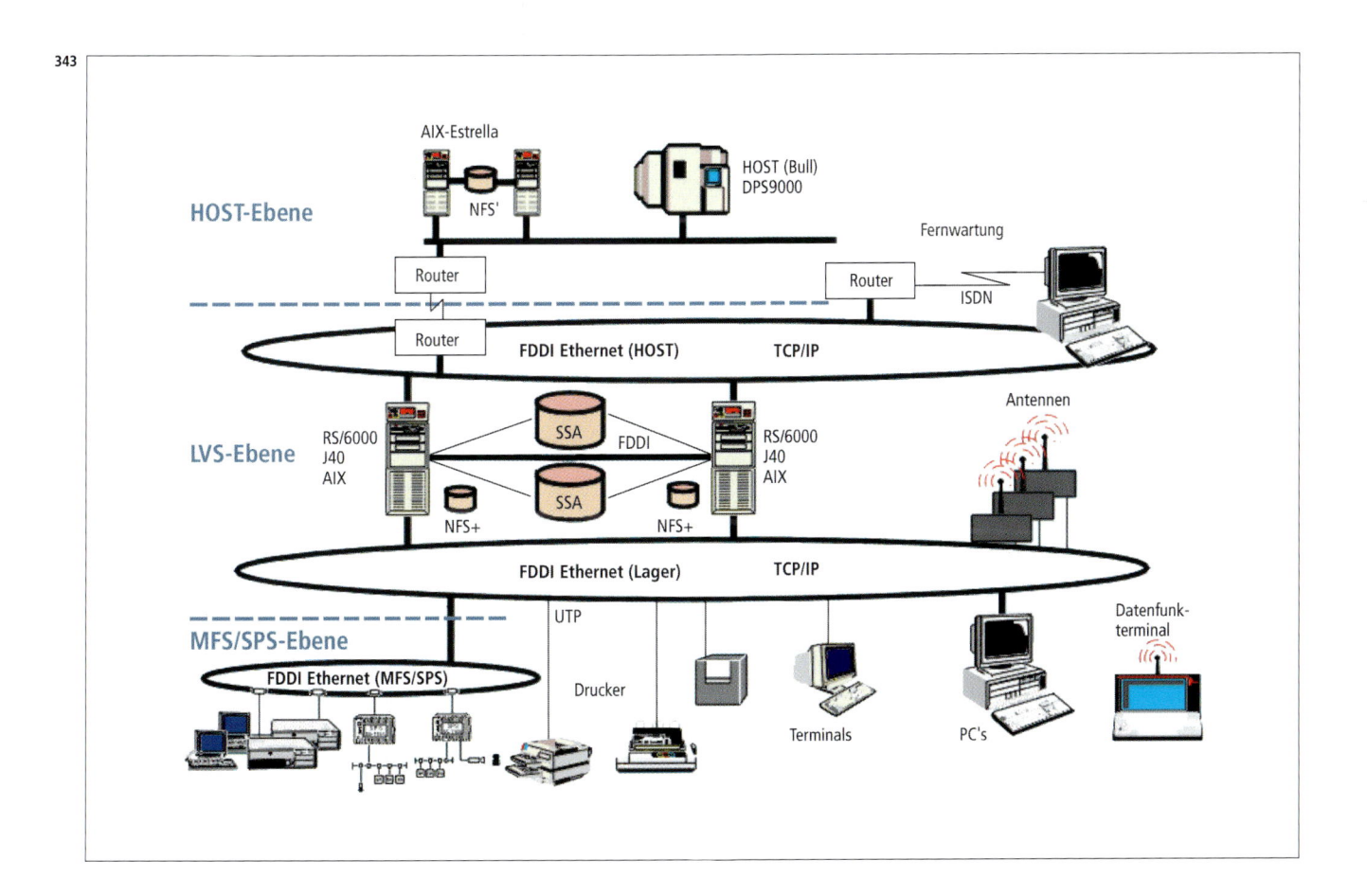

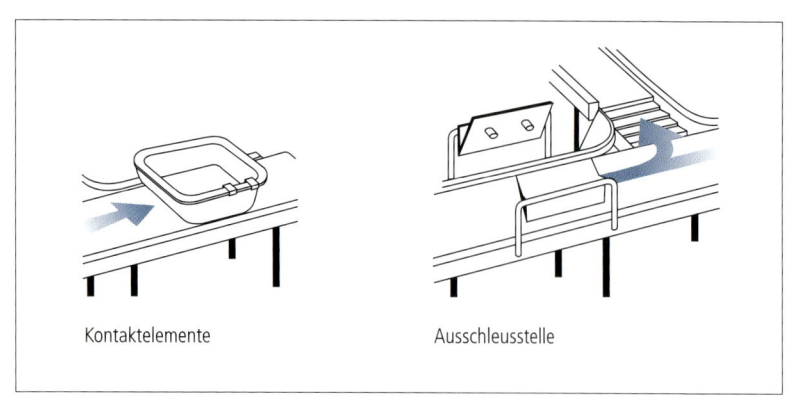

IDENTIFIKATIONSSYSTEME

ENTWICKLUNG In größeren Logistikzentren wird der Materialfluss praktisch für alle Arten von Transport-, Förder- und Lagergütern mehr oder weniger automatisch durchgeführt. Die Steuerung dieser Güter zu den verschiedenen Zielen erfolgt mit zwei prinzipiellen Verfahren, und zwar **zentral** oder **dezentral**.

Bei der **zentralen** Zielsteuerung wird die Förderbewegung stetig und schrittweise in einem Rechner nachgebildet. Dieses Verfahren ist in seiner Leistungsfähigkeit begrenzt und hat viele Restriktionen, weshalb es nur bei geringeren Förderleistungen, zum Beispiel bei der Palettenförderung, benutzt wird.

Für Anlagen mit Behältern, insbesondere für Kommissionier-Zentren, wird wegen des hohen Durchsatzes das **dezentrale** Verfahren angewendet. Dabei wird die Zielinformation entweder dem Fördergut mit Hilfe von Datenträgern direkt mitgegeben oder einem am Fördermittel angebrachten Informationsträger übermittelt. Die Abfrage geschieht nach unterschiedlichen physikalischen Prinzipien durch Abtast- oder Leseeinheiten. Das Ergebnis dieser Abfrage wird von einer Auswerteeinrichtung verarbeitet, ausgewertet, aufbereitet und an die Materialfluss-Steuerung oder ein übergeordnetes Informationssystem weitergegeben.

Kontaktelemente

Ausschleusstelle

Automatische Codiereinrichtung

Kipp-Codierleiste

BILD 344 *Codiereinrichtungen der Entwicklungsphase I*

Klapp-Codierkiste

Einsatz im Geschenkgroßhandel

Einsatz im Pharmagroßhandel

Diese Art von Techniken war in den **60er Jahren** eigentlich der Einstieg in die industrielle Entwicklung von **Identifikationssystemen**. Zuerst waren es einfache Codiereinrichtungen in Form von steckbaren und verschiebbaren Nocken, Stiften, Kontaktblechen oder Dauermagneten sowie beschreibbare Magnetplatten. Die Codierung wurde über Kontaktbürsten, Endschalter oder Magnetleser (Reed-Kontakte) vor den Zielen im Materialfluss-System, wie Weichen oder Ausschleusstellen, abgetastet, ausgewertet und die erforderlichen Steuerungsbefehle ausgelöst. Später wurden Reflektoren entwickelt, manuell oder auch schon automatisch einstellbar, die an den Entscheidungspunkten über Lichtschranken abgefragt wurden.

Die Codiertechnik mit Reflektoren und Lichtschranken wurde Anfang der 70er Jahre wegen ihrer guten Betriebssicherheit und einfachen Bedienung in Form von klappbaren oder kippbaren Multicodierleisten in der Kommissionierung bei Großhandelsunternehmen in den unterschiedlichsten Branchen (Pharma, Buch, Ersatzteil) mit großem Erfolg eingesetzt.

INFORMATIONSLOGISTIK

Strichcodebeleg

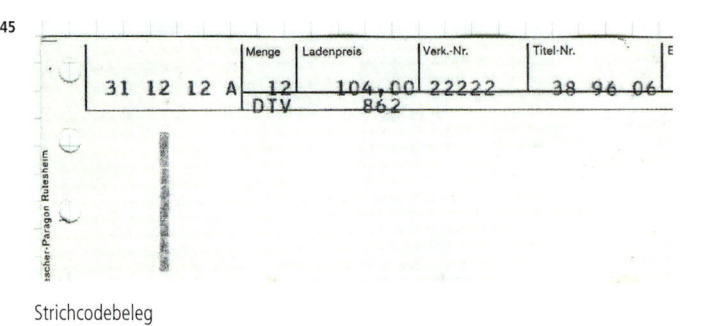

Kommissionierschale mit Strichcodebeleg

Einsatz im Buchgroßhandel

BILD 345 *Codiereinrichtungen der Entwicklungsphase II*

BILD 346 *Informationsträger und Sensorprinzipien in Materialfluss-Systemen*

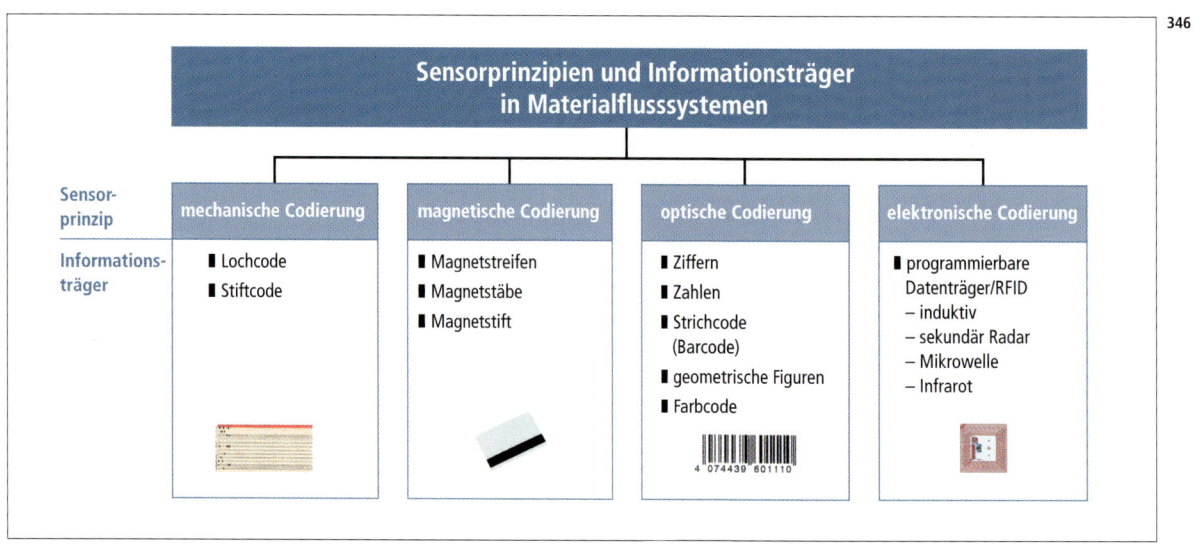

	Sensorprinzipien und Informationsträger in Materialflusssystemen			
Sensorprinzip	mechanische Codierung	magnetische Codierung	optische Codierung	elektronische Codierung
Informationsträger	▪ Lochcode ▪ Stiftcode	▪ Magnetstreifen ▪ Magnetstäbe ▪ Magnetstift	▪ Ziffern ▪ Zahlen ▪ Strichcode (Barcode) ▪ geometrische Figuren ▪ Farbcode	▪ programmierbare Datenträger/RFID – induktiv – sekundär Radar – Mikrowelle – Infrarot

Magnetcodierung am Behälterboden

Festcode am Behälter

Packerei für Kosmetikartikel

Einsatz im Pharmagroßhandel

Mitte der **70er Jahre** gab es die ersten Versuche mit EDV-Belegen, sowohl die Kommissionierung (Artikelangaben) als auch die Zielsteuerung (Strichcode und optische Leseeinrichtung) effizienter zu gestalten. Um den Codiervorgang vollständig zu automatisieren und auch die Abfragen auf der Förderanlage zu verbessern, wurde zwischenzeitlich die Magnettechnik verfeinert, indem im Boden des Kommissionierbehälters Metallplättchen als Informationsträger eingelassen wurden. Diese Technik konnte sich wegen technischer Probleme, was zum Beispiel die Lesegenauigkeit anbetraf, nicht durchsetzen.

Mit dem Aufkommen von preiswerten und leistungsfähigen Rechnern mit kurzen Reaktionszeiten Ende der 70er Jahre konnten die dezentralen Verfahren entscheidend verbessert werden. Dazu wurde das Fördergut mit einem Festcode als Identifikation versehen, der vor Entscheidungspunkten mit optischen Leseeinrichtungen gelesen wurde. Mit einem online angeschlossenen Rechner, der die Informationen über die anzusteuernde Ziele des Fördergutes gespeichert hatte, erfolgte in der erforderlichen kurzen Zeit die Auswertung und die Weitergabe von Befehlen an die Förderersteuerung. Große Flexibilität, hohe Leistung und Betriebssicherheit waren die Vorteile dieses Systems. Insgesamt sind in den letzten 50 Jahren die verschiedensten Prinzipien für Sensorik und Informationsträger entwickelt worden. Dadurch steht ein breites Feld von Identifikationssystemen für die unterschiedlichsten Anwendungen zur Verfügung.

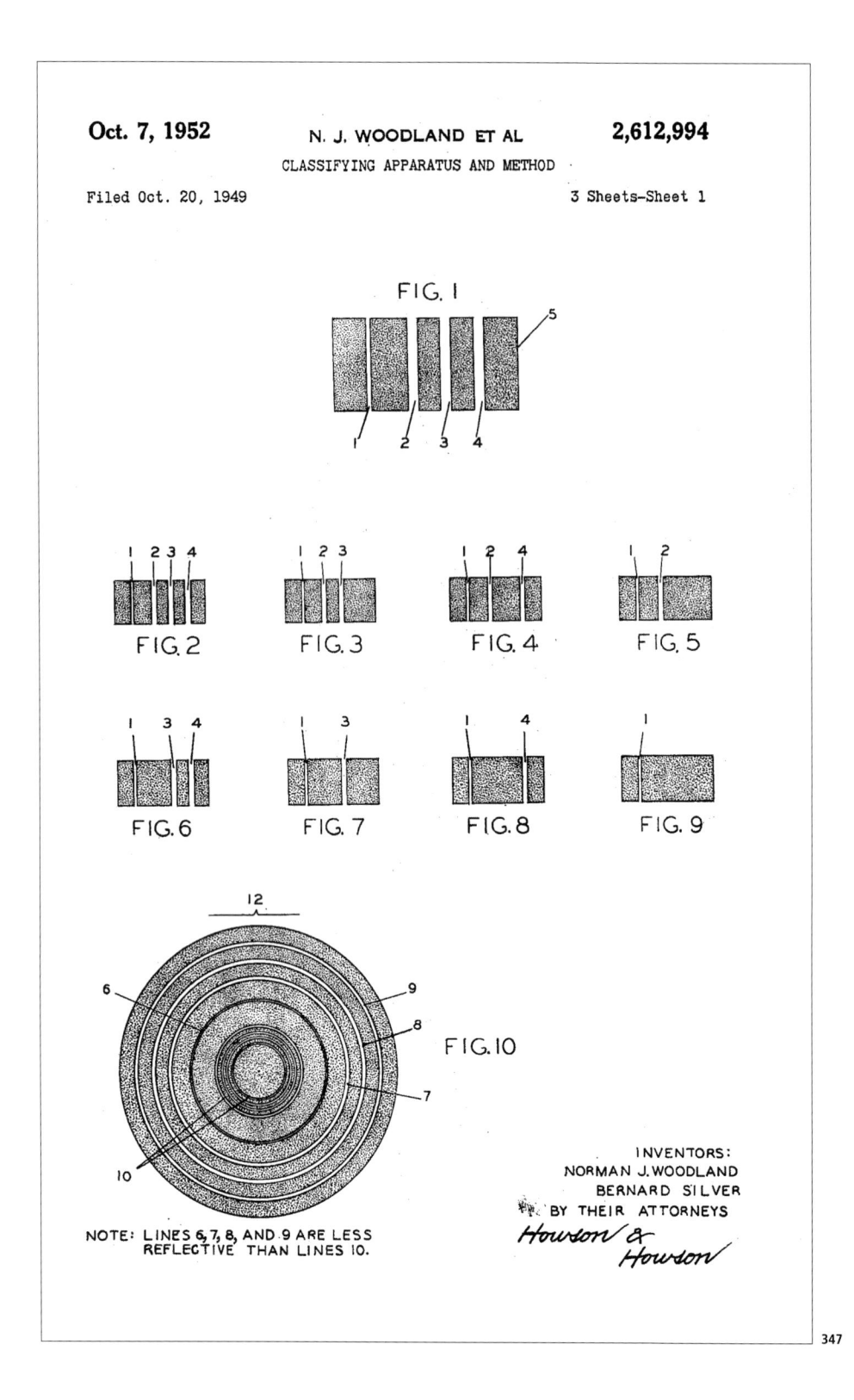

BILD 347 *Das »Woodland und Silver Patent« – die Geburtsstunde des Barcodes*

BILD 348 *Die wichtigsten Entwicklungsstufen des Barcodes*

1981 Das Verteidigungsministerium der USA verpflichtet seine Lieferanten, alle Produkte, die vom US-Militär gekauft werden, mit dem hierfür standardisierten Barcode (Code 39) zu kennzeichnen.

1976 Übernahme einer dem UPC ähnlichen Variante für Europa: EAN (European Article Numbering)

1974 Im Marsh's supermarket/ Troy, Ohio wird eine Packung Kaugummis als erstes Produkt mit Hilfe eines Barcode-Scanners an einer Kasse verkauft.

1973 Der Universal Product Code (UPC) wird offiziell als erster standardisierter Barcode, der flächendeckend genutzt wird, verabschiedet.

1970 Logicon, Inc entwickelt auf Anfrage der NAFC (Vereinigung der Lebensmittelhandelsketten) einen Vorschlag für ein industrieweites Barcodesystem: Part 1 und 2 des Universal Grocery Products Identification Code (UGPIC).

1969 Computer Identics installiert die zwei ersten echten Barcodesysteme bei General Motors und bei General Trading Company in New Jersey. Die Lebensmittelindustrie fordert die weitgehende Automatisierung im Handel, besonders in Supermärkten.

1967 US-weites System zum Kodieren von Eisenbahnwagen, basierend auf Collins Arbeit. Collins gründet »Computer Identics Corporation«. RCA Corporation installiert eines der ersten Scan-Systeme im Kroger store, Cincinnati. Die Produkte haben einen »bull's eye barcode«.

1961 David J. Collins verwendet optische Systeme mit orangen und blauen Streifen zur Kennzeichnung von Eisenbahnwagen.

1952 Entwicklung des ersten Barcode-Lesegerätes mit einer 500 Watt-Glühlampe als Basis.

1949 Entwicklung des ersten Barcodes (»bull's eye code«) auf mathematischer Grundlage durch Bernhard Silver und Norman J. Woodland.

348

BARCODE Teilweise haben diese Techniken ihren Ursprung gar nicht in der Steuerung von Fördergütern, sondern wie im Falle des **Barcodes** in der Identifikation von Waren, Gütern und Artikeln. Der Barcode hat sich inzwischen im gesamten Bereich der Warenwirtschaft und des Warenverkehrs als wichtigster Informationsträger durchgesetzt. Wurden früher noch Zettel ausgefüllt oder die oben genannten Verfahren für die Identifizierung von Objekten genutzt, so wurde durch die Einführung des Barcodes die Identifizierung von Waren wesentlich einfacher, schneller und sicherer. Als Geburtsstunde des Barcodes kann der 20. Oktober 1949 angesehen werden, als Norman Joseph Woodland und Bernard Silver vom Drexel Institute of Technology in Philadelphia ein US-Patent für die Erfindung eines Barcodes auf mathematischer Grundlage beantragt haben. Das »Woodland und Silver Patent« beschreibt einen so genannten Bull's Eye Code, ein kreisförmiges Muster mit einem zentralen Ankerpunkt. Mit der Symbolik von vier weißen Linien auf dunklem Hintergrund war es möglich, sieben verschiedene Artikel zu klassifizieren. Nach verschiedenen Entwicklungsstufen war insbesondere die offizielle Verabschiedung des »Universal Produkt Code« (UPC) im Jahr 1973 ein weiterer Meilenstein. Darauf basierend wurde dann 1974 in einem Supermarkt in Ohio eine Packung Kaugummi als erstes Produkt mit Hilfe eines Barcode-Scanners an einer Kasse verkauft. Für Europa war 1976 die Übernahme einer dem UPC ähnlichen Variante, des EAN (European Article Numbering), ein wichtiger Entwicklungsschritt.

Mittlerweile gibt es eine große Anzahl von Barcodevarianten, deren Anwendung in der Praxis von den jeweiligen Anforderungen der Aufgabe abhängt.

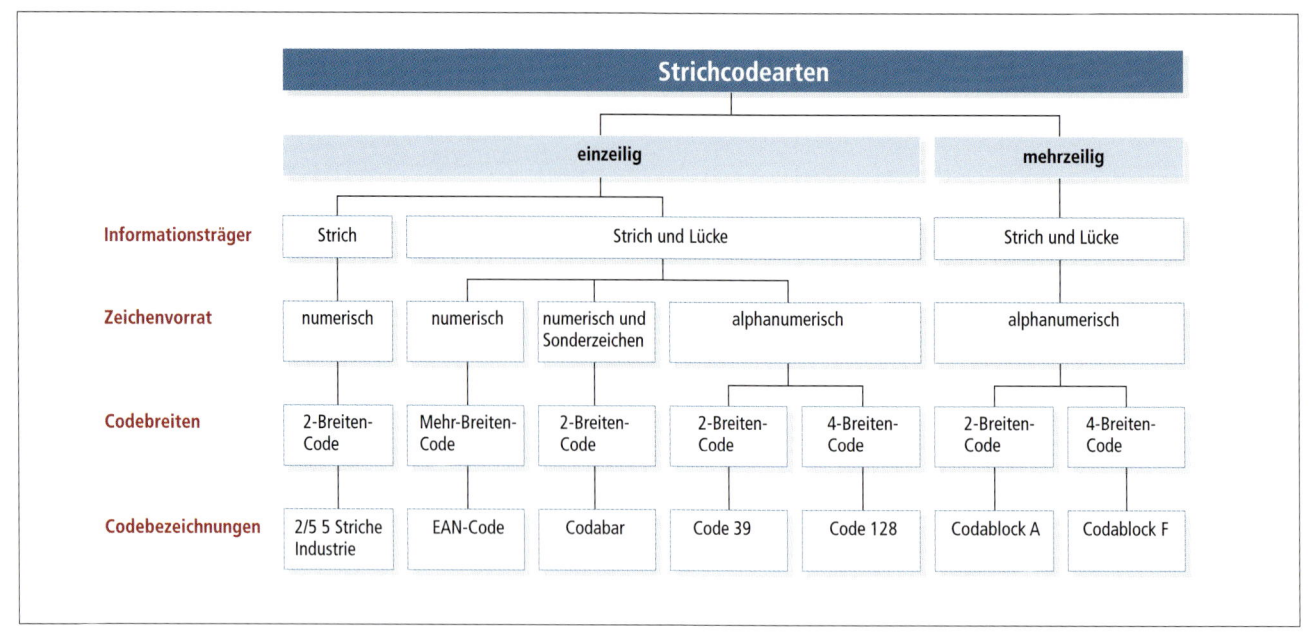

BILD 349 Variantenvielfalt des Strichcodes

BILD 350 Barcodetypen für die Logistik

BILD 351 Nutzung von RFID zur Tieridentifikation

BILD 352 Grundbestandteile eines RFID-Systems

RFID Der Barcode wird seit einiger Zeit zunehmend durch die Systeme von **Radio Frequency Identifikation Device** (RFID) ergänzt. Es wird sogar vermutet, dass RFID die Barcode-Technologie mittelfristig komplett ablösen könnte.

Die ersten RFID-Anwendungen gab es schon Ende des Zweiten Weltkrieges, wo Transponder und entsprechende Leseeinrichtungen in britischen Flugzeugen und Panzern zur Freund- und Feinderkennung genutzt wurden. Ende der 60er Jahre kam die »Siemens Car Identification« (SICARD) auf den Markt. Dieses System wurde zuerst im Eisenbahnverkehr eingesetzt, um Waggons mit ihren Inhalten zu markieren. Später fand es seine Anwendung besonders in Lackierereien der Automobilindustrie zur Kennzeichnung der produkt- und produktionsbezogenen Merkmale, was zu einer erheblichen Vereinfachung bei der Teilezuordnung entsprechend dem Modellmix im Produktionsprozess führte.

Ein RFID-System setzt sich aus den dargestellten Komponenten von Transponder, Lese-/Schreib- und Auswerteeinheit einschließlich der erforderlichen Schnittstellen zusammen. Der Transponder, auch Tag genannt, besteht aus einem Trägerelement mit programmierbarem Mikrochip und Antenne (Antennenspule oder Dipolantenne). Die von der Lese-/Schreibeinheit ausgesendeten Wellen werden vom Transponder empfangen, im Chip mit dessen integrierter Logik verarbeitet und anschließend werden entsprechende Signale zurückgesendet. Hierbei handelt es sich um einen passiven Transponder, der keine eigene Energieversorgung besitzt und die erforderliche Energie für den Chip und das Rücksendesignal aus dem ausgesendeten elektromagnetischen Feld entnimmt. Aktive Transponder verfügen über eine eigene Energiequelle und können dadurch immer eigenständig Signale aussenden.

In kommerziellen Bereichen wurden die ersten Vorgänger der heutigen RFID-Systeme in den 70er Jahren als elektronische Warensicherungssysteme verwendet. Es handelte sich dabei um Ein-Bit-Transponder, mit denen auf einfache Weise die Existenz von beim Kauf nicht vorgezeigten Artikeln festgestellt werden konnten. Das war eine effiziente Diebstahlverhinderung, die auch heute noch, insbesondere bei Textilien, in ähnlicher Form vorkommt.

Selbst in Branchen wie der Landwirtschaft, die wenige Verbindungen zur Logistik haben, wurde Ende der 70er Jahre die RFID-Technik bei der Tierkennzeichnung als eine einfache und sichere Methode eingeführt. Die Vereinigte Informationssysteme Tierhaltung und Landwirtschaftskammer Niedersachsen (Versuchsfeld Infeld) war damals Träger des Projekts.

Als Durchbruch der RFID-Technik kann der Einsatz als Maut-System in den **80er Jahren** betrachtet werden. Vor allem in den USA, aber auch in Norwegen, wurde die Nutzung von RFID-Transpondern im Straßenverkehr forciert. Mit dieser erfolgreichen Anwendung wurde aufgezeigt, welche Möglichkeiten diese Technologie bietet. Es folgten daraufhin in den **90er Jahren** viele neue Systeme, beispielsweise für Zutrittskontrollen, bargeldlose Zahlung, Skipässe, Tankkarten oder elektronische Wegfahrsperren.

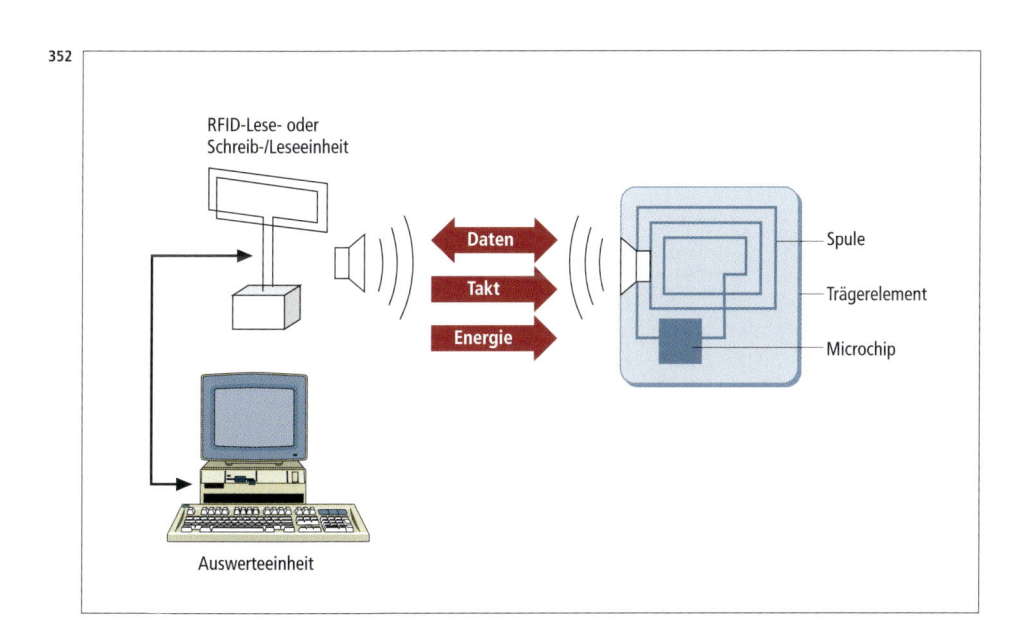

Ab 2000 konnten die Preise für die RFID-Technik aufgrund der starken Zunahme von Anwendungsfällen und damit verbundenen Massenproduktionen erheblich gesenkt werden. Diese Situation eröffnete weitere Einsatzmöglichkeiten, zum Beispiel in der Warenlogistik. Bedeutende Handelskonzerne wie Metro und Wal Mart unterstützten die RFID-Nutzung und deren Einführung in ihre logistischen Prozesse mit äußerst aktiv betriebenen Maßnahmen zusammen mit namhaften Lieferanten für die verschiedenen Komponenten dieser Technologie.

Bis Ende der **90er Jahre** wurden in verschiedenen Ländern leider unterschiedliche Standards entwickelt. Es wurde dann aber erkannt, dass die Entwicklung eines globalen Standards für die weitere Einführung von RFID unerlässlich war. Von 1999 bis 2003 wurde dementsprechend der »Electronic Product Code« (EPC) definiert, mit dem weltweit eine einheitliche und eindeutige Identifizierung von mit RFID-gekennzeichneten Produkten möglich ist.

BILD 353 Nutzung von RFID für die Zugangskontrolle an Skiliften

BILD 354 Nutzung von RFID in der Logistik

BILD 355 RFID-Gate für Wareneingangserfassung

355

In der heutigen Zeit ist **RFID** besonders in der Logistik ein Schwerpunktthema. Jedes Unternehmen möchte natürlich die vielen Vorteile dieser Technik, wie die Möglichkeit der Identifikation eines oder mehrerer Objekte ohne Sichtkontakt zwischen Informationsträger und Lesegerät oder die Pulkerfassung (Einlesen mehrerer Objekte in einem Zuge), die zumindest theoretisch denkbar ist, möglichst bald großflächig und durchgängig nutzen. Allerdings bleibt diese Umsetzung in der Logistik eine sehr komplexe Aufgabe, da neben der Sicherstellung von Betriebs- und Funktionssicherheit auch die Wirtschaftlichkeit gegenüber dem heute noch dominierenden Barcode für alle Anwendungen in der ganzen Breite der Logistikabläufe stimmen muss.

VERKEHRSLOGISTIK

BILD 356   »Gotthartpost«, Ölgemälde von Rudolf Koller, 1873

BILD 357   Weltpostverkehr, Übersichtkarte des Deutschen Reichspostamtes, 1881

BILD 358   »Der Postdampfer Washington«, Lithografie, 1874

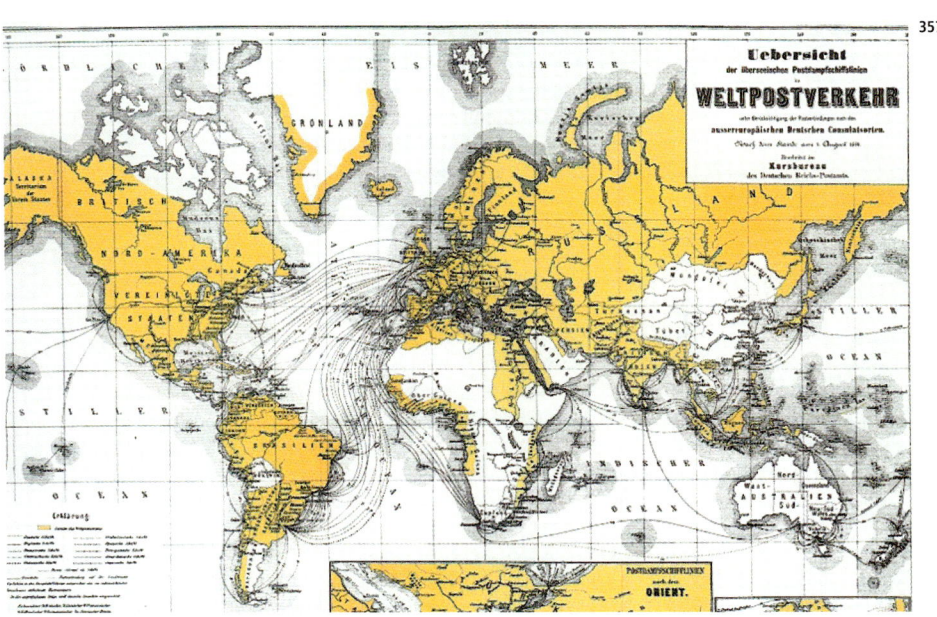

VERKEHRSLOGISTIK

358

NETZWERKE

In der Geschichte der Menschheit war man seit jeher darum bemüht, über weite Strecken hinweg Botschaften und Waren auszutauschen. Zunächst bei Ägyptern und Persern, später bei Griechen, Römern und anderen Kulturvölkern wurden hierfür gewisse Formen von Botendiensten eingerichtet.

Der erste entscheidende Schritt zu einer zielgerichteten Übermittlung von Nachrichten sowie der Beförderung von Gütern und Personen kam durch die große geschichtliche Leistung des Hauses Thurn und Taxis Ende des 15. Jahrhunderts mit dem Aufbau eines Postwesens im gesamten westlichen Europa. Dadurch wurde das erste **Netzwerk** in Form von weit verzweigten Postlinien geschaffen und es blieb über mehrere Jahrhunderte das zentrale Informations-, Kommunikations- und bedingt auch Transportmittel.

Der wichtigste Verkehrsträger in diesem Netzwerk war die Postkutsche.

Der weitere Ausbau dieser **Netzwerke** erfolgte durch verschiedene Erfindungen des 19. Jahrhunderts. Dabei bot besonders die Dampfschifffahrt die Möglichkeit, mit einer großen Flotte von Post-Dampfern und festgelegten Routen erstmalig ein globales Netzwerk zu schaffen.

Die weiteren neuen Verkehrsträger waren Eisenbahn, Automobil und später Flugzeug, die alle die Einsatzbereiche dieser **Netzwerke** entscheidend erweiterten. Genauso wichtig wie diese physischen Hilfsmittel war in dieser ganzen Zeit die Entwicklung der Kommunikationstechniken, wie Telegraph, Telefon, Funk.

Trotz dieser technischen Möglichkeiten, die bereits am Anfang des 20. Jahrhunderts zur Verfügung standen, konnte sich die Globalisierung nach unserem heutigen Verständnis nicht richtig entfalten. Die Hauptgründe lagen in den weltweit vorhandenen Konflikten durch die beiden Weltkriege und den damit verbundenen unterschiedlichen Macht- und Interessenblöcken.

BILD 359 *Globales Netzwerk des internationalen Dienstleistungskonzerns DHL*

Die ersten ernstzunehmenden Globalisierungs-Tendenzen waren erst zu verzeichnen, nachdem die weltweiten Auswirkungen des Zweiten Weltkrieges und anschließend des Korea-Krieges vollständig überwunden waren. Dabei handelte es sich um eine Reihe von miteinander verknüpften Strömungen aus Gesellschaft, Wirtschaft und Politik.

Der wachsende Wohlstand, besonders auch das europäische Wirtschaftswunder in den goldenen 60er Jahren, verursachten einen Massenkonsum zuerst für Gebrauchsgegenstände, aber später auch für andere Artikel aus der Bekleidungs- und Unterhaltungsbranche. Die Weltwirtschaft profitierte davon mit einem starken Wachstum. Die Vollbeschäftigung bewirkte in Europa große Wanderungsströme ausländischer Arbeitskräfte. Großstädte wurden zu multikulturellen Metropolen, die mit den Herkunftsländern der Immigranten und den Zentren der Weltwirtschaft enger verflochten wurden. Zur gleichen Zeit entwickelte sich auch mit viel Dynamik die Tourismus-Branche, da durch preiswerte Charterflüge die Urlaube in immer mehr Zielen der ganzen Welt verbracht wurden. Die Folge war eine gewisse globale Homogenisierung von Konsumwünschen und damit auch die Entstehung von global vermarkteten Produkten. Weltumspannende Produktions- und Distributionsketten wurden dazu durch multinationale Unternehmen gebildet und die neuen Massenmedien, wie das Fernsehen, sorgten für neue Wege in der Verkaufsförderung. Unterstützt wurden diese Prozesse durch bedeutende politische Entscheidungen, wie die Bildung und der Ausbau der Europäischen Union, die Auswirkungen des Zusammenbruchs der UdSSR und später die Öffnung Chinas.

Da gleichzeitig die technischen und organisatorischen Voraussetzungen durch leistungsfähige, weltweit verfügbare Kommunikations- und Verkehrsnetze geschaffen wurden, bezeichnen viele diese Phase Anfang der **80er Jahre** als wirklichen Startpunkt für die eigentliche **Globalisierung**. Für die betroffenen Unternehmen aus Industrie, Handel und Dienstleistung besteht seitdem die Aufgabe, diese **Globalisierung** von **Beschaffungs- und Absatzmarkt** in einer weltweiten Arbeitsteilung in allen Funktionsbereichen und mit geeigneten Partnern zu organisieren.

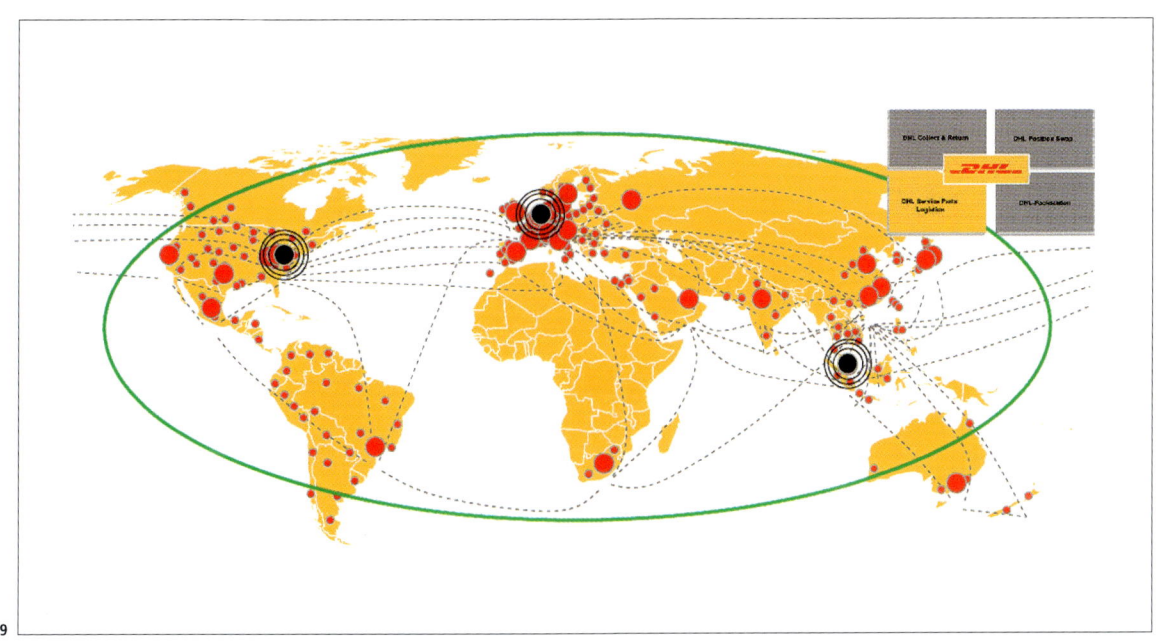

359

Durch die **Globalisierung** stehen der Industrie und dem Handel Unternehmen aus der ganzen Welt zur Beschaffung von Rohstoffen, Halbfabrikaten und kompletten Artikeln zur Verfügung. Der erste Teil der Beschaffungsaufgabe ist die Suche und Auswahl geeigneter Lieferanten. Dieser Punkt erfolgt heute hauptsächlich durch Abfragen über das Internet. Es gibt dafür aber auch schon leistungsfähige Portale, die von internationalen Web-Services angeboten werden. Nach dem Vertragsabschluss besteht die zweite Aufgabe in der Organisation des Transportes inklusive komplizierter administrativer Abwicklungen, beispielsweise der Verzollung.

Der umgekehrte Vorgang ist die Auslieferung eigener Produkte an die Märkte, die überall in der Welt verteilt sein können. Die dazu erforderlichen Netzwerke sind in den einzelnen Branchen entsprechend den jeweiligen absatzmarktseitigen Rahmenbedingungen sehr verschieden. Diese Distributionssysteme hängen auch stark von Markt- und Kundenstrukturen und den sich daraus ergebenden Anforderungen an den Lieferservice ab. Außerdem werden sie entscheidend durch die Art des Vertriebes, wie über eine eigene Organisation oder über Groß- und Einzelhändler beeinflusst.

Die Beschaffungs- und Distributionsnetzwerke werden in der Regel zusammen mit global aufgestellten **Logistikdienstleistern** organisiert. Die Angebotspalette reicht hierbei von der Durchführung einfacher Transportleistungen bis hin zur Übernahme des gesamten Netzwerkmanagements. Nur durch diese Zusammenarbeit können die komplexen Abläufe von Transport, Lagerung und Verteilung inklusive der administrativen Arbeiten erfolgreich und kostengünstig bewältigt werden.

LKW

Lieferwagen

Überseeschiff

Binnenschiff

Bei der **Globalisierung** hat die **Verkehrslogistik** die zentrale Funktion der Güterverteilung übernommen. Die Komplexität dieser Funktion sowie die Optimierung von Leistungen und Kosten waren schon bald der Auslöser für die Bildung von großen Logistikkonzernen und von Netzwerken von mehreren Logistikunternehmen, beispielsweise Speditionen, Transport-, Lager- und Kommissionierbetrieben. Die Zielsetzung dieser Logistiknetzwerke ist es, in einer kooperativen Zusammenarbeit die geforderten Logistikleistungen zu erbringen und die eigene Wirtschaftlichkeit sicherzustellen. Ein wesentliches Merkmal ist die Mehrschichtigkeit, bestehend aus den Ebenen von Information und Kommunikation, Organisation und Güterfluss.

Güterzug

Güterwaggon

Frachtflugzeug beim Beladen

Frachtflugzeug beim Landen

BILD 360 *Überblick über Verkehrsträger*

Für eine erfolgreiche Leistungserfüllung ist in der gesamten Logistikkette die Wahl der Verkehrswege und der Verkehrsträger ausschlaggebend. Dabei wird das Optimum erst durch eine sinnvolle Kombination des Einsatzes der verschiedenen Verkehrsträger (Modalsplitt) erreicht. Als Verkehrsträger mit unterschiedlichen Eigenschaften und damit auch differenzierten Einsatzkriterien stehen LKW, Eisenbahn, Schiff und Flugzeug zur Verfügung.

Mit diesen Verkehrsträgern werden in Abhängigkeit von der Art der Transportaufgaben ein- oder mehrgliedrige Transportketten gebildet. Bei mehrgliedrigen Ketten gibt es noch den Unterschied von gebrochenen Verkehren (= konventionelles Umladen der Güter beim Wechsel der Verkehrsträger) und vom Kombinierten Verkehr (= kompletter Umschlag der Transporteinheit).

Besonders der **Kombinierte Verkehr (KV)** mit Containern hat seit seiner Einführung auf den Übersee-Verbindungen in den **60er Jahren** ständig an Bedeutung zugenommen. Durch die Überlastung des inländischen Straßennetzes, speziell auch im Alpen-Transit, wird dieser intermodale Verkehr mit Eisenbahn und Schiffen in Zukunft auch besonders im Binnenland mit großen Investitionen gefördert.

Intermodaler Verkehr

CONTAINER Die Ladevorgänge bei Gütern in Form von Säcken, Kisten, Fässern, Gestellen und sonstigen Behältnissen waren schon immer kosten- und besonders zeitaufwändig. Außerdem fehlte ein ausreichender Schutz vor Schäden durch Stoß und Feuchtigkeit. Der Transport per Schiff war wegen der langen Liegezeit von mehreren Tagen, oftmals eine ganze Woche, besonders benachteiligt.

Diese Situation war in den **40er Jahren** der Auslöser für den amerikanischen Spediteur Malcom McLean für die Entwicklung eines Großbehälters: den **Container**. Zuerst wurde diese »Box« nur für den LKW- und Bahntransport innerhalb der USA eingesetzt. Dann stach 1956 ein umgebauter Tanker als

BILD 361 Frühere Beladung des Schiffladeraums

BILD 362 Traditionelle Formen von Transportgütern

BILD 363 Platz raubende Bereitstellung der Transportgüter auf dem Quai

BILD 364 Container als rationelle Transportbehälter in Großformat

BILD 365 New York Times vom 24. April 1966

BILD 366 Die ersten deutschen Spezialschiffe und Ladekrane für Container (Hamburg 1968)

erstes Schiff mit **Containern** in See. Solche Containerschiffe verbreiteten sich anschließend wegen ihrer Vorteile von großen Ladekapazitäten sowie geringerem Aufwand für Be- und Entladung und damit wesentlich kürzeren Transport- und Liegezeiten sehr rasch. Damit wurde hauptsächlich der Transport zwischen den Häfen an der amerikanischen Ostküste durchgeführt. Eine richtige Revolution wurde dann 1966 mit der Internationalisierung durch den Beginn des Containerverkehrs über den Atlantik ausgelöst. Über dieses Ereignis berichtete sogar die »New York Times«. Bald wurden in den Häfen spezielle Containerladeplätze gebraucht, die mit neu entwickelten Krananlagen und deren Spezialgreifern, den Spreadern, auszurüsten waren.

364

365

366

VERKEHRSLOGISTIK

»VON HAUS ZU HAUS«

Auch in Deutschland gab es schon seit 1924 erste Bemühungen zur Verbesserung der Güterbeförderung. Dazu gehörte das von der Deutschen Reichsbahn geförderte Projekt des **Von Haus zu Haus**-Behälterdienstes. Am Anfang wurden dazu noch Kleinbehälter mit nur 3,5 Kubikmetern Fassungsvermögen eingesetzt. Ab 1935 ergänzten immer mehr 20-Kubikmeter-Großbehälter die kleinen. Eine weitere Ausbreitung dieses ersten kombinierten Ladungsverkehrs wurde leider durch die Kriegsjahre verhindert.

Erst ab 1950 führte die Deutsche Bundesbahn diese Art von Behälterverkehr wieder ein. Dabei wurde das inzwischen in den Niederlanden entwickelte pa-Behältersystem übernommen (pa = porteur aménagé, besonders ausgerüsteter Behälter). Die Systemmaße dieses Behälters lagen bei 3,1 Meter Länge und 2,1 Meter Breite. Aufgrund der Anforderungen der verschiedensten Kunden entstanden die unterschiedlichsten Typen von Behältern für Handelswaren, Schüttgüter und auch Flüssigkeiten. Dadurch existierte eine breite Produktpalette in geschlossener und offener Behälter-, Boxen-, Kessel-, Silo- und Tankbauweise.

BILD 367 *Das pa-Behältersystem »VON HAUS ZU HAUS« der Deutschen Bundesbahn*

BILD 368 *pa-Behälter mit Innenausrüstung für direkte Lagerung von Handelswaren*

BILD 369 *Umladevorgang durch LKW mit Transfereinrichtung und Drehgestell*

Zur Abwicklung der Transporte wurden die Tragwagen der Bahn und die LKW mit speziellen Aufbauten mit Tragschienen zur Aufnahme der Behälter ausgerüstet. Die Be- und Entladevorgänge konnten auch sehr effizient durchgeführt werden, da die LKW schon mit entsprechenden Transfer-Einrichtungen und Drehgestellen versehen waren. Dieser kombinierte Ladungsverkehr hatte in den folgenden Jahren hohe Zuwachsraten, so dass in den **60er Jahren** ein Bestand von 25.000 pa-Behältern und 5.700 der dazu gehörenden Tragwagen der Bahn vorhanden waren.

Mitte der **60er Jahre** wurde der Übersee-Container ein schwerwiegender Konkurrent und verdrängte den pa-Behälter in die Nische eines »Mittel-Container« für kleinere Transport-Volumina. Allerdings konnte der **Von Haus zu Haus**-Verkehr dank seiner Spezialisierung auf bestimmte Transportgüter seine Position noch viele Jahre auf einem gewissen Niveau halten.

Erst eine weit reichende strategische Entscheidung der Deutschen Bundesbahn zu Gunsten des Kombinierten Verkehrs ausschließlich mit Containern (Übersee- und Binnen-Container) führte im Jahre 1988 zur kompletten Einstellung dieses Ladungsverkehrs mit pa-Behältern.

Frontstapler

Leercontainer-Stapler (Seitenspreader)

Transportfahrzeug (AGV)

UMSCHLAGSYSTEME Mit dem **Container** entstand ein weltweit standardisiertes Logistiksystem, das neben der »Box« als zentralem Logistikelement und den speziellen Containerschiffen aus weiteren Gliedern für die Funktionen in der gesamten Kette von Transport und Umschlag besteht. Dazu gehören unterschiedliche Umschlaggeräte wie

- Stapler: Front-, Teleskop-, Seiten-, Portalstapler
- Transportgeräte: Straddle- und Shuttle-Carrier (AGV)
- Krananlagen: Ladebrücken, Portal- und Brückenkrane

Zu diesen Grundgeräten gehören noch die verschiedenen wichtigen Zusatzeinrichtungen, insbesondere Ladegeschirre, wie Greifarme, Greifzangen und Spreader, mit denen die schweren und voluminösen Großbehälter auf einfache und sichere Weise bewegt werden können.

Die Containerisierung hat ein enormes Wachstum beim internationalen Übersee-Transport verursacht, wodurch aber auch der europäische Binnenverkehr stark an Bedeutung zugenommen hat. Das betrifft insbesondere den **Kombinierten Verkehr** mit den trimodalen Transportmitteln LKW/Bahn/Schiff. Durch den standardisierten Großbehälter ist es möglich, den Wechsel einer Ladungseinheit in der Größe einer kompletten LKW-Ladung von einem Transportmittel zum anderen mit weitgehend mechanisierten und zum Teil automatisierten Umschlagseinrichtungen vorzunehmen.

Portalstapler (Straddle Carrier)  Portalkran  Teleskopstapler (Reach-Stacker)

BILD 370 *Umschlaggeräte für Transport und Lagerung von Containern*

BILD 371 *Umschlagterminal für den Kombinierten Verkehr in der Schweiz (HUPAC)*

VERKEHRSLOGISTIK

Die großen Fortschritte hinsichtlich Zeit- und Kostenaufwand für die gesamte Abwicklung haben den Transportkostenanteil im Stückguttransport (Übersee und Binnenland) erheblich gesenkt. Das ist ein weiterer Wachstumsschub für die Globalisierung und den internationalen Warenaustausch, da jetzt auch Niedrigpreisprodukte, wie Textilien, Obst und Weine, wegen der geringeren Transportkostenbelastung weltweit konkurrenzfähig sind und in neuen, entfernten Märkten vertrieben werden können.

Das ständige Wachstum des Containerverkehrs hat zur Folge, dass auch der Bedarf an See- und Binnenhäfen mit den entsprechend angepassten Strukturen und Leistungsprofilen stark angestiegen ist. Das betrifft sowohl ihre Standorte wie die gesamten Infrastrukturen um und für diese Häfen, wie Zu- und Abfahrtstraßen, Bahnanschluss und die erforderlichen Ver- und Entsorgungsanlagen. Die Hafenflächen selbst, sowohl land- wie wasserseitig, müssen entsprechend den neuen Anforderungen des Containerumschlags gestaltet und dimensioniert werden. Umfangreiche Planungsarbeiten für diese verschiedensten Bereiche und Funktionen müssen dazu von unterschiedlichsten Planungs- und Engineering-Unternehmen geleistet werden. Damit verschwinden die Bilder traditioneller Häfen und werden durch imposante Wirtschafts- und Logistikkomplexe mit großen Ausmaßen und allen modernen Bestandteilen von internationalen Transport- und Umschlagorganisationen ersetzt.

BILD 372 *Mega-Container-Terminal an der Nordsee*

BILD 373 Umsetzfahrzeug für Wechselbehälter mit Ladekran im Hintergrund

BILD 374 Wechselbehälter mit Spezialfahrzeug

BILD 375 Zentrallager für stationären Handel mit Wechselbehälter-Terminal (Karstadt)

WECHSELBEHÄLTER In Europa, und zwar hauptsächlich in Deutschland, wurde vor einigen Jahren eine interessante Erweiterung für den Einsatz dieser Art von Großbehältern entwickelt. Es handelt sich um ein System mit **Wechselbehältern** mit einem ähnlichen Kofferaufbau wie dem 20-Fuß-Container. Die Bodenplattform besitzt zusätzlich als Anbauteile klappbare Abstellbeine. Durch diese Zusatzeinrichtung werden der Beschaffungs- und Distributionslogistik interessante Funktionen innerhalb der Abwicklungsketten angeboten. Es ist die Möglichkeit einer Zwischenpufferung der Wechselbehälter vor der Entladung, beziehungsweise nach der Beladung auf Abstellplätzen. Außerdem sind durch die Abstellbeine die heckseitigen Ladevorgänge über Rampen möglich, wobei durch eine einfache Höhenverstellbarkeit dieser Abstellbeine auch unterschiedliche Rampenhöhen ausgeglichen werden können. Für die verschiedenen Transporte der **Wechselbehälter** innerhalb der Betriebsgelände werden manuell bediente Umsetzgeräte verwendet. Der Überlandverkehr erfolgt mit speziellen Fahrzeugen, die mit entsprechenden Einrichtungen für Hub und Arretierung der **Wechselbehälter** ausgerüstet sind. Dieses System hat erhebliche Vorteile für die gesamte Beschaffungslogistik in Industrie und Handel sowie für die Distribution, besonders im stationären Handel bei der regelmäßigen Belieferung der Filialen mit Liege- und Hängewaren. Eine große Bedeutung hat inzwischen auch der Transport der Wechselbehälter mit der Bahn. Dabei müssen allerdings an den Start- und Zielpunkten geeignete Umschlaggeräte wie Stapler oder Krane mit angepassten Ladegeschirren vorhanden sein. Das ausgeklügelte Transport- und Wechselsystem zeichnet sich durch große Vielseitigkeit und hohe Effizienz in der gesamten Transport- und Umschlagskette aus und fördert dadurch im hohen Maße die weitere Ausbreitung des **Kombinierten Verkehrs**.

374

375

Marktentwicklung

Entscheidende Grundlage für die rasante Entwicklung der Containerschifffahrt war der nach dem Zweiten Weltkrieg rasch anwachsende Weltseehandel und der damit immer aufwändiger werdende Güterumschlag zwischen den Häfen. Sowohl der Weltcontainerumschlag als auch die Weltcontainerflotte und deren Kapazität haben im erfassten Zeitraum, das heißt seit Anfang beziehungsweise Ende der 70er Jahre bis zur Gegenwart, immer zugenommen (vgl. Bilder 385 und 386). Eine Stagnation oder ein Rückgang waren zu keinem Zeitpunkt zu verzeichnen.

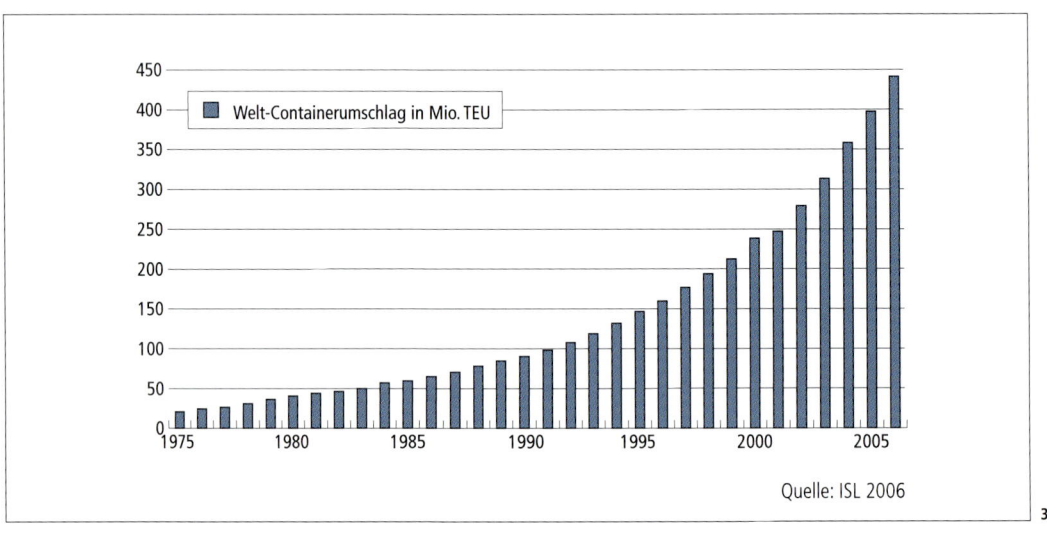

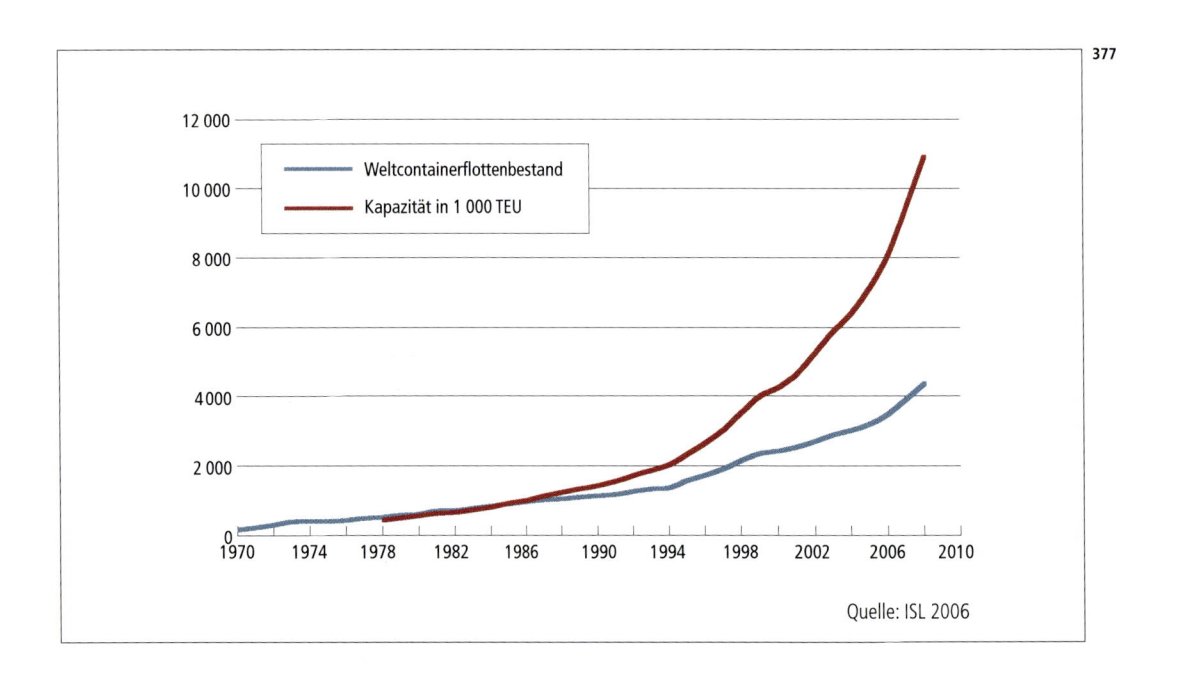

Quelle: ISL 2006

376

377

Quelle: ISL 2006

Allerdings blieb auch das Phänomen **Container** von einschneidenden Ereignissen und Wirtschaftskrisen nicht verschont. Die Finanz- und Wirtschaftkrise Ostasiens der Jahre 1997 und 1998, betroffen waren vor allem Indonesien, Südkorea und Thailand, führte dazu, dass das Preisniveau der asiatischen Märkte stark abgesunken ist. Durch diese Situation wurde der nichtasiatische Markt mit asiatischen Billigprodukten überschwemmt. Die Folge war zwischen 1998 und 2000 ein steiler Anstieg des Weltcontainerumschlages mit einer Steigerung um 9,8 Millionen TEU (TEU = Twenty Foot Equivalent Unit: die weltweit gültige Maßeinheit zur Angabe der Containerkapazitäten von Schiffen und Hafeneinrichtungen in ISO 20-Fuß-Standardcontainer)

Eine gegenläufige Entwicklung ist jedoch bei der Weltcontainerflotte festzustellen, bei der sich während der Jahre 1998 bis 2000 die jährliche Zuwachsrate des Flottenbestandes um fast 70 Prozent von 240 auf 74 Schiffe verringerte. Begründet wird dieser starke Rückgang wiederum mit der Asienkrise, weil dadurch die finanziellen Möglichkeiten der asiatischen Schifffahrtsgesellschaften stark eingeschränkt waren und von ihnen wesentlich weniger Schiffe bestellt wurden. Der weltweite Konjunkturrückgang von 2000 auf 2001 führte zu einem schwachen Welthandel und dadurch auch zu einem Rückgang im gesamten Containerumschlag um 17 Millionen TEU. Danach gab es wieder starke Zuwächse in der Weltcontainerflotte sowie des Weltcontainerumschlags bis zu 45 Millionen TEU pro Jahr. Diese Tendenz ist bis zum heutigen Zeitpunkt ungebrochen.

BILD 376   *Weltweiter Containerumschlag*

BILD 377   *Weltweiter Containerflottenbestand*

BILD 378   *Jahreszuwächse beim weltweiten Containerumschlag*

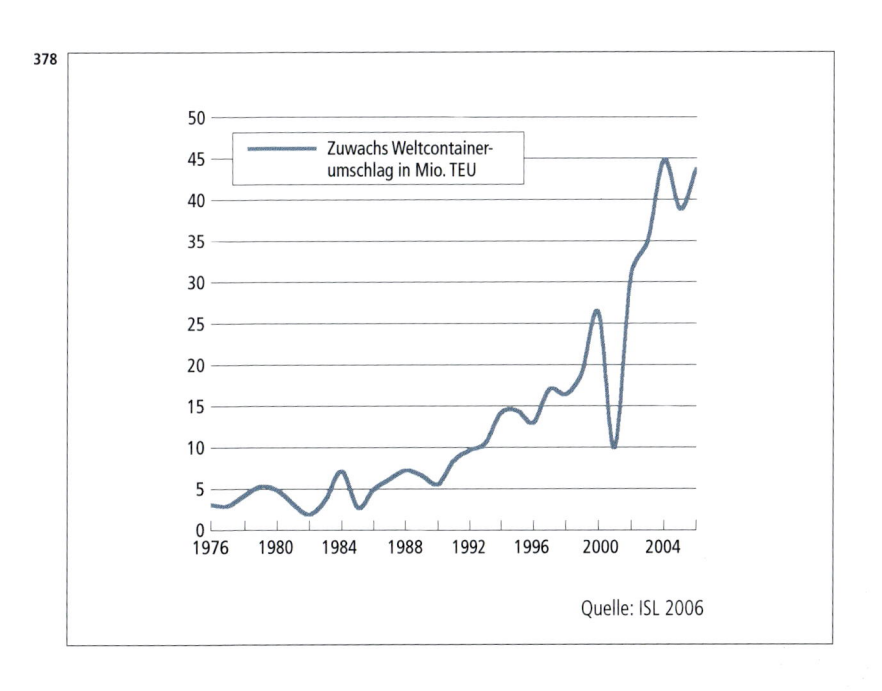

Quelle: ISL 2006

Der anhaltende Containerboom spiegelt sich auch in der Entwicklung der Containerschiffe wieder. Neben dem ständigen Anstieg der Containerflotte ist auch eine Zunahme der durchschnittlichen Containerschiffsgröße zu verzeichnen. Während im Jahre 1978 ein Containerschiff durchschnittlich 822 TEU laden konnte, lag dessen mittlere Kapazität im Jahre 2006 bereits bei 2.316 TEU. Folglich haben Containerschiffe über die Jahre immer mehr an Größe und Ladekapazität zugenommen. Bis Anfang der 80er Jahre wurden noch häufig ausrangierte Tanker oder Frachter zu Containerschiffen umgebaut, wodurch die damalige durchschnittliche Ladekapazität relativ gering war. Bis Mitte der 80er Jahre ist eine verhältnismäßig parallele Entwicklung von Flottenwachstum und Kapazität zu verzeichnen. Ab diesem Zeitpunkt steigt das Kapazitätswachstum im Vergleich zu dem des Flottenwachstums stärker an. Einerseits ist dies mit dem Wegfall der verhältnismäßig kostengünstigen, aber uneffizienteren Schiffsumbauten und der Einführung von geeigneteren Neubauten zu begründen. Andererseits wurden ab 1985 Schiffe mit immer größer werdenden Kapazitäten als bisher gebaut, der hauptsächliche Grund für den Anstieg der Kapazitäten.

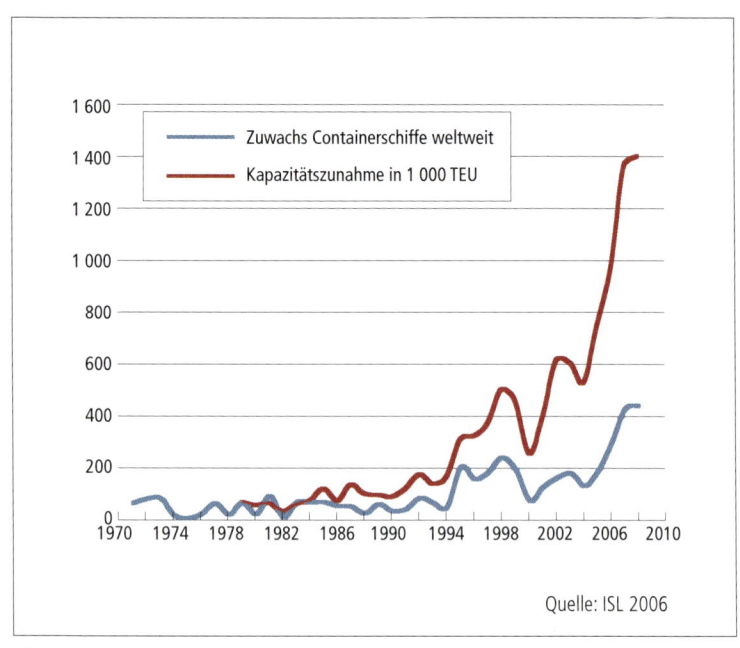

Quelle: ISL 2006

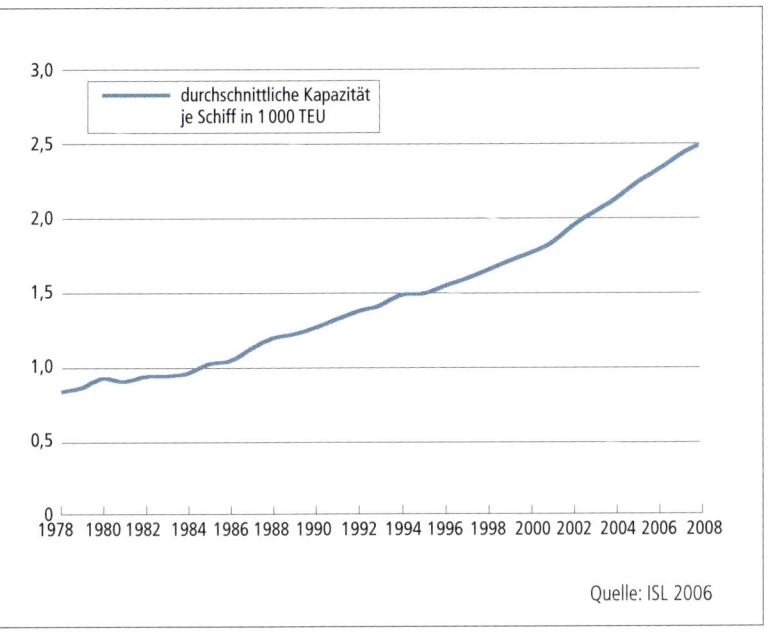

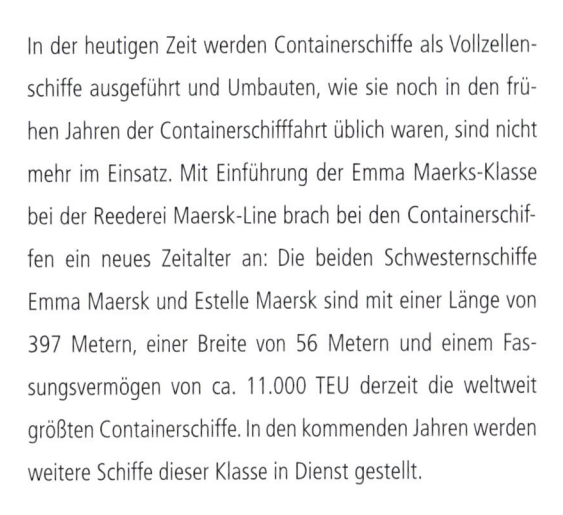

In der heutigen Zeit werden Containerschiffe als Vollzellenschiffe ausgeführt und Umbauten, wie sie noch in den frühen Jahren der Containerschifffahrt üblich waren, sind nicht mehr im Einsatz. Mit Einführung der Emma Maerks-Klasse bei der Reederei Maersk-Line brach bei den Containerschiffen ein neues Zeitalter an: Die beiden Schwesternschiffe Emma Maersk und Estelle Maersk sind mit einer Länge von 397 Metern, einer Breite von 56 Metern und einem Fassungsvermögen von ca. 11.000 TEU derzeit die weltweit größten Containerschiffe. In den kommenden Jahren werden weitere Schiffe dieser Klasse in Dienst gestellt.

Durch diese Tendenz zu Spezial-Containerschiffen mit größeren Kapazitäten ist in den kommenden Jahren mit einer zunehmenden Anzahl von Schiffsstilllegungen und damit einem Rückgang des Bestandes der Weltcontainerflotte ohne Einfluss auf die Kapazitäten zu rechnen. Die Veränderungen hinsichtlich Schiffsarten und Kapazitäten sowie der florierende Welthandel mit dem damit verbundenen Containerboom bringen die Seehäfen und das Hinterland an die Grenzen ihrer Infrastrukturen. Großprojekte zur Errichtung weiterer Häfen beziehungsweise zum Ausbau bereits bestehender Hafenanlagen sowie zur Erbauung neuer Umschlagsanlagen und Verkehrswege sind erforderlich.

Aber auch der Kombinierte Verkehr im Binnenland und besonders bei der Alpenüberquerung nimmt ständig zu. Deshalb sind auch hier umfangreiche Investitionen für bi- oder trimodale Containerterminals und Güterverteilzentren vorzunehmen.

Weiterhin entwickeln sich viele neue Dienstleistungen um die »Box« herum. Es handelt sich dabei um Wartung oder Leasing von Containern sowie intermodales Transport- und Logistikmanagement für Lagerung, Distribution und Zollabwicklung mit entsprechenden IT-Lösungen.

BILD 379 *Entwicklungsverlauf des Flottenbestandes und ihrer Kapazitäten*

BILD 380 *Zunahme der Schiffskapazitäten*

BILD 381 *Containerschiff der Emma Maersk-Klasse*

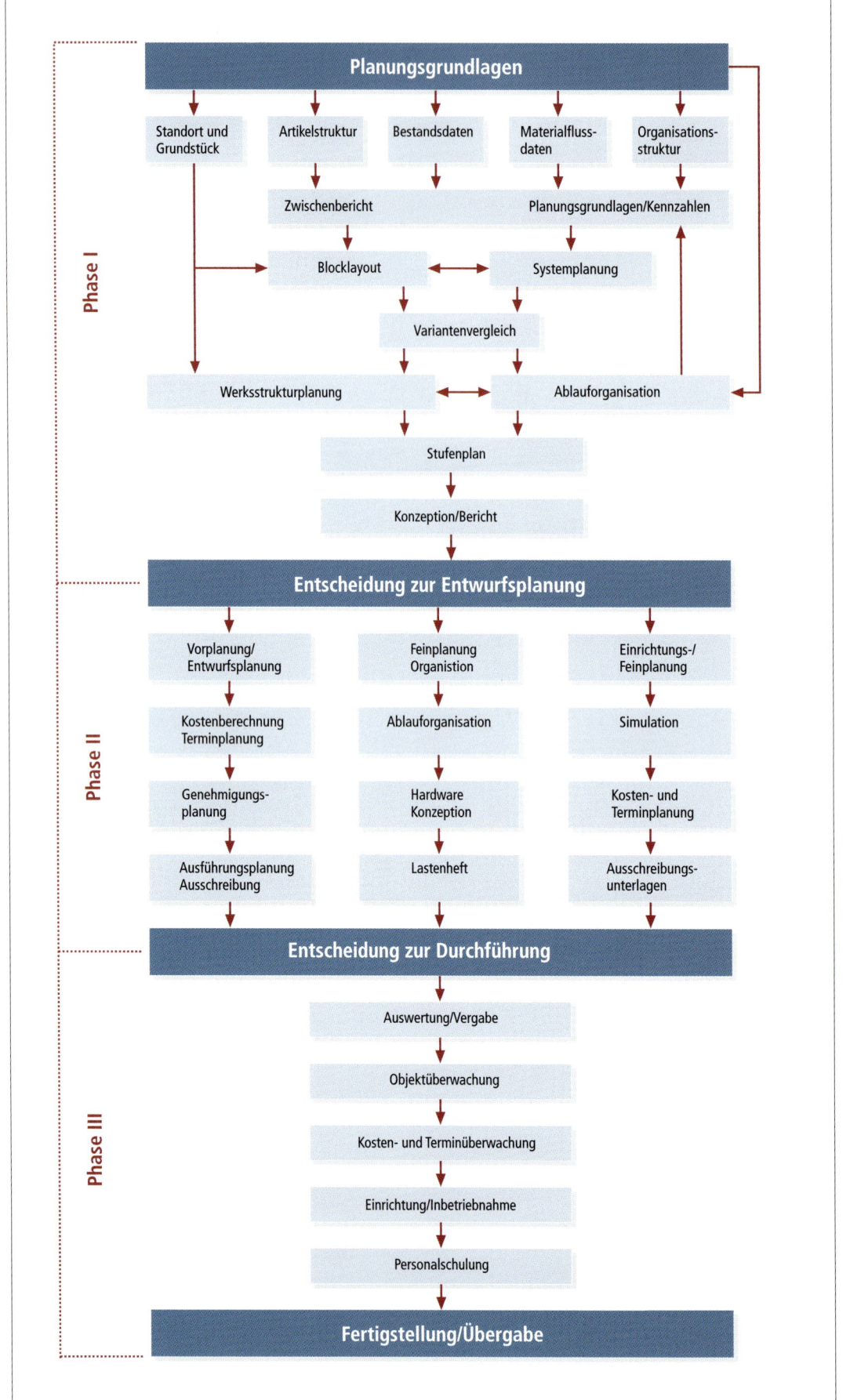

Planung von Logistiksystemen

Phase I

Planungsgrundlagen

- Standort und Grundstück
- Artikelstruktur
- Bestandsdaten
- Materialflussdaten
- Organisationsstruktur

→ Zwischenbericht
→ Planungsgrundlagen/Kennzahlen
→ Blocklayout ↔ Systemplanung
→ Variantenvergleich
→ Werksstrukturplanung ↔ Ablauforganisation
→ Stufenplan
→ Konzeption/Bericht

Entscheidung zur Entwurfsplanung

Phase II

- Vorplanung/Entwurfsplanung → Kostenberechnung Terminplanung → Genehmigungsplanung → Ausführungsplanung Ausschreibung
- Feinplanung Organistion → Ablauforganisation → Hardware Konzeption → Lastenheft
- Einrichtungs-/Feinplanung → Simulation → Kosten- und Terminplanung → Ausschreibungsunterlagen

Entscheidung zur Durchführung

Phase III

- Auswertung/Vergabe
- Objektüberwachung
- Kosten- und Terminüberwachung
- Einrichtung/Inbetriebnahme
- Personalschulung

Fertigstellung/Übergabe

PLANUNG VON LOGISTIKSYSTEMEN

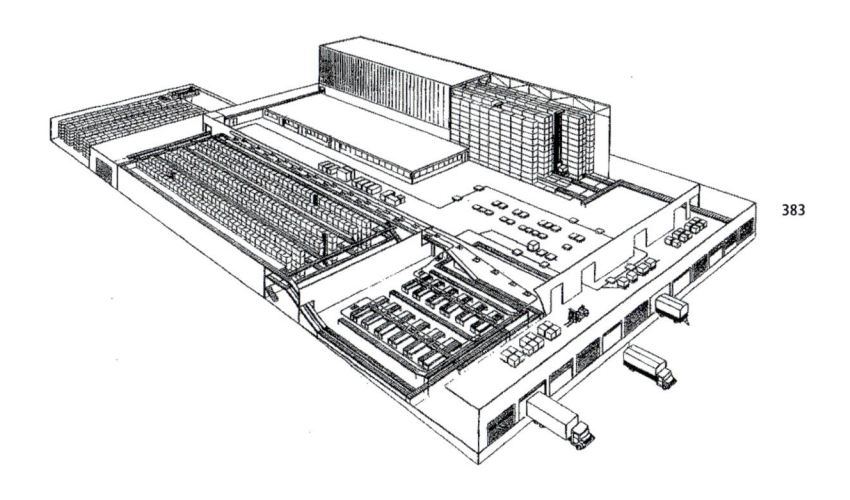

BILD 382 *Phasenmodell für den Planungsablauf*

BILD 383 *Eines der ersten komplexen Distributionszentren in Deutschland (Kodak, Scharnhausen, 1968)*

SYSTEMPLANUNG

Die **60er Jahre** sind gekennzeichnet durch die Einführung von immer mehr automatisierten Materialfluss-Systemen und von neuartigen Anlagenkombinationen. Das hatte natürlich auch einen direkten Einfluss auf die Anforderungen an die Planung solch komplexer Gesamtanlagen. Am Anfang existierten dazu wenig benutzbare Bezugspunkte und die involvierten Planer konnten also nicht, wie auf anderen Gebieten üblich, Grundlagen und Erfahrungswerte aus verwandten Technikfeldern verwenden. Die zuerst anstehenden Planungsaufgaben für derartige Verbundanlagen übernahmen Projektingenieure der Hersteller von förder- und lagertechnischen Anlagen.

Erst mit den wachsenden Anforderungen infolge eines deutlichen Komplexitätsanstiegs bei diesen Systemen, die überdies noch verzahnt waren mit internen und externen Funktionsbereichen, setzten sich neue Vorstellungen durch. Von nun an stand fest, dass alle bisherigen Formen für eine derartige Planung und Beratung nicht mehr ausreichend sein konnten. Denn zwischenzeitlich hatte sich die Erkenntnis durchgesetzt, dass die Höhe des Investitionsvolumens für solche Logistiksysteme entscheidend davon abhängt, ob die richtige Strategie und die dazu passenden Konzepte bereits im frühen Stadium des Projektes festgelegt wurden.

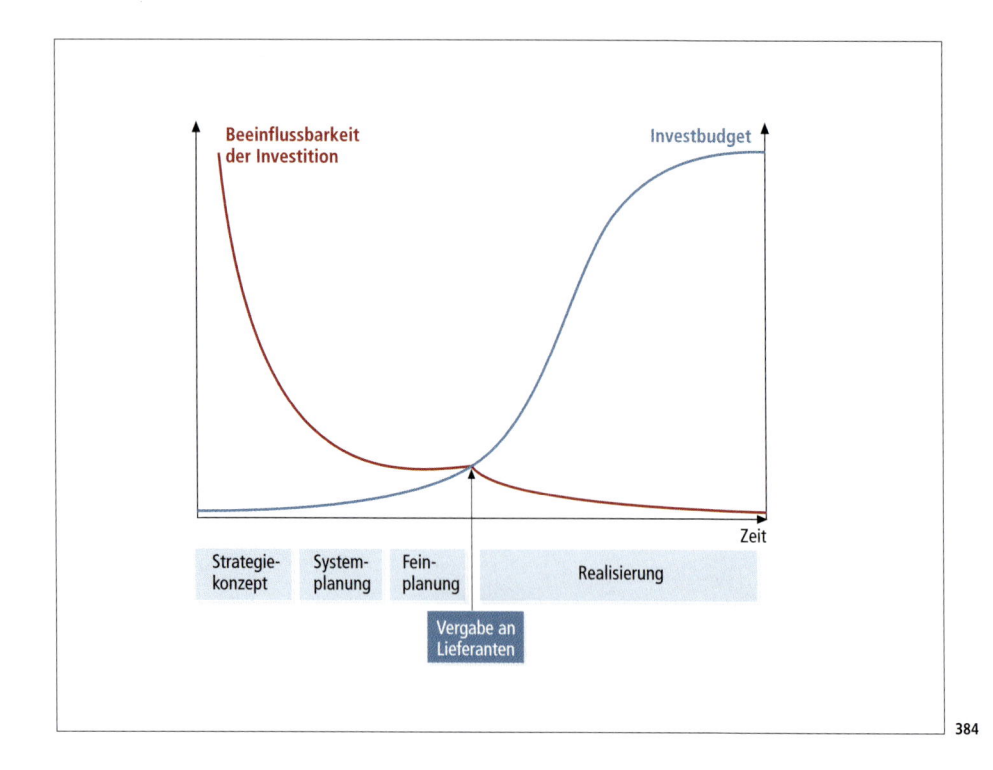

Im Zuge dieser fortschrittlichen Einstellung folgte Anfang der **70er Jahre** die umwälzende Phase, in der neutrale Planer und Berater, frei von Produkt- oder Herstellerbindung, in großem Maße an Einfluss gewannen. Um die gestiegenen Anforderungen erfüllen zu können, organisierten sich neue Planungs-Gesellschaften nach multifunktionalen Kriterien, verpflichteten Ingenieure aus verschiedenen Fachrichtungen, außerdem Betriebswirte und Montagespezialisten. Als nützliche Grundlage für die neue Arbeitsmethodik wählte man den bewährten Planungsrahmen aus der klassischen Fabrikplanung, der aus einem mehrstufigen Phasenmodell besteht. Gleichzeitig erfolgte in dieser Zeit die Übernahme der Funktion als Generalplaner für alle Gewerke, also für Technik, Organisation, Bauausführung einschließlich der Außenanlagen.

Parallel zu dieser Entwicklung startete die eigentliche Forschung in der **Materialflusstechnik**. Maßgeblicher Vorreiter auf diesem Sektor war die neu gegründete Planungsgesellschaft im damaligen Demag-Konzern, die Demag AG Systemtechnik. In enger Zusammenarbeit mit Universitäten und Instituten haben zahlreiche Mitarbeiter dieser Konzerntochter, vor allem im Rahmen von Diplom- und Doktorarbeiten, eine nachhaltige Grundlagenforschungen betrieben. Zahlreiche der dabei entwickelten Methoden und festgelegten Regeln für die Dimensionierung von Materialfluss-Systemen und speziell von Lager- und Kommissioniertechniken entsprechen immer noch dem heutigen Stand der Technik.

Als Planungshilfsmittel kamen zu Beginn der neuen Planungsart alle klassischen Instrumente, über die ein damaliges Konstruktionsbüro verfügte, zum Einsatz:

- Berechnungen mit Rechenschiebern, Tabellen und speziellen Diagrammen
- Layouts, erstellt auf dem Reißbrett
- Perspektivische Zeichnungen, erstellt nach Methoden der darstellenden Geometrie
- Steckplanung mit maßstabsgetreuen Elementen
- Modelle aus Spielbaukästen (Lego, Fischer), aber auch aufwändige Einzelanfertigungen

Die Methode der Steckplanung war eine einfache Möglichkeit, um Layouts von Materialfluss-Systemen, bestehend aus unterschiedlichen Elementen, maßstabsgerecht darzustellen und Alternativen zu untersuchen. Noch anschaulicher, aber aufwändiger, waren Modelle aus Spielbaukästen gebastelt oder speziell von Modellbauern angefertigt.

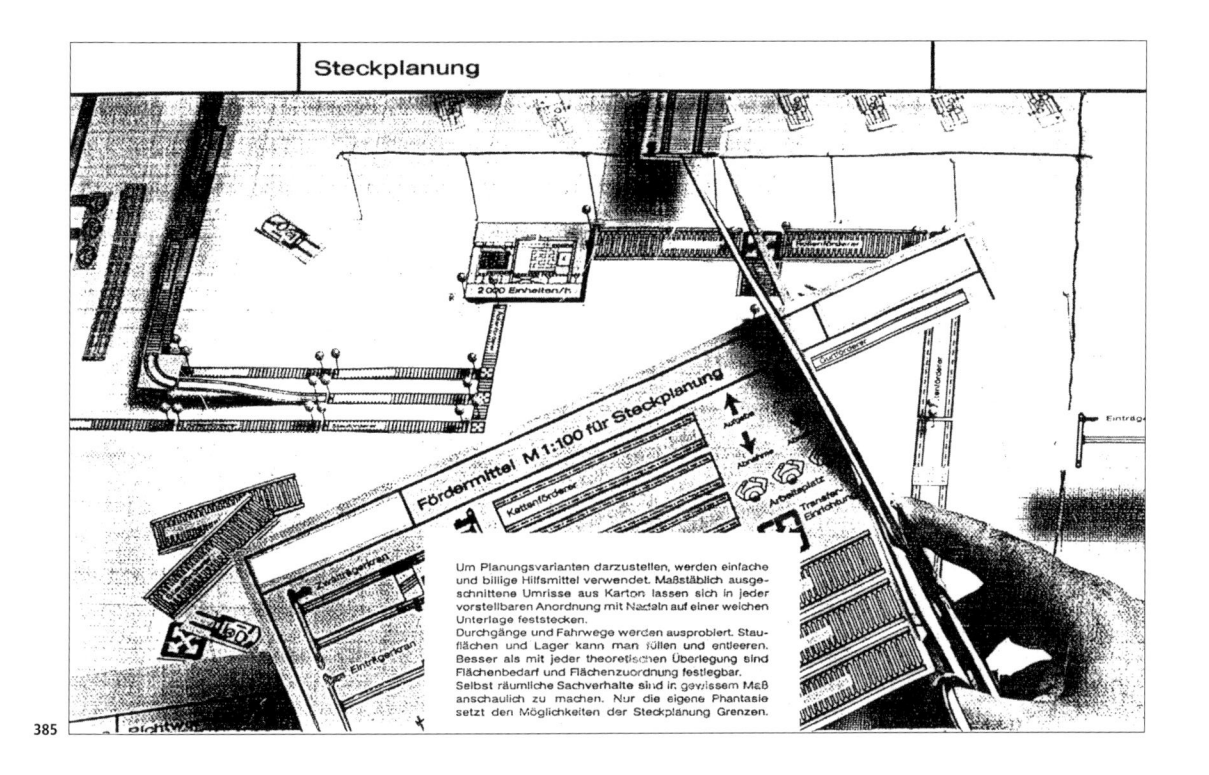

BILD 384 *Beeinflussbarkeit bei Investitionsvorhaben*

BILD 385 *Layoutplanung von Materialflussanlagen mit Steckplanung*

BILD 386 *Maßstäbliche Fördermittel für die Steckplanung*

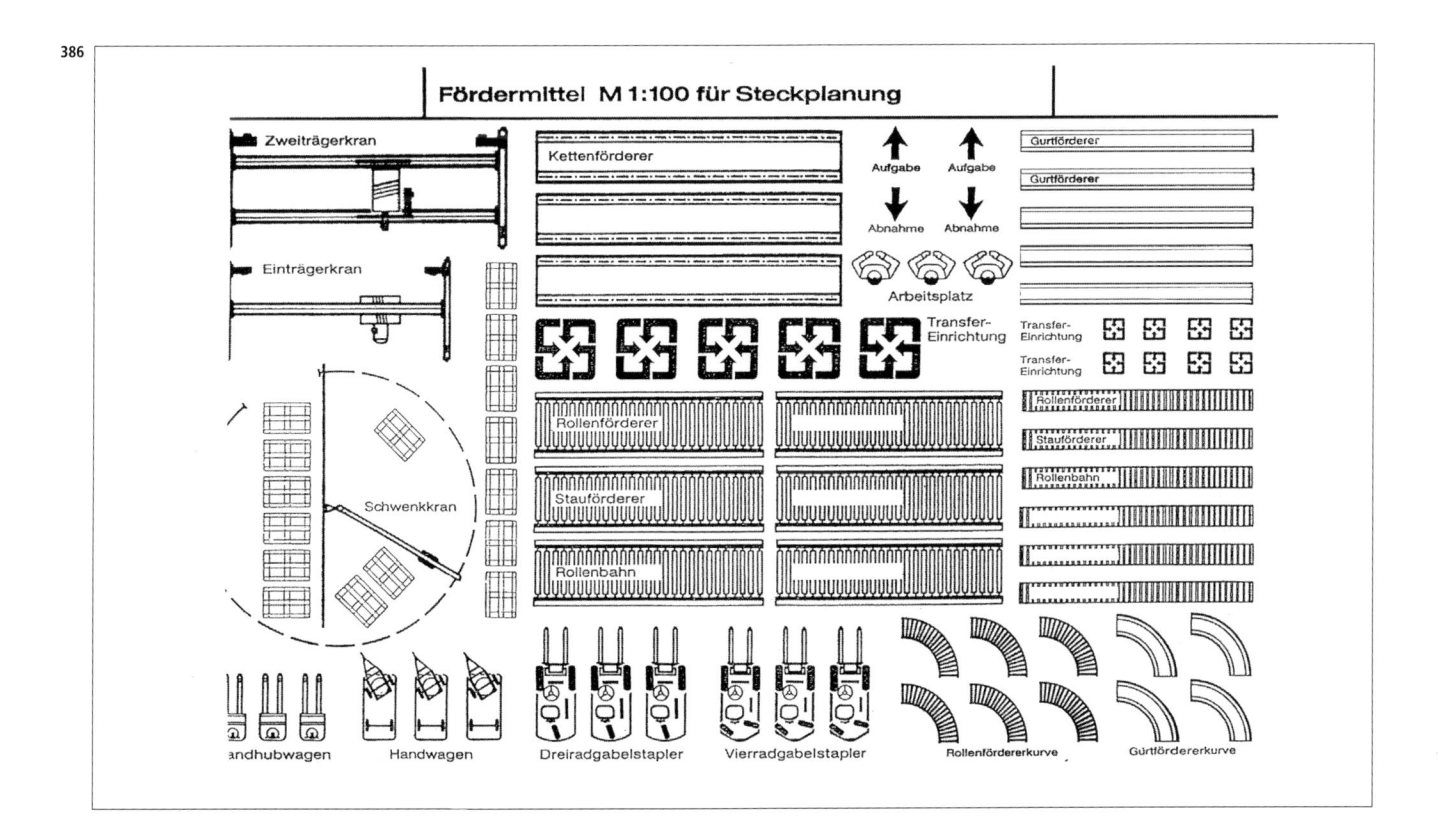

387

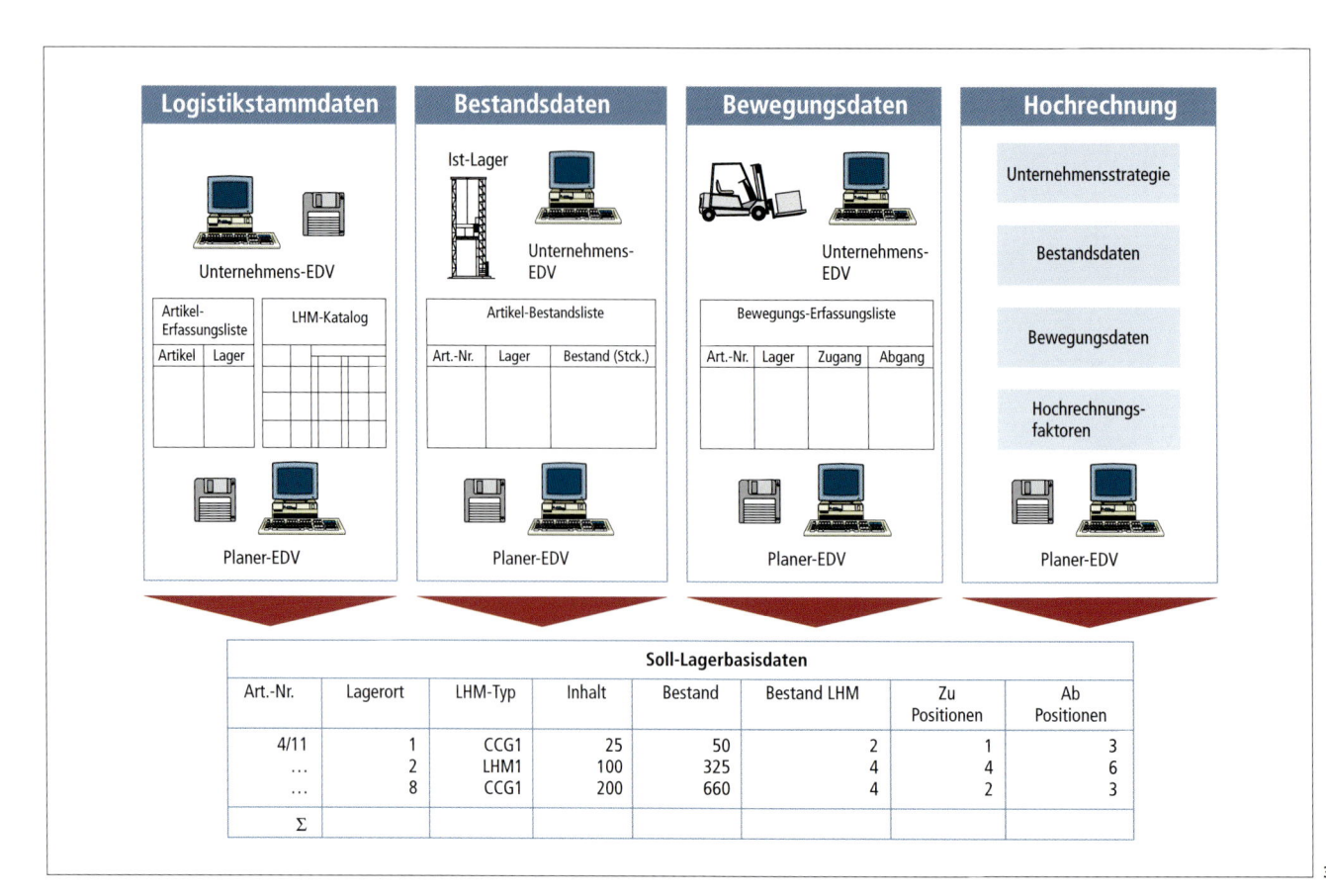

Art.-Nr.	Lagerort	LHM-Typ	Inhalt	Bestand	Bestand LHM	Zu Positionen	Ab Positionen
4/11	1	CCG1	25	50	2	1	3
…	2	LHM1	100	325	4	4	6
…	8	CCG1	200	660	4	2	3
Σ							

Die heutige Situation zeigt, dass diese früheren Hilfsmittel ausnahmslos abgelöst worden sind, und zwar durch:

- Leistungsfähige PC und Tools zur Unterstützung der Planung (Word, Excel, Access, Power Point, Corel Draw usw.)
- Rechnergestützte Zeichensysteme (CAD)
- Simulations-, Visualisierungs- und Animationstechniken (Virtual Reality)

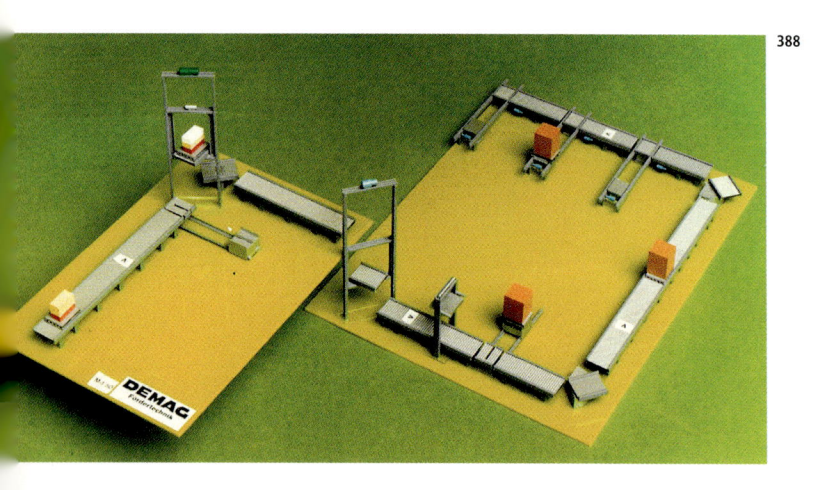

Der Fortschritt, der mit Unterstützung dieser neuen Arbeitsmittel erzielt wurde, lässt sich anhand einiger Beispiele von verschiedenen Planungsschritten erläutern.

Mit dem Aufkommen der hier beschriebenen Planungsart wurde grundsätzlich mehr Wert auf die Analyse der Strukturdaten der Logistiksysteme gelegt. Früher verlangte das mühsame Arbeit, teilweise mit umfangreichen manuellen Aufnahmen (Zählen von Artikeln, Ladehilfsmitteln, Lagerplätzen, Bewegungen, etc). Später erfolgte die Datenerfassung per Lochkarten und die Auswertung per Computer. Heute werden diese Ermittlungen für die ganze Breite der Strukturdaten komplett rechnergestützt durchgeführt, weil die Voraussetzungen sowohl hinsichtlich der Datenqualität in den IT-Systemen als auch der erforderlichen Auswertungs-Tools vorhanden sind.

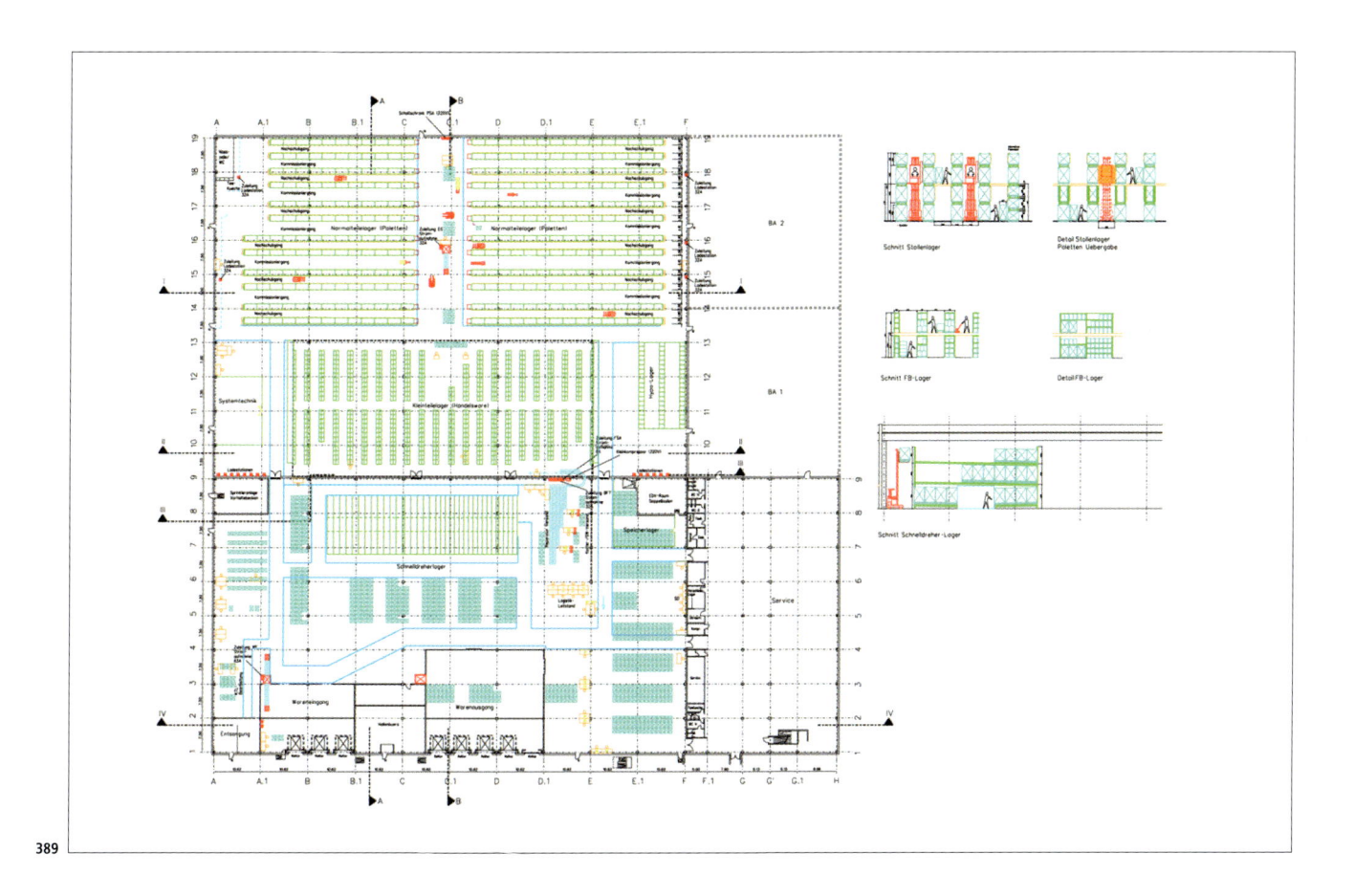

LAYOUTPLANUNG

Wie in den Konstruktionsbüros wurde das alte Reißbrett auch bei den Planern von Logistiksystemen vor längerer Zeit durch leistungsfähige 2D-CAD-Systeme (AutoCAD, Microstation, etc.) ersetzt und die Layouts mittlerweile in allen Planungsphasen ausnahmslos per CAD erstellt. Neben der einfacheren Erstellung der Planungsunterlagen und der erleichterten Korrektur liegt ein weiterer großer Vorteil darin, dass die Unterlagen bei Projekten, an denen mehrere Partner beteiligt sind, in digitaler Form allen Beteiligten gleichzeitig zur Verfügung gestellt werden können. Dadurch lassen sich Planungsarbeiten für verschiedene Gewerke, wie Bau, technische Gebäudeausrüstung und Einrichtungstechnik, parallel bearbeiten, insbesondere wenn die Partner räumlich getrennt voneinander sind. Diese Form der Zusammenarbeit ermöglicht ein »Simultaneous Engineering«, mit dem die Forderung nach immer kürzeren Realisierungszeiten selbst bei komplexen Anlagen erfüllt werden kann. Die Planungsphilosophie »ganzheitlich denken und integriert planen« lässt sich damit am besten umsetzen.

BILD 387 *Rechnergestütze Basisdatenermittlung*

BILD 388 *Modell einer Palettenförderanlage*

BILD 389 *CAD-Layout eines Logistikzentrums*

SIMULATION

Mit dem Aufkommen von komplexeren Systemen, wie zum Beispiel automatischen Hochregallagern mit automatisierter Vorzone oder größeren Sortieranlagen, rückte die Frage nach der Gesamtanlagenleistung verstärkt in den Vordergrund. Wurde der Durchsatz kleinerer Anlagen noch mit den klassischen fördertechnischen Berechnungsmethoden ermittelt und Staueffekte mit dem Verfahren der Grenzleistung untersucht, waren die dynamischen Wechselwirkungen zwischen den einzelnen Komponenten bei komplexen Systemen mit statischen Methoden nicht mehr genau genug zu bestimmen.

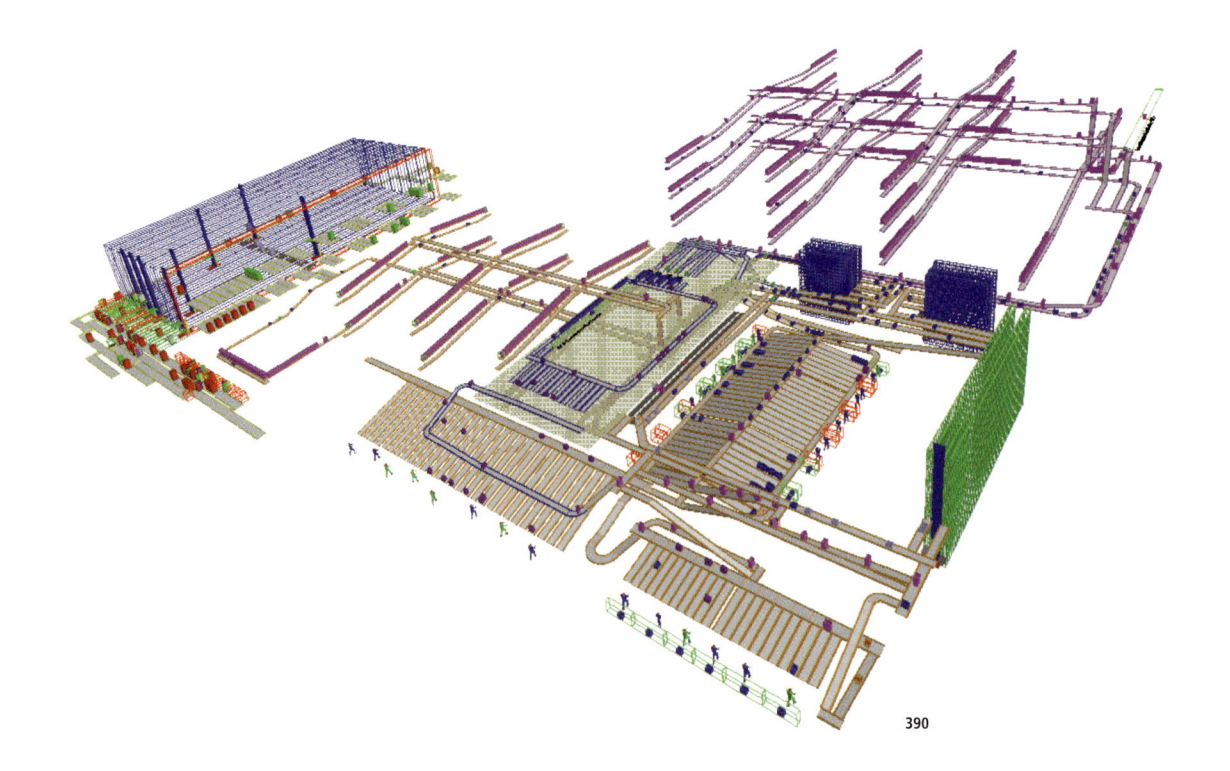

Eine Lösung dieses Problems bot die Nachbildung des realen Gesamtsystems in einem Modell und die anschließende Simulation. Voraussetzung für den Einzug der Simulation in den Werkzeugkasten des Logistikplaners war jedoch die ständige Verbesserung und wachsende Verfügbarkeit leistungsfähiger Rechnersysteme.

Ende der **60er Jahre** wurden mit dem IBM-Programm GPSS schon erste Simulationen von fortschrittlichen Planern durchgeführt, allerdings mit großem Aufwand für Modellierung und Programmierung. Erst in den **80er Jahren** gelang mit leistungsfähigeren Computern und einfacher zu bedienender Software aus USA (AutoMod, Extend, MicroSaint) und aus Deutschland (DOSIMUS, SIMPRO, eM-Plant) der entscheidende Durchbruch.

Mit Hilfe aktueller Simulatoren können fundierte und gesicherte Aussagen getroffen werden, die ein vorliegendes Konzept bewerten und einen Variantenvergleich ermöglichen. An Hand von Kennzahlen macht die Simulation konkrete Angaben zu: Leistungen, Auslastungen, Lagerbeständen, Puffern und Staustrecken. Neben der Ermittlung von Kennzahlen werden bei der Simulation auch anschauliche Darstellungen in 2D- oder 3D-Version erstellt.

BILD 390 Perspektivische Darstellung eines Simulationsmodelles

BILD 391 3D-Darstellung eines Betriebes mit Fertigungseinrichtungen, Förderern und FTS-Anlage

BILD 392 Eine Nasslacklinie der Automobilindustrie in Virtual Reality

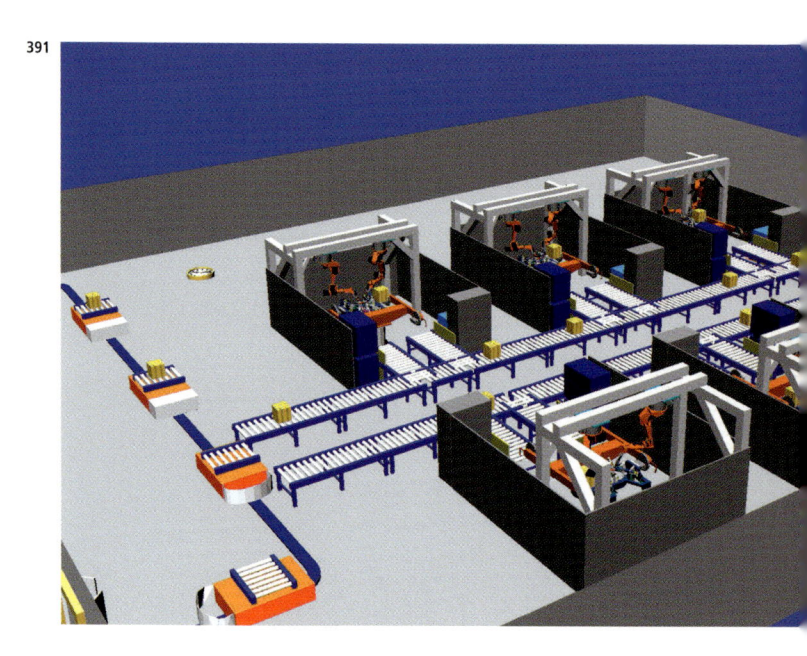

Digitale Planung

Seit Anfang 2000 sind vor allem in der Automobilindustrie unter dem Stichwort »Digitale Fabrik« weitere neue Methoden und Philosophien der Planung auf dem Vormarsch. Durch den Zwang zu immer kürzeren Entwicklungszeiten für neue Fahrzeugtypen hat sich dabei die digitale Planung schon längst behauptet. Der Weg vom digitalen Produkt zur digitalen Fabrik ist deshalb nur konsequent, weil damit einerseits Zeit und Kosten bei höherer Planungsqualität gespart werden können (25 bis 30 Prozent Zeit und 15 Prozent Anlaufkosten). Andererseits kann die Produktgestaltung durch die digitale Vorausplanung der Produktion frühzeitig hinsichtlich fertigungsgerechter Ausführung beeinflusst werden.

Für die Planung von Logistiksystemen wird die komplette Breite der »Digitalen Fabrikplanung« nicht benötigt. Der größte Nutznießer wird die Layoutplanung sein. Durch verbesserte CAD-Systeme mit vielen Standardmodulen für die Materialflusskomponenten kann der Planungsvorgang schneller und sicherer werden. Ein weiterer Fortschritt wird darin bestehen, mit einer standardisierten Schnittstelle (SDX = Simulation Data Exchange) direkt aus dem Layout-Programm ein Simulationsmodell zu generieren. Eine SDX-Datei enthält Informationen über die Position, Größe und Art von Objekten und außerdem simulationsrelevante Attribute sowie die Beschreibung des Prozessablaufes. Die layoutbasierte Simulation ermöglicht es dann, parallel zur Layoutplanung das gesamte Logistiksystem hinsichtlich Durchsatz, Kosten und Flexibilität zu überprüfen und zu optimieren.

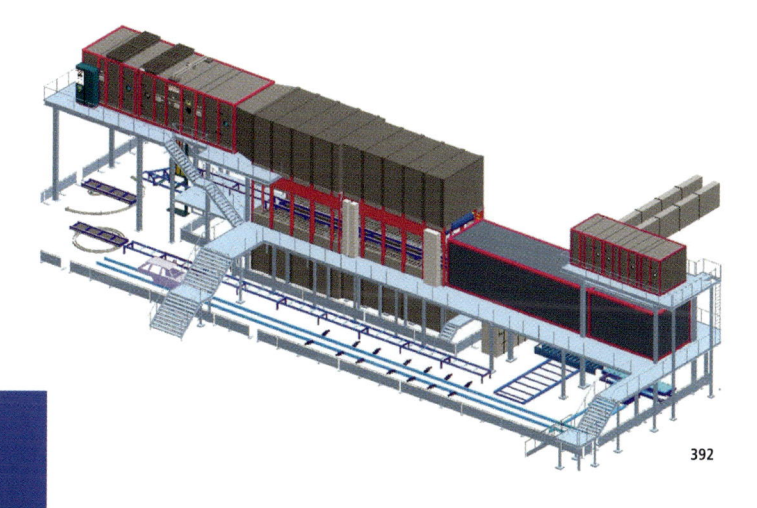

Mit der erweiterten digitalen Planung hält auch der Übergang von 2D- zu 3D-Darstellungen und damit zur besseren Visualisierung der Projekte Einzug in die Logistikplanung. Die räumlichen Verhältnisse werden im Dreidimensionalen sofort sichtbar und erleichtern das Zusammenspiel der verschiedenen Planungsbereiche schon in der frühen Phase der Konzeptplanung. Besonders Überschneidungen der Gewerke aus Gebäudetechnik, Stahlbau, Produktions- und Materialflusseinrichtungen sowie fehlende Bauteile und sonstige Elemente werden schon in dieser Planungsphase leichter erkannt.

Der nächste Schritt beim Übergang zu einer wirklichen digitalen Planung ist die Virtual Reality. Hier taucht der Anwender vollständig in die dreidimensionale Welt ein und die Unterschiede zwischen realen und virtuellen Objekten verschwinden. In einem 3D-Modell kann sich der Betrachter interaktiv bewegen und das Modell eines Betriebes oder einer Anlage mit Hilfe einer 3D-Brille räumlich betrachten. Dabei entsteht bei dem Betrachter der Eindruck, er befände sich wirklich innerhalb dieser digtalen Welt. Virtual Reality dient den Planern zur Absicherung ihrer Entwürfe und Konzepte und eignet sich außerdem hervorragend zur Präsentation von komplexen Anlagen und Systemen in einer anschaulichen und leicht erfassbaren Darstellungsform.

Planen bedeutet Vorausschau. Was heute aufgrund der Erfahrungen von gestern erdacht wird, muss morgen den gewünschten Erfolg bringen. Mit den heutigen Möglichkeiten der digitalen Planung wird dieser Vorgang wesentlich verbessert. Allerdings steigen auch die Anforderungen an die Planer, die teilweise revolutionären Veränderungen zu beherrschen.

Trends und Visionen

Teil C
Trends und Visionen

ÖFFNUNG DER MÄRKTE UND KUNDENINDIVIDUELLE PRODUKTE

An der Schwelle des 21. Jahrhunderts zeigt sich die Welt in einem steten Wandel, dessen Geschwindigkeit gerade in den letzten Jahren zuzunehmen und dabei alle Bereiche der wirtschaftlichen und wissenschaftlichen Entwicklung sowie des privaten Lebens zu erfassen scheint. Zwei Begriffe stehen damit besonders eng in Verbindung: Globalisierung und Individualisierung.

Globalisierung, ein Schlagwort, das vor gut 20 Jahren noch nahezu unbekannt war, wird heute beinahe immer genannt, wenn es um die Ursachen struktureller und wirtschaftlicher Veränderung geht. Dabei ist die Globalisierung selbst Folge verschiedenster Entwicklungen. Dazu zählen politische Ereignisse wie die Öffnung Osteuropas nach dem Ende des Kalten Krieges, die Schaffung und Erweiterung des europäischen Binnenmarktes sowie der Abbau von Zöllen und Handelshemmnissen. Zudem begünstigen die Entwicklung des

BILD 393 *Modell- und Variantenwachstum am Beispiel der BMW Group*

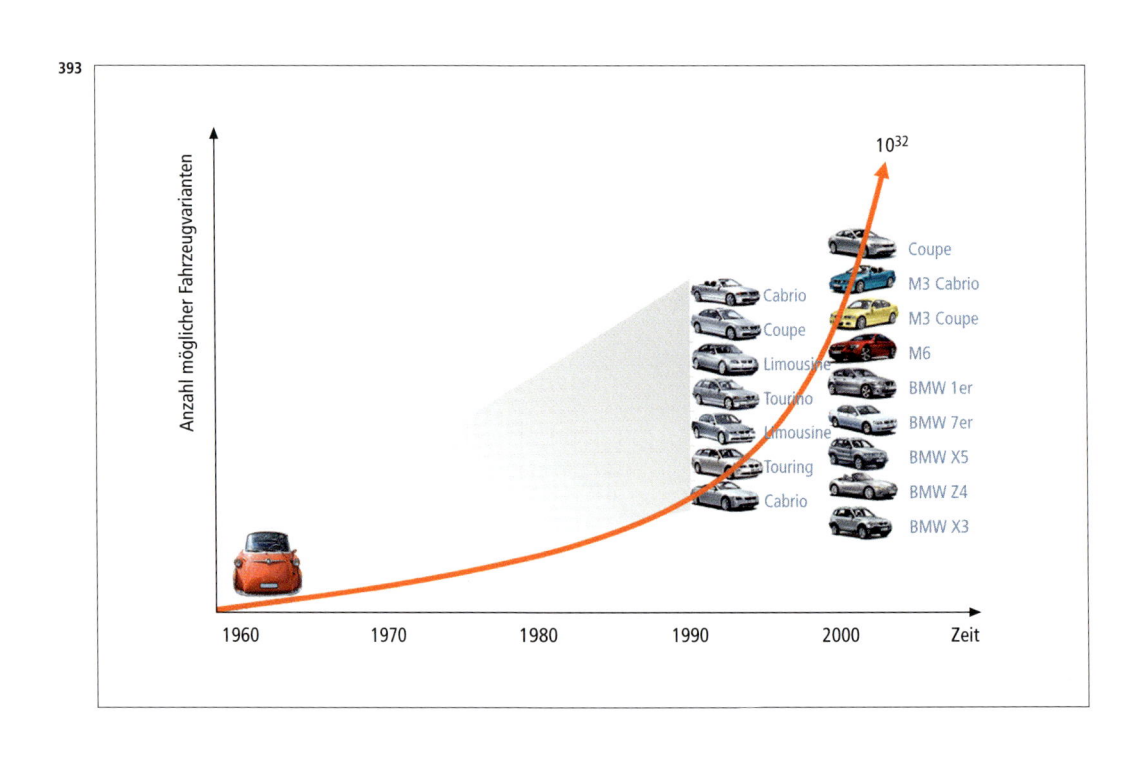

Rahmenbedingungen zu Beginn des neuen Jahrtausends

Internets und günstige Transportkosten die Zunahme des weltweiten Informations- und Warenaustauschs. Die Internationalität der Kapitalmärkte ermöglicht es darüber hinaus, Finanztransfers von einem Land in ein anderes in Sekundenschnelle durchzuführen. All diese Faktoren verwischen Staatsgrenzen als natürliche Wirtschaftsbarrieren. Unternehmen bietet sich dadurch einerseits der Zugang zu neuen Märkten, andererseits aber auch eine geänderte Konkurrenzsituation. Nahezu jeder Ort der Erde kommt als Produktionsstandort in Frage, so lange dort nur niedrige Lohnkosten, qualifiziertes Personal und entsprechende Absatzmärkte vorhanden sind.

Doch nicht nur Unternehmen handeln und denken global. Auch die Verbraucher haben sich zu weltweiten Nachfragern entwickelt, was beispielsweise die Zunahme an Fernreisen und die Verbreitung kulinarischer, modischer, musikalischer und kultureller Trends rund um den Globus zeigen. Das angewachsene Angebot an Waren und Dienstleistungen führt zu einer weiteren Differenzierung, mehr noch zu einer Individualisierung der Kundenwünsche gerade in gesättigten Märkten. Güter »von der Stange« sind nicht mehr länger gefragt, es sei denn mit kräftigen Preisabschlägen. Um gerade in hart umkämpften Märkten Anteile und Margen zu sichern und auch weiter auszubauen, versuchen Unternehmen den Kundenansprüchen durch eine Ausweitung des Produktportfolios bestmöglich gerecht zu werden.

Prägnantes Beispiel hierfür ist die Automobilindustrie, die sich auf Grund der fortschreitenden Globalisierung nicht nur Chancen durch weltweite Beschaffungs- und Absatzmärkte, sondern auch zunehmenden Risiken durch die sich stetig verschärfende Konkurrenzsituation gegenüber sieht. Besonders unter Berücksichtigung der aktuellen Stagnation der Hauptmärkte Europa, USA und Japan werden für die deutschen Hersteller bisher kaum erschlossene Produktnischen oder Märkte wie beispielsweise die BRIC-Staaten (Brasilien, Russland, Indien und China) immer attraktiver. Ferner definieren gerade die hierzulande ansässigen Premiumhersteller die Erfüllung nahezu jedes individuellen Kundenwunsches als wesentliches Differenzierungsmerkmal, so dass heute eine kaum überschaubare Zahl an möglichen Fahrzeug- und damit vor allem auch Bauteilvarianten beherrscht werden muss.

394

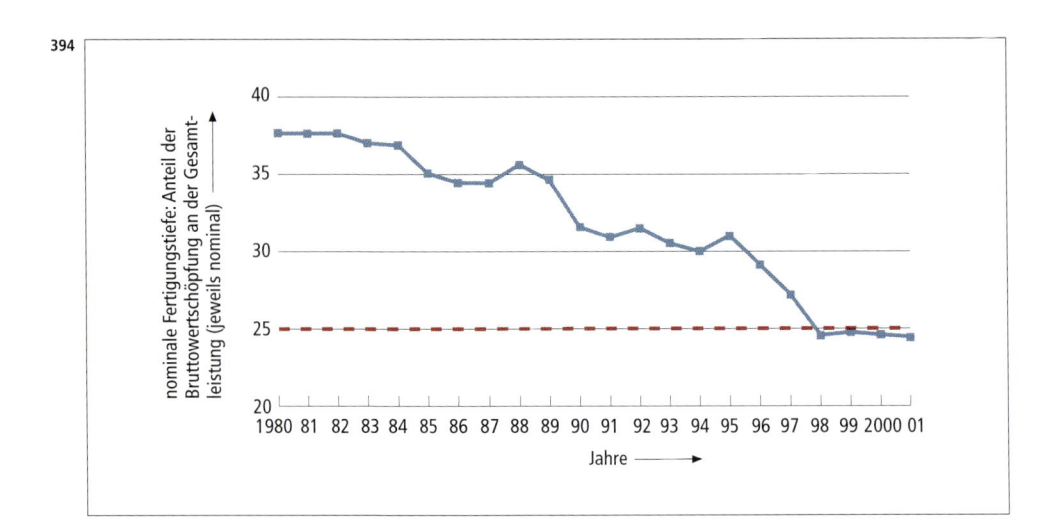

Doch nicht nur im gehobenen Preissegment, auch bei den Volumenmodellen setzt sich diese Entwicklung fort, wie die aktuellen Ausprägungen von VW Golf und Opel Astra zeigen, die in 10^{23} bzw. 10^{17} theoretisch möglichen Varianten erhältlich sind. Um die hierfür notwendige Entwicklungs-, Produktions- und Logistikleistung vor dem Hintergrund weiter steigender Modell- und Derivatzahlen sowie einer vornehmlich durch Elektrik und Elektronik getriebenen technischen Entwicklung realisieren zu können, wird die verstärkte und kooperative Einbindung von Zulieferern und Dienstleistern in ein flexibles und weltweit aufgestelltes Netzwerk zu einem unverzichtbaren Erfolgsfaktor. Im Zuge dieser Entwicklungen und einhergehend mit der zunehmenden Fokussierung auf Kernkompetenzen ist die Eigenfertigungstiefe der deutschen Fahrzeughersteller bereits auf Werte um 25 Prozent abgesunken. In gleicher Weise gestiegen jedoch ist der Stellenwert der Logistik, denn sie stellt das elementare Bindeglied zwischen den einzelnen Partnern dar. Vor diesem Hintergrund ist es gerade die Aufgabe der Logistik, jetzt und auch in Zukunft intelligente und adaptive Prozesse für das Netzwerk sowie jeden einzelnen der daran Beteiligten zu entwickeln und umzusetzen, damit die weiter anwachsende Komplexität in der Automobilindustrie wirtschaftlich bewältigt werden kann.

Als weiterer Indikator für das Tempo der Globalisierung lässt sich neben der Betrachtung einer exemplarischen Branche wie der Automobilindustrie die Entwicklung des Welthandels heranziehen. Während in den 80er und 90er Jahren des vergangenen Jahrhunderts das Exportvolumen aller Länder etwa in gleicher Weise wie die Weltwirtschaft zunahm, begann Anfang des 21. Jahrhunderts ein überproportionales Wachstum des weltweiten Warenaustauschs im Verhältnis zur Warenproduktion. Diese Entwicklung wurde vornehmlich durch den bereits angesprochenen Wegfall von Handelsbarrieren, den Aufbau von Produktionskapazitäten in Billiglohnländern sowie den Anstieg des Containerisierungsgrades bei See-

395

fracht in Verbindung mit sinkenden Frachtkosten begründet. Gerade die ostasiatischen und osteuropäischen Länder stellten sich als bevorzugtes Ziel industrieller Neuinvestitionen im Rahmen internationaler Outsourcing-Bestrebungen heraus, um unter Nutzung der dort vorhandenen Lohnkostenvorteile hauptsächlich Waren für die Märkte in Westeuropa und den USA zu fertigen. Der wirtschaftliche Erfolg dieser aufstrebenden Nationen führt aber auch zu einem Wachstum der lokalen Absatzmärkte, deren Nachfrage nach hochwertigen Gütern zunimmt. Diese stammen meist nach wie vor aus den Industrieländern Europas und Nordamerikas und erzeugen damit einen verstärkten Warenrückstrom.

BILD 394 *Rückgang der Eigenfertigungstiefe der Automobilhersteller*

BILD 395 *Wachsende Güterverkehrsströme: Container-Terminal Altenwerder*

E-COMMERCE IN ZEITEN DES WEB 2.0

Nicht nur der globale Handel hat in den letzten Jahren neue Formen angenommen, auch das Konsumverhalten der Privathaushalte hat sich verändert. Neben individuellerer Produktnachfrage und gestiegenem Preisbewusstsein steht dabei die Art des Einkaufs im Vordergrund. Kriterien wie Sortimentsgrößen und Servicequalität gewinnen an wachsender Bedeutung bei der Auswahl des Einzelhändlers. Beides bietet E-Commerce oder auch Online-Shopping den Kunden rund um die Uhr an. Daher ist es nicht verwunderlich, dass mit einem Anstieg der in diesem Bereich erzielten Einzelhandelsumsätze von zwölf Prozent im Jahr 2007 gegenüber 2006 auf einen Wert von knapp 18,3 Milliarden Euro zu rechnen ist. Auch wenn damit der Anteil des E-Commerce gemessen am gesamten Einzelhandelsumsatz in Deutschland erst einen Wert von drei Prozent erreicht hat, zeigen die beachtlichen Wachstumsraten eindeutig den Wandel des Käuferverhaltens auf. Ferner bedient sich die Industrie mittels zahlreicher Online-Portale zunehmend dieses Beschaffungsweges, um damit sowohl eine Kostenreduzierung als auch eine Transparenzsteigerung bezüglich ihrer Sourcing-Aktivitäten zu erreichen.

Mitauslöser für viele dieser Entwicklungen war das Internet, das seit den ersten Anfängen in den 70er Jahren des vorigen Jahrhunderts eine enorme Entwicklung erlebt. Zuerst gedacht als Datennetz, um die damals noch knappen Rechnerkapazitäten der Universitäten besser zu nutzen, ist es heute zu einer Selbstverständlichkeit für Viele geworden.

Nahezu 60 Prozent aller Deutschen nutzen das weltweite Netz regelmäßig und es werden zunehmend mehr, die von den Möglichkeiten angezogen werden. Dabei erfindet sich das Internet unter dem Schlagwort Web 2.0 gerade neu. Es wird zu einem Ort zum Mitmachen: Blogs, Diskussionsforen, selbst produzierte Audio- und Videobeiträge auf Seiten wie YouTube.com oder myspace.com geben jedem Einzelnen die Möglichkeit, ein weltweites Publikum mit seinem Anliegen anzusprechen. Einen Fingerzeig, wohin die Entwicklung weiter führen mag, könnten die Onlinewelten, auch Metaversen genannt, wie Second Life oder Active Worlds geben.

Internet-Nutzer je 100 Einwohner

Ländervergleich 2006 (31.12.2006)

Dänemark	77
Schweden	77
USA	76
Finnland	75
Norwegen	73
Großbritannien	69
Japan	63
Schweiz	62
Deutschland	60
…	
Westeuropa	53

Deutschland 2004 bis 2010

Jahr	Wert	Veränderung
2004	54	+9 %
2005	57	+6 %
2006	60	+6 %
2007	63	+4 %
2008	65	+4 %
2009	67	+3 %
2010	69	+3 %

396

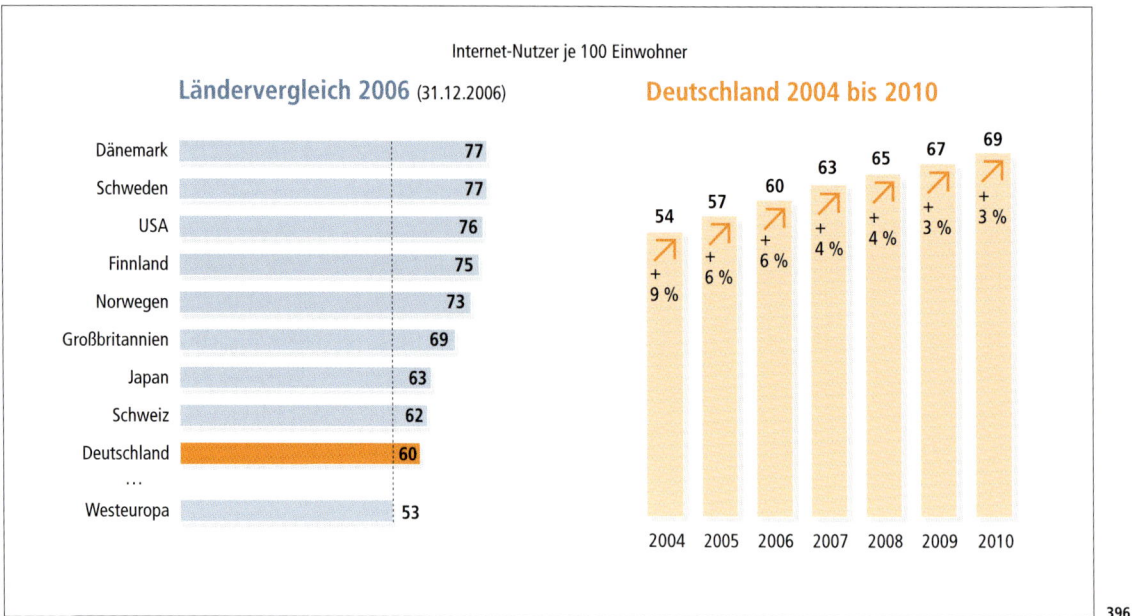

In einer dreidimensionalen Parallelwelt ist den Teilnehmern in Form der sie repräsentierenden Avatare nahezu alles erlaubt, was ihnen auch in der realen Welt möglich ist. Die Palette reicht vom virtuellen, aber auch realen Einkauf in den immer zahlreicher werdenden Shops bis hin zur Gestaltung der eigenen Wohnung oder der Umsetzung einer neuen Geschäftsidee in der virtuellen Welt. Einige Firmen und auch Universitäten haben diesen Trend bereits aufgegriffen und in Second Life eigene Filialen oder sogar Städte gegründet. Dazu zählen neben den amerikanischen Schwergewichten wie IBM, Dell, Sun oder auch der Stanford University ebenso deutsche Unternehmen wie DaimlerChrysler, BMW oder Adidas. Allen gemein ist die Bestrebung, den Auftritt in der virtuellen Welt als Zeichen der Innovationskraft und Zukunftsorientierung zu präsentieren. Der bayerische Automobilbauer beispielsweise widmet die BMW New World dem Thema »CleanEnergy« und stellt mit Wasserstoff angetriebene Fahrzeuge vor. Andere Firmen wie Nissan oder Pontiac gehen noch weiter und bieten den Besuchern ihrer Niederlassung kostenlos virtuelle Fahrzeuge an, die dann auch auf einem angegliederten Parcours getestet werden können. Diese Beispiele geben Hinweise darauf, wie sich die Anforderungen der Konsumenten auf Basis der Möglichkeiten des Internets in Zukunft entwickeln könnten. Es steigt der Wunsch, in eindrucksvoller, realitätsnaher Form individuell informiert und

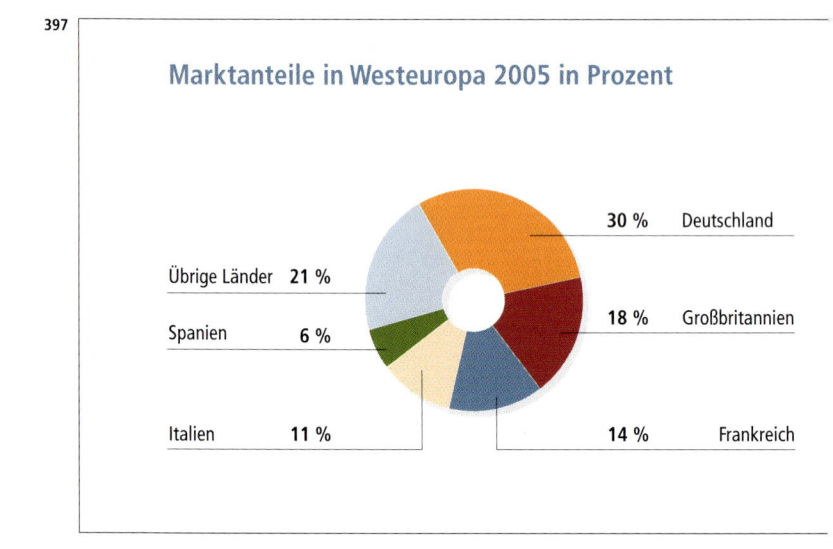

397

Marktanteile in Westeuropa 2005 in Prozent

Deutschland	30 %
Großbritannien	18 %
Frankreich	14 %
Italien	11 %
Spanien	6 %
Übrige Länder	21 %

unterhalten zu werden, in interaktiver Weise mitgestalten zu können sowie sich im Dialog mit anderen Nutzern weltweit über gemachte Erfahrungen auszutauschen.

Gerade die Interaktionsmöglichkeiten, die das weltweite Datennetz bietet, führen zu einem Wandel der Konsumentenfunktion vom reinen Käufer eines Fertigproduktes zu einem gleichberechtigten Mitgestalter und Kooperationspartner im Produktentstehungsprozess. Die damit verbundene weiter fortschreitende Individualisierung lässt den Grad der Kunden- und Serviceorientierung eines Unternehmens zum be-

Umsatz in Deutschland in Mrd. Euro

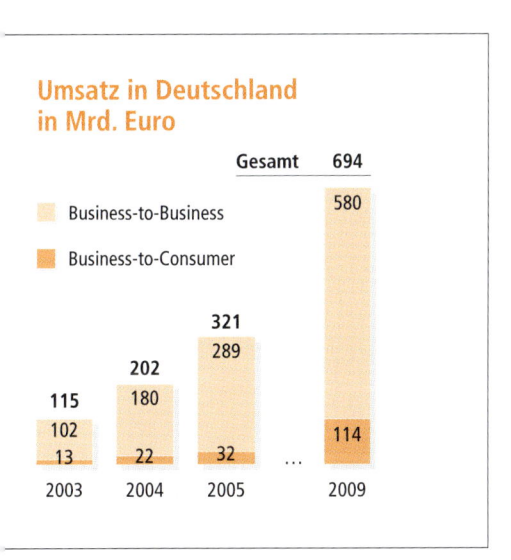

- Business-to-Business
- Business-to-Consumer

	2003	2004	2005	...	2009
Gesamt	115	202	321		694
B2B	102	180	289		580
B2C	13	22	32		114

BILD 396 *Zunehmende Verbreitung der Internetnutzung*

BILD 397 *Entwicklung des E-Commerce*

BILD 398 *Straßenszene aus Second Life*

stimmenden Erfolgsfaktor werden. Entsprechend gilt es für die Hersteller in den nächsten Jahren organisatorisch und prozessseitig vorzusorgen, um diesen Entwicklungen fertigungstechnisch und vor allem auch logistisch gewachsen zu sein. Das wenig prognostizierbare Kundenverhalten und die damit verknüpfte Zunahme von Hypes (Produkte mit extrem kurzen Lebenszyklen) erfordern noch kürzere Beschaffungs-, Produktions- und Distributionszeiten. Zur Steigerung der Reaktionsfähigkeit werden daher strategische Partnerschaften in Wertschöpfungsnetzwerken zunehmen, die durch eine effiziente Verteilung von Wertschöpfungsanteilen eine wirtschaftliche Erfüllung der Kundenwünsche ermöglichen. Auf Grund der damit wachsenden Komplexität ist es ein elementarer Erfolgsfaktor, die einzelnen Mitglieder sowohl hinsichtlich ihrer Intralogistik als auch ihrer überbetrieblichen Beziehungen fit für die Zukunft zu machen und entsprechende Lösungen zu entwickeln.

Demnach hat auch die Logistik den Sprung zur Version 2.0 zu bewältigen, um mit den geänderten Anforderungen noch Schritt halten zu können. Eine Antwort darauf zu geben, wie dies genau aussehen wird, fällt schwer, doch geben die nachfolgenden Abschnitte bereits einen Ausblick auf die derzeitigen, aber auch zukünftigen Entwicklungen in dieser noch jungen Wissenschaftsdisziplin.

BILD 399 *Case Order Machine*

Höher – schneller – weiter: Entwicklungsfortschritte in der Technischen Logistik

Verkürzung der Lieferzeiten

Noch vor wenigen Jahren war der Satz: »Das müssen wir bestellen, wir rufen Sie in sechs Wochen an« kein Grund, den Händler zu wechseln. Man übte sich in Geduld und hoffte auf den Anruf. Kann ein Händler heutzutage keine schnellere Lieferung in Aussicht stellen, muss er sich darauf einstellen, den Kunden nicht mehr wiederzusehen. Die starke Konkurrenz in Form einer Vielzahl an Geschäften sowie von Internet- und Versandhandel erlaubt keine Verzögerungen mehr, ohne Kunden zu verlieren. Das gewünschte Gut muss verfügbar sein, und zwar genau zu dem Zeitpunkt, zu dem der Kunde es haben möchte.

Zusätzlich zu dem Wunsch der Kunden nach möglichst sofortiger Befriedigung ihres Konsumbegehrens besteht die Forderung nach Produkten, die genau auf ihre Bedürfnisse zugeschnitten und im Extremfall sogar kundenindividuell hergestellt werden. Das führt zu einer Explosion der Anzahl von Produktvarianten, die es unmöglich erscheinen lässt, alle diese Varianten im Laden auf Lager zu halten. Kurze Lieferzeiten sind daher nicht nur auf dem Weg zum Endkunden gefordert, sondern in der gesamten Kette vom Rohstofflieferanten über den Produzenten bis hin zum Endkunden. Genauso wie dieser erwartet nämlich auch der Händler eine möglichst kurze Reaktionszeit seiner Lieferanten, um bei geringem Lagerbestand möglichst viele Kundenwünsche befriedigen zu können. Im Lebensmittelhandel findet beispielsweise die Auffüllung der Regale in der Regel über Nacht statt, um bei Öffnung des Marktes bereits wieder alle Waren anbieten zu können. Noch extremere Reaktionsfähigkeit verlangen die Apotheken von ihren Lieferanten: Hier stehen mittags bestellte Medikamente dem Kunden bereits am späten Nachmittag zur Verfügung.

Diese Reaktionsfähigkeit stellt offensichtlich höchste Anforderungen an die beteiligten logistischen Systeme. Bestellungen, die bis abends eingehen, müssen so schnell bearbeitet werden, dass eine Auslieferung noch über Nacht gewährleistet ist. Gerade die Distribution über Nacht fordert eine äußerst flexible Logistikkette: In einem extrem kurzen Zeitfenster müssen die Waren abgeholt, gesammelt, transportiert und wieder verteilt werden.

Höhere Leistung von logistischen Systemen

Besonders deutlich werden die hohen Anforderungen an die logistischen Systeme in der Kurier- und Postzustellung. Immer noch gibt es im Geschäftsverkehr Situationen, in denen die schnelle Übermittlung von Dokumenten in elektronischer Form, wie sie durch die fast vollständige Digitalisierung des Arbeitsalltags und das Internet üblich geworden ist, nicht ausreicht, sondern Originaldokumente versendet werden müssen. Zur Einhaltung von Fristen ist hierbei häufig eine garantierte Lieferung über Nacht notwendig, und das nicht nur innerhalb eines Landes, sondern auch über Kontinente hinweg. Die Kurier- und Paketdienstleister haben deshalb eine globale, höchst leistungsfähige Infrastruktur errichtet, um diese Anforderungen erfüllen zu können.

Aufgebaut ist diese Infrastruktur nach dem »Hub-and-Spoke«-Prinzip. Die Güter werden nach der Abholung von den Versendern zunächst in regionalen Sammelstellen zusammengeführt und erfasst. Von den regionalen Sammel- und Verteilzentren werden die Pakete zu den nächstgrößeren Umschlagzentren gebracht. In diesen so genannten Hubs werden sie nach ihrem Bestimmungsort sortiert und für den Hauptlauf auf die Verkehrsmittel verteilt. Von hier aus erfolgt der Transport aus Zeitgründen mit Flugzeugen zum nächsten Hub, wo die Waren wieder vereinzelt und für den Transport zum regionalen Verteilzentrum des Zielorts zusammengestellt werden. Von dort aus erfolgt dann der Transport zum Empfänger. Die besondere Herausforderung bei diesem Warenversand ergibt sich aus der Forderung des Transports über Nacht. So müssen auch noch Pakete, die dem Paketdienstleister zu Geschäftsschluss gegen 17:00 Uhr übergeben werden, pünktlich ausgeliefert werden. Wird für die Zusammenführung und den Nebenlauf eine reine Transportzeit von etwa drei bis vier Stunden angenommen, wird deutlich, dass der zentrale Hub erst gegen 23 Uhr mit seiner Arbeit beginnen kann. Da anschließend noch der Hauptlauf und die Weiterverteilung in das Zielland erfolgen müssen, bleibt für die Verteilung im Hub nur eine Zeitspanne von rund 3,5 Stunden. In dieser Zeit müssen alle Pakete entladen, identifiziert, sortiert und wieder eingeladen werden. Bei großen Hubs wie dem UPS-Hub am Flughafen Köln-Bonn müssen bis zu 110.000 Pakete pro Stunde sortiert werden. Voraussetzung

Bild 400 *Der Gigaliner auf einer Versuchsstrecke*

dafür sind eine reibungslos funktionierende hochleistungsfähige Informationstechnik und hoch automatisierte Sorter.

Doch nicht nur beim Transport der Waren, sondern auch bei der Zusammenstellung von Sendungen in den Distributionszentren ist eine immer höhere Leistung gefragt. Auch hier sorgt die immer leistungsfähigere Informationstechnik dafür, dass mehr Tätigkeiten automatisiert und damit schneller durchgeführt werden können. Ein Beispiel dafür ist die Zusammenstellung von Aufträgen des Lebensmittelhandels. Durch die Verwendung von Barcode-Scannern an den Kassen ist in dieser Branche mittlerweile eine Online-Erfassung des Warenbestands in den einzelnen Märkten üblich. Am Ende des Arbeitstages ist daher genau bekannt, welche Artikel verkauft wurden und welche nachbestellt werden müssen. Damit die neuen Waren bis zur Öffnung des Marktes am nächsten Morgen bereitstehen, muss das dahinterstehende Logistiksystem dafür sorgen, dass die Aufträge über Nacht bearbeitet, das heißt erfasst, kommissioniert und versendet werden. Zudem sinkt durch die hohe Bestellfrequenz die Stückzahl pro Artikel. Die Aufträge werden heute meist noch manuell in sogenannten Rollcontainern zusammengestellt.

Die Auftragszusammenstellung ist durch die Vielzahl verschiedener Artikel, die auf dem Rollcontainer aufeinandergeschichtet werden, eine komplexe Tätigkeit. So liegen die Artikel nicht nur in quaderförmigen, sondern auch in runden Verpackungen vor und kaum ein Artikel gleicht dem anderen hinsichtlich Form, Größe und Gewicht. Die unterschiedlichen Verpackungen müssen bei der Kommissionierung so aufeinandergeschichtet werden, dass die schwersten Artikel zuunterst liegen, das Volumen des Containers möglichst gut ausgenutzt wird und sich ein stabiles Stapelmuster ergibt.

Mit der Einführung der »Case Order Maschine« von Witron wurden die Automatisierung dieser Tätigkeiten und damit eine Leistungssteigerung möglich. Um einen Einzelzugriff auf die Waren sicherzustellen und die spätere Kommissionierung vorzubereiten, werden die Güter von der Palette einzeln auf Tablare gelegt und in ein automatisches Kleinteilelager eingelagert. Die Auftragszusammenstellung erfolgt so, dass zunächst errechnet wird, in welcher Reihenfolge die einzelnen Artikel in den Rollcontainer gestapelt werden sollen. Hierbei handelt es sich aufgrund der Vielzahl von Möglichkeiten um ein hochkomplexes Optimierungsproblem. Wurde das optimale Beladungsmuster gefunden, werden nacheinander die Tablare mit den Waren ausgelagert, die Ware vom Tablar entnommen und über eine spezielle Übergabemechanik auf den Rollcontainer aufgeladen.

Auch bei den Verkehrsmitteln werden neue Dimensionen erreicht. So befindet sich mit dem **Gigaliner** ein LKW in der Testphase, der statt der bisher möglichen 40 Tonnen Maximalgewicht bis zu 60 Tonnen auf die Straße bringen kann. Wegen ihrer Größe eignen sich die großen LKW vor allem zur Verbindung größerer Hubs, also für den Hauptlauf der Waren, und den Verkehr auf fest definierten Strecken, da sie für kleinere Straßen und Kreisverkehre zu groß sind.

Der Boom in Südostasien sorgt für ein dramatisch gestiegenes Transportaufkommen zwischen den Kontinenten, das durch größere Frachtschiffe kompensiert werden wird. Auch die im Luftverkehr zu erwartenden, immer größeren Warenmengen erfordern neue Strategien. Größere Frachtflugzeuge wie die geplante Frachtversion des Airbus A380 oder der Jumbo des Konkurrenten Boeing sollen die steigenden Volumina bewältigen.

GESTEIGERTE ANFORDERUNGEN AN EINZELNE KOMPONENTEN UND FUNKTIONSEINHEITEN

Damit die Gesamtsysteme, wie zum Beispiel die oben genannten Sorter, die gestiegenen Anforderungen erfüllen können, müssen auch die Einzelkomponenten immer leistungsfähiger werden. Um zum Beispiel die gewaltige Menge an Paketen zu sortieren, die tagtäglich im Hub eines der großen Paketdienstleister verteilt werden, müssen auch die Komponenten zu Höchstleistungen fähig sein.

Beim Versuch, die Geschwindigkeit von bewegten Komponenten logistischer Systeme zu erhöhen, besteht häufig ein Zielkonflikt zwischen der Steifigkeit der Konstruktion und der zu bewegenden Masse: Eine sehr massive Konstruktion ist zwar meist weniger schwingungsanfällig, erfordert allerdings weitaus größere Antriebsleistungen, um die geforderten Beschleunigungen zu erbringen. Leichtbaukonzepte versuchen, diese Gegensätze zu vereinen. Ein Beispiel dafür sind Konzepte für den Leichtbau der Masten von Regalbediengeräten. Gerade im Bereich dieser Geräte konnten in den letzten Jahrzehnten Leistungssteigerungen realisiert werden, von denen wohl keiner der Entwickler der ersten Hochregallager zu träumen gewagt hätte. Um bei hohen Beschleunigungen auch die geforderte Positioniergenauigkeit erreichen zu können, müssen die Geräte nach dem Abbremsen eine gewisse Zeit, die so genannte Geräteberuhigungszeit, warten, bis die Schwingungen abgeklungen sind. Durch steifere Konstruktionen soll diese Zeit verkürzt werden. Mit Leichtbauweise lässt sich durch die geringeren zu beschleunigenden Massen Antriebsenergie einsparen, eine Tatsache, der gerade in Zeiten gestiegener Rohstoffpreise und erhöhter Sensibilität für

BILD 401 *Industrieroboter mit Bauteilen aus Kohlefaser-Verbundwerkstoff*

BILD 402 *Beumer autoca®*

dieses Thema wachsende Bedeutung zukommt. Hierbei kommen sowohl optimierte Konstruktionen, zum Beispiel in Form von Gittermastkonstruktionen, als auch neue Werkstoffe, wie etwa Kohlefaser-Verbundwerkstoffe, zum Einsatz. Zusätzlich tragen die Weiterentwicklungen aus dem Bereich der Mechatronik erheblich zu einer Leistungssteigerung bei: Entsprechende Regelalgorithmen sollen das Schwingungsverhalten positiv beeinflussen. Dabei wird die Stärke der Schwingung gemessen und durch einen aktiven Eingriff, sei es durch spezielle Aktoren, angebracht an der Struktur der Geräte, oder kostengünstiger durch Regelung der Antriebsmotoren, vermindert. Die Vision ist es, durch diese Regelung leichtere Strukturen bei dennoch verminderter Schwingungsanfälligkeit entwickeln zu können.

Neue Werkstoffe erobern immer mehr Einsatzbereiche. Kohlefaser-Verbundwerkstoffe (CFK) vereinen eine hohe Steifigkeit mit geringem Eigengewicht. Neben Anwendungen in der Raumfahrt stehen diese Materialien nun auch vor ihrem Durchbruch in der Luftfahrt. Besteht der Airbus A380 zu rund 25 Prozent aus diesem Material, soll das neue Modell des Konkurrenten Boeing, der 787 Dreamliner, bereits zur Hälfte aus CFK bestehen. Erstmalig soll bei diesem Flugzeug auch der Rumpf daraus gefertigt werden. In der Logistik konnte sich der neue Werkstoff bislang noch nicht auf breiter Front etablieren. Erste Anwendungen, wie zum Beispiel in Lastaufnahmemitteln von automatischen Lagersystemen oder in Knickarmrobotern, zeigen jedoch, dass er das Potenzial hat, bei bewegten Elementen den Zielkonflikt zwischen Steifigkeit und Massenträgheit zu entschärfen.

Gerade in der Technologie der Sorter zeigt sich der technische Fortschritt in Form von neuen Antrieben, besseren Werkstoffen und einer Optimierung der Fördermittel, die auch durch den verstärkten Einsatz neuer Planungs- und Konstruktionsmethoden vorangetrieben wird: Die Verwendung der Finite-Elemente-Methode (FEM) erlaubt die genauere Dimensionierung von Bauteilen, wodurch sie häufig ohne Verlust von Stabilität und damit Betriebssicherheit leichter werden können. Mit Hilfe der Mehrkörpersimulation (MKS) lassen sich Baugruppen und ganze Geräte schon während der Auslegungsphase auf ihr Schwingverhalten untersuchen und optimieren.

Die evolutionäre Weiterentwicklung bestehender Technologien lässt sich am Beispiel der Sorter gut beobachten: Hybridsysteme kombinieren bestehende Techniken zur Leistungssteigerung, so wird beispielsweise bei Quadsortern die Dichte der Fenster durch zwei Gurte nebeneinander erhöht. Quergurtsorter, die sich über mehrere Ebenen erstrecken wie der Multi Level Belt Tray Sorter mit vier Ebenen von Beumer, sparen Platz. Generell ist ein Trend hin zu kompakteren Anlagen zu beobachten. Mit dem Sinken der Sendungsgrößen und der Nachfrage nach kürzerer Reaktionszeit werden verstärkt auch kleinere Artikel automatisch sortiert. Kippschalensorter, bei denen die Schalen mit Druckluft bewegt werden, bieten durch die Verringerung der Anzahl beweglicher Teile den Vorteil eines geringeren Wartungsaufwandes und geringerer Betriebskosten.

Ein gänzlich neues Förder- und Sortiersystem stellt das Beumer autover® DCV-System dar, das 2001 erstmals am Flughafen Münster/Osnabrück umgesetzt wurde. Es handelt sich dabei um ein Gepäckfördersystem, bei dem autonome Fahrzeuge die Gepäckstücke selbständig an ihr Ziel bringen. Angetrieben werden sie durch Linearmotoren. Da die Energie- und Informationsübertragung berührungslos erfolgt, sind die Geräte leise und wartungsfreundlich. Jedes Fahrzeug kann mit dem Leitsystem und den anderen Fahrzeugen kommunizieren.

Die Forderung nach Energieeffizienz wird in der Logistik einen immer größeren Einfluss erlangen. Nicht nur in der Verkehrslogistik, wo dieses Thema durch die gestiegenen Kraftstoffpreise schon seit längerem in der Diskussion steht, sondern auch im Bereich der innerbetrieblichen Logistik, wo der Anteil der Energiekosten an den Gesamtkosten bislang nicht als wichtiges Planungskriterium angesehen wurde, werden energiesparende Geräte und Prozesse zu einem wichtigen Baustein in der Wettbewerbsfähigkeit ihrer Hersteller werden. Im Bereich der elektrisch betriebenen Flurförderzeuge sind zum Beispiel Verfahren zur Energierückgewinnung beim Bremsen auf dem Vormarsch. Stand in der Vergangenheit vor allem die Verlängerung der Einsatzzeit als Entwicklungsziel im Vordergrund, hat sich durch die Debatte um die Klimaerwärmung durch den massiven CO_2-Ausstoß der Industrieländer die Klimaverträglichkeit als neuer Veränderungs- und Innovationstreiber etabliert. Nicht nur auf der Ebene der Geräte, wo zum Beispiel durch die Entwicklung neuer energieeffizienterer Motoren der Energieverbrauch gesenkt werden kann, sondern auch auf der Ebene der Prozesse muss und wird die Verringerung des Energieverbrauchs eine höhere Priorität bekommen. Durch diesen veränderten Fokus ist auch in Zukunft mit einer rasanten Weiterentwicklung im Bereich der technischen Logistik zu rechnen.

403

Als Konrad Zuse Anfang der 40er Jahre seine erste programmierbare binäre Rechenmaschine entwickelte, war kaum abzusehen, wie diese »Computer« die Welt in den nächsten Jahren verändern würden. Dass dieser Erfolg nicht vorherzusehen war, lässt sich an einer 1943 getroffenen Aussage von Thomas J. Watson, dem Gründer von IBM, festmachen. Er soll gesagt haben, dass es weltweit einen Markt für vielleicht fünf Computer gäbe. Ken Olson, Präsident und Gründer von DEC, sagte noch 1977, dass es keinen Grund gäbe, warum jemand einen Computer zu Hause haben wollte. Nur wenige Jahre danach brachte Bill Gates mit seiner Firma Microsoft das Betriebssystem MS-DOS auf den Markt, das den Weg für den Personal Computer für jedermann ebnete.

In der Intralogistik hielten die Rechner ebenfalls Einzug und wurden zunächst zur Lagerverwaltung oder zur Steuerung des Materialflusses eingesetzt. In der Entwicklung wurden digitale Werkzeuge zur Erstellung von 2D- und später 3D-CAD-Modellen eingeführt, um den zeit- und kostenaufwändigen Aufbau von Prototypen einzusparen. Es folgten die Finite-Elemente-Methode (FEM) und die Mehrkörpersimulation (MKS) zur dynamischen Berechnung des Produktverhaltens bei verschiedenen Lastfällen. Der nächste Schritt ist die Virtual Reality (VR), die eine vollständige Integration des Menschen in die virtuelle Welt ermöglicht. Bei Großunternehmen, die meist die Vorreiterrolle bei der Einführung neuer Technologien übernehmen, sind diese Methoden teilweise schon in den Entwicklungsprozess integriert. Nun gilt es, sie verschiedenen Technologien miteinander zu verbinden, so dass diese ohne Schnittstellenprobleme Daten miteinander austauschen können.

In der Produktentwicklung werden neue Technologien oft eingeführt, bevor sie in der Planung von Produktionsanlagen und Logistiksystemen verwendet werden. Mittlerweile werden neue Anlagen mit 2D-, wenn nicht mit 3D-CAD-Syste-

DIGITALE WELTEN

BILD 403 *Virtuelles Modell zur Einrichtungsplanung*

men geplant und die Prozesse bereits im Voraus simuliert. Dies hilft, Fehlplanungen zu vermeiden und führt zu einer schnelleren und reibungsfreieren Anlaufphase der Produktion. Mit der VR können die geplanten Anlagen von allen am Planungsprozess beteiligten Personen realitätsnah evaluiert werden. Die Augmented Reality (AR) ermöglicht es darüber hinaus, diese virtuellen Modelle in die reale Umgebung zu transferieren, um sie mit den echten Randbedingungen abzugleichen. Auch für die Planung gilt es, all diese Technologien zu koppeln. Wenn dann auch noch die Daten der Entwicklung mit einbezogen werden können, so dass zum Beispiel der aktuelle Entwicklungsstand des Produkts in die Planung der dazugehörigen Fertigungsanlage einfach zu integrieren ist, wird eine durchgängige virtuelle Planung der Produkte mit den dazugehörigen Produktions- und Logistiksystem möglich.

Beim Einsatz von digitalen Werkzeugen ist zudem stets darauf zu achten, dass auch der Mensch mit einbezogen werden muss. Es gilt, ihn bei seinen Aufgaben optimal zu unterstützen. Hierfür sind intuitive Interaktionsmethoden ebenso nötig wie neue Technologien, wie zum Beispiel der Einsatz von AR mit Datenbrillen. Je einfacher es für den Benutzer ist, mit diesen Werkzeugen zu arbeiten, desto mehr wird er sie akzeptieren. Denn erst mit der Integration des Menschen ist die Vision der digitalen Welt vollständig.

Im folgenden Kapitel wird der Einsatz von verschiedensten digitalen Technologien in der Intralogistik beschrieben und ein Ausblick gegeben, wie sich diese in Zukunft weiter entwickeln können.

Vom CAD-Modell zum virtuellen Prototyp

Digitaler Entwicklungsprozess

Gemäß dem Motto »Eintauchen in die virtuelle Welt« erlauben bereits heute moderne und leistungsstarke Rechner dem Ingenieur, sich einen dreidimensionalen Eindruck eines Modells zu verschaffen. Neue Produkte oder Maschinen können auf diese Weise bereits vor ihrer Fertigstellung am Rechner begutachtet und hinsichtlich ihrer Funktionalität analysiert werden. Die Anfertigung realer Prototypen zur Erstbemusterung, ein Vorgang der sehr zeit- und kostenintensiv ist und hohen personellen Einsatz erfordert, kann dadurch häufig vermieden werden. Neben der Überprüfung der Montierbarkeit können Kollisionsbetrachtungen durchgeführt werden. Konstruktionsfehler lassen sich hierdurch frühzeitig entdecken und eventuell notwendige Konstruktionsänderungen können veranlasst und umgesetzt werden.

Der Festigkeitsnachweis erfolgt dabei bisher mit Hilfe von speziellen Finite-Elemente-Modellen, in denen gemäß der gegebenen Randbedingungen und der aufgeprägten Kräfte und Momente statische Analysen durchgeführt werden können. Wenn besonderes Augenmerk auf möglichst geringes

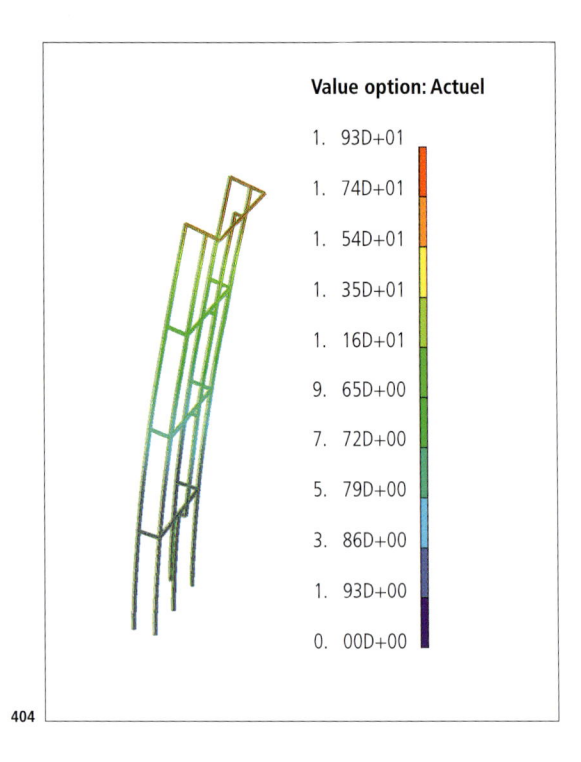

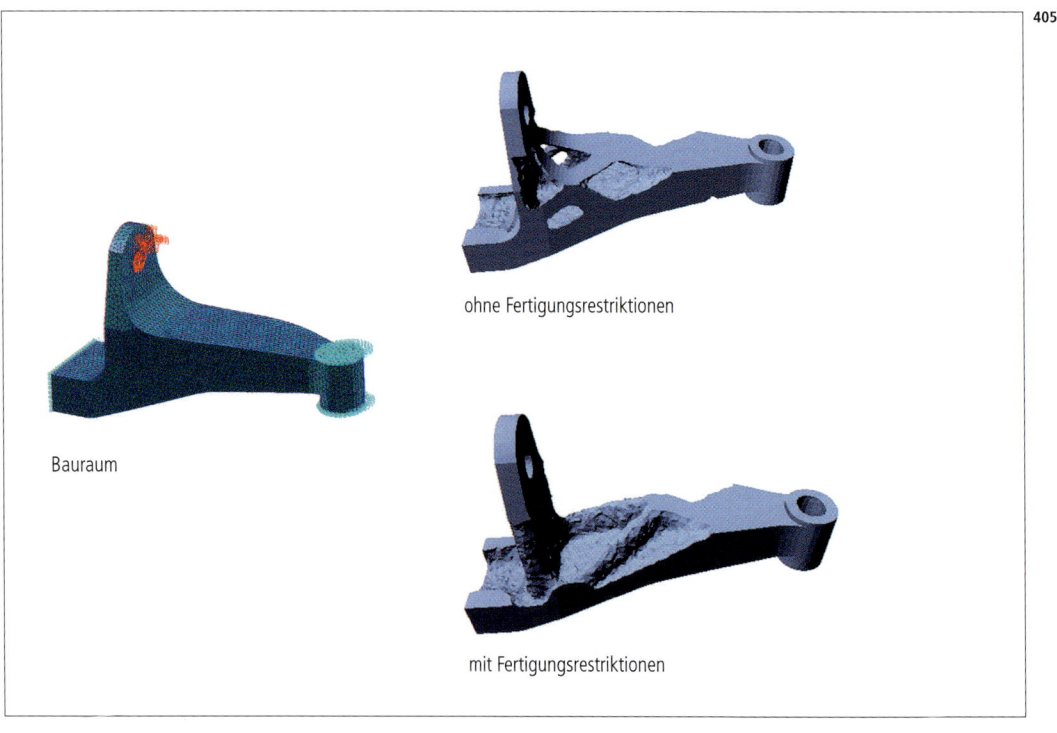

404

405

Bauraum

ohne Fertigungsrestriktionen

mit Fertigungsrestriktionen

Gewicht oder Volumen gelegt wird, können unter Zuhilfenahme der Bionik darüber hinaus einzelne mechanisch beanspruchte Bauteile hinsichtlich Struktur, Topologie und Querschnitt automatisiert optimiert werden. Analog dieser Strukturoptimierung einzelner Bauteile ist die Vision, diese beiden bislang getrennt und sequenziell durchgeführten Prozesse zu vereinen und zusätzlich durch eine Sensitivitätsanalyse interaktiv zu erweitern. Bislang ist eine Beurteilung des Systemverhaltens nur anhand der zugrundeliegenden Konstruktion möglich, die durch eine intuitive Entscheidung vorgegeben wurde. Entscheidungsalternativen werden dabei nicht berücksichtigt. Durch die interaktive Erweiterung könnten dem Konstrukteur zukünftig bereits in einer frühen Konstruktionsphase Alternativen beispielsweise für die optimale Anordnung von Trägern oder Verbindungen im Raum sowie deren Dimensionierung aufgezeigt werden. Diese Entscheidungshilfen könnten, ähnlich wie bereits aus den Finite-Elemente-Programmen bekannt, in Form von Falschfarbenbildern zur Verfügung gestellt werden. Die Konstruktion komplexer Maschinen würde sich dadurch um einiges vereinfachen.

Neben rein funktionalen Betrachtungsweisen steht aber auch die anthropometrische Arbeitsplatzgestaltung im Vordergrund. Beispielhaft hierfür sei die Entwicklung von Mensch-Maschine-Schnittstellen an Maschinenarbeitsplätzen oder aber auch die Auslegung von Fahrzeuginnenräumen genannt. Hierfür musste bislang ebenfalls noch ein realer Prototyp im Maßstab 1:1 angefertigt werden. Vermehrt werden aber auch hier virtuelle realitätsgetreue Menschmodelle in das dreidimensionale Modell integriert, um Aussagen über Anordnung von Bedienelementen treffen und damit Bedienerfreundlichkeit, Sichtverhältnisse oder Komfort bewerten zu können. Stellvertretend sei das Menschmodell RAMSIS (Rechnerunterstütztes Anthropologisches Mathematisches System zur Insassen Simulation) genannt.

BILD 404 *FE-Modell eines Staplerhubgerüstes*

BILD 405 *Bionik als Vorbild für Strukturoptimierungen*

BILD 406 *Ergonomische Arbeitsplatzgestaltung mit RAMSIS*

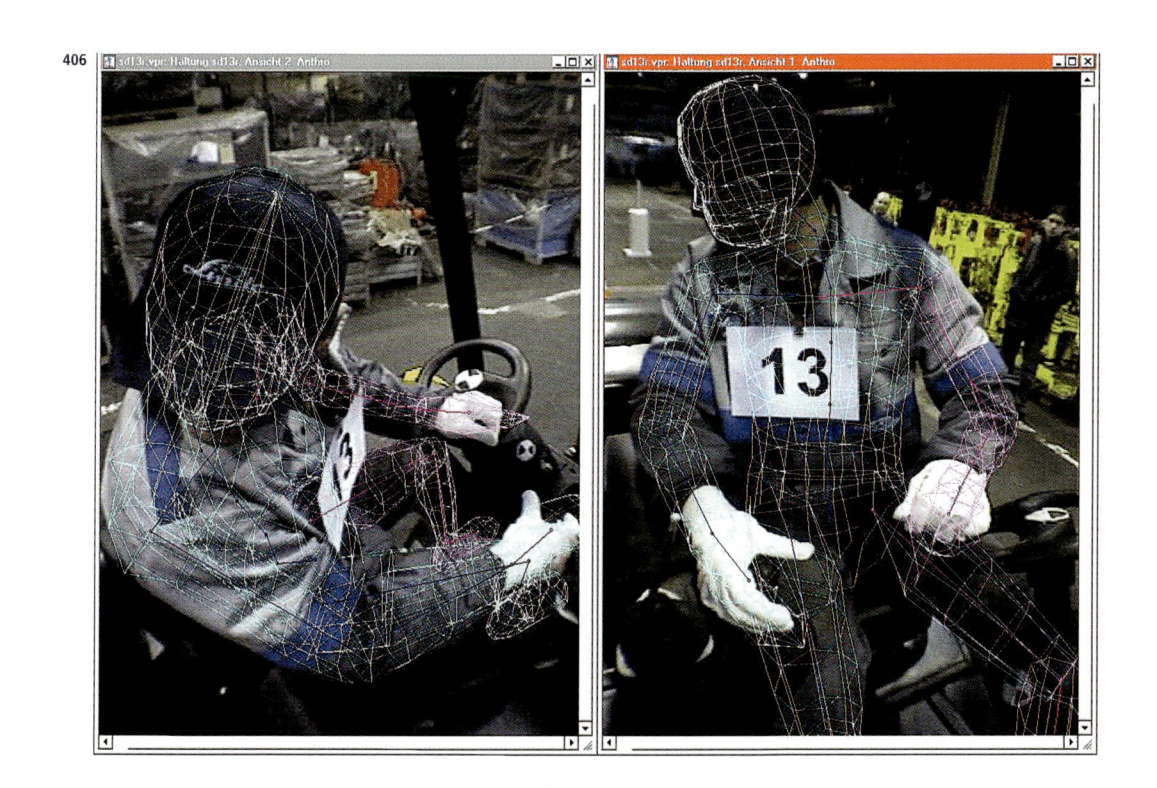

VIRTUAL PROTOTYPING Zur Verkürzung der Time-to-Market wird zunehmend auf virtuelle Testmethoden zurückgegriffen. Hierzu werden in geeigneten Simulationsumgebungen anhand der technischen Konstruktionsdaten realitätsgetreue Nachbildungen von Fahrzeugen und Maschinen modelliert, denen aus der Realität bekannte Belastungsgrößen aufgeprägt werden. Hiermit lassen sich Bewegungsanalysen von komplexen kinematischen Systemen, zum Beispiel die Simulation des Fahr- sowie des Kurvenverhaltens bei Flurförderzeugen, sowie die Ermittlung dynamischer Bauteilbelastungen durchführen. So unterliegen Hochregalstapler im Bereich der Standsicherheit strengen Sicherheitsanforderungen. Durch geeignete Mehrkörpersimulationsmodelle könnte bereits im Vorfeld geprüft und sichergestellt werden, dass alle Anforderungen gemäß dem genormten Kipptest erfüllt werden. Ein weiteres Anwendungsbeispiel stellt die Untersuchung des Einflusses von Bodenungenauigkeiten auf das dynamische Verhalten von Schmalgangstaplern dar. Neben der Festlegung von Richtlinien für die Beschaffenheit des zugrundeliegenden Hallenbodens ist darüber hinaus die Entwicklung von aktiven Fahrwerken zur Vermeidung großer Schwingungsamplituden und damit zur Gewährleistung eines schnellen und sicheren Lastübergabeprozesses denkbar.

Diese dreidimensionalen Mehrkörpersimulationsmodelle könnten durch die Integration von bereits entwickelten dynamischen Finite-Elemente-Modellen, wie etwa dem numerischen Schwingungsdummy CASIMIR, nach entsprechender Anpassung um eine Methode zur objektiven Belastungsermittlung erweitert werden. Analog der Vorgehensweise zur anthropometrischen Arbeitsplatzgestaltung, die im unbewegten Fahrzeug erfolgt, ließen sich hiermit in Zukunft bereits vor der Fertigstellung der ersten Prototypen die Auswirkungen der am Fahrerplatz auftretenden Belastungen auf den menschlichen Organismus auf Grund des dynamischen Fahrverhaltens des Fahrzeugs am Rechner ableiten und entsprechende Optimierungsmaßnahmen durchführen.

Durch geeignete hybride Simulationsmodelle aus Mehrkörpersimulation und Finite-Elemente-Berechnung geben virtuelle Crashsimulationen Aufschluss über die Fahrzeugsicherheit. Hierbei können einzelne Komponenten, wie zum Beispiel in der Fahrzeugentwicklung bei Gurt- und Sitzzugversuchen, getestet, sowie Gesamtfahrzeugcrashs (zum Beispiel nach Euro-NCAP) simuliert werden. Durch die Integration von Finite-Elemente-Dummys kann darüber hinaus die Insassensicherheit geprüft werden. Die nächste Entwicklungsstufe derartiger Crashsimulationen stellt die Crashberechnung zum Fußgängerschutz dar. Hierbei ist es jedoch erforderlich, die Berechnungsmodelle durch umfangreiche Messergebnisse weiter anzupassen und zu detaillieren, um die Materialeigenschaften, wie beispielsweise das Beulverhalten von Karosserieteilen, realitätsgetreu abbilden zu können. Die Simulationsmodelle werden dadurch wirklichkeitsgetreuer und die Vorhersagen immer zuverlässiger.

BILD 407 *Simulationsmodell eines Kommissionierstaplers*

BILD 408 *Menschmodell für die anthropometrische Arbeitsplatzgestaltung*

BILD 409 *Virtuelles Modell eines Staplerarbeitsplatzes*

BILD 410 *Virtueller Crashtest*

Eine Vision auf dem Gebiet des Virtual Prototyping betrifft den Bereich der Versagensvorhersage (Crack-Simulation). So werden bislang zwar einzelne Bauteile und Komponenten ausreichend auf ihre Betriebsfestigkeit hin untersucht, Aussagen hinsichtlich der Ermüdungserscheinung von Gesamtsystemen lassen sich bisher jedoch nur in Dauertests realer Prototypen ermitteln. Dies könnte in Zukunft ebenfalls am Rechner erfolgen.

Unter Zuhilfenahme der so genannten Hardware-in-the-Loop-Simulation sind weitere innovative Lösungswege im Bereich der Logistik denkbar. Diese Simulationstechnik wird besonders für die Elektronikentwicklung komplexer Systeme, wie sie etwa in Flugzeugen oder Automobilen vorkommen, eingesetzt. Hierbei steuern real vorhandene Elektronikkomponenten ein virtuelles Fahrzeug. Steuergeräte, wie etwa die Motorelektronik, Getriebesteuerung, Fahrdynamik (ABS, ESP) sowie Komfortelektronik, können auf diese Weise in umfangreichen Tests automatisiert, einzeln evaluiert und validiert sowie das Zusammenspiel im Verbund kontrolliert werden.

Übertragen auf die Logistik könnten mit dieser Methodik neu entwickelte Steuerungstechnologien komplexer Materialfluss-Systeme, die bislang nur in der virtuellen Umgebung existieren, erprobt werden. Die Vision: Bei der Umgestaltung bereits bestehender Materialfluss-Systeme könnte die vorhandene Steuerungshardware an die in der virtuellen Welt geplante Anlage gekoppelt werden, wodurch bereits vorab die Funktionalität entsprechend den neuen Anforderungen

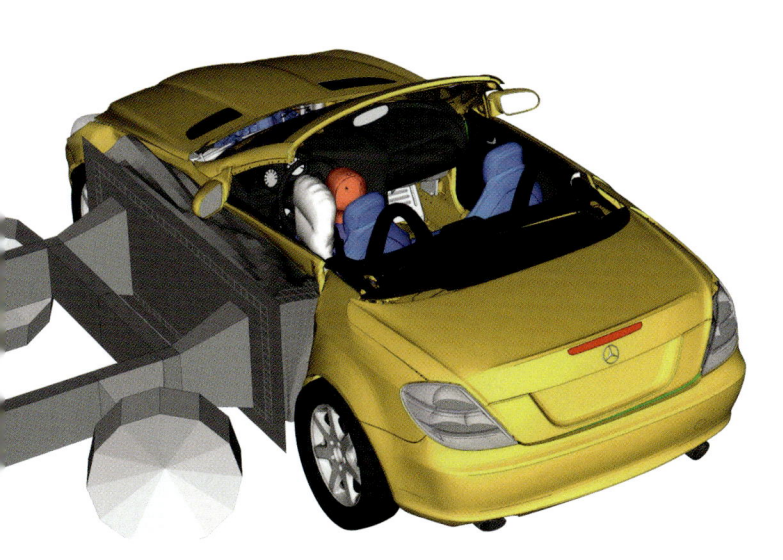

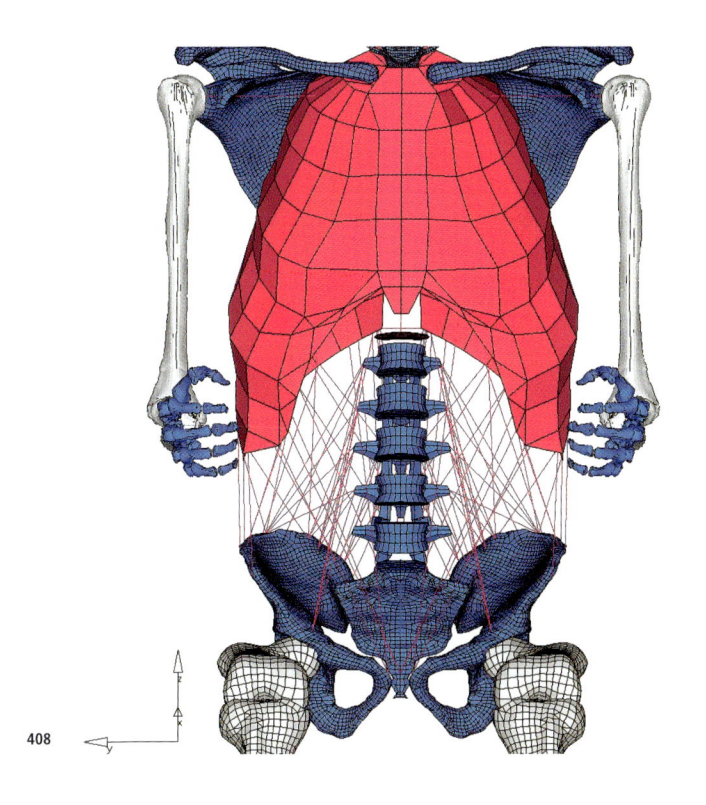

408

409

410

sichergestellt werden kann. Anlaufschwierigkeiten bei der Inbetriebnahme der neugestalteten Anlage ließen sich auf diese Weise deutlich reduzieren. Auf dem Gebiet der Flurförderzeuge könnten durch den Einsatz von Hardware-in-the-Loop neuartige Systeme, wie die bereits erwähnten aktiven Fahrwerke, die neben einer Steigerung des Fahrkomforts darüber hinaus höhere Performance sowie größere Sicherheit bei Kurvenfahrten bewirken, getestet werden.

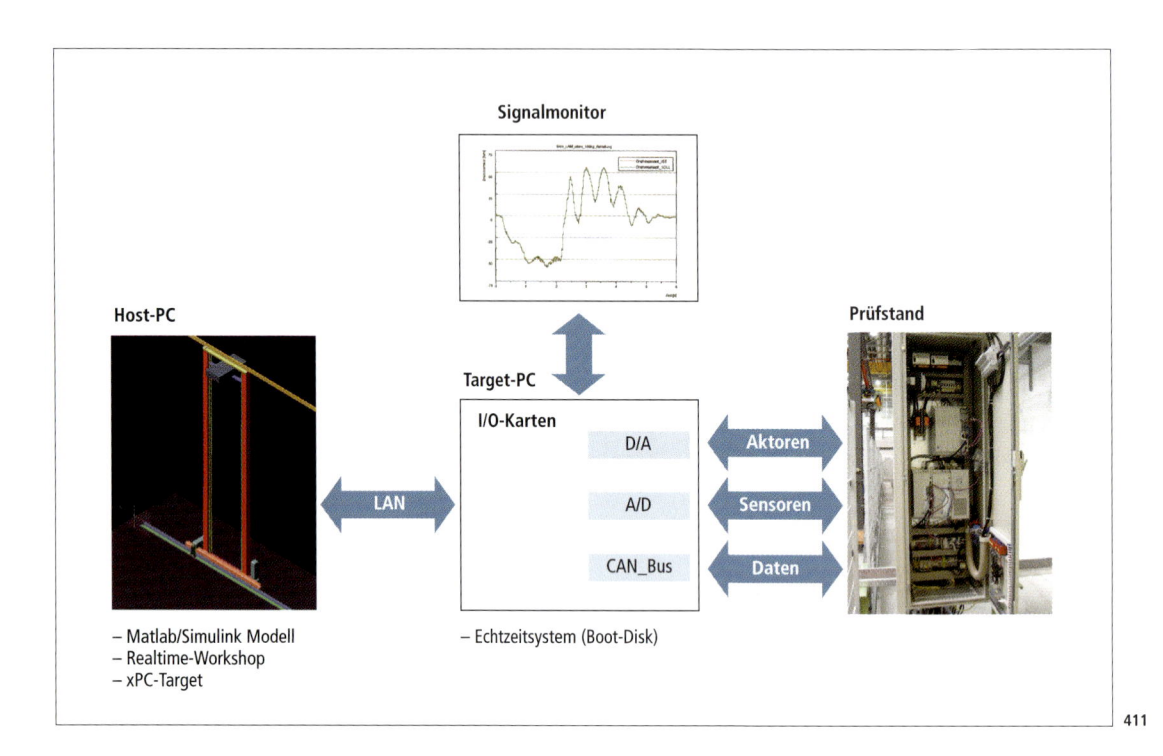

411

412

VIRTUELLE VERSUCHSFAHRTEN Wie erfolgreich die gemäß Lastenheft geforderten Kundenanforderungen in einem neuen Produkt umgesetzt worden sind, ließ sich bislang nur durch umfangreiche und langwierige Tests überprüfen. Auch hier wird ein ganz neuer Weg eingeschlagen. Die bisher durchgeführten Erprobungsphasen auf so genannten servohydraulischen Fahrzeugprüfständen, denen in der Praxis gemessene Bewegungsformen hinterlegt werden, um die in der Realität auftretenden Schwingungsvorgänge zu veranschaulichen, können durch den Einsatz virtueller Versuchsfahrten deutlich verkürzt werden. Hierzu erfolgt in geeigneten Simulationsprogrammen neben der realitätsgetreuen Modellierung der Fahrzeuge auch die Implementierung des Straßenverlaufs und der Bodenbeschaffenheit analog der Vorgehensweise bei den Schwingprüfständen zur Abbildung der Umgebungseinflüsse. Durch die Kopplung mit einer entsprechenden Bedienerschnittstelle ermöglichen Driver-in-the-Loop-Simulationen dem Fahrer ein virtuelles Fahrzeug durch eine virtuelle Umgebung zu manövrieren. Auf diese Weise können bereits in einem sehr frühen Entwicklungsstadium mit Hilfe der aus der Simulation gewonnen Messdaten konstruktive Änderungen erfolgen. Diese Vorgehensweise beschränkt sich bislang aber auf einen am Boden fest installierten Fahrerplatz. Der nächste Schritt zur vollständigen und autarken Simulation eines realen Fahrzeuges wäre durch den Einsatz entsprechender Feedbacksysteme möglich. Hierzu müsste das virtuelle Fahrzeugmodell zusätzlich noch an einen dreidimensionalen Bewegungssimulator, ähnlich den Flugsimulatoren aus dem Bereich der Luft- und Raumfahrt, angeschlossen werden. Durch eine Erweiterung der

BILD 411 *Prinzipskizze eines Hardware-in-the-Loop-Testsystems*

BILD 412 *Fahrsimulator*

BILD 413 *Driver-in-the-Loop-System*

Funktionalität bisheriger Simulatoren könnte hierdurch der Fahrer eine realitätsgetreue Rückkopplung aus Umgebungseinflüssen und Fahrzeugverhalten erhalten und Bewertungen hinsichtlich Fahrverhalten und Komfort durchführen. Exakte virtuelle Nachbildungen von Teststrecken würden darüber hinaus eine komplexe Fahrwerksabstimmung ermöglichen, bevor das eigentliche Fahrzeug existiert. Würde man diese Technik im Rennsport einsetzen, könnten fahrerindividuelle, ideal an jede Witterung angepasste Fahrwerkseinstellungen gefunden und abgespeichert werden.

Wie an den Beispielen »Crashsimulation« und »Virtuelle Testfahrt« aufgezeigt wurde, werden zukünftig immer detailliertere und ganzheitlichere Simulationsmodelle in der Produktentwicklung eingesetzt werden.

Das digitale Logistiksystem

Ein digitales Logistiksystem charakterisiert sich dadurch, dass es nicht nur komplett virtuell geplant, sondern mit digitalen Werkzeugen auch noch die Anlaufphase unerstützt und der operative Betrieb optimiert wird. In der Planung werden nicht nur CAD-Systeme und Ablaufsimulationen eingesetzt, sondern Virtual und Augmented Reality, die es ermöglichen, den Menschen besser in die Planung einzubeziehen, ihn zu schulen und bei seiner täglichen Arbeit zu unterstützen. Im folgenden Kapitel werden diese Technologien und mögliche Einsatzbereiche beschrieben. Am Ende wird beispielhaft erklärt, wie all diese Technologien kombiniert werden und zum digitalen Logistiksystem führen.

Ablaufsimulation Die Ablaufsimulation dient zur ganzheitlichen, dynamischen Abbildung und Optimierung logistischer Systeme und deren inhärenter Prozesse. Je nach Untersuchungshorizont können mit Hilfe dieses Werkzeuges sowohl ganze Wertschöpfungsnetzwerke als auch einzelne Arbeitsplätze oder Ressourcen in einem experimentierfähigen Modell nachgebildet werden. Realisiert wird dies durch die objektorientierte Konzeption der meisten gegenwärtig verfügbaren Ablaufsimulationstools. Unter Verwendung von in ihren Grundfunktionalitäten vordefinierten und parametrisierbaren Bausteinen (Puffer, Förderstrecken etc.) lassen sich hierarchisch klar strukturierte Modelle aufbauen, die mit Hilfe individuell zu erstellender Steuerungen ein realistisches Systemverhalten ermöglichen. Dabei werden aus Leistungsgründen die einzelnen Systemzustände nur zu den Eintrittszeiten von Zustandsänderungen berechnet. Man spricht daher bei diesem Modellierungsansatz von ereignisdiskreter im Gegensatz zu kontinuierlicher Simulation.

Die Durchführung einer Simulationsstudie gliedert sich dabei klassischerweise in drei große Bereiche:

- Zieldefinition, Datensammlung und -aufbereitung
- Modellerstellung und Evaluierung
- Durchführung der Simulationsläufe, Auswertung und Systemoptimierung.

Gerade der erste Schritt entscheidet in vielen Projekten bereits über Erfolg oder Misserfolg, denn nur eine klar formulierte Zielstellung und vollständige sowie verlässliche Eingangsdaten erlauben belastbare Ergebnisse.

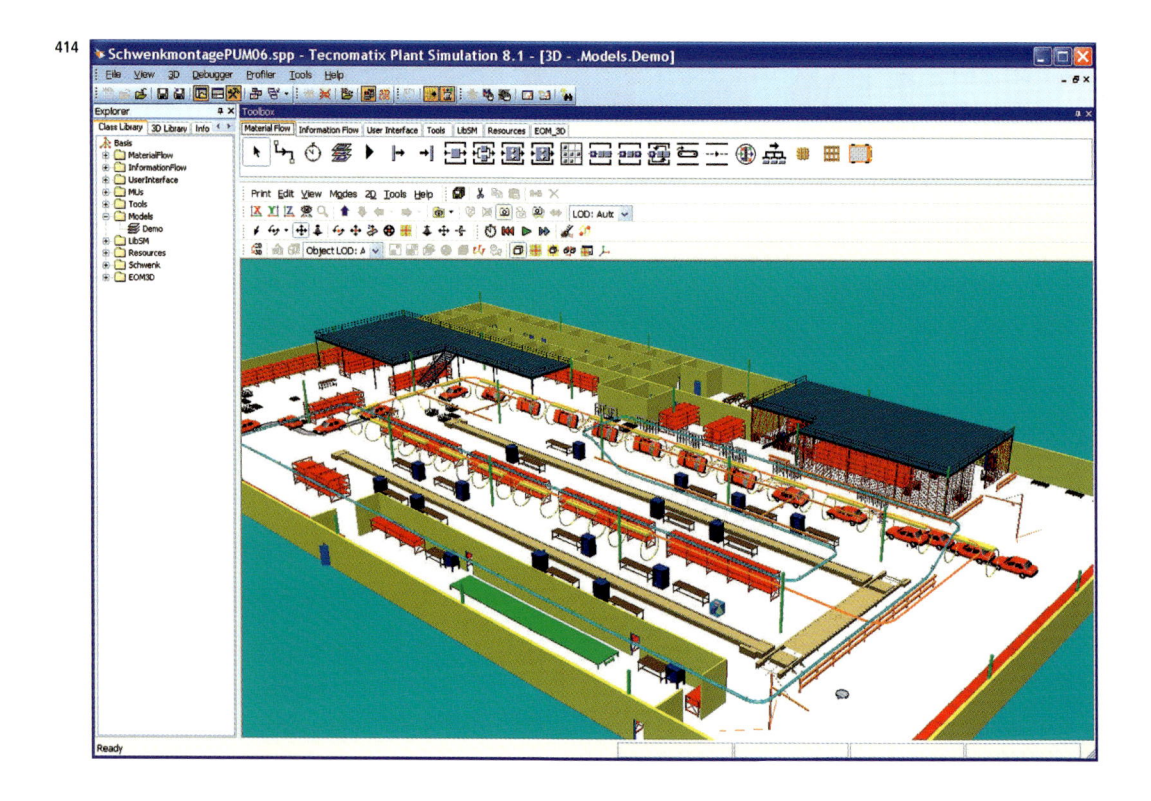

Wie bereits erwähnt, lässt sich diese Simulationstechnologie auf Grund des modularen Werkzeugaufbaus und der flexiblen Anpassbarkeit durch manuell programmierte Steuerungen für eine große Bandbreite logistikrelevanter Fragestellungen verwenden. Klassische Untersuchungsthemen sind die Identifikation von »Bottlenecks« in Produktions- und Logistiksystemen, die Ermittlung von Durchlauf- und Verfügbarkeitszeiten, die Dimensionierung von Puffern und Lagern, die Auslegung von Fördersystemen hinsichtlich Streckenführung und Kapazitäten sowie die unternehmensübergreifende Abbildung von Transportprozessen. Der aktuelle Modellzustand während der Simulation, beziehungsweise die Ergebnisse nach Ende des Simulationslaufes können bei den meisten Werkzeugen anhand einer 2D- oder 3D-Modellvisualisierung sowie mit Hilfe von Charts und Statistiken übersichtlich verfolgt werden.

Die beschriebenen Eigenschaften machen die Ablaufsimulation zu einem unverzichtbaren Logistiktool, um Systeme und Anlagen bereits in der Planung dynamisch abzusichern und Kenntnisse über deren Systemverhalten zu gewinnen.

Zur weiteren Potenzialsteigerung des Werkzeugs fokussieren die gegenwärtigen Forschungsbestrebungen vor allem die verstärkte Integration in die Digitale Fabrik, um einen reibungslosen Datenaustausch mit anderen Tools (zum Beispiel Prozessplanungswerkzeugen) zu gewährleisten und damit aufwandsarm die jeweils aktuellsten Ergebnisse für die weiteren Planungen nutzen und zur Verfügung stellen zu können. Zur realistischeren Abbildung der modellierten Objekte ist ebenfalls ein klarer Trend hin zur 3D-Visualisierung der abgebildeten Umfänge erkennbar.

BILD 414 *Dreidimensional dargestelltes Simulationsmodell*

VIRTUAL UND AUGMENTED REALITY IN DER LOGISTIK

Nachdem die Optimierungsmargen der logistischen Prozesse in den letzten Jahren weiter zurückgegangen sind, versprechen sich Unternehmen insbesondere durch den Einsatz innovativer Technologien einen neuen Schub für weitere Effizienzsteigerungen in der Logistik. Die Virtual wie auch die Augmented Reality bieten dazu weitreichende Potenziale. Während sich der Nutzer bei der Virtual Reality in einem komplett virtuellen Raum bewegt und mit der virtuellen Welt interagiert, setzt die Augmented Reality auf die Einbindung virtueller Objekte zur richtigen Zeit und am richtigen Ort in das Blickfeld des Nutzers, um die reale Welt zu »erweitern«. Erfolgsversprechende Anwendungsfelder bieten die AR- und VR-gestützte (Layout-)Planung logistischer Systeme, die AR-Unterstützung für operatives Personal in der Logistik, insbesondere in der Kommissionierung, die menschintegrierte Simulation in der VR sowie das Training von Logistikmitarbeitern in der virtuellen Welt. Ziel ist die Verkürzung der Planungszeiten bei erhöhter Planungssicherheit und eine schnellere Auftragsabwicklung bei erhöhter Prozessqualität.

VIRTUAL REALITY Die Virtual Reality bindet den Menschen in eine vom Rechner generierte, künstliche Welt ein und wird in der Intralogistik vor allem in der Neuplanung von logistischen Systemen eingesetzt. Ein VR-System besteht aus einer stereoskopischen Visualisierungseinrichtung, die dem Benutzer virtuelle Objekte dreidimensional darstellt. Zukünftig werden sich immer mehr so genannte Caves etablieren, die den Anwender durch sechs Projektionswände komplett mit der virtuellen Welt umgeben. Der Einsatz der VR in der Planung wird dadurch erleichtert, dass Entwicklungen und Konstruktionen von Produkten sowie Produktions- und Logistikanlagen zunehmend mittels CAD-Werkzeugen erfolgen. Dementsprechend stehen der Logistik bereits frühzeitig 3D-Geometrien zur Verfügung, die zur Planung von Fabriklayouts, Fertigungsstraßen, Materialflusssystemen bis hin zur kompletten Simulation einer »Digitalen Fabrik« herangezogen werden können. Intuitive Planung und realitätsnahe 3D-Visualisierung in der VR stehen den Planern zur Absicherung von Layoutplanungen zur Verfügung. Mit der Anbindung verschiedener Interaktionsgeräte, angefangen bei Datenhandschuhen bis hin zu zweidimensionalen Bewegungsplattformen, wird der Mensch zukünftig immer tiefer in die virtuelle Welt eintauchen und zum Bestandteil der virtuellen Simulation werden. Beispielsweise können manuelle Kommissionierprozesse bereits simulativ in der VR nachvollzogen werden. Ein integriertes Tool misst die durch den Kommissionierer in der virtuellen Welt erbrachte Leistung, so dass bereits vor der Umsetzung des realen Lagers mit dem virtuellen Modell Aussagen über Durchsätze getroffen werden können. Dementsprechend werden sich durch den Einsatz der VR Planungen wesentlich kostengünstiger gestalten. Darüber hinaus kann das VR-Kommissioniersystem zur Mitarbeiterschulung herangezogen werden, um so Anlaufprozesse in einem neuen Lager zu verbessern. Das Medium VR als Schulungstool wird eines Tages die Ausbildung von Logistikmitarbeitern begleiten und somit deren Einarbeitungszeit und die Anlaufphase neuer Lagersysteme verkürzen.

AUGMENTED REALITY Die Augmented Reality bindet virtuelle Objekte in die reale Umgebung des Benutzers ein. Dies kann für einen der wichtigsten Prozesse in der Logistik, die Kommissionierung, genutzt werden. Die Qualität der Kommissionierung hat direkte Auswirkungen auf die Lieferqualität und das Kunden-Lieferantenverhältnis. Aufgrund der Vielfalt des zu pickenden Artikelspektrums ist der Mensch mit seiner Flexibilität und seinen motorischen Fähigkeiten auch zukünftig nicht durch Automaten zu ersetzen. Um Fehler zu vermeiden, muss er dabei optimal mit Informationen versorgt werden. Zukünftig kann die Informationsbereitstellung in der Kommissionierung auch mit AR unterstützt werden. Über eine Datenbrille, ein so genanntes Head-Mounted-Display (HMD), ist es möglich, dem Kommissionierer die benötigten Daten kontextbezogen bereitzustellen. Dazu werden die für die Auftragsabwicklung erforderlichen Daten (Artikelnummer, Bezeichnung, Entnahmemenge, Lagerplatz etc.), aber auch Handlungsanweisungen zur Qualitätssicherung direkt in sein Gesichtsfeld projiziert. Hierdurch hat der Kommissionierer die Daten ständig vorm Auge, so

BILD 415 Virtuelles Schulungstool für den Zusammenbau von elektronischen Bauteilen

BILD 416 Ein mit einer Datenbrille ausgestatteter Kommissionierer

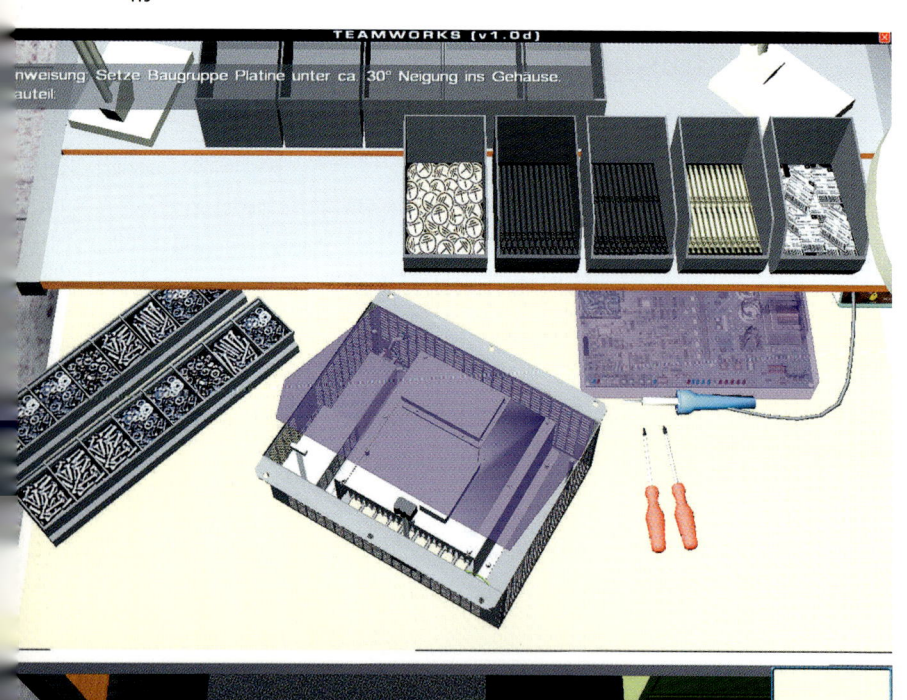

BILD 417 Virtueller Kommissionierdemonstrator mit Laufband und Datenhandschuh

struktur, den Umwelteinflüssen wie Licht und Lärm etc. stellt die grundlegende Randbedingung für die Planung dar. Mit AR besteht die Möglichkeit, am Rechner konstruierte oder geplante Anlagen aufwandsarm in diese reale Welt einzublenden. Hierdurch lassen sich Vorabbilder oder Videosequenzen zukünftig zu realisierender Anlagen erstellen. Diese können verwendet werden, um beispielsweise Störkanten mit real bestehenden Einrichtungsgegenständen zu identifizieren. Der Planungsprozess wird dadurch verstärkt abgesichert, so dass kostspielige Umplanungen während der Umsetzungsphase entfallen. Zur Anwendung müssen an relevanten Punkten in der realen Fertigungsumgebung Markierungen angebracht werden. Soll zum Beispiel überprüft werden, ob mit einer bestehenden Fördertechnik neue oder abgeänderte Bauteile befördert werden können, sind zunächst an der För-

dass er beide Arme für seine eigentliche Tätigkeit frei verwenden kann, ohne von einem MDE-Gerät oder Papierlisten behindert zu werden. Suchzeiten entfallen und Fehlhandlungen lassen sich reduzieren. Durch den Einsatz eines Trackingsystems ist es zusätzlich möglich, die Position des Mitarbeiters sowie dessen Blickrichtung zu erfassen und somit die virtuellen Daten positionsbezogen einzublenden. Über Pfeile wird zum Beispiel der Weg durch das Lager zum entsprechenden Entnahmeplatz unterstützt. Die Entnahme falscher Artikel kann eingeschränkt werden, da das Lagerfach durch eine virtuelle Markierung hervorgehoben wird. Durch diese Form der Mitarbeiterunterstützung ist davon auszugehen, dass sich die Arbeit in der operativen Logistik grundlegend ändert. Arbeiter müssen sich darauf einstellen, nicht nur in einem Logistikbereich tätig zu sein. Mit der optimalen Bereitstellung der Informationen werden Mitarbeiter flexibler einsetzbar. Der Aufgabenbereich des Kommissionierers erweitert sich. Er kann erste Vormontagen durchführen, indem ihm auch Montageabläufe und sogar zugehörige Animationen über die Datenbrille eingeblendet oder ihm Schritte zur Qualitätsprüfung vorgegeben werden.

In der Planung logistischer Systeme wird die AR-Technologie anderweitig Verwendung finden. Die reale Umgebung mit der bestehenden Fördertechnik, Lagereinrichtung, Gebäude-

dertechnik und an möglichen Störkanten diese Markierungen anzubringen. Von den kritischen Stellen werden anschließend mit einer kalibrierten Digitalkamera Fotos aufgenommen. Das rechnerbasierte Werkzeug übernimmt die Zuweisung von virtuellen Objekten zu den Markierungen. Dieses Planungswerkzeug integriert so das neue Bauteil lagerichtig in die bestehende Fördertechnik. Das virtuelle Objekt lässt sich dann mit Ebenen schneiden, die den Markierungen an den Störkanten zugewiesen wurden. So kann erkannt werden, ob Kollisionen auftreten. Der Vorteil der Technologie liegt gerade darin, dass über das Foto der aktuelle Zustand der realen Fertigungsumgebung einbezogen wird. Obwohl der Trend immer mehr dazu geht, Fertigungsanlagen komplett in 3D-CAD zu generieren, ist oft die Aktualität der Modelle nicht gewährleistet. Mit AR kann dagegen die reale Fertigungsumgebung mit der virtuellen Planung kombiniert und somit ein vollständiges Bild der zukünftigen Fertigungsumgebung auf Basis aktueller Rahmenbedingungen erstellt werden. Dies ist vor allem bei Änderungsplanungen von Vorteil, bei denen eine bestehende Fertigungsanlage oder Fördertechnik verändert oder erweitert wird.

ERFORDERLICHE ENTWICKLUNGEN AUF DEM WEG ZUR VIRTUELLEN LOGISTIK

Die Vision des digitalen Logistiksystems ist jedoch noch mit einigen Hindernissen verbunden, denn die Entwicklung einer Technologie ist eine Seite, deren Akzeptanz bei den Nutzern eine andere. Der Einsatz von AR- und VR-Anwendungen in der Praxis scheitert heute oft noch an nicht ausgereifter Hardware. Bei der Kommissionierung mit AR trägt der Mitarbeiter eine Datenbrille. Obwohl die Entwicklung dieser Brillen bereits in den 70er Jahren begann, bestehen immer noch ergonomische Probleme. Entwickler werden jedoch die vorhandenen Zielkonflikte dieser Datenbrillen lösen, die zum Beispiel dadurch entstehen, dass die Leistungsfähigkeit der Optik konträr zu einer Gewichtsminimierung steht. Derzeitige arbeitsschutzrechtliche Bedingungen besagen zudem, dass das Sichtfeld des Lagerarbeiters nicht eingeschränkt werden

BILD 418 *Eine virtuell geplante Fertigungslinie in der realen Umgebung; das Bezugsobjekt zwischen realer und virtueller ist die weiß-schwarze Markierung am Boden*

BILD 419 *Virtual Retinal Display mit einem halbdurchlässigen Spiegel und Infrarot-Trackingkameras*

419

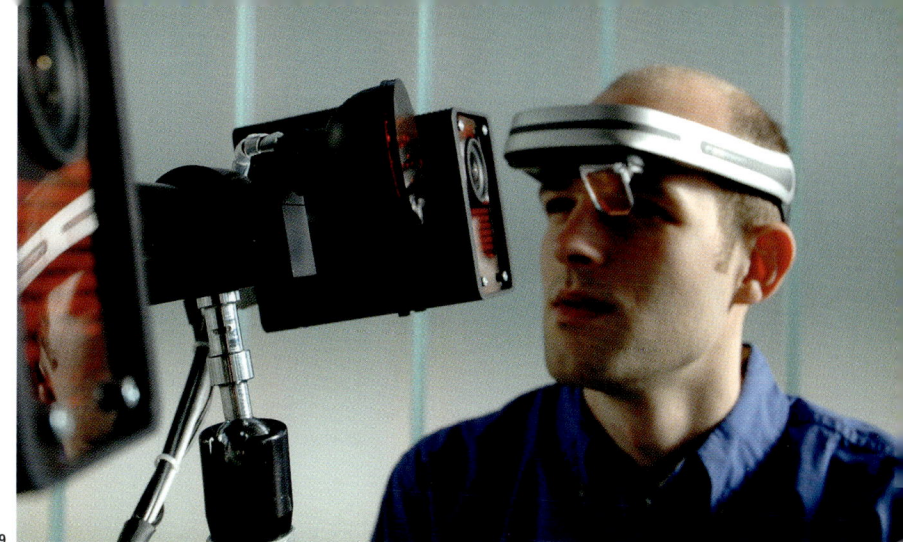

darf, da dies die Verletzungsgefahr für den Werker oder die Gefahr der Beschädigung von Objekten erhöht. Deshalb sind für den Einsatz der AR Optiken zu entwickeln, die ein freies Sichtfeld für den Werker ermöglichen und zum Beispiel über einen halbdurchlässigen Spiegel das Bild im Sichtfeld des Benutzers darstellen. Er kann durch diesen Spiegel hindurch sehen, während auch das darauf projizierte virtuelle Bild für ihn sichtbar wird.

Eine weitere Komponente von AR- und VR-Systemen ist das Trackingsystem. Dabei gibt es unterschiedliche Verfahren. Das Tracking kann beispielsweise optisch über Bilderkennung mit Hilfe einer Kamera sowie mit oder ohne Markierungen und unter Verwendung von Infrarotkameras erfolgen, die mit der entsprechenden Software die Rückstrahlung von reflektierenden Markierungen auswerten. Dieses Infrarottracking ist sehr genau, aber für die Abdeckung eines großen Bereichs sind viele Kameras nötig, so dass sich die Kosten rapide erhöhen. Die Technologie eignet sich gut für die Ausstattung von VR-Laboratorien, aber nicht für weiträumige Anwendungen wie die Mann-zur-Ware Kommissionierung. Auf der anderen Seite ist ein optisches Tracking kostengünstiger umzusetzen, aber bezüglich Genauigkeit und vor allem Robustheit durch unterschiedliche Lichtverhältnisse oder Verschmutzung von Markierungen beschränkt. Es wird auch an Trackingsystemen geforscht, die über ein WLAN-Netz oder über RFID-Transponder realisiert werden. Dies sind Technologien, die in der Logistik bereits anderweitig im Einsatz sind. Für logistische VR- und AR-Anwendungen wäre es vorteilhaft, wenn diese auch für das Tracking verwendet werden könnten.

Die Einbindung des Nutzers in die logistischen Prozesse in die virtuelle Welt ist von einer weiteren Komponente der AR- und VR-Systeme abhängig. Dies sind die Interaktionsgeräte, über die der Benutzer Informationen mit dem System austauschen kann. Der Kommissionierer mit AR-Unterstützung hat zum Beispiel die Entnahme zu quittieren oder Fehlmengen zu melden. In der VR muss sich der Mitarbeiter zusätzlich noch durch die virtuelle Welt bewegen und mit den virtuellen Objekten interagieren. Es gibt bereits heute eine Vielzahl von Geräten, die für den jeweiligen Anwendungsfall dienlich sind, doch keine intuitive Handhabung ermöglichen, beziehungsweise eine spezielle Anpassung der Interaktionsmetaphern erfordern. Vor allem in der dreidimensionalen VR-Umgebung können die standardmäßig in jedem PC eingesetzten Interaktionsmethoden nicht angewandt werden, denn sie sind trotz des Versuchs sie »dreidimensionaler« erscheinen zu lassen (siehe Microsoft Windows Vista) immer noch auf zweidimensionale Anzeigegeräte beschränkt. Aber ohne eine ähnlich intuitive Bedienung von AR- und VR-Systemen werden die normalen Anwender sie nur ungern nutzen. Am natürlichsten ließen sich Computer durch Gesten oder Gedanken steuern. Dies klingt visionär, aber es gibt schon erste einfache Anwendungen, die durch die Gehirnströme des Benutzers gesteuert werden. Zur Umsetzung dieser Brain Computer Interfaces sind aber noch Hilfsmittel, zum Beispiel das Anbringen der Elektroden am Kopf, notwendig. In den letzten Jahren wurden dabei erstaunliche Fortschritt erzielt, so dass aus der Vision einer Interaktion mit Computern ohne den Einsatz von komplexen Geräten eines Tages Wirklichkeit werden wird.

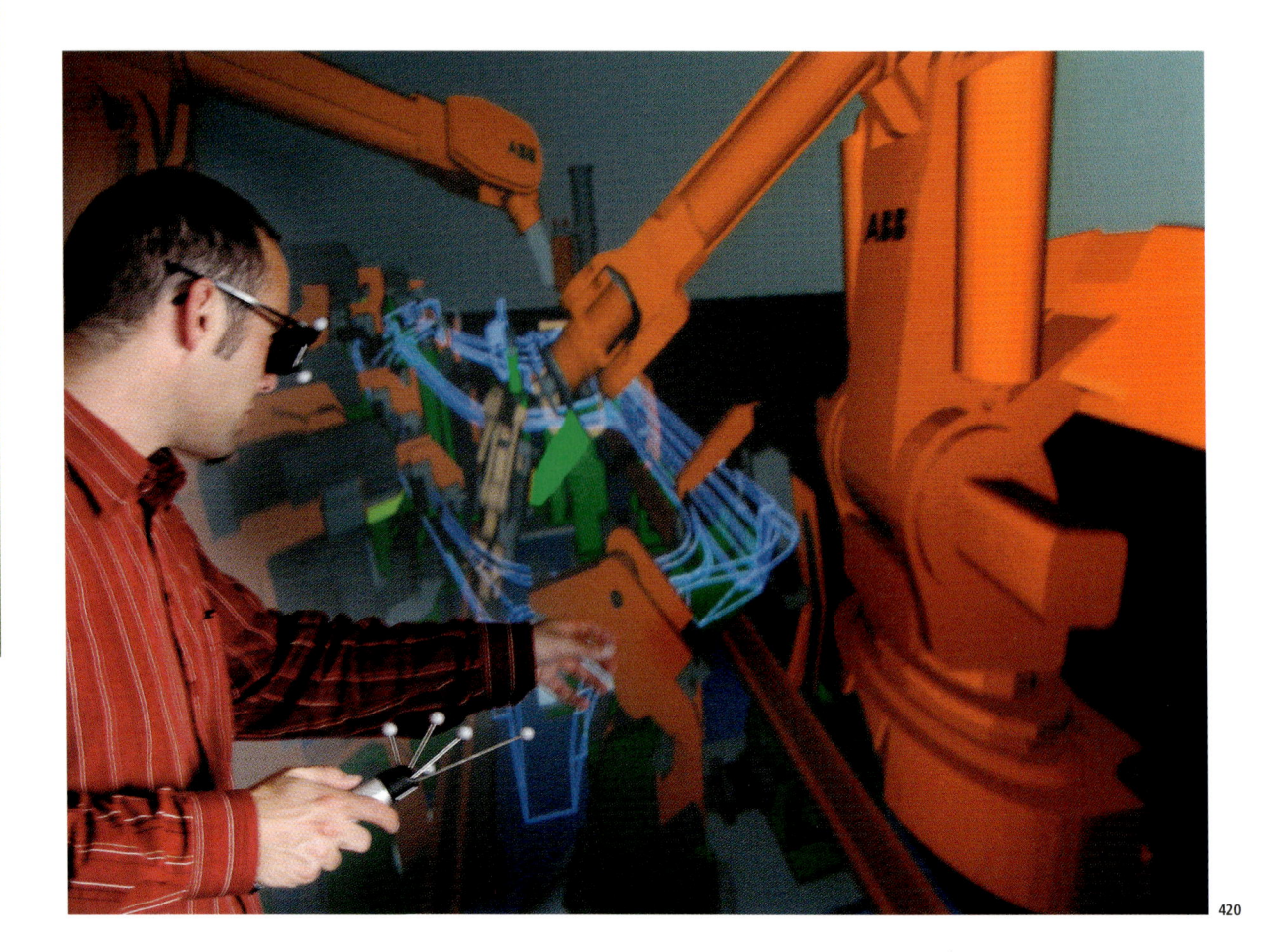

BILD 420 *Simulation einer geplanten Fertigungszelle in der virtuellen Welt*

BILD 421 *Vollständiges digitales Modell eines geplanten Logistiksystems*

Von der Planung zum Betrieb

Trends zeigen, dass in hochkomplexen Planungsnetzwerken verstärkt mit Hilfe digitaler Werkzeuge geplant wird. Die Vision, die am Ende dieser Entwicklung steht, ist eine komplett durchgängige Planungskette auf Basis digitaler Hilfsmittel, um damit ein wesentlich vereinfachtes und effizienteres Planen zu ermöglichen.

Der Überbegriff für diese Vision ist die Digitale Fabrik. Sie beschreibt ein umfassendes Netzwerk von digitalen Modellen und Methoden und enthält Tools wie Simulation und 3D-Visualisierung. Im Fokus stehen dabei die ganzheitliche Planung, Realisierung, Steuerung und eine laufende Verbesserung aller wesentlichen Fabrikprozesse und -ressourcen in Verbindung mit dem Produkt. Ziel ist, die Fabrik vollständig als digitales, experimentierfähiges Modell abzubilden und mittels rechnergestützter Planungstechniken abzusichern.

Das Zusammenspiel von verschiedensten digitalen Werkzeugen soll an einem Beispiel erläutert werden. Aufgrund der Entwicklung eines neuen Produkts mit verschiedenen Derivaten soll eine vorhandene Fertigungslinie und das dazugehörige Logistiksystem umgeplant werden. In der strategischen Phase ist der Einsatz eines Entscheidungsunterstützungstools denkbar. Dieses hilft wesentliche Rahmenbedingungen auf Grund wirtschaftlicher und prozessbedingter Parameter festzulegen. Dabei soll es beispielsweise bei der

Auswahl der richtigen Anlieferstrategie (JIT/JIS) oder der Fertigungstiefe behilflich sein. In logischer Folgerung greift die taktische Planungsphase auf die Ergebnisse der strategischen Phase über entsprechende Informationsverwaltungssysteme zurück, um die Ausgangsdaten für diesen Planungsabschnitt schnell und ohne Informationsverluste akquirieren zu können. Mit diesen Daten beginnt die digitale Planung des Logistiksystems, indem die Prozesse mit einem Prozessplanungssystem aufgesetzt werden. Mit diesen Prozessdaten werden ein statisches 3D-CAD Modell und eine dynamische Ablaufsimulation zu Absicherungszwecken erstellt. Diese Modelle können auch über ein Virtual-Reality-System visualisiert werden, das bei Besprechungen aller am Planungsprozess beteiligten Personen eingesetzt wird, weil sich der Mensch direkt in das Modell hineinversetzen kann. Die intuitive Interaktion erlaubt es dem Benutzer, einfach Änderungen an dem Modell vorzunehmen, die dann in Echtzeit in das CAD-Modell übernommen werden, das wiederum mit der Ablaufsimulation verbunden ist, die sich automatisch an das neue Layout anpasst. Diese bidirektionale Kopplung gilt für alle eingesetzten Systeme. Zur Planung des Logistiksystems werden aber auch Daten aus der Produktentwicklung und der Fertigungsplanung benötigt. Aus den Produktdaten werden automatisch Förderelemente wie Behälter oder Aufnahmen angepasst. Die NC-Simulation von Werkzeugmaschinen ist mit der Simulation des Materialflusssystems gekoppelt. Dabei berechnet die NC-Simulation den Zeitbedarf für jedes Bauteil individuell und schickt die Zeiten an die Ablaufsimulation, die diese Vorgaben automatisch in ihre Berechnungen übernimmt. Wenn bereits detaillierte Modelle vorliegen, werden diese mit AR in der realen Fertigungsumgebung mit den dortigen Rahmenbedingungen abgeglichen. Diese Modelle werden dann auch genutzt, um mit VR den Mitarbeiter aus der Fertigung und der operativen Logistik in die Planung mit einzubeziehen und ihn auf den neuen Anlagen zu schulen. Erst wenn das Logistiksystem und auch die Fertigungslinie komplett virtuell lauffähig sind, ist die Planung abgeschlossen und es beginnt der Aufbau des realen Systems. Damit endet aber nicht der Einsatz der digitalen Werkzeuge. In einem digitalen Leitstand wird der Ablauf der Prozesse in Echtzeit abgebildet und überwacht. Der Leitstand ist mit den Werkzeugen der Planung gekoppelt und so werden Änderungen, wenn zum Beispiel die Anlage auf ein neues Derivat umgerüstet wird, vorab simuliert. Bevor Aufträge abgearbeitet werden, wird zuerst in einer Simulation getestet, welche Kapazitäten dafür notwendig sind und wie sie optimal eingesetzt werden. Das digitale Logistiksystem ist bis heute größtenteils noch eine Vision. Die Forschung ist daher gefragt, auf diesem Feld einen Beitrag zu leisten, damit das digitale Logistiksystem eines Tages in seiner Gesamtheit realisiert werden kann.

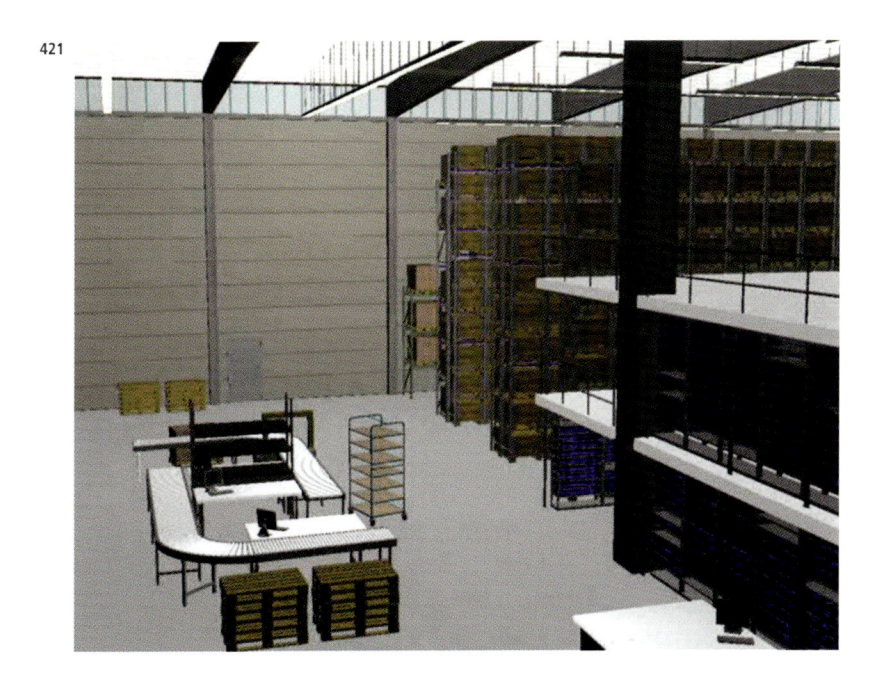

421

422

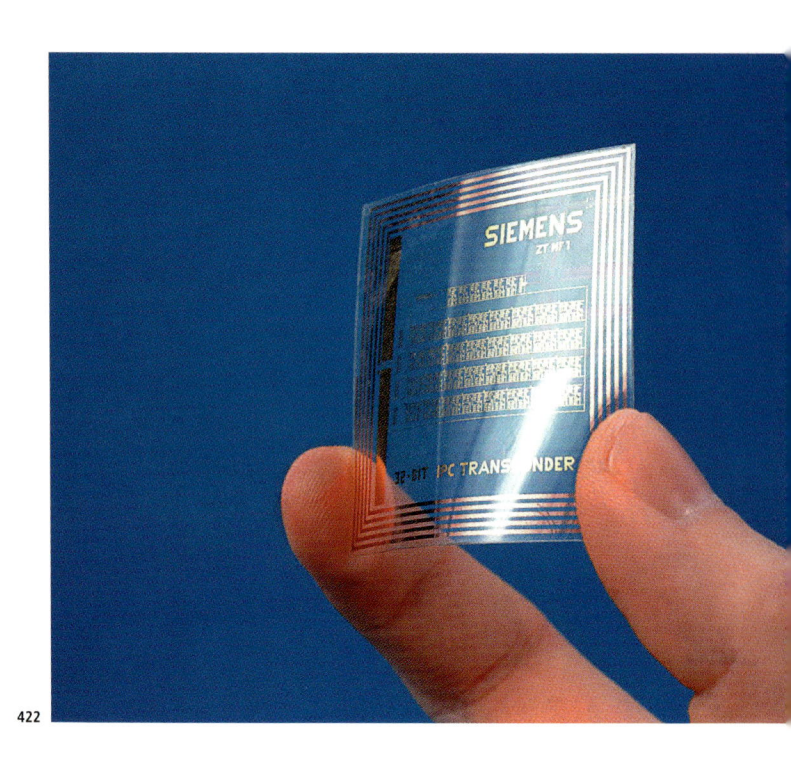

Vom Personalcomputer zum Ubiquitous Computing

Schon 1991 ersann ein Mitarbeiter der Firma Xerox in einem Aufsatz über »Den Computer für das 21. Jahrhundert« die Vision einer von vielen kleinen Computern durchsetzten Welt, die den Menschen unmerklich unterstützen sollten. Seiner Ansicht nach war es nur eine Frage der Zeit, bis die bislang bekannten Personalcomputer in den Hintergrund rücken würden. Die damals schon bekannten Organizer stellten für ihn nur einen ersten Schritt hin zu einer neuen Technologie dar. Stark vernetzte Kleinstrechner würden die Bedürfnisse des Menschen selbstständig erkennen und ihm eine Hilfestellung bei alltäglichen Problemen geben.

Nach seiner These soll der Mensch, ohne sich Gedanken darüber machen zu müssen, von Technik bedient werden. Ein Beispiel dafür sind elektronische, auf vielen Autobahnen verwendete Verkehrsschilder: Je nach Verkehrsaufkommen zeigen sie dem Autofahrer die optimale Geschwindigkeit an. Obwohl diese Schilder ohne jegliche Bedienungsanleitung verstanden werden, arbeiten im Hintergrund leistungsfähige Algorithmen, die die Verkehrssituation analysieren.

Auch ganz neue Anwendungen sind denkbar: In Zukunft könnten die Küchengeräte vom Wecker erfahren, wann man aufsteht. Einige Minuten vorher beginnt die Kaffeemaschine den Kaffee zu machen und der Backofen heizt schon für das Aufbacken der Frühstücksbrötchen vor. Inzwischen empfängt der Rasensprenger den Wetterbericht aus dem Internet. An einem heißen Tag wird er den Garten besonders lange gießen, bei Regen kann durch dieses System wiederum Wasser gespart werden.

Diese Vision allgegenwärtig verteilter, aber unsichtbarer Rechner wurde als »Ubiquitous Computing« bezeichnet und setzt bis heute einen Trend in der Entwicklung neuer Technologien.

RFID – VOM BARCODEERSATZ ZUM »INTERNET DER DINGE«

BILD 422   *Mikrochip auf Polymerbasis*

BILD 423   *Herstellung von Polymerchips durch ein Druckverfahren*

RFID – MEHR ALS NUR BARCODEERSATZ

Im Bereich der Logistik ist eine dieser Technologien die sogenannte Radiofrequenz-Identifikation oder RFID. RFID stellt eine berührungslose Identifikationstechnologie dar, bei der Daten mittels elektromagnetischer Wellen übertragen werden. Ein RFID-System besteht im Wesentlichen aus zwei Komponenten: der Schreib-/Leseeinheit und dem Transponder. Der Transponder ist ein Chip, der mit einer Antenne ausgestattet ist. Es gibt ihn inzwischen in den unterschiedlichsten Bauformen bis hin zum Smart Label, dem elektronischen Produktaufkleber. Schon heute erleichtert RFID beispielsweise die Abfertigung im Eingangsbereich an Skiliften oder die Bezahlung an Kassen der Betriebskantine.

Ein Beispiel für eine weitere Einsatzmöglichkeit dieser Technologie zeigt der METRO Future Store, der bereits im Jahr 2004 in Rheinberg (Nordrhein-Westfalen) eröffnet wurde.

In einem speziellen Warensortiment werden Produkte wie Frischkäse, Haarpflegeprodukte, Rasierklingen sowie CDs, Kassetten, DVDs, Videos und Computerspiele zu Testzwecken

424

mit RFID-Transpondern ausgestattet und zum Verkauf angeboten. Kunde und Verkaufspersonal haben die Möglichkeit, Informationen zu Produkten wie Preis und Mindesthaltbarkeitsdatum an RFID-Lesegeräten abzurufen. Das Handelsunternehmen kann so seine Warenbestandsführung und das Bestellmanagement verbessern. Der Kunde wiederum hat den Vorteil, beim Einkauf nicht vor leeren Regalzeilen zu stehen. Ein intelligenter Einkaufswagen führt ihn anhand eines elektronischen Einkaufszettels der Reihe nach zu den Produkten. Schließlich gelangt er am Ende seines Einkaufs an die Kasse, wo er ein RFID-Lesegerät passiert. Dadurch ist es einem einzigen Kassierer möglich, mehrere Kassen gleichzeitig zu betreuen.

Dies zeigt, dass der Einsatz von RFID-Systemen wesentlich mehr Vorteile mit sich bringt, als nur die Vereinfachung von Handhabungsvorgängen oder etwa als Barcodeersatz.

So bietet die RFID-Technologie die Möglichkeit zur Echtzeitverfolgung des Materialflusses oder der Speicherung umfangreicher Produkt- und Produktionsdaten auf dem Transponder.

Durch Kennzeichnung von Paletten, Behältern oder Gütern lässt sich beispielsweise im Wareneingang nicht nur die Bearbeitungszeit enorm reduzieren, sondern auch die Qualität der Informationen steigern. Die Erfassung erfolgt dabei in der Regel durch eine so genannte Gate-Anordnung der Leseantennen. In dieser Anordnung werden Antennen an einem Portal befestigt. Beim Durchfahren des Gates werden die Transponder automatisch erfasst und die notwendigen Daten (wie Identnummer, Anzahl der Güter, Lieferavis etc.) an das übergeordnete System weitergeleitet. Fehllieferungen oder -mengen werden sofort erkannt und gegebenenfalls ohne Einbuchung zurückgeschickt. Speziell die Lebensmittelindustrie sieht einen großen Nutzen in der lückenlosen Rückverfolgbarkeit von Waren oder Chargen über die gesamte Logistikkette, die mit RFID ohne großen Aufwand möglich ist.

Mit RFID zum »Internet der Dinge«

Die umfangreichen Informationen, die auf einem RFID-Transponder gespeichert werden, ermöglichen eine noch nie dagewesene Selbständigkeit der Waren. Autonome, mit RFID gekennzeichnete Paletten, Pakete und Behälter können sich nun zu einem »Internet der Dinge« verbinden. In diesem sich selbst organisierenden Logistiknetzwerk ist ein intelligentes Paket in der Lage, seinen Weg zum Ziel genauso zu suchen, wie eine E-Mail im Internet. Diese Pakete koordinieren sich untereinander und fordern die nötigen Ressourcen für den eigenen Transport selbständig an. Das »Internet der Dinge« könnte so ein Dilemma auflösen, in das die innerbetriebliche Logistik in den letzten Jahren geraten ist.

Der hohe Automatisierungsgrad führte zu großen, stark vernetzten Materialflusssystemen, die von leistungsfähigen Rechnern zentral gesteuert werden. Vor allem die Steuerungsebene hat bereits heute einen Komplexitätsgrad erreicht, der mit herkömmlichen Systemarchitekturen nur schwer zu beherrschen ist. Im Besonderen gestaltet sich eine Optimierung bestehender Materialflusssysteme als aufwändig, da die große Anzahl der Abhängigkeiten und Wechselwirkungen eine modellhafte Abbildung des Materialflusssystems erschwert. Eine Engpassanalyse und die Erarbeitung von Optimierungsstrategien sind so kaum noch effizient durchführbar. Gerade aus diesen Gründen fordern Experten seit einiger Zeit einen Paradigmenwechsel in der Intralogistik von der zentralen Steuerung hin zu autonomen dezentralen Einheiten, wie sie im »Internet der Dinge« Verwendung finden sollen.

Das selbstständige und intelligente Paket wird Staus erkennen und umfahren. Selbst Anlagenerweiterungen sind ohne zusätzliche Programmierarbeit realisierbar. Ein Paket »erkun-

Bild 424 *RFID-Gate*

Bild 425 *Das »Internet der Dinge« besteht aus mit RFID-Chips ausgestatteten Transporteinheiten und autonom agierenden Materialflussmodulen*

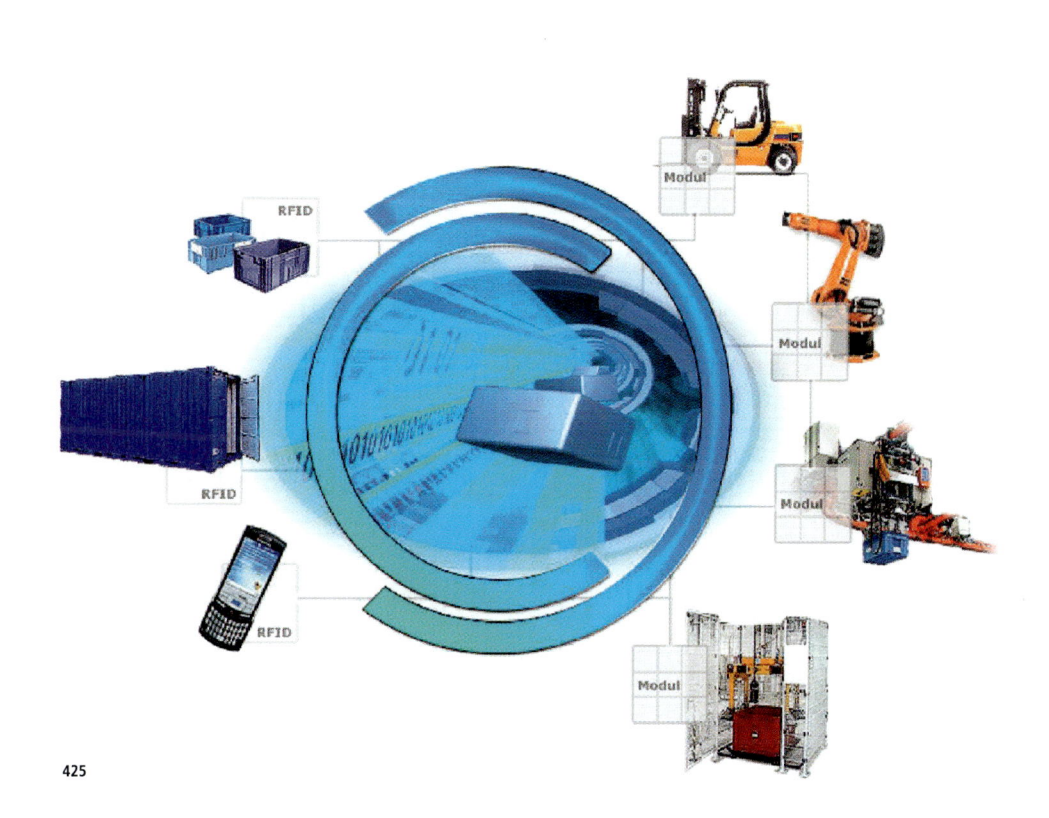

digt sich« über seine geänderte Umgebung und kann sich dank der neu erlangten Fähigkeit, seinen Weg selbst zu planen, in dieser sofort zurechtfinden. Umbaumaßnahmen und Erweiterungen, die derzeit mit großem Aufwand und entsprechenden Inbetriebnahmezeiten verbunden sind, würden erheblich vereinfacht. Nicht nur das Paket wird autonom, auch die Technik zum Transport soll aus eigenständigen Modulen aufgebaut werden.

Ebenso wie im Internet wird es keine Zentrale mehr geben. Jeder Teil eines Logistiksystems kann seine Dienste gleichberechtigt anbieten oder Dienstleistungen in Anspruch nehmen. In diesem Netzwerk aus Kunden und Dienstleistern könnte sich folgendes Szenario abspielen:

Ein Paket wird vom LKW an den Wareneingang geliefert. Zu diesem Zeitpunkt wird ein Programm gestartet, das ab sofort für alle »Bedürfnisse« des Pakets zuständig ist. Dieses erkundigt sich beispielsweise beim Lagerverwaltungssystem nach dem Ziel und der Dringlichkeit des Pakets und berechnet den besten Weg zum Ziel. Nun muss dafür gesorgt werden, dass das Paket dieses Ziel auch in der geforderten Zeit erreicht. Dazu wird mit der umgebenden Fördertechnik darüber verhandelt, wer den nächsten Transport übernimmt. Dies können zum Beispiel Stapler mit Staplerleitsystemen sein. Wie auf dem Börsenparkett gibt nun jeder Stapler sein Angebot an das Paket ab. Entscheidend für den Preis kann dabei der Anfahrtsweg des Staplers sein. Das Paket entscheidet sich schließlich für einen konkreten Stapler und vergibt an diesen den Auftrag. Der Staplerfahrer bekommt die Information auf seinem Display angezeigt und setzt sich in Bewegung.

Diese Verhandlungstechnik ist genauso auch für Weichen, Regalbediengeräte und beliebige andere Teile eines Materialflusssystems denkbar. Prinzipiell ist das Paket auf diese Weise in der Lage, sich schrittweise durch das gesamte Logistiksystem zu bewegen. Falls die kürzesten Wege einmal durch Staus blockiert sein sollten, oder ein Teil der Fördertechnik ausfällt, wird das Paket einfach den zweitbesten Weg nehmen, ohne dass eine Umstellung der Förderstrategie notwendig wird.

BILD 426 *Behälter steuern Materialflusstechnik wie z.B. Roboter oder Rollenbahnen*

Neue Technologien für das »Internet der Dinge«

Das Vorhaben, Behälter und Pakete mit eigenen Rechnern auszustatten, scheitert zwar bisher an den Kosten, ist aber auch nicht unbedingt notwendig. Zur eindeutigen Identifikation eines Pakets reicht ein RFID-Transponder völlig aus. Zusätzlich könnte er alle notwendigen Informationen speichern, um auf einem Server ein kleines Programm zu starten, den Softwareagenten, der die Steuerung für das Paket übernimmt. Softwareagenten sind kleine, autonome Programme, die eine eigene Intelligenz besitzen und in Kooperation miteinander Probleme lösen können. Jedes Paket bekommt so seine eigene Intelligenz zugewiesen und kann nicht nur seinen Weg durch ein Materialflusssystem suchen, sondern auch Transportmittel beauftragen um sein Ziel schnell zu erreichen.

Schon heute kann der Trend, immer mehr Intelligenz in die Antriebs- und Steuerungstechnik zu verlagern, beobachtet werden. Beispielsweise haben sich die in der Antriebstechnik vielfach eingesetzten Frequenzumrichter in den letzten Jahren zu leistungsfähigen Rechnern entwickelt, die zu weit mehr in der Lage sind, als nur die Motordrehzahl vorzugeben. So können sie Aufgaben übernehmen, die bisher der klassischen speicherprogrammierbaren Steuerung (SPS) vorbehalten waren. Es gilt nun, diese Rechenkapazität im Sinne des »Internet der Dinge« auch zu nutzen. Neben intelligenten Steuerungsmechanismen können auch neue Wege der Kommunikation noch stärker genutzt werden. Die bisher eingesetzten CAN- und Profibusnetzwerke werden zwar nach wie vor ihre Berechtigung haben, jedoch ist abzusehen, dass Ethernet auch im Materialflussbereich verstärkten Einsatz finden wird. Dieses Kommunikationsmedium bietet die Möglichkeit, größere Datenmengen und vor allem besser strukturierte Informationen auszutauschen als mit herkömmlichen Feldbustechnologien.

Als Datensprache, beziehungsweise Darstellungsformat für die übertragene Information, bietet sich XML an. Diese Sprache wurde vom World Wide Web Consortium (W3C) definiert und ist ein Standard zur Erstellung von menschen- und maschinenlesbaren Dokumenten. Die Daten werden dabei in einer Baumstruktur geordnet, ähnlich den Dateien auf einem Computer, und sind dabei durch einen Namen identifizierbar. Als solche können sie von einem Softwareprogramm interpretiert und bearbeitet oder auch grafisch aufgearbeitet in einem Internetbrowser angezeigt werden. Neben den eigentlichen Nutzdaten lassen sich auch zusätzliche Angaben speichern, zum Beispiel das Datenformat. So erfährt der Empfänger einer XML-Nachricht aus der Nachricht selbst, wie die verschiedenen Datenelemente interpretiert werden müssen. Durch den Einsatz dieser neuen Kommunikationstechnologien wird es möglich, beliebig viele Geräte und Softwareprogramme in einem Materialflusssystem miteinander zu vernetzen, wobei Teilnehmer jederzeit hinzugefügt oder entfernt werden können. Durch die Fähigkeit der Materialflusselemente zur Ad-Hoc-Vernetzung ergibt sich eine stark verbesserte Anpassungs- und Erweiterungsfähigkeit. So kann ein Materialflussmodul an ein existierendes Logistiksystem angeschlossen werden und ohne weiteren Programmier- und Konfigurationsaufwand mit den anderen Netzwerkteilnehmern kommunizieren.

Die Technologien für das »Internet der Dinge« stehen also bereits zur Verfügung. Aufgabe aktueller Forschung und Entwicklung ist es nun, diese miteinander so zu verbinden, dass dieses neue logistische Netzwerk entsteht. Prototypen sind bereits vorhanden und namhafte Hersteller arbeiten an Lösungen, die in den nächsten Jahren Marktreife erlangen könnten. Das »Internet der Dinge« könnte in absehbarer Zeit Wirklichkeit werden.

Das lernende Unternehmen

Für Unternehmen in der Konsumgüterindustrie tragen zielgerichtete Werbestrategien maßgeblich zum wirtschaftlichen Erfolg bei. Daher streben Marketingabteilungen rund um den Globus seit jeher danach, potenzielle Kunden so gut wie möglich kennenzulernen um ihnen anschließend gezielt die entsprechenden Produkte zum Kauf anzubieten.

Das Kaufverhalten einzelner Konsumenten wird beobachtet, als Datenabbild gespeichert und schließlich in ein Kundenprofil überführt. Bisher erfolgte die dafür benötigte Datengewinnung oftmals durch Kundenkarten und Bonusprogramme wie Payback oder Happy Digits. In Zeiten, da die Bedeutung des Internets auch als Einkaufsplattform immer mehr ansteigt, werden auch in der digitalen Welt fleißig Kundendaten gesammelt und ausgewertet. Aus den Datenbeständen können zunächst bestimmte, vorher festgelegte Fragestellungen beantwortet werden. Zum Beispiel: Wie viele meiner Kunden sind zwischen 18 und 26 Jahre alt und leben in Berlin? Einen Schritt weiter geht das Data-Mining. Bei diesem Verfahren werden die Datenbestände nach Regelmäßigkeiten, Mustern und Strukturen, Abweichungen und jeglicher Art von Beziehungen und gegenseitigen Beeinflussungen untersucht.

Im Internet finden die so gewonnenen Daten ihren Nutzen vor allem im Kundenbeziehungsmanagement. Dies schließt unter anderem die Personalisierung von Internetpräsenzen ein, die auf den Zugriffsprofilen der einzelnen Benutzer basieren. Ein weiteres wichtiges Instrument des heutigen Mar-

AUTONOM UND LERNFÄHIG – AUF DEM WEG ZU KOGNITIVEN LOGISTIKSYSTEMEN

BILD 427   Online-Shopping stellt einen wachsenden Markt für Vertriebsgesellschaften dar

BILD 428   Um einer digitalen Bestellung nachkommen zu können, müssen die angebotenen Güter in Distributionszentren bevorratet und zu Lieferungen zusammengestellt werden

BILD 429   Die Auslieferung zum Kunden erfolgt heute meist über Paketdienstleister

ketings ist die gezielte Adressierung von Werbung an Konsumenten, die anhand ihres Kundenprofiles mit hoher Wahrscheinlichkeit als Käufer des angebotenen Artikels in Frage kommen.

Es lässt sich also durchaus sagen, dass mit jedem Einkauf, ja schon mit jedem Klick auf der Firmenhomepage, das Unternehmen seine Kunden besser kennenlernt. Die Algorithmen und Regeln hinter dem Data-Mining lassen den Anschein entstehen, man hätte es mit einem »lernenden« und »denkenden«, sprich intelligenten Wesen zu tun, das die Vorlieben des Kunden kennt und berücksichtigt und ihm auf diese Weise mit Rat und Tat bei seinen Kaufentscheidungen zur Seite steht.

Durch das Wissen um das Kaufverhalten der eigenen Klientel und die Fähigkeit, dieses in gewissen Grenzen zu steuern, werden auch die Erstellung von Bedarfsprognosen und damit die Optimierung der Bestände erleichtert. Dadurch kann ein Unternehmen sowohl schneller auf Kundenbedürfnisse reagieren als auch die eigenen Lager- und Logistikkosten senken.

Im Gegensatz zum äußeren Verhalten und Erscheinungsbild moderner Unternehmen sind die internen Prozesse, die durch die Kundenbestellungen ausgelöst werden, wie zum Beispiel Kommissionierung, Transport oder Verpackung der Ware, allerdings noch weit davon entfernt, als »intelligent« bezeichnet werden zu können. Um dem neuen Konsumentenverhalten gerecht zu werden, müssen die innerbetrieblichen Vorgänge ebenfalls flexibel und dynamisch anpassbar sein.

Aufgrund des Preis- und Konkurrenzkampfes auf dem Markt ist aber auch ein hoher Automatisierungsgrad anzustreben, wobei heutige automatisierte Systeme meist nicht in der Lage sind, den hohen Wandelbarkeitsanforderungen gerecht zu werden. Um diesen Spagat zwischen Automatisierung und Flexibilität zu bewerkstelligen wird es erforderlich sein, technischen Geräten einige der Eigenschaften zu verleihen, die es heute nur dem Menschen erlauben, sich an fast jede beliebige Situation in Sekundenschnelle anzupassen.

Selbststeuernde Logistik

Herkömmliche Materialflusssysteme werden bisher überwiegend zentral gesteuert. Einer oder einige wenige sehr leistungsstarke Computer überwachen und steuern dabei die gesamte Anlage. Vor allem in größeren Systemen stoßen diese zentralen Komponenten nicht nur schnell an ihre Leistungsgrenzen, die Steuerungssoftware wird dabei auch sehr komplex und unübersichtlich. Dies erschwert nicht nur die Wartung, sondern vor allem auch die Erweiterung und Modernisierung von Materialflusssystemen. Ist eine Anlage erst einmal in Betrieb genommen, kann sie meist nur unter großem Aufwand an sich verändernde Betriebsbedingungen oder Anforderungen angepasst werden. Die Nachteile solcher zentralistischer Modelle liegen also klar auf der Hand.

Die meisten Anlagenbauer und Forscher auf dem Gebiet der Logistik sind sich einig, dass, um den zukünftigen Anforde-

Bild 430 *Fördermittel als autonome Module eines Materialflusssystems*

Bild 431 *Modell eines flexiblen und anpassungsfähigen Materialflusssystems*

431

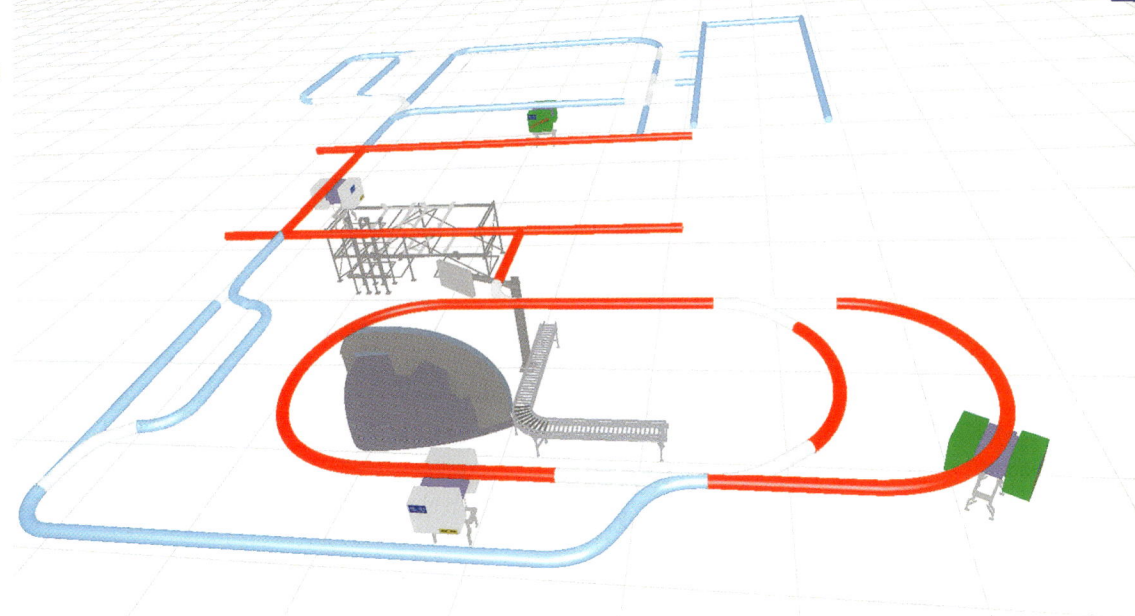

rungen gerecht zu werden, ein radikales Umdenken in der Gestaltung und Realisierung solcher Systeme notwendig ist. An die Stelle der überdimensionierten Steuerungscomputer und -programme treten kleine, autonome Einheiten, die miteinander kooperieren und auf diese Weise ohne übergeordnete Leitrechner den Materialfluss steuern.

Der Grundgedanke dieses Steuerungsprinzips lässt sich mit »Teile und Herrsche« zusammenfassen: eine komplexe Aufgabe wird dabei in kleinere Teilaufgaben gegliedert, die überschaubar und einfach zu lösen sind. Durch die Zusammenführung dieser Teillösungen ergibt sich dann die Gesamtlösung für ein Problem. Auf die innerbetriebliche Logistik übertragen bedeutet dieses Prinzip, dass die elementaren Aufgaben wie Ansteuern von Sensoren und Aktoren, Bewegen von Transporteinheiten oder Verteilen von Aufträgen auf Transportmittel, von den jeweils betroffenen Geräten übernommen und in Eigenregie durchgeführt werden.

Diese Integration von Technik und logistischer Funktion in einem abgeschlossenen, autonomen Modul ermöglicht es, auch komplexe Logistikanlagen nach dem Baukastenprinzip aufzubauen, bei dem die jeweiligen Module wie Förderstrecken, Weichen oder fahrerlose Transportfahrzeuge aufgebaut, an das Stromnetz angeschlossen oder mit Streckeninformationen versorgt werden und dann sofort einsatzbereit sind. Die einzelnen Module kommunizieren, stimmen ihr Verhalten miteinander ab und bewerkstelligen so den Transport der Güter, ohne dass übergeordnete Steuerungscomputer programmiert oder installiert werden müssen.

Weil diese autonomen Einheiten ihre jeweilige Aufgabe selbstständig wahrnehmen und sich um alle dazugehörigen Belange wie Beschaffung von Auftragsdaten, Transport oder Quittierung selbst kümmern, ist das Gesamtsystem äußerst flexibel. Ohne eine starre Struktur oder festgelegte Prozessketten können sich die Entitäten je nach Bedarf vernetzen, zu Kooperationsverbünden zusammenschließen oder solche Verbünde wieder auflösen, ohne dass ein manueller Eingriff nötig ist. Das System kann sich also auf veränderte Betriebsbedingungen, zum Beispiel Veränderungen in der Auftragslast oder entstandene Staus, und auch auf Veränderungen am System selbst, wie z.B. durch Hinzufügen oder Entfernen von Strecken oder Fahrzeugen, vollautomatisch einstellen.

Die Potenziale des Paradigmenwechsels von der zentralen zur dezentralen Steuerung bestehen also nicht nur in einer Vereinfachung der Realisierung und Inbetriebnahme. Vor allem die resultierende Flexibilität und Reaktionsfähigkeit auf veränderte Rahmenbedingungen sind unverzichtbare Eigenschaften automatisierter Logistiksysteme.

Lernfähige Umgebungen

Heute sind bereits befindliche intelligente Geräte im Einsatz, die ihre jeweilige Aufgabe ohne menschliches Zutun erledigen können. Zu erwähnen sind hier zum Beispiel Fahrerlose Transportsysteme oder intelligente Stapler, die ein Warenlager selbstständig befahren und angeforderte Artikel kommissionieren.

In Zukunft sollen autonom agierende Geräte aber noch mehr können. Anstatt nur ein im Voraus eingegebenes Programm ablaufen zu lassen und auf bekannte Signale mit bekannten Aktionen zu reagieren, werden bewegliche und unbewegliche Maschinen kognitiv oder »bewusst«. Genauer gesagt haben kognitive Systeme vier grundlegende Eigenschaften: Sie können ihre Umwelt wahrnehmen, sie stellen in Abhängigkeit ihrer Situation Überlegungen an, lernen aus gesammelten Erfahrungen und sind letztendlich dazu in der Lage, komplexe Planungsaufgaben zu übernehmen. Dadurch können sie Veränderungen in der Umwelt sowie ihren eigenen Einfluss auf die Umgebung voraussehen und so ihre Aufgaben und Aktionen für einen längeren Zeitraum planen.

Anregungen und Ideen für die Umsetzung lernfähiger Maschinen stammen oftmals aus Bereichen der Psychologie und Neurologie. Dort werden die Mechanismen, nach denen Menschen Informationen aufnehmen, verarbeiten und zu neuen Informationen kombinieren bereits seit Langem eingehend untersucht. Im technischen Bereich wird vor allem die Nachbildung des menschlichen Gehirns als Software angestrebt. IBM versuchte in seinem »Blue Brain Project« nachzuweisen, dass ein Gehirn mit sämtlichen biologischen Prozessen in einem Computermodell umgesetzt werden kann, auch wenn die Rechenleistung heutiger Computer bei Weitem nicht ausreicht, um ein komplettes menschliches Gehirn abzubilden. Trotzdem sind auch heute zahlreiche, wenn auch einfachere, Methoden und Algorithmen für die Erschaffung künstlicher Intelligenz bekannt und in verschiedensten Anwendungen, von Computerspielen bis zu menschenähnlichen Robotern im Gesundheitswesen, im Einsatz.

Solche lernfähigen Systeme haben aber nicht nur den Vorteil, dass sie ihre eigenen Möglichkeiten im Laufe der Zeit selbstständig erweitern und optimieren. Vor allem auch im direkten Umgang mit Menschen ist eine derartige Technologie in der Lage, sich an individuelle Bedürfnisse oder Möglichkeiten anzupassen, um Arbeitsvorgänge zu erleichtern oder zu beschleunigen, ohne den Menschen zu ersetzen. Ein Kommissionier- oder Montageplatz kann sich selbstständig an die Körpergröße des Mitarbeiters anpassen, indem die verschiedenen Fächer so verschoben werden, dass optimales Arbeiten möglich ist. Betritt ein neuer Mitarbeiter den Arbeitsplatz, erkennt das System den Bediener und stellt sich entsprechend ein.

In der Logistik gelten solche Konzepte noch als Zukunftsvision, in anderen Bereichen wird daran schon kräftig experimentiert, wie das Forschungsbeispiel »kognitive Küche« an der TU München zeigt: Schränke merken, wann sie geöffnet werden, der Tisch weiß, was auf ihm liegt und über Kameras wird der Standort von Menschen im Raum bestimmt. Zusätzlich gibt es zwei Roboter, die durch ihr eigenes Wissen und die zusätzlichen Informationen von den einzelnen Küchengeräten das Verhalten und die Absicht der Menschen einschätzen können. So kann sich die Küche automatisch auf die Bedürfnisse der Bewohner einstellen und ihnen verschiedene Aufgaben abnehmen: Kaffee kochen, Tisch decken und ältere Personen an die Einnahme wichtiger Medikamente erinnern sind nur einige wenige Beispiele der Möglichkeiten.

Die Nutzbarmachung der Potenziale solcher kognitiven Systeme auch in der Logistik bietet die Möglichkeit, den weiterhin wachsenden Anforderungen adäquat mit hochflexiblen, leistungsfähigen und zugleich äußerst zuverlässigen logistischen Prozessen begegnen zu können.

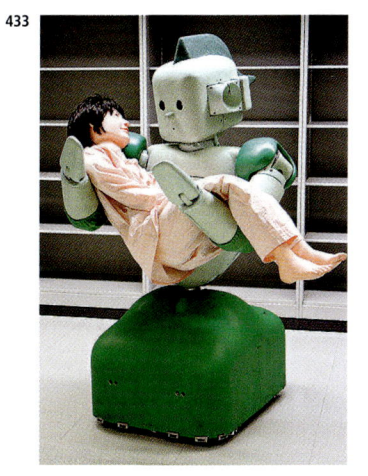

Bild 432 *Industrieroboter beim Einlagern*

Bild 433 *Humanoider Roboter in der Altenpflege*

Bild 434 *Roboter in der kognitiven Küche*

KULTUR UND GESCHICHTE DES HANDELS
Faszination Baumasch
KRANTECHNIK
Bachmann/Cohrs Whiteman/Wislicki
Geschichte des Ingenieurs
HANSER
LASTENFÖRDERUNG DURCH FÜNF JAHRTAUSENDE
dargestellt in Dokumenten der bildenden Kunst
Handbuch Logistik
D. Arnold
H. Isermann
A. Kuhn
H. Tempelmeier
VDI
Springer
PAYENS TECHNISCHE CHEMIE
STOHMANN & ENGLER
II.
LAHDE
Neues Handbuch der Lager-organisation und Lager-technik
Transport- und Lagerlogistik
Logistik
Intralogistik
LOGISTIK STORIES
Pfohl/Bauer/Pflaum
Entwicklungspfade und Meilensteine moderner Logistik
GABLER
huss
Karriere in der LOGISTIK 2004
JAHRBUCH 1999
JAHRBUCH 1998
JAHRBUCH 1997
PRODUKTIONSLOGISTIK CIM 5
VDI VERLAG
ROLF ARMBRUSTER
LOGISTIK LEITFADEN
Karl-Heinz Dullinger
Quo Vadis

Teil D
Anhang

Literaturverzeichnis

Arnold, Dieter Intralogistik, Springer-Verlag, Berlin, Heidelberg 2006

Arbold/Isemann/Kuhn/Tempelmeier Handbuch Logistik, Springer-Verlag, Berlin, Heidelberg 2002

Bachmann/Cohrs/Whiteman/Wislicki Krantechnik – Faszination Baumaschinen, Motorbuch Verlag, Stuttgart 2005

Barocas, C. Monumente großer Kulturen – Ägypten, Ebeling Verlag, Wiesbaden 1974

Bauer, Hans-Jörg; Hallier, Bernd Kultur und Geschichte des Handels, EHI-Eurohandelsinstitut, Köln 1999

Bäune, Rolf; Martin, Heinrich; Schulze, Lothar Handbuch der innerbetrieblichen Logistik, Jungheinrich AG, Hamburg 1991

Bäune, Rolf; Martin, Heinrich; Schulze, Lothar Handbuch der innerbetrieblichen Logistik, Band 2, Jungheinrich AG, Hamburg 1998

Braun, Hans-Joachim Die 101 wichtigsten Erfindungen der Weltgeschichte, Verlag C.H.Beck, München 2005

Dreger, W. Der kombinierte Verkehr – dhf-Jahresband, AGI, Ludwigsburg 1964

Dullinger, Karl-Heinz Quo Vadis Material Handling, Vanderlande Industries/Karten&Druck Verlag, Mönchengladbach 2005

Dullinger, Karl-Heinz Logistikleitfaden für die Praxis, Vanderlande Industries, Mönchengladbach 2000

Dullinger, Karl-Heinz Trends in der Distributionslogistik, Vanderlande Industries, Mönchengladbach 2002

Frey, Somerset L'Histoire du Monde, Deux Coqs d'Or, Paris 1979

Glaser, Hermann; Werner, Thomas Die Post in ihrer Zeit – Eine Kulturgeschichte menschlicher Kommunikation, v. Decker, Heidelberg 1990

Göpfert, Ingrid; Froschmayer, Andreas Logistik-Stories, HUSS-VERLAG, München 2005

Gudehus, T. Transportsysteme für leichtes Stückgut, VDI-Verlag, Düsseldorf 1977

Heptner, Jens RFID in der Bekleidungsindustrie, Universität Duisburg Essen, Duisburg 2005

Heptner, Klaus Eurologistik, fml/TU München, München 2006

Jünemann, Reinhardt Logistische Systeme, TÜV Rheinland, Köln 1988

Kaiser, Walter; König, Wolfgang Geschichte des Ingenieurs, Carl Hanser Verlag, München 2006

Krippendorf, H. Integrierter Materialfluss, Verlag Moderne Industrie, München 1966

Lahde, Helmuth Neues Handbuch der Lagerorganisation und Lagertechnik, Verlag Moderne Industrie, München 1967

Leupold, Jacob Theatrum Machinarium (Faksimile), VDI-Verlag, Düsseldorf (Leipzig) 1981 (1725)

Löhr, M.-O. Simulation der Stationseinfahrt kuppelbarer Einseilumlaufbahnen, Löhr&Partner, München 2002

Martin, Heinrich Transport- und Lagerlogistik, Friedrich Vieweg&Sohn/GWV Fachverlage, Wiesbaden 2004

Meyercordt, Walter Flurförderer-Fibel, Krauskopf-Verlag, Mainz 1971

Meyercordt, Walter Paletten-Fibel, Krauskopf-Verlag, Mainz 1971

Miebach, Joachim Jahrzehnte der Logistik, HUSS-VERLAG, München 2003

Muckelberg, Eckard Zukunft des Verkehrs, Fischer Taschenbuch-Verlag, Frankfurt 1974

Müller, Eberhard Ein Konzept zur Steuerung Fahrerloser Transportfahrzeuge mit Bildverarbeitungssensoren. In: Wissenschaftliche Berichte des Institutes für Fördertechnik der Universität Karlsruhe (Heft 39), 1992

Müller, P. Moderne Lagerverwaltung, Verlag Moderne Industrie, München 1966

N.N. Lexikon der modernen Technik von A – Z, Erfindungen, Marshall Cavendish, London 1983

N.N. Warensortiersysteme/Verteilanlagen, VDI-Bericht 756, VDI-Verlag, Düsseldorf 1989

N.N. Steuerung von Materialflusssystemen, VDI-Verlag, Düsseldorf 1991

N.N. Gepäckförderung im Umbruch, VDI-Bericht 1453, VDI-Verlag, Düsseldorf 1998

N.N. Steuerung von Materialflusssystemen, VDI-Bericht 1107, VDI-Verlag, Düsseldorf 1988

N.N. Werksplanung – Schwerpunkt Logistik, Verlag Moderne Industrie, Landsberg 1992

N.N. 25 Jahre; Sonderpublikation, Zeitschrift Materialfluss, Verlag Moderne Industrie, Landsberg 1994

N.N. 30 Jahre; Sonderpublikation, Zeitschrift Materialfluss, Verlag Moderne Industrie, Landsberg 1994

N.N. 50 Jahre; Jubiläumsausgabe, Zeitschrift f+h, fördern und heben, Vereinigte Fachverlage, Mainz 2001

N.N. 50 Jahre; Jubiläumsausgabe, Zeitschrift dhf, AGT Verlag, Ludwigsburg 2004

N.N. 25 Jahre; Sonderpublikation, Zeitschrift Logistik Heute, HUSS-VERLAG, München 2004

N.N. 20 ans d'innovations, Zeitschrift Logistiques Magazine, Groupe Liaisons SA, Paris 2005

N.N. 20 Jahre; Jubiläumsausgabe, Zeitschrift Logistik für Unternehmen, Springer VDI-Verlag, Düsseldorf 2006

OSTERHAMMEL, JÜRGEN; PETERSSON, NIELS P. Geschichte der Globalisierung, Verlag C.H.Beck, München 2003

OSTERMANN, HANS-HERMANN 25 Jahre Hochregallagertechnik, Zeitschrift f+h, fördern und heben 37, Nr. 1, Vereinigte Fachverlage, Mainz 1987

PFEIFER, H. Grundlagen der Fördertechnik, Vieweg-Verlag, Braunschweig 1977

PROCKL/BAUER/PFLAUM/MÜLLER-STEINFAHRT Entwicklungspfade und Meilensteine moderner Logistik, Gabler-Verlag, Wiesbaden 2004

RONG, O. Auslegungsverfahren für Hochleistungs-Schneckenförderer, M. W. Bauer, Beilngries 2004

RÖPER, CARL Palettenpool, VDI/AWF – Fachgruppe Förderwesen, Düsseldorf 1965

RUCKDESCHEL, W. Faszination Hebetechnik, Vereinigte Fachverlage, Mainz 1991

RÜTTGERS, MARTIN; STICH, VOLKER Industrielle Logistik, Wissenschaftsverlag Mainz, Aachen 2000

SALZER, G. Stetigförderer, Teil 2, Krauskopf-Verlag, Mainz 1967

SCHULZE, LOTHAR Zeitschrift Logistikwelt, Grütter-Verlag, Hannover 1996

SCHULZE, LOTHAR Zeitschrift Logistikwelt, Grütter-Verlag, Hannover 2002

SIEBERT, HORST Weltwirtschaft, Lucius & Lucius Verlagsgesellschaft, Stuttgart 1997

TOUSSAINT, FRITZ Lastenförderung durch fünf Jahrtausende, Mannesmann Demag, Düsseldorf 1965

VIETH, WALTER; STEINKAMP, BERTHOLD Ansprüche des Handels an Ladungsträger und logistikgerechte Verpackungen, GSB, Köln 1986

WEIMAR, H. Hochregallager, Krauskopf-Verlag, Mainz 1973

WITTHÖFT, HANS-JÜRGEN Container – Eine Kiste macht Revolution, Koehlers Verlagsgesellschaft, Hamburg 2000

ZEBISCH, HANS-JÜRGEN Fördertechnik 2, Vogel-Verlag, Würzburg 1972

ZILLICH, E. Fördertechnik 2, Werner-Verlag, Düsseldorf 1975

Abbildungsverzeichnis

Die erste Zahl gibt die Seite an, die zweite die Abbildungsnummer.

Adolf Würth 22/8, 23/9

agiplan 200/299, 215/319, 231/339, 233/343, 264/382, 268/387, 269/389

Archiv Heptner 10/0, 16/3, 37/25, 38/26, 76/94, 94/127, 95/130, 108/151, 108/152, 113/160, 114/161, 127/181, 127/182, 173/262, 184/275, 192/286, 206/306, 206/307, 207/308, 220/326, 223/329, 228/335, 241/352, 242/353, 254/370, 266/384, 268/388

Armbruster, Rolf 272/0

B. Braun Melsungen 204/304, 205/305

Bachmann 41/31

BARCODAT 240/350

Barocas, Claudio 32/16

Bauer, Hans-Jörg 47/42

BDB 248/360

Beumer 75/90, 128/183, 285/402

biba 75/91

BITKOM 278/396, 278/397

Bito 188/280, 191/285

BKS 34/18

Bleichert 155/234

BMW 69/78, 70/79

Boeing 248/360

Cegelec 132/190

Clark 139/206

Crown 144/212

CTI 123/176

DaimlerChrysler 291/410

Dambach 66/74, 178/269

DB 252/367, 253/369

Demag Cranes&Components 20/6, 21/7, 36/22, 42/34, 42/35, 43/36, 43/37, 44/38, 44/39, 45/40, 48/45, 48/46, 49/47, 50/48, 51/49, 52/50, 53/51, 53/52, 53/53, 53/54, 54/55, 55/56, 55/57, 56/59, 57/60, 58/61, 59/62, 60/63, 60/64, 61/65, 79/102, 112/158, 113/159, 185/276, 185/277, 186/278, 187/278

Dematic 83/113, 84/114, 84/115, 85/116, 86/117, 89/120, 94/128, 95/129, 96/132, 96/133, 97/134, 98/135, 99/136, 100/137, 101/138, 101/139, 102/140, 103/141, 108/153, 109/154, 110/155, 111/156, 114/162, 115/164, 116/165, 116/166, 117/167, 118/168, 120/172, 121/173, 155/235, 156/236, 156/237, 157/238, 158/239, 158/240, 161/244, 168/257, 169/258, 170/259, 171/260, 172/261, 174/263, 177/268, 196/294, 199,298, 212/316, 216/321, 221/327, 229/336, 230/337, 236/345, 243/354, 265/383

Desserich 194/289, 195/291

Deutsche Post AG (DHL) 167/256

Deutsches Museum 41/32, 47/43, 104/142, 226/331

DHL 247/359

Doll, Hans Karl 77/96, 136/201, 212/315, 267/385, 267/386

E&K Automation 141/208, 145/213, 145/214

Early Office Museum 232/340

Eisenmann 119/170, 120/171, 122/174, 122/175, 271/392

ERCO 204/303

Fachverband Robotik 70/80, 71/81

fir/RWTH Aachen 224/330

fml/TU München 15/2, 36/24, 39/28, 76/92, 112/157, 128/184, 162/247, 189/281, 208/309, 209/310, 209/311, 210/312, 210/313, 211/314, 260/376, 260/377, 261/378, 262/379, 263/380, 270/391, 286/403, 288/404, 288/405, 290/407, 292/411, 296/415, 297/416, 297/417, 300/420, 301/421, 304/424, 305/425, 306/426, 310/430, 311/431, 312/432

ForLog 274/393

Fredenhagen 119/169

FTM 293/412

Gardena 217/320

Gebhardt 34/19, 35/20

General Electrics 68/77

General Motors 68/76

Geometrie/Tiefenbach 76/93

Glaser, Hermann 244/356, 244/357, 245/358

Gottwald Port Technology 154/232, 255/371

Graybar 226/333

Hafen Hamburg 276/395

Handbuch Logistik 236/346

Hebezeuge Fördermittel 36/23, 56/58, 161/245

Holstein&Kappert 74/87

HUPAC 255/371

HUSS-MEDIEN GmbH / Verlag Bauwesen 30/0

ident 239/348

Integral 107/149, 107/150, 194/290, 195/292

Interroll Fördertechnik 179/270

iStock 308/427, 309/428, 309/429

IUKS/TU München 313/434

Jungheinrich 139/207, 140/208, 142/209, 142/210, 143/211, 149/222, 176/265, 176/266, 291/409

Kalmar 147/218, 147/219

Kammerer-Charlottenburg, Otto 198/296

Kardex 167/255, 219/324

Karstadt AG 24/10, 25/11, 258/373, 259/375

Kasto 186/278

KBS 217/320

Knapp 217/320, 220/325

Kochbar, Ravi 231/338

Kocher 192/287

Krone 38/27, 259/374, 282/400

Krones 74/86

KUKA 72/82, 73/85, 284/401

Lahde, Helmuth 188/279

Leitner 105/144

Leupold, Jacob 40/29, 198/297

Liebherr 63/67, 64/68, 65/71, 66/73

Linde 141/208

Linden Research 279/398

Lorain 66/72

LWK Niedersachsen-Versuchsfeld Infeld/Manthey 241/351

MacGregor/BHN 77/95

MAERSK 263/381

MAN 248/360

Marshall Cavendisch 40/30, 138/204, 138/205, Titel

Martin, Heinrich 146/215, 240/349

Mercedes Benz 248/360

Mercedes Benz AG 26/12, 27/13

metaio 298/418, 299/419, Titel

Metro 243/355

Meyercordt, Walter 35/21

MLOG Logistics 203/302

MLR Systems 153/229, 153/230

Moog 293/413

Museum für Kommunikation 124/177

Nedcon 189/282, 190/284

Nuyts 152/228

OPDR 248/360

Otto 159/241

Paulaner 130/187

Pfaff-silbergrau 92/123

Pfohl, Hans-Christian 12/1

Plantmatic 152/227

Popular Electronics 148/220

psb 129/185, 166/254

PSLT 151/225

Quelle AG 18/4, 18/5, 214/317, 214/318, 233/342

Ramsis/Ife 289/406

RIKEN 313/433

ro-ber 73/84, 75/88

Savoye Logistics 183/274

SBB Cargo 248/360

Schultheis 186/278, 187/278

SDZ 270/390

Sedus 202/301

Siemag Transplan 92/124

Siemens 134/195, 135/197, 137/202, 226/332, 227/334, 294/414, 302/422, 303/423

Siemens Corporate Archives 125/178

Somerset Frey 196/293

SSI Schäfer 166/253, 176/267, 190/283, 193/288, 218/323

Stahl 42/33

Steinbock 146/216

Stöcklin (Siemag) 164/251, 165/252

Stöhr-Förderanlagen 78/98, 78/99, 78/100, 79/101, 80/103, 80/104, 80/105, 81/106, 81/107, 81/108, 81/109, 82/110, 82/111, 93/125, 93/126, 95/131, 104/143, 105/145, 106/146, 106/147, 126/179, 127/180, 234/344

swisslog 159/241

swisslog (Digitron) 150/223, 150/224, 151/226, 153/231, 160/243, 164/249

Tchibo/BLG 28/14, 29/15

Terex-Demag 67/75

TGW 128/183, 162/246, 163/248, Titel

TMS Automotion 154/233

Toussaint, Fritz 33/17, 46/41, 47/44, 197/295

Tupolew 248/360

Vanderlande Industries 73/83, 75/89, 83/112, 90/121, 91/122, 128/183, 128/183, 130/186, 131/188, 131/189, 132/191, 133/192, 133/193, 133/194, 134/196, 135/198, 135/199, 136/200, 137/203

VDA 276/394

VDI 106/148, 115/163

Vetter-Fördertechnik: 77/97

viastore 88/119, 160/242, 164/250, 175/264, 200/300

VIT-Veinigte Informationssysteme Tierhaltung/ Manthey 241/351

Wagner 149/221

WCML 248/360

Westfalia Storage Systems 180/271, 181/272, 182/273

Wikipedia/GFDL 232/341

Witron 87/118, 218/322, 222/328, 280/399

Witthöft, Hans-Jürgen 250/361, 250/362, 250/363, 251/364, 251/365, 251/366, 256/372

Wöhr 147/217

Wölfel 291/408

Wolff, Gerd 252/368

WOLFFKRAN 62/66, 64/69, 65/70

Woodland (US-Patent 2,612,994) 238/347

Unternehmen und ihre Firmengeschichte

**JE WEITER MAN ZURÜCKBLICKEN KANN,
DESTO WEITER WIRD MAN VORAUSSCHAUEN.**

Winston Spencer Churchill (1874 – 1965), britischer Staatsmann;
1953 Nobelpreis für Literatur

Unternehmen und ihre Firmengeschichte

Die nachfolgenden Unternehmen haben nicht nur wesentlich zum Gelingen dieses Buches beigetragen, sondern auch im besonderen Maße die technische Entwicklung mit ihren Innovationen und Produkten vorangetrieben.

Sie geben mit ihren Unternehmensportraits interessante Einblicke in ihre Firmen-Philosophie und -Historie.

BEUMER Maschinenfabrik GmbH & Co. KG

Bluhm Systeme GmbH

BSS Bohnenberg GmbH

DAMBACH Lagersysteme GmbH & Co. KG

Demag Cranes AG

Dematic GmbH & Co. KG

Dürkopp Fördertechnik GmbH

GEBHARDT Fördertechnik GmbH

Hebezeuge Fördermittel, Fachzeitschrift

Interroll (Schweiz) AG

HUSS Unternehmensgruppe

Jungheinrich AG

KNAPP Logistik Automation GmbH

Kocher Regalbau GmbH

LogiMAT, Internationale Fachmesse

LTW Lagertechnik GmbH

Marotech GmbH

MLOG Logistics GmbH

SSI SCHÄFER / Fritz Schäfer GmbH

STAHL CraneSystems GmbH

Stöcklin Logistik AG

Swisslog AG

TGW Transportgeräte GmbH

Technische Universität München

Vanderlande Industries GmbH

viastore systems GmbH

Westfalia Storage Systems GmbH & Co. KG

WITRON Logistik + Informatik GmbH

In 70 Jahren zum global agierenden Unternehmen

Innovationen von Beumer für optimalen Materialfluss

1935	1939	1975	1987	2005	2006
Der erfolgreiche Weg des Familienunternehmens begann am 9. Dezember 1935.	Beumer liefert die ersten Rollenbahnen für Coca Cola, Deutschland.	Lieferung des ersten Lade- und Palettierautomaten.	Einstieg in die Sortier- und Verteiltechnik.	Beumer erhält die Innovationsauszeichnung TOP 100.	Die Beumer Gruppe stärkt die Kundennähe durch ein eigenes Werk in Shanghai.

Die Beumer Maschinenfabrik GmbH entwickelt seit über 70 Jahren individuelle Systemlösungen nach Maß. Das in Beckum ansässige Unternehmen gilt als Spezialist für zukunftsweisende Anlagen der Intralogistik. Dabei umfasst das Gesamtprogramm des international agierenden Familienunternehmens Förder-, Verlade-, Palettier- und Verpackungstechnik sowie Sortier- und Verteilsysteme. Schnelle Innovationszyklen und die breite Produktpalette sprechen für sich. Eine Vorreiterrolle übernimmt Beumer im Bereich der berührungslosen Energieübertragung: Das Unternehmen setzt diese Technologie heute konsequent in verschiedenen Produkten der Sortier- und Verteiltechnik ein. Kurier-, Express- und Paketdienste, Flughäfen sowie Versandhandel und Industrie profitieren davon.

Als Bernhard Beumer am 9. Dezember 1935 die Maschinenfabrik in Beckum gründete, ahnte er noch nicht, dass sich Beumer zu einer weltweit agierenden Unternehmensgruppe entwickeln würde. Der damals 33-jährige Oberingenieur legte mit der Spezialisierung auf Fördertechnik den ersten Grundstein zum Erfolg. Schnell erfolgten die Aufträge aus der heimischen Zement- und Kalkindustrie sowie dem Bergbau des Ruhrgebiets. Das erfolgreiche Produktprogramm umfasste damals Transportanlagen, Bergwerksmaschinen und Eisen- und Blechkonstruktionen. Schon bald sah sich Bernhard Beumer in der Lage, die gemieteten Produktionshallen zu kaufen und zu modernisieren. Außerdem konnte die Mitarbeiterzahl bereits im zweiten Gründungsjahr von 32 auf 79 Mitarbeiter gesteigert werden. Die zielgerichtete Produktdiversifikation führte zu Neuentwicklungen, mit denen neue Kundenkreise erschlossen wurden.

Rollenbahnen für Coca-Cola in Deutschland, 1939

Hochleistungssortieranlage für den Otto Versand

So stellte die Fabrik zusätzlich zum Schüttguttransport für die Bau-, Steine- und Erdenindustrie erste Maschinen und Anlagen für die Stückgutförderung her.

Bis heute liegt ein wesentlicher Erfolgsfaktor des Unternehmens im familiären Geist und der Einbindung der Mitarbeiter in innerbetriebliche Prozesse. 1952 ließ der Gründer die Beumer Maschinenfabrik in eine Kommanditgesellschaft umwandeln und beteiligte somit seine fünf Kinder am Unternehmen. Die Anteilsmehrheit übernahm im Jahr 1981 sein Sohn Dipl.-Ing. Bernhard Beumer. In der dritten Generation trat 2005 Dr.Ing. Christoph Beumer in die Geschäftsführung ein. Das Unternehmenscredo „Nicht der kurzfristige Gewinn, sondern der langfristige Erfolg ist unser Ziel" hat bis heute nichts an Aktualität verloren.

Innovationsfreude, Kommunikation und der permanente Dialog zwischen Vertrieb, Technik, Forschung und Entwicklung kennzeichnen die zukunftsorientierte Ausrichtung der Beumer Gruppe, die mittlerweile 750 Mitarbeiter beschäftigt und in mehr als 70 Ländern aktiv im Einsatz ist.

Ein weiterer Meilenstein in der internationalen Ausrichtung ist die Präsenz in China. Seit dem ersten Januar 2006 ist Beumer mit einem eigenen Werk in Shanghai vertreten.

www.beumer.com

Individuelle statt identische Kennzeichnung
AutoID-Systeme für lückenlose Lieferkette

Über viele Jahre war die Produktionswelt darauf ausgerichtet, immer schneller und in größeren Stückzahlen identische Produkte herzustellen – und diese dann auch rationell identisch zu kennzeichnen.

Kennzeichnungstechniken, die diese Anforderungen erfüllten, waren Ende der 70er beispielsweise Schablonenstanzmaschinen, mit deren Hilfe die Informationen als Schablone ausgestanzt und mit Pinsel und Farbe aufgebracht wurden. Für die komplexen Kennzeichnungsanforderungen von heute in Produktion und Logistik reicht die Technik von damals längst nicht mehr aus. Vermeidung von Out-of-Stock-Situationen, Optimierung der Produktionssteuerung oder Verbesserung der Rückverfolgbarkeit sind ohne individuelle Kennzeichnung nicht möglich. Passgenaue Lösungen sind gefragt.

Als Anbieter für branchenübergreifende Kennzeichnungstechnik bietet Bluhm Systeme innovative Codier- und Etikettierlösungen für eine effiziente Materialflusssteuerung und einen lückenlosen Qualitätsnachweis.

Erfolg mit Komplettlösungen

Vor fast 40 Jahren von Eckhard Bluhm gegründet, entwickelte sich Bluhm Systeme vom Ein-Mann-Betrieb zu einem expandierenden, marktführenden Unternehmen mit über 350 Mitarbeitern und einem kumulierten Umsatz von rund 86 Mio. Euro im Jahr.

Jeden Tag setzen Tausende von Kunden Systeme und Zubehör von Bluhm Systeme ein, um mit Klarschrift, Barcodes, Datamatrix-Codes oder RFID-Tags das „Tracking & Tracing" von Waren und Güterströmen in der Lieferkette zu gewährleisten.

Ob glatte oder raue Oberflächen und eckige oder runde Produkte – für jede Aufgabe gibt es eine passende Etikettier- und Codierlösung: Neben Inkjet- und Laser-Codierern sowie Thermotransfer-Direktdruckern im Codierbereich umfasst das Produktportfolio auch Etiketten, Etikettendrucker und -spender sowie Sonderetikettieranlagen im Etikettierbereich.

Verschiedene RFID-Lösungskonzepte – vom „Portable Slap & Ship", „Mobile Slap & Ship" über „Code & Apply" bis hin zum „Code, Print & Apply"-System – runden das Angebot von Bluhm Systeme als Komplettanbieter ab.

Dem technischen Fortschritt verpflichtet

Die Zukunft der Kennzeichnungsbranche prägt und gestaltet das Unternehmen aktiv: Bluhm Systeme arbeitet bei der Entwicklung und Standardisierung von RFID und EPC mit und engagiert sich im RFID/EPC Global Umsetzungsnetzwerk von GS1. Gleichzeitig ist das Unternehmen Mitglied im Expertennetzwerk PROZEUS, dem Projekt für mehr Sicherheit und Transparenz bei eBusiness-Standards des Bundesministeriums für Wirtschaft und Technologie, sowie u. a. im AIM Industrieverband Automatische Identifikation.

Für seine Innovationskraft erhielt Bluhm Systeme bereits mehrere Auszeichnungen: zum Beispiel den Großen Preis des Mittelstands und bereits zum dritten Mal in Folge den Innovationspreis der Initiative Mittelstand.

Qualität und Service gehören zusammen

Der Erfolg des Unternehmens beruht nicht nur auf den passgenauen Kennzeichnungslösungen, sondern auch dem erstklassigen Service: Mit der Bluhm Leasing werden Finanzierung und Systemlösung aus einer Hand geboten.

Als Mitglied der internationalen BluhmWeber Group ist Bluhm Systeme außerdem Teil eines schlagkräftigen Netzwerkes, das über große Markt- und Kundennähe verfügt. Allein in Deutschland, Österreich und der Schweiz kümmern sich täglich 90 Systemberater und Servicetechniker um die Kunden – 18 Servicestationen mit eigenem Ersatzteillager sorgen für ständige Verfügbarkeit. ISO-Zertifizierung nach DIN EN 9001:2000, 24 Stunden Hotline-Erreichbarkeit und kundenorientierte Wartungsverträge stehen für schnelle Reaktion und gesicherte Qualität.

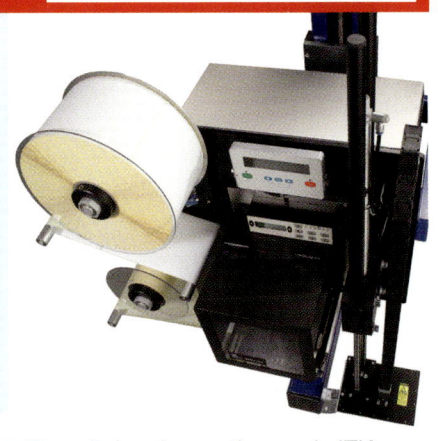

Der mit dem Innovationspreis ITK ausgezeichnete LA 4050 E mit optionalem RFID-Druckmodul druckt und spendet Etiketten in einem Arbeitsgang.

Ein patentiertes Verfahren beim TB-2A ermöglicht die schnelle Etikettierung von zwei, optional drei aneinander grenzenden Palettenseiten.

Mit dem thermischen Inkjet-Codierer Compactline 2.0 können Produkte dank bewährter HP-Technik schnell und exakt beschriftet werden.

Bluhm Systeme GmbH
Telefon +49(0)2224-7708-0
info@bluhmsysteme.com
www.bluhmsysteme.com

Blick zurück nach vorn

Als Systemanbieter für integrierte Logistiklösungen ist die BSS Materialflussgruppe über Jahre gemeinsam mit den Kunden erfolgreich gewachsen. Aus bescheidenen und zugleich vielversprechenden Anfängen heraus hat sich ein europaweites Kompetenz- und Servicenetzwerk entwickelt, das mehr als einmal entscheidende Impulse für Innovationen in der Logistik geliefert hat.

Als Harald Bohnenberg 1991 die BSS Bohnenberg GmbH gründete, war er zur richtigen Zeit am richtigen Ort. Im Grunde genommen ist dies seiner Familie zu verdanken. Noch Anfang des Jahres stand man vor der Entscheidung, neuen beruflichen Perspektiven zu folgen und den Wohnort von Düsseldorf nach Süddeutschland zu verlegen. „Alea iacta est" hieß es, als der vornehmlich durch die beiden Töchter beeinflusste Familienrat mehrheitlich für den Verbleib in NRW votierte. Dieser Initialzündung folgte eine weitere: der Auftrag zur Lieferung der Steuerungstechnik für das zur METRO Group gehörende Varena-Distributionszentrum in Unna.

Gemeinsam mit sechs erfahrenen Mitarbeitern machte sich Harald Bohnenberg Anfang 1992 in Solingen an die Arbeit. Um die komplette Funktionalität und Software vom Antrieb bis zum Fabrikrechner liefern zu können, gründete Harald Bohnenberg bereits zwei Monate später die BSS Datentechnik GmbH für den Leistungsumfang Lagerverwaltungssysteme.

Getragen von dem richtigen Gespür für einen wachsenden Beratungs- und Realisierungsbedarf nahm Mitte der 90er Jahre eine dynamische Unternehmensentwicklung ihren Lauf. Langjährige Erfahrung und das erforderliche Know-how waren entscheidend – insbesondere für den Mittelstand. Dieser Stützpfeiler der deutschen Wirtschaft lieferte bereits früh die entscheidenden Impulse zur Neupositionierung als Generalunternehmer und stützt bis heute den gelebten Slogan „Partnerschaft gewinnt". Als Maxime fest im Unternehmen verankert ist seither auch die Lebensphilosophie des geschäftsführenden Gesellschafters Harald Bohnenberg: „Nicht der Große gewinnt gegen den Kleinen, sondern der Schnelle gegen den Langsamen."

Zwischenbilanz sind europaweit mehr als 400 Projekte, die das derzeit 130 Köpfe zählende Expertenteam in den unterschiedlichsten Branchen erfolgreich realisiert hat. Auch Innovationsstärke stellte BSS hierbei kontinuierlich unter Beweis:

- 1995 wurden von BSS die ersten automatischen Behälterlager mit seitlicher Kommissionierung und dynamischer Artikelbereitstellung konzipiert und realisiert.
- 1996 folgte die erste Pick&Pack-Anlage in der Hochleistungskommissionierung eines Logistikzentrum für Bürobedarf.
- 1996 konzipierte BSS das erste Logistikzentrum mit Multi-Picking-Kommissionierplätzen.

2004 wurde der Markenname „BSS Materialflussgruppe" eingetragen, unter dem nun sämtliche Tochterunternehmen und Niederlassungen europaweit agieren. Ein weiterer wichtiger Meilenstein war der Einstieg der Rofa Beteiligungs-AG im Jahr 2005. Die damit verbundene deutliche Erhöhung der Kapitalstärke bildet eine verlässliche Grundlage, auch Großprojekte mit einem Investitionsvolumen in zweistelliger Millionenhöhe realisieren zu können.

www.bss-materialflussgruppe.

DAMBACH LAGERSYSTEME
dynamic warehousing

33 Jahre jung – Dambach Lagersysteme: Seit der Gründung der Dambach Lagersysteme im Jahr 1974 unter dem Namen „Dambach-Industrieanlagen" hat sich einiges verändert am Standort Gaggenau.

Schwerpunkte des Unternehmens waren die Projektierung und Herstellung von biologischen Kläranlagen sowie die Lagertechnik und Regalbediengeräte. Das erste Regalbediengerät wurde bereits 1974 ausgeliefert und war im Drei-Schichtbetrieb 28 Jahre in einer Gießerei im Einsatz. Hier wurden die Grundlagen der Dambach Qualitätsphilosophie gelegt. Nachdem die Lagertechnik immer mehr an Bedeutung gewann, wurde diese zum Kerngeschäft.

1982 kamen die ersten kurvengängigen Regalbediengeräte hinzu. Der Gangwechsel erfolgte über eine Laufschiene durch eine patentierte Kurven- und Weichentechnik. Die Produktlinie Regalbediengeräte wurde stetig ausgebaut und ab 2001 zum Exportschwerpunkt. Es werden Regalbediengeräte in den unterschiedlichsten Ausprägungen bis zu einer Tragkraft von 4000 kg und einer Höhe von 40 m geliefert. Bei den Regalbediengeräten gehört Dambach Lagersysteme in der Zwischenzeit zu den Marktführern und ist verstärkt international tätig.

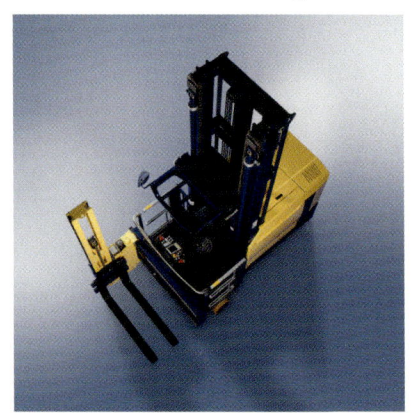

Schmalgangstapler der Hi-Racker Baureihe

Kurvengängiges DLS-Regalbediengerät in einem Hochregallager

Als Ergänzung zu den Regalbediengeräten wurde die Produktlinie „Kommissionierstapler in man-up-Version" entwickelt. Die ersten Geräte kamen 1981 auf den Markt und ermöglichten eine Lagerhöhe von 8 m.

Dambach Lagersysteme gehörte zu den Pionieren bei den Kommissionier- und Hochregalstaplern. Als einer der ersten Hersteller ersetzte Dambach Lagersysteme die Gleichstromantriebe durch Drehstrommotoren. In Verbindung mit der Variohydraulik und einer patentierten Energierückgewinnung sind die Geräte besonders sparsam und dennoch umschlagstark.

Im Jahr 2002 kam DAMBACH Lagersysteme mit einem vollautomatischen Schmalgangstapler, dem Hi-Racker Automatic, auf den Markt. Das Produktsortiment wurde kurz darauf durch den Multi-Lifter, einen wendigen Mehrwegestapler zur Langgutlagerung ab 3000 kg Traglast abgerundet. Dambach Lagersysteme verfügt so über ein durchgängiges Programm für Hochregalgeräte, von vollautomatischen Regalbediengeräten bis 40 m Höhe über Kommissionierstapler bis 14 m Höhe zum hoch flexiblen Mehrwegestapler.

Im Rahmen eines Management-buy-outs hat der langjährige Geschäftsführer, Dr. Roland Thumm, das Unternehmen 2006 übernommen. Ziel ist es, das Unternehmen weiter zu entwickeln, ohne dass es seine durch den mittelständischen Charakter geprägte Flexibilität und Kundenorientierung verliert. Dambach Lagersysteme wird sich auch weiterhin auf die Lagertechnik konzentrieren und als Partner von Systemlieferanten auftreten.

Mehrwegestapler    Regalbediengeräte    Flurförderzeuge

Als Grundlage der weiteren Unternehmensentwicklung wird derzeit ein neues Fertigungsgebäude mit 8000 m² und 2500 m² Büro und Konstruktion errichtet. Im Gegensatz zum allgemeinen Markttrend, Fertigungen ins Ausland zu verlagern, zieht Dambach eine Ansiedlung in der Region Gaggenau vor. Es wird auch in Zukunft auf das Engagement und die Flexibilität des gut ausgebildeten Personals gesetzt. Die kurzen Entscheidungswege eines mittelständischen Privatunternehmens sind die besten Voraussetzungen für weiteres Wachstum.

DAMBACH Lagersysteme, Adolf-Dambach-Straße, D-76571 Gaggenau, Tel.: (+49-72 25) 64-210
www.dambach-lagersysteme.de, e-mail: info@dambach-lagersysteme.de

Mit innovativen Ideen Großes bewegen

Der Demag Cranes Konzern ist einer der traditionsreichsten deutschen Unternehmensgruppen, dessen Geschichte 1819 in Wetter/Ruhr begann. Bereits 1840 nahm das heutige Tochterunternehmen Demag Cranes & Components die Produktion von Laufkranen auf und konzentrierte sich auf die Fertigung von Kranen und Krankomponenten. In 1910 begann die Produktion von Hebezeugen mit Elektroantrieb. Ab 1963 erfolgte die Fertigung von Kranen in Serienfertigung.

Die Gottwald Port Technology nahm ihren Anfang im Jahr 1906 in Düsseldorf mit der Herstellung von Dampfwinden, Dampflokomotiven und dampfbetriebenen Kranen. 1956 stellte Gottwald seinen ersten Hafenmobilkran vor. In 1988 startete man mit dem Bau von fahrerlosen Geräten für den automatischen Container-Transport zwischen Kai und Lagerareal.

Seit 2006 sind die beiden international renommierten Marken Demag und Gottwald unter dem Dach der Demag Cranes AG zusammengefaßt. Als führenden Anbieter von Kran- und Hafentechnologie in global wachsenden Märkten ist die Demag Cranes AG hervorragend positioniert. Mit innovativen Produkten ist Demag Cranes verlässlicher Partner für richtungsweisende Unternehmen mit höchsten technischen Ansprüchen. So baut Demag Cranes seine starke Marktstellung konsequent aus: für nachhaltiges und profitables Wachstum.

www.demagcranes-ag.com

DEMAG CRANES AG

Dematic-Chef Johann Löttner

Vom ersten Hochregallager zu einem der führenden Global Player

Dematic GmbH & Co. KG, mit weltweit 3700 Mitarbeitern und 800 Millionen EURO Umsatz, gilt als einer der größten Global Player für Intralogistik und Systemrealisierung.

Getragen von einer langen Erfolgsgeschichte, die Anfang des 19. Jahrhunderts begann und eng verbunden mit der Industrialisierung verlief, entstanden neuartige Anlagentechniken für die Mechanisierung von Lastentransporten in Fertigungshallen, Maschinenmontagen oder Häfen.

Unter dem Namen Demag seit den 1920er-Jahren auf den internationalen Märkten präsent, erlangte die Gesellschaft eine anerkannte Führungsposition für bodenfreie Fördertechniken.

1962 baute Demag das erste Hochregallager der Welt, den so genannten Büchersilo bei Bertelsmann in Gütersloh. Bereits wenige Jahre später, in der zweiten Hälfte der 1960er-Jahre, feierten die ersten modular standardisierten Regalbediengerätereihen für Hochregallager, Decombi und Destamat, eine vielbeachtete Premiere.

Welche Möglichkeiten die Hochregallagertechnik den Unternehmen bot, trat schnell offen zu Tage. Folgerichtig baute Demag für Kodak in Stuttgart schon 1967 das erste Hochregallager-Großsystem, mit einem Sonderlager und einer Kommissionierzone neben dem Palettenlager – ein Logistikzentrum nach heutigem Sprachgebrauch.

Hochregallager mit angeschlossenen Förderern als ganzheitliches System wurden zunächst im Rahmen herkömmlicher Projektierungen gebaut. Kurze Zeit später überwog die Erkenntnis: Die Leistungen für Konzeption und technischer Detaillierung im ausgedehnten Realisierungszeitraum erfordern eine andere Vorgehensweise.

In Anlehnung an die amerikanischen Consulting-Gesellschaften entwickelte sich eine spezielle Leistungsbasis aus Technik, Betriebswirtschaft und Instandhaltung für die Planung von Materialfluss, Lagern und Logistik.

Mit dieser Ausrichtung und der bewährten Erfahrung einer Technikabteilung für die Realisierung von teilweise bereits automatisierten Gesamtsystemen, kam es Ende der 1960er-Jahre zur Gründung einer eigenständigen Planungsgesellschaft: Demag Systemtechnik.

Es war die erste Planungsgesellschaft in Deutschland mit einem speziellen Leistungsangebot für ganzheitliche Waren- oder Materialfluss-Lösungen. Das Leistungsangebot errang schnell eine deutliche Vorbildfunktion, sogar mit über die nationalen Grenzen hinausreichender Bedeutung.

Die so erarbeiteten Planungsergebnisse garantierten, nicht zuletzt aufgrund der Nähe zu den überwiegend eigenen Produkten, einen hohen Qualitätsstandard für die anspruchsvolle Betriebspraxis.

Mit wechselnder Konzernzugehörigkeit, zuerst Mannesmann, dann Siemens, änderten sich später Planungsaktivitäten und Programme für Soft- und Hardware. Globalisierung und neue Systemtechniken forcierten diese Ausrichtung. Anschließend erfolgte der Start als neue Gesellschaft:

Dematic GmbH & Co. KG, seit Anfang 2006 ein eigenständiges Unternehmen, ist einer der Weltmarktführer für Logistikautomatisierung mit Werken in den USA, Australien und Südostasien sowie in mehreren europäischen Ländern.

In Europa und USA erreicht **Dematic** etwa das gleiche Umsatzvolumen. In Asien und Australien liegt eine Größe von ungefähr 50% des europäischen Umsatzes. Die außergewöhnliche Präsenz auf dem Weltmarkt verdeutlichen überdies die mittlerweile installierten 4000 Anlagen und Systeme. Neben dem technischen Fortschritt sind Projekterfahrungen aus den einzelnen Weltregionen prägend für neue Programme und Entwicklungen der **Dematic**. Internationale Teams erfassen Markttrends und Kundenbedürfnisse für die Erarbeitung von Lösungen und Technologien.

Ein aktueller Ausschnitt von weitgehend abgeschlossenen Entwicklungen unterstreicht die Bedeutung der neuen Konzeption:

- Creating Logistics Results: Neue Lösungsansätze für die Intralogistik – von IT bis zum Serviceprodukt
- Aktuelle Produktentwicklungen: Dematic Multishuttle, leistungsstarke Pick- und Put-Stationen, hochdynamische Kommissioniersysteme, Paketförderer mit dezentraler Steuerungsintelligenz
- RFID für den Mittelstand: Entwicklung von Systemen, praxisgerechte Labortests, optimale Implementierung
- Uptime Solutions, weltumspannendes Life-Cycle-Management. Komplette Leistungspalette für Wartung und Instandhaltung mit Personaleinsätzen vor Ort für garantierte Systemverfügbarkeit.

Der Kunde auf dem deutschen Markt kann sicher sein, dass in seine Lösungen – vom Konzept über die Planung bis hin zur Ausführung und Inbetriebnahme – alle weltweit erfassten Belange und Erfahrungen einfließen. Ein unverzichtbarer Vorteil für seine Marktposition.

www.dematic.com

Erstes Hochregallager der Welt

Modernes automatisiertes Hochregallager

Querbandsorter für Endstellen-Versorgung

Creating Logistics Results | **DEMATIC**

Spezialist für flurfreie Fördertechnik

DÜRKOPP FÖRDERTECHNIK

Die erste Förderanlage entstand im Jahr 1932. Der Schwerpunkt des Geschäftes lag anfangs in der Bekleidungsindustrie. Bald kam die Konzeption und Ausstattung von Verteilzentren der Hersteller und des Handels hinzu.

Gestiegene Anforderungen führten Ende der achtziger Jahre zur Entwicklung von automatischen Hochleistungssortiersystemen für hängende Ware, wie z.B. Autozulieferteile oder Bekleidung.

Aufgrund des Erfolgs im Anlagenbau und den damit verbundenen speziellen Anforderungen an Struktur und Ausstattung des Unternehmens wurde der Bereich Fördertechnik der Dürkopp Adler AG 1991 in eine GmbH ausgegründet.

Neben Klassikern, wie dem Trolley-System, wurden in der letzten Dekade auch neue Konzepte verfolgt. Ein Beispiel bildet das Pick-Rotor-System: vollautomatische Distributionszentren können hiermit realisiert werden, die Speicherung, Kommissionierung und Sequenzierung von Einzelteilen völlig ohne Personaleinsatz ermöglichen.

Dürkopp Fördertechnik blickt auf eine lange Firmengeschichte zurück. 1867 legte Nikolaus Dürkopp den Grundstein mit der Gründung einer Nähmaschinenwerkstatt. Wenige Jahre später wurden eigene Nähmaschinen produziert, nun unter dem Namen Dürkopp & Co. (später Dürkoppwerke AG). Aber man war auch mit der Fertigung von Fahrrädern, Motorrollern (Dürkopp-Diana), Motorrädern und Kraftwagen erfolgreich.

Seit 2002 hat Dürkopp das Angebot um Stückgutsortiersysteme erweitert. Neben dem Tilt-Tray zur Abgabe von Stückgut auf Rutschen oder Rollen, gibt es den Split-Tray, der Stückgut direkt in Versandbehälter abgibt.

Dürkopp Fördertechnik beschäftigt heute 160 Mitarbeiter und ist Marktführer bei Transportsystemen und Sortieranlagen für hängende Bekleidung.

Dürkopp Fördertechnik GmbH
Potsdamer Straße 190, 33719 Bielefeld
0049-521-925-01
www.duerkopp.com

GEBHARDT Fördertechnik GmbH, Sinsheim

Ein ganz besonderes Jahr 2007

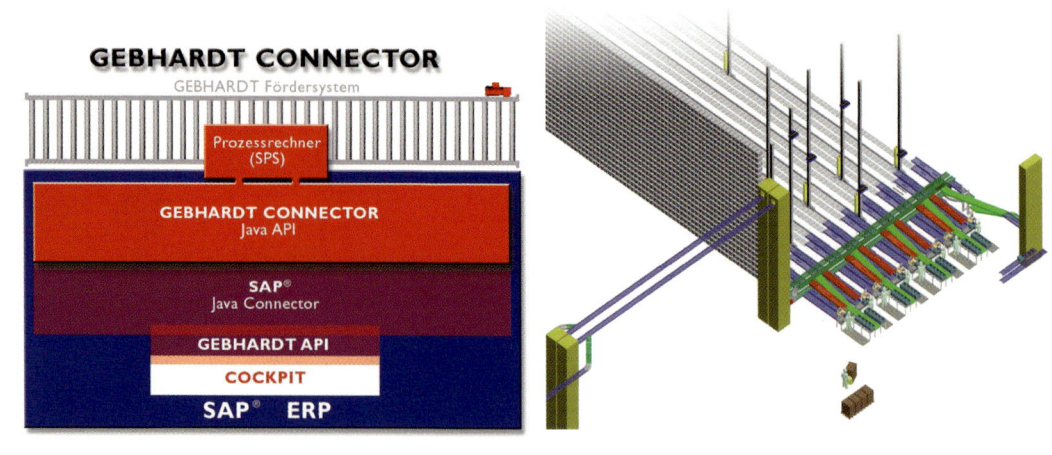

Komplexe Projekte für Materialfluss sind für die GEBHARDT Fördertechnik GmbH Alltag. Das Traditionsunternehmen nutzt im 55sten Jahr mehr als zuvor seine Gesamtkompetenz.

Mit dem patentierten GEBHARDT Absackblitz Favorit wurde das Kohle-Abfüllen teilautomatisiert.

Erfahrung & Know-how in durchgängigen Materialfluss-Lösungen vom Wareneingang bis zum Versand, erworben über Jahrzehnte durch zahlreiche nationale und internationale Aufträge für komplette Distributionszentren von Industrieunternehmen oder Dienstleistern, wurden durch die Erweiterung um neue Produkte und komplexe Technologien gezielt ausgebaut. Mit GEBHARDT Förder- und Lagertechnik werden leere Hallen zu effizienten Distributionszentren. Individuell entwickelte Lagerverwaltungssysteme und die GEBHARDT Lagerverwaltungssoftware sichern Funktion und Effizienz.

Der Kernbereich Technologie & Fertigung wurde frühzeitig um Beratung und Steuerung ergänzt. Die Kompetenz in Systementwicklung und die Integration der Logistik in Warenwirtschaftssysteme wird durch Zusammenarbeit mit SAP als Certified SAP Integration Partner bestätigt. Der GEBHARDT CONNECTOR als Schnittstelle zur mySAP ERP Business Suite und das GEBHARDT COCKPIT zur Ansteuerung des Fördersystems wurden in Sinsheim entwickelt und werden erfolgreich eingesetzt.

55 Jahre GEBHARDT Fördertechnik in Sinsheim sind zugleich 55 Jahre innerbetriebliche Materialfluss-Systeme Made in Germany – hergestellt auf der Grundlage Qualitäts-orientierter Maschinenbau-Tradition. Alle Komponenten und Bauteile werden in Deutschland produziert. Behälter- und Paletten-Fördersysteme 300, 400 und 500, Lagertechnik und Regalbediengeräte sowie die ConVer Güteraufzüge unterstreichen die Marktorientierung. Die modulare Bauweise begünstigt die optimale Anpassung an Vorgaben wie z.B. vorhandene Bausubstanz. Spezialitäten, der Einsatz unter Reinraum-Bedingungen in der Pharma-Industrie oder uneingeschränkte Zuverlässigkeit unter extremen Minus-Temperaturen im Lebensmittelhandel sind Tagesgeschäft. 170 Mitarbeiter im Werk Sinsheim und 30 in der Niederlassung Pirmasens sichern die hohen Qualitätsansprüche. GEBHARDT Fördertechnik wurde 2002 nach DIN ISO 9001 zertifiziert.

GEBHARDT Fördertechnik und Lagertechnik wird weltweit in vielen Branchen von der Automobilindustrie über Lebensmittel, Pharma bis zum Verlagswesen genutzt. Die globale Präsenz wurde ausgebaut. In Europa ist GEBHARDT in England, Skandinavien und der Schweiz vertreten. In den USA betreut eine Niederlassung die Kunden. Australien, der Mittlere Osten und Russland sind neue Märkte, in denen GEBHARDT mit Qualität Made in Germany erfolgreich punktet.

Das Unternehmen wurde 1952 von Elfriede und Richard Gebhardt als Maschinenbau-Betrieb zur Herstellung von Fördergeräten für Schüttgüter gegründet. Der Absackblitz Favorit wurde 1964 patentiert, im gleichen Jahr, in dem die Firma in GEBHARDT Fördertechnik umfirmiert wurde. Sie wird in zweiter Generation von Fritz Gebhardt geführt und richtet sich nach der Devise: Es gibt keine Probleme, es gibt nur Lösungen.

Hebezeuge Fördermittel
die Fachzeitschrift für Technische Logistik

Hebezeuge Fördermittel ist eine unabhängige Fachzeitschrift für Technische Logistik, die Themen rund um die Förder- und Hebetechnik fundiert behandelt. Als eine der führenden und anerkanntesten fördertechnischen Fachzeitschriften vermittelt sie praxisbezogene Anwendung von Technologie. *Hebezeuge Fördermittel* ist somit ein kompetentes Forum des branchenübergreifenden Meinungs- und Erfahrungsaustausches zwischen Herstellern und Anwendern.

Hebezeuge Fördermittel stellt neue Geräte, Anlagen und Komponenten vor, die technische Innovationen bestimmen. In journalistischer Vielfalt werden in Fachbeiträgen oder Reportagen an Hand ausgewählter Beispiele Materialflussprojekte, Förderaufgaben oder realisierte und wegweisende Pilotanlagen im In- und Ausland beschrieben und vorgestellt.

Hebezeuge Fördermittel stellt Marktanalysen zu Liefer- und Leistungsprogrammen wichtiger Produktgruppen vor und bietet damit Anwendern gute Entscheidungshilfen. Dies vor allem für Planung, Organisation, Konstruktion und Fertigung von optimierten fördertechnischen Einzel- und Systemlösungen.

Die Zeitschrift ist auf wichtigen Branchentreffs und führenden Fachmessen der Intralogistik, wie der LogiMAT in Stuttgart, mit den Abonnenten und Lesern im direkten Dialog.

Hebezeuge Fördermittel wendet sich an Planer, Hersteller und Anwender von fördertechnischen Anlagen, Komponenten und Systemen sowie tangierender Bereiche innerhalb der Logistik.

Hebezeuge Fördermittel online

Unter www.hebezeuge-foerdermittel.de findet der Besucher neueste Meldungen der Branche, eine umfangreiche Firmendatenbank, Messeberichte mit Produktvorschau, ein Fachartikel-Archiv, aktuelle Branchentermine und Branchenlinks.

Dazu kommen Sonderhefte, die durch ihre ausführlichen, teils monothematischen Berichte zusätzlichen Nutzwert liefern.

Flurförderzeuge –

ist ein jährlicher Spezialreport für alle Unternehmen, die Flurförderzeuge – vom Gabelhubwagen bis zum Reach-Stacker – rationell einsetzen wollen. Es finden sich hier in kompakter Form vor allem aktuelle Anwenderreports aus den unterschiedlichsten Branchen und die Vorstellung neuer Geräte und Komponenten. Im Mittelpunkt stehen Themen rund um Produktivität, Sicherheit, Zuverlässigkeit, Komfort und Umwelt. Marktübersichten zu bestimmten Produktgruppen erleichtern den potenziellen Anwendern die Beschaffungsentscheidung. Ein weiterer Service für die Leser ist das komplette Hersteller-Verzeichnis mit den wichtigsten Kontaktdaten.

Modernisierungsfibel „Retrofit & Co." –

ist eine jährliche Sonderpublikation, die sich ausschließlich dem Thema „Modernisierung" widmet und damit auf dem Markt eine einzigartige Stellung hat. Sie ist eine Reaktion darauf, dass die Nachfrage nach Umbau und Modernisierung vorhandener förder- und lagertechnischer Anlagen in Zukunft weiter zunehmen wird. Fortschrittliche Entwicklungen bieten die Chance, Altes mit Neuem zu kombinieren und so die Lebensdauer der Geräte und Anlagen deutlich zu verlängern. Genau über diese Möglichkeiten unterrichtet die Modernisierungsfibel, die mit Praxisbeispielen und Kontaktadressen eine kompetente Entscheidungshilfe bei Investitionen und Kostenmanagement ist.

Fachbücher zur Fördertechnik und Logistik unter:

www.huss-shop.de

Redaktion +49 30 42 151-371
Abo-Service +49 30 42 151-388/-212
Anzeigen +49 30 42 151-344/-247
e-Mail hf.redaktion@hussberlin.de
Internet
www.hebezeuge-foerdermittel.de

huss
www.huss.de

Wo immer Güter und Waren gefördert, verarbeitet, gelagert und verteilt werden, sind Interroll Produkte im Einsatz: weltweit, in allen Branchen und in der gesamten Wertschöpfungskette.

Interroll strebt mit ausgesuchten Produktbereichen für innerbetriebliche Stückgutförderung weltweit die Führungsposition an. 1959 gegründet, zählt die Interroll Gruppe, deren Hauptsitz in der Schweiz liegt, heute rund

BAUSTEINE FÜR MARKTFÜHRENDE

Es ist das Detail, das unterhält

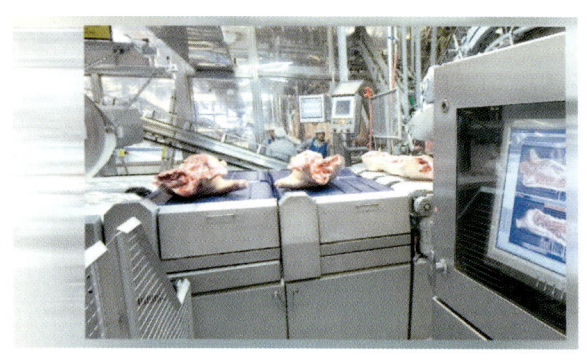

Lebensmittel bedingen Top-Hygiene und schnellsten Warenumschlag. Interroll Lösungen für die Lebensmittelverarbeitung und -verteilung: Trommelmotoren treiben High-tech Bandförderer in der Fleischverarbeitung (links); Fliesslagermodule steigern den Durchsatz im FIFO-Getränke-Palettenfliesslager.

1300 Beschäftigte in 27 Firmen und ist an der Schweizer Börse SWX notiert.

Innerhalb der Stückgutförderung konzentriert sich Interroll unter anderem auf die Lebensmittel- und Getränkebranche, Flughafenlogistik, Kurier-, Express und Postdienstleister, Logistikzentren, Industrie sowie auf Anwendungen im Bereich Health Care.

Das Unternehmen zählt über 23.000 Kunden auf allen Kontinenten. Dazu gehören einerseits regional ausgerichtete Anlagenhersteller und Erstausrüster, die Interroll mit Förderkomponenten beliefert, und andererseits global operierende Systemintegratoren, multinationale Unternehmen und Anwender, die Fördermodule und -subsysteme von Interroll einsetzen.

Als weltweit aufgestellte Gruppe schafft Interroll mit lokalen, anwendungserfahrenen Verkaufsberatern, Produktionsstätten vor Ort und kurzen Lieferzeiten die gewünschte Kundennähe.

Wichtige Innovationstreiber der Interroll Gruppe sind die Kompetenzzentren, die sich auf bestimmte Produktgruppen spezialisieren und alle dafür erforderlichen Bereiche abdecken: Product Management, Forschung und Entwicklung, Produktion, strategischer Einkauf,

WWW.INTERROLL.COM

INTERROLL CORPORATE ART

Logistik und technische Unterstützung lokaler Fertigungsbetriebe.

Ob es um Sorter, Gurtkurven, Fliesslagermodule, Trommelmotoren oder andere Produkte geht: Zum Einsatz kommen stets optimal auf die Bedürfnisse von Kunden und Anwendern abgestimmte Lösungen. – Innovative Grundbausteine für noch leistungsfähigeren Materialfluss.

1959	Gründung Interroll
1966	Erste Fabrik in Wermelskirchen (D)
1968 – 1973	Joint Ventures in Frankreich, Dänemark, Spanien, Benelux und in den USA
1976	Markteintritt Kanada
1986	Eröffnung Spritzgussproduktion in Sant'Antonino (CH)
1988	Expansion Asien
1989	Gründung Holdinggesellschaft in Sant'Antonino
1997	Börsengang
2000	Paul Zumbühl neuer CEO, Akquisition SIPA, Eröffnung Verkaufsbüro Japan
2002	Eröffnung Produktionsbetrieb China; verstärkte Präsenz in Osteuropa
2003	Konzentration auf Stückgutförderung, Verkauf Schüttgutgeschäft, Akquisition Axmann
2006	Akquisition BDL Trommelmotoren (D); Bezug neue Fabrik in China
2007	Akquisition Werner Motors, Kanada

MATERIALFLUSSKONZEPTE

und lebendig macht. Georges Braques

Flugsicherheit beginnt am Boden. Interroll Lösungen für die Flughafenlogistik: Trommelmotoren treiben Gepäckförderbänder am Check-in (links) und Gurtkurven fördern Fluggepäck in der Sortieranlage.

Damit geht die Post noch schneller ab. Interroll Lösungen für Kurier-, Express und Postdienstleister sowie Versandhäuser: Doppelter Horizontalsorter für Schweizer Briefpost (links) und Förderrollen im Expresszentrum des DPD.

Kommissionier-Kraftwerk für Kontraktlogistiker. Interroll Lösungen machen Logistikzentren mobil: FIFO-Fliesslagermodule für eine noch produktivere Kommissionierung von Motorrädern.

Just-in-Time Systeme fahren auf cleverer Hardware ab. Interroll Lösungen für die Industrie: RollerDrives mit eingebauter Intelligenz und mitlaufenden Förderrollen für staudruckfreie Behälterförderung.

Kontaktlinsen für Scharfblick im Nu. Interroll Lösungen im Bereich Health Care: Sorter verteilt präzise, schnell und leise Kontaktlinsen für europaweiten 24-Stunden-Versand.

INTERROLL
WE MAKE THE WORLD MOVE

www.interroll.com

huss
Der Lotse für Logistik-Know-How

Seit über 30 Jahren ist das Unternehmen des Münchner Verlegers Wolfgang Huss mit Fachinformationen und Messen anerkannter Wissensvermittler rund um die Logistik.

Die HUSS-Unternehmensgruppe mit Sitz in **München** und **Berlin** gehört heute zu den großen konzernunabhängigen Fachpresseanbietern Deutschlands. Spezialisiert auf klassisches Business-to-Business-Geschäft versorgt sie Fach- und Führungskräfte in Industrie, Handel und Handwerk mit Praxis- und Hintergrundwissen. Mehr als 30 Periodika sowie Fachbücher, Formulare, Loseblattwerke und Softwareprodukte erscheinen in der Verlagsgruppe. Inhaltliche Schwerpunkte bilden neben der Logistik die Themenfelder Transport, Technik, Bauwesen, Touristik und Recht.

Zur Vernetzung der Communities und zum Wissensaustausch in den Branchen sind heute nicht mehr nur Fachmedien und Informationsplattformen gefragt, sondern mehr und mehr auch Messen und Kongresse. Der HUSS-VERLAG organisiert für seine Zielgruppen schon seit drei Jahrzehnten renommierte Veranstaltungen dieser Art. Dazu gehört unter anderen die jährlich in Stuttgart stattfindende **LogiMAT**, die in Zusammenarbeit mit der Schwestergesellschaft **EUROEXPO** durchgeführt wird. Eine rasant wachsende Messe, die seit der ersten Veranstaltung im Jahre 2003 ihre Ausstellerzahl bereits verdreifachen konnte. Sie gilt deshalb heute zu Recht als eine der führenden Intralogistik-Messen in Europa.

Im **HUSS-SHOP** findet das fachinteressierte Publikum darüber hinaus eine Einkaufsplattform, die als Komplettanbieter auch andere branchenrelevante Produkte anbietet. Die verlagsnahe **BAVARIA-DRUCK** ist eine Qualitätsdruckerei, die neben der Herstellung eigener Produkte auch erfolgreich für andere Unternehmen arbeitet.

Hinter den Medien und Dienstleistungen der HUSS-Unternehmensgruppe stehen über 200 Mitarbeiter an den Standorten Berlin und München, die in den jeweiligen Märkten bestens vernetzt sind und genau wissen, nach welchem Know-how die Profis suchen. Sie sorgen dafür, dass Führungskräfte und Fachleute ihre Entscheidungen aufgrund genau recherchierter Hintergrundinformationen und präzise formulierter Analysen treffen können.

Gründer der Verlagsgruppe ist Wolfgang Huss, der aus einer traditionsreichen Frankfurter Drucker- und Verlegerfamilie stammt. Schon während seines Studiums entwickelte er für den Betrieb seines Onkels, den Verkehrsverlag Heinrich Vogel, Branchen-Formulare, die bald zum Standard im Markt wurden. Im Jahr 1975 schließlich gründete er den **HUSS-VERLAG** in München. Dabei hatte er von Anfang an die Transport- und Logistikbranche im Blick. Und dort vor allem die Optimierung von Organisationsabläufen. Unterschiedliche Zielgruppen sollten durch die auf sie zugeschnittenen Informationen ihre Geschäfte verbessern können. Dieser Idee folgend entwickelte er die Fachzeitschriften **LOGISTIK HEUTE**, **LOGISTRA** sowie die große Fachzeitung für den Güterverkehr **TRANSPORT**.

Nach der Wende übernahm er weitere Fachverlage im ehemaligen Ostberlin, die heute als **HUSS-MEDIEN** im gesamtdeutschen Markt agieren und zu einer Wachstums- und Erfolgsgeschichte wurden. Dort erscheint der Titel **HEBEZEUGE FÖRDERMITTEL** für die Technische Logistik, inzwischen eine der führenden Zeitschriften in diesem Segment. Sie steht für den branchenübergreifenden Meinungs- und Erfahrungsaustausch zwischen der herstellenden Industrie und den Anwendern. Jeden Monat neu stellt sie Geräte, Anlagen und Komponenten vor, dazu ausgewählte Beispiele von Materialfluss- und Förderprojekten im In- und Ausland.

Flaggschiff im Münchner Verlagsportfolio ist das Fachmagazin **LOGISTIK HEUTE**, das vor allem strategische und betriebswirtschaftliche Themen aufgreift. Als meist verbreitetes Logistikmagazin in Deutschland ist es der Impulsgeber der Branche. Neben Print- bietet es Online-Informationen und regelmäßige Newsletter. Zum Komplettpaket wird das Angebot durch Praxisratgeber, Schriftenreihen sowie eine Hörbuchedition. Darüber hinaus veranstaltet die Zeitschrift unter ihrem Namen Foren, Workshops und Seminare.

Die monatlich ebenfalls in München erscheinende Fachzeitschrift **LOGISTRA** richtet sich an die operative Ebene und liefert praktische Informationen für die erfolgreiche Umsetzung logistischer Abläufe in Lager, Versand und Distribution. Anhand von Anwenderberichten, Marktübersichten und Checklisten bekommt der Leser wertvolle Hilfen für seine Organisations- und Investitionsentscheidungen.

Die HUSS-Unternehmensgruppe hat mit ihrer Fokussierung auf das Thema Logistik schon vor Jahrzehnten weitsichtig die Entwicklung in Industrie und Handel vorweg genommen und sich als Trendsetter etabliert. Dabei soll es bleiben.

www.huss.de

„Das Tor zur Logistikwelt."

Am 7. August 1953 gründete Dr.-Ing. Friedrich Jungheinrich in Hamburg die „H. Jungheinrich & Co. Maschinenfabrik". Vom Kleinunternehmen mit nicht mal 10 Mitarbeitern entwickelte Jungheinrich sich durch innovative Hubwagen, Stapler und Regale sowie einem starken Direktvertrieb zu einem produzierenden Logistikdienstleister für die komplette Intralogistik.

Heute sorgen über 9000 Mitarbeiterinnen und Mitarbeiter in über 30 Ländern weltweit dafür, dass Kunden davon überzeugt sind: Jungheinrich – das lohnt sich.

Jungheinrich
Aktiengesellschaft

Am Stadtrand 35 · 22047 Hamburg
Telefon 0180 5235468* · Telefax 0180 5235469*
info@jungheinrich.de · www.jungheinrich.de

*Bundesweit nur € 0,14 pro Minute

JUNGHEINRICH
Das lohnt sich.

KNAPP

SEIT MEHR ALS EINEM HALBEN JAHRHUNDERT AUF ERFOLGSKURS

Heute steht KNAPP für High-Tech-Lösungen im Logistik- und Automationsbereich. Die Unternehmensgruppe mit Firmensitz in Hart bei Graz, Österreich, zählt weltweit 22 Vertriebs- und Serviceniederlassungen und hat sich im Bereich Warenhausautomation für den Groß- und Versandhandel international einen Namen gemacht. Kaum jemand vermutet, dass alles einmal sehr bescheiden begonnen hat.

Im Jahre 1952 richtete der Firmengründer Günter Knapp im Kellergeschoss seines Privathauses seine erste kleine Werkstatt ein. Der als Pionier und Erfindergeist bekannte Techniker erfand Lösungen, wie z.B. die „Krapfenfüllmaschine", und bastelte vorerst an eigenen Produktentwicklungen. Er konstruierte und baute außerdem Lastenaufzüge, Paternoster, Hebeanlagen und Förderbänder. All diese Anlagen verfügten bereits über mechanisch-elektrische Steuerungen, womit der eigentliche Einstieg in die Fördertechnik begann.

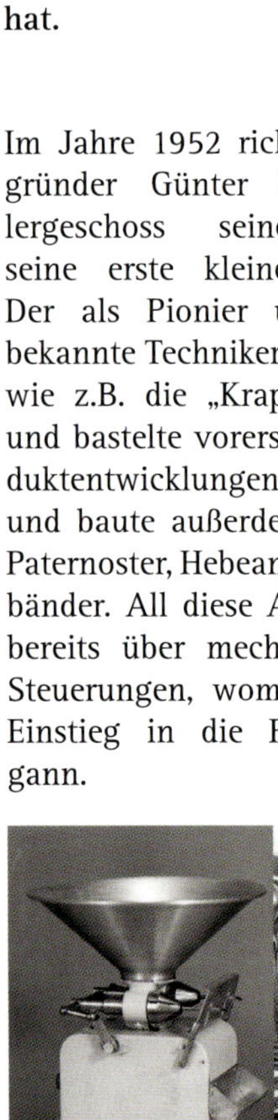

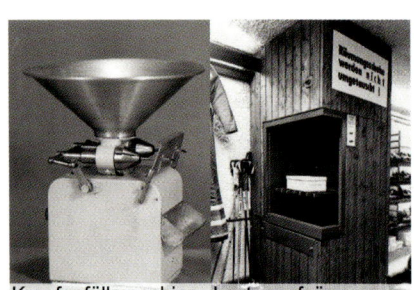

KERNKOMPETENZEN

Trotz aller Widrigkeiten ließ sich Knapp niemals entmutigen. Schon bald sprachen sich seine innovativen Ideen herum und bescherten ihm die ersten Aufträge im Pharmagroßhandel. In Österreich arbeitete die Firma für Herba und Bobrich Dental. Die ersten Großprojekte folgten aus Deutschland mit „Von der Linde" und „Sanacorp".

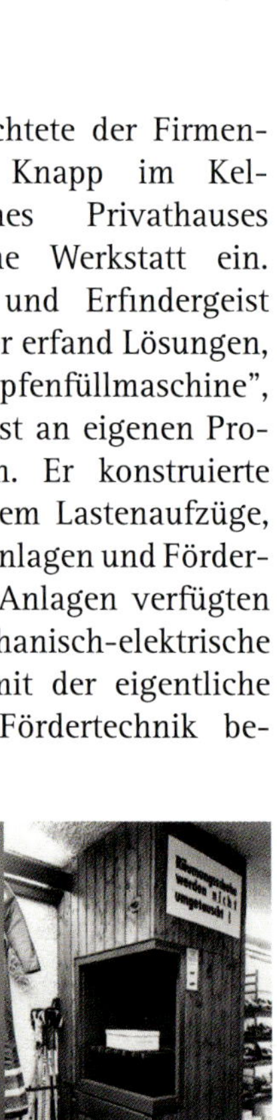

Günter Knapp erkannte bald, dass er sich auf seine Kernkompetenzen spezialisieren musste. So wurde im Hause KNAPP geforscht und entwickelt, um die Produkte von morgen zu realisieren. Ende der 70iger Jahre setzte der Unternehmer seine Vision eines Kommissionierautomaten für den Pharmabereich um.

Im Jahr 1981 übersiedelte Knapp vom erweiterten Firmenstandort in Graz/St. Peter nach Hart. Erst 1988 legte der ehrgeizige Unternehmer die Firmenleitung in die Hände von Karl Freudelsperger und Eduard Wünscher. Dem Geschäftsführerduo gelang es, das Unternehmen enorm auszubauen.

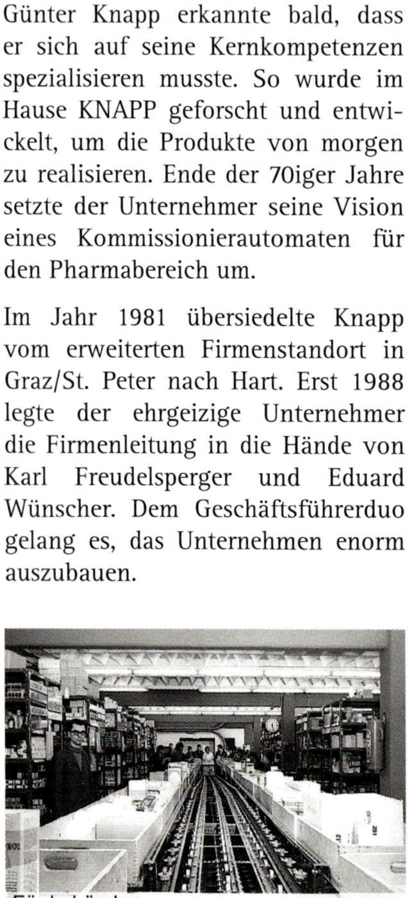

WACHSTUM ERFORDERT NEUE STRUKTUREN

KNAPP ist in den letzten Jahren auf weltweit ca. 1.300 MitarbeiterInnen angewachsen und prognostiziert für das laufende Geschäftsjahr (2007/08) eine Betriebsleistung von rund 200 Mio. Euro. Um dieses Wachstum weiterhin zu unterstützen, sind neue Strukturen erforderlich geworden. Die strategische Steuerung des Unternehmens werden zukünftig die beiden langjährigen Geschäftsführer des Stammhauses, Karl Freudelsperger und Eduard Wünscher, in der KNAPP-Holding AG übernehmen. In der Folge werden Gerald Hofer, Franz Mathi und Erik Körner die Geschäftsleitung der KNAPP Logistik Automation übernehmen.

ERFOLGSREZEPT

„Das können wir nicht; das geht nicht", diese Formulierungen hatte Firmengründer Günter Knapp einst aus seinem Vokabular verbannt. Dieser Einstellung ist man über die Jahre hinweg treu geblieben. Und so werden Werte wie Offenheit, Kreativität und Mut von den Mitarbeitern auch heute noch gelebt.

Krapfenfüllmaschine | Lastenaufzüge | Förderbänder

KNAPP

KNAPP Logistik Automaton GmbH
Günter-Knapp-Str. 5-7 | 8075 Hart bei Graz
Tel.: +43 316 495-0 | Fax: +43 316 491-395
sales@knapp.com | www.KNAPP.com

kocher

Pionier der Lagertechnik

Alfred Kocher

Vom gelochten Winkelprofil zum vollautomatischen Hochregallager.

Bis zur Entwicklung des gelochten Winkelprofils in England, fand die Lagertechnik noch überwiegend in mit Lattenrostregalen ausgestatteten Kellerräumen statt. Durch die neuen Möglichkeiten des gelochten Winkelprofils wurden die ersten brauchbaren Lagerformen entwickelt wie beispielsweise Durchlaufregale mit Röllchen, Doppelstock-Regalanlagen, Schwerlastregale, Fachbodenregale etc. Gabelstapler, die bis dato die Ware eigentlich nur am Boden bewegten, setzten mit fünf bis sechs Meter zum „Höhenflug" an. Danach ging die Entwicklung zum mehrgeschossigen Palettenregal.

Und dann ging alles rasant zu:

1964 Kocher entwickelt auf der Basis eines selbst konstruierten Norm-Schwenklastregals ein Regal, das sowohl in der Höhe als auch in der Lastaufnahme die Möglichkeiten der vorhandenen Stapler übertrifft. Basis: Kaltgewalzte Profile.

1967 Kocher baut die erste Hochregalanlage mit Normregalen mit einer Höhe von zehn Metern. Bedient wird das viergassige Lager mit einem auf den Regalen aufliegenden Staplerkran, dessen Mast mit Fahrerkabine und Drehgabel ausgerüstet ist.

1968 Kocher entwickelt und baut das erste dach- und wandtragende Hochregallager auf der Basis von kaltgewalzten Profilen mit einer Höhe von siebzehn Metern. Die automatisierte Hochregalanlage wird mit zwischen Kocher und Bosch festgelegten Toleranzen gebaut, die der heutigen FEM-Richtlinie 9.831/Klasse II entsprechen. Bis dahin eine undenkbare Genauigkeit. Möglich wurden die engen Toleranzen durch den Einsatz von Spreizankern mit Gewindestangen, d.h. die heute übliche Nivellierverankerung war Bestandteil der neuen Regalbau-Technik.

1969 Kocher entwickelt und baut das erste dach- und wandtragende Hochregallager in Mischbauweise. d.h., Einsatz von speziell für den Bedarfsfall kaltgewalzten und handelsüblichen warmgewalzten Profilen. Die heute übliche Regalbau-Technik war entwickelt.

1970 Kocher baut den ersten Schmalgang-Silo mit einer Höhe von zwölf Metern. Bedient wird der Silo mit Lansing-Staplern. Der Silo wird von Kocher einschließlich Dach, Wand, Dacheindeckung und RWA-Anlage erstellt und ist somit der erste Komplett-Silo, der von einem Regalhersteller erstellt wird.

1987 Kocher baut den ersten Tiefkühl-Silo für eine Temperatur von −30°. Der gesamte Regalaufbau wurde in der Stahlgüte Fe 355 erstellt. Der Schwund des sich abkühlenden Stahls wurde über das Lochspiel des hundertprozentig verschraubten Regalaufbaus ausgeglichen.

1988 Kocher erstellt den ersten Satelliten-Silo. Für das Befahren der Kanäle wird ein Sonderprofil entwickelt, das sowohl den Satelliten als auch die Paletten aufnehmen kann.

Von Beginn an bis heute ist Kocher auf dem nationalen wie internationalen Markt tätig. Erfolgreich durchgeführte Projekte und zufriedene Kunden bestätigen den Erfolg des seit über 40 Jahren im Regalbau tätigen Unternehmens.

Kocher Regalbau GmbH
Korntaler Str. 85, D-70439 Stuttgart
Telefon 0711 / 98 09 05-0
Fax 0711 / 98 09 05-8
www.kocherregalbau.de

LogiMAT 2008
Messe mit Mehrwert
Plattform für Technische Logistik und mehr

Jährlich bietet die LogiMAT, Internationale Fachmesse für Distribution, Material- und Informationsfluss dem Fachpublikum einen vollständigen Überblick über die bewegenden Themen der Intralogistikbranche – von der Beschaffung über die Produktion bis zur Auslieferung. Internationale Aussteller zeigen am Standort Stuttgart – im Zentrum des starken mitteleuropäischen Wirtschaftsraums Baden-Württemberg – innovative Technologien, Produkte, Systeme und Lösungen zur Rationalisierung und Kostenoptimierung der innerbetrieblichen logistischen Prozesse.

Von Jahr zu Jahr entwickelt sich der Besuch der LogiMAT als Auftaktveranstaltung in den Terminkalendern von Top-Führungskräften aus den Bereichen Unternehmensstrategie, IT, Einkauf, Produktion, Lager und Versand zunehmend zu einer festen Größe.

Wachstumsbranche Intralogistik hat ein neues Zuhause

Seit der Erstveranstaltung im Jahr 2003 hat sich die Ausstellerzahl der LogiMAT verdreifacht. Mit dem Umzug der Messe auf das neue Messegelände am Stuttgarter Flughafen sind dem Wachstum auch zukünftig keine Grenzen gesetzt. Der Markt der Intralogistik gibt dieses her. Der Umsatz deutscher Hersteller stieg 2006 gegenüber dem Vorjahr um 8,3 Prozent. Für 2007 prognostizieren Branchenexperten ein weiteres Umsatzwachstum von fünf Prozent. Das neue Stuttgarter Messegelände lässt dank moderner Infrastruktur und anspruchsvoller Architektur im Hinblick auf Funktionalität und Optik keine Wünsche für eine hervorragende Präsentation der ausstellenden Unternehmen offen.

Qualität trifft Entscheider

Nachdem die Schallmauer der 10.000 Fachbesucher bereits auf dem Killesberg im Jahr 2007 durchbrochen wurde, rechnet der Veranstalter EUROEXPO auch in den folgenden Jahren mit einem deutlichen Besucherzuwachs bei konstant bleibender Entscheidungskompetenz.

Das Ausstellungsangebot reicht über die technische Logistik hinaus. Verpackungslösungen, Verladetechnik, Informations- und Kommunikationstechnologie, Kommissioniersysteme, Kennzeichnung und Identifikation, Software, Umwelttechnik, Betriebs- und Arbeitssicherheit, Facility-Management und Beratung runden das Angebot ab. Wichtig ist dem Veranstalter, das Zusammenspiel der einzelnen Prozesse zu veranschaulichen und „Logistik zum Anfassen" auch im erstklassigen Rahmenprogramm erlebbar zu machen.

Ausgezeichnete Produkte

Im Rahmen der LogiMAT wird jährlich der Preis BESTES PRODUKT in den drei Kategorien: „Software, Kommunikation, IT", „Kommissionieren, Verpacken, Sichern" sowie „Beschaffen, Fördern, Lagern" verliehen. Der Preis hat sich als eine der begehrtesten Auszeichnungen in der Intralogistik-Branche etabliert. Alle Aussteller erhalten vom Veranstalter rechtzeitig die Unterlagen, um sich für das BESTE PRODUKT zu bewerben.

Weitere Informationen zur LogiMAT 2008 finden Sie im Internet unter www.logimat-messe.de

LogiMAT 2008 – Intralogistik in neuer Dimension

Vom 19. bis 21. Februar 2008 findet die LogiMAT auf der Neuen Messe Stuttgart statt. Das Gelände ist das modernste Europas und setzt in puncto Funktionalität und Modernität neue Maßstäbe. Produkte – Lösungen – Systeme hier werden Logistikkonzepte außerordentlich präsentiert. Geöffnet täglich von 9.00 bis 17.00 Uhr.

Sie erreichen uns:
EUROEXPO Messe- und Kongress-GmbH
Joseph-Dollinger-Bogen 7
D-80807 München
Tel.: + 49(0)89 32391-253
Fax: + 49(0)89 32391-246
E-Mail: logimat@euroexpo.de

LTW Lagertechnik GmbH

Sonderlösungen sind unser Standard – sorgfältige Fertigung unser Kapital

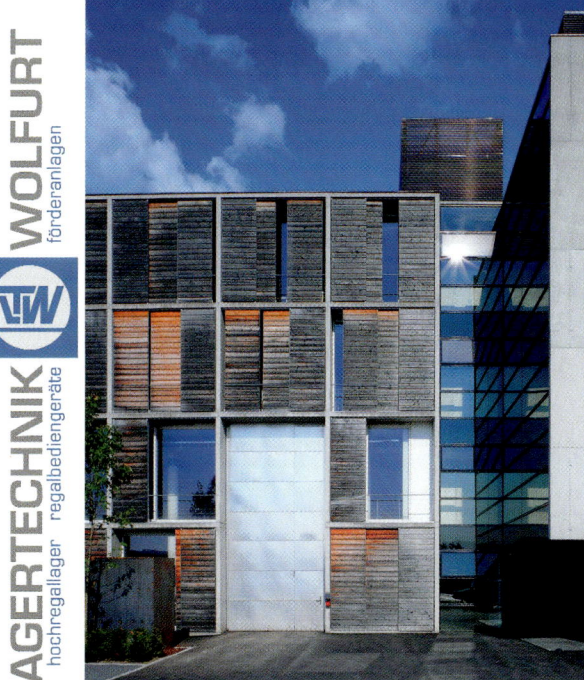

LTW, ein Unternehmen der Doppelmayr-Gruppe, steht seit 1981 für Entwicklung, Fertigung und Errichtung innovativer lagertechnischer Einrichtungen – angefangen bei Komponenten für Hochregallager bis hin zu schlüsselfertigen Gesamtsystemen im Logistikbereich.

Internationale Anerkennung erlangte die **LTW** durch die zielorientierte Umsetzung kundenspezifischer Anforderungen verbunden mit hohem Qualitätsbewusstsein. Bereits über 600 Anlagen wurden weltweit auf die individuellen Kundenbedürfnisse abgestimmt.

Ein fachkundiges Team von derzeit 150 Mitarbeitern ist am Standort Wolfurt (Österreich) tätig. Weitere 40 Facharbeiter sind für die **LTW**-Fertigung bei Doppelmayr im Einsatz. Eigenständige Vertriebsgesellschaften bestehen in Ulm (Deutschland) sowie in York (USA).

Die **LTW-Produktpalette** bestand anfänglich aus Regalbediengeräten, hat sich aber im Laufe der Jahre kontinuierlich erweitert und bietet für eine große Anzahl von Anwendungen die passende Lösung.

Regalbediengeräte
- Automatikbetrieb
- Kommissioniergeräte
- Weichentechnik
- Tiefkühlbereich

Förderanlagen
- Individuallösungen
- Dezentrale Steuerung
- Auftragsverfolgung
- Graph. Benutzerführung

Parksysteme
- Platzoptimierung
- Höchste Systemleistung
- Flexible Anlagengestaltung
- Vandalensicheres Parken

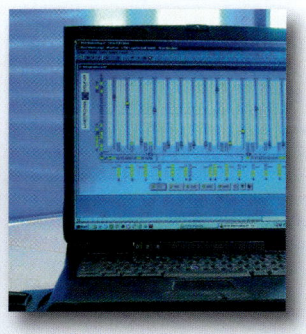

Lagerleitsysteme
- Lagersteuerung
- Lagerverwaltung
- Systemvisualisierung
- SAP-Zertifizierung

Bei LTW kommen alle Komponenten wie Mechanik, Steuerung und Software aus einer Hand.

LTW Lagertechnik GmbH
Achstraße 53
6961 Wolfurt
AUSTRIA
T: +43 (0)5574 6829-0
F: +43 (0)5574 6829-29
M: office@LTW.at

LTW Lagertechnik GmbH
Max-Eyth-Straße 30
89171 Illerkirchberg
GERMANY
T: +49 (0)7346 3084
F: +49 (0)7346 3083
M: office@LTW.at

LTW Systems, Inc.
3285 North George Street
Emigsville, PA 17318-0115
USA
T: +1 717 767 7210
F: +1 717 326 1279
M: info@LTW-Systems.com

Weiterführende Informationen
www.LTW.at
www.LTW-Systems.com
www.doppelmayr.com

Ein Stück Sicherheit für die ganze Welt

In nur 13 Jahren entwickelte sich Marotech zu einem der größten Hersteller hochwertiger Antirutschmatten in Deutschland und Komplettanbieter für die Ladungssicherung. Mittlerweile exportiert das Familienunternehmen seine Produkte weltweit.

Anti-Rutsch-Matten von Marotech verfügen über hohe Reibbeiwerte sowie überdurchschnittliche Messwerte für Druckbelastung, Zugfestigkeit und Reissdehnung.

Die schönsten Unternehmensgeschichten beginnen in einer Garage – so war es auch bei der Marotech GmbH. 1994 startete MAROTECH auf engstem Raum mit der Produktion von Antirutschmatten und Gummipuffern, geleitet von der Überzeugung, dass hohe Qualität die beste Basis für dauerhafte Sicherheit und wirtschaftlichen Erfolg ist. Das Unternehmen entwickelte eigene Rezepturen für das Grundmaterial seiner einzigartigen Antirutschmatten. Deren Reißfestigkeit und Haltbarkeit hängt wesentlich von der Menge des verwendeten Bindemittels ab. Das Bindemittel ist der mit Abstand teuerste Rohstoff bei der Herstellung von Matten aus Gummigranulat und hat damit einen wesentlichen Einfluss auf den Produktpreis.

Die Nachfrage nach hochwertigen Hilfsmitteln für die Ladungssicherung wuchs rasant. Bald mussten weitere Lkw-Garagen hinzugemietet werden. Das Sortiment wurde dabei Schritt für Schritt erweitert und umfasste bald auch Bodenbeläge aller Art für private und gewerbliche Räume und Flächen. Zum Sortiment zählen zum Beispiel rutschfeste und elastische Beläge für Spielplätze, Balkone und Terrassen.

2003 erfolgte der Umzug des Unternehmens an die heutige Adresse im Industriepark Fulda-West in der Heinkelstraße in Fulda. Zwei Jahre später bezog die Firma an derselben Adresse das neu errichtete Verwaltungsgebäude.

Eine unabhängige Jury aus Logistikexperten, Professoren und Fachjournalisten verlieh dem Unternehmen im Jahr 2006 den renommierten Preis **„Bestes Produkt"**. Ausgezeichnet wurde die von Marotech speziell für schwere Lasten entwickelte Anti-Rutsch-Matte „MT Supergrip". Sie verträgt ohne Probleme Ge-

Für die selbst entwickelte Anti-Rutschmatte „MT-Supergrip" erhielt Marotech die Auszeichnung „Bestes Produkt".

wichte bis zu 500 to/m², in Folgeversuchen wurde sie bereits bis zur Belastungsgrenze von 26,5 N/mm² (entspricht 2.650 to/m²) getestet. Bis zur Freigabe bedarf es noch weiterer Versuche durch unabhängige Prüfinstitute. Nie zuvor war eine Antirutschmatte ähnlich ausgezeichnet worden und rückte diese Art der Ladungssicherung erstmals in das Rampenlicht des öffentlichen Interesses.

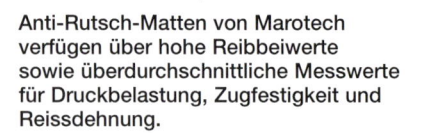

Das prämierte Produkt leistet durch einen außergewöhnlich hohen Reibbeiwert von µ = 0,9 einen deutlichen Beitrag zur Sicherheit. Das wurde vom Fraunhofer IML Dortmund nach einem Lifetest mit einem Prüfzeugnis bestätigt. Die am Firmensitz in Fulda hergestellten Antirutschmatten von Marotech verfügen jedoch nicht nur über einen hohen Reibbeiwert, sondern auch über hohe Messwerte für die wichtigen Kriterien Druckbelastung, Zugfestigkeit und Reissdehnung.

Erst in diesem Jahr hat Marotech das Sortiment an Hilfsmitteln für die Ladungssicherung stark erweitert und bietet eine breite Auswahl an Luftpolstersäcken, Ladungssicherungsnetzen und Zurrgurten aus deutscher Produktion. Außerdem befindet sich eine Sicherungs-Lösung für den Transport von Gasflaschen im Programm.

Die Vertriebs-Aktivitäten des Unternehmens reichen mittlerweile um die ganze Welt. Selbst China bezieht die qualitativ hochwertigen Antirutschmatten containerweise aus Fulda.

Nach 13 Jahren Wachstum ist Marotech ein verlässlicher Partner der Ladungssicherung und mit Steffen Uth steht bereits die zweite Generation für die Leitung des Familienunternehmens bereit. Neben weiteren Standorten in der Schweiz und der neuen Produktionsstätte für vulkanisierte Gummi-Formartikel in Slowenien will sich das Familienunternehmen mit neuen Unternehmensgründungen weiter ausdehnen.

Seit 2005 befinden sich Verwaltung und Produktion der Marotech GmbH an einem Ort.

Handling the future

M LOG

Und was haben Sie auf Lager?

➡ Seit 85 Jahren gibt es bei der **M**LOG Logistics GmbH ein inoffizielles Motto. Denn jeder Kunde kennt die Frage „Und was haben Sie auf Lager?". Damit haben sich die Heilbronner Logistikspezialisten zu einem der führenden Anbieter von Komponenten der Förder- und Materialflusstechnik, kompletter Logistiksysteme und Dienstleistungen entwickelt.

Mit dem Kunden auf Augenhöhe gemeinsam Lösungen entwickeln und realisieren – das war schon das Geschäftsprinzip von Erwin Mehne, der das Stahlbauunternehmen 1922 gründete. 1989/90 wurde der MAN Konzern Eigentümer der Mehne GmbH und führte sie mit der MAN Lager- und Systemtechnik zur MAN Logistics GmbH zusammen. 2005 übernahm eine Investorengemeinschaft die Geschäftsleitung und firmiert seitdem als **M**LOG Logistics GmbH. Das Selbstverständnis der mittelständischen Mehne GmbH hat sich das Unternehmen stets bewahrt – auch wenn es sich mit vielen Innovationen und neuen Produkten längst zu einem führenden Anbieter für automatische Lager- und Materialflusssysteme entwickelt hat. Dank spezieller Angebote für die Tiefkühl-, Gefahrgut- und Reinraum-Logistik etwa, IT-Lösungen zur Visualisierung und SAP-Anbindung oder dem vollautomatischen Kompaktlager **M**COMPACT kann **M**LOG schnell und flexibel auf individuelle Anforderungsprofile eingehen.

Neben eigener Forschung, Entwicklung und Fertigung am Stammsitz in Heilbronn zählt die Kundennähe zum **M**LOG-Prinzip. Räumlich wird diese durch regionale Niederlassungen und Service-Center realisiert – etwa in der Rhein-Ruhr-Region und im Norddeutschen Raum, aber auch durch Kooperationen mit internationalen Partnern, die **M**LOG-Produkte made in Germany vor Ort ihren Heimatmärkten anpassen.

In allen Geschäftsfeldern – Neuanlagen, Modernisierung und Service – liegt der Fokus auf den Bedürfnissen der Kunden – und ihrer Güter. Autos zum Beispiel brauchen Platz. Viel Platz. Selbst wenn sie noch gar nicht montiert sind. Als BMW 1977 in Dingolfing mit diesem Problem konfrontiert wurde, planten und errichteten die Heilbronner das bis dato mit 40 m höchste Hochregallager. Wenige Jahre zuvor, 1973, entstand das erste von inzwischen vier Hochregallagern für die Bayer AG in Leverkusen. Seitdem ist auch die Chemische Industrie Stammkunde bei **M**LOG. Ein echter Lichtblick war ausgerechnet der Bau einer gigantischen Dunkelkammer: 1984 erfolgte der Bau eines Hochregals zur Lagerung licht- und staubempfindlichen Fotopapiers für den Auftraggeber Fuji. Und damit der Rubel rollt, errichteten die Logistikspezialisten 1998/99 den Hochregal-Tresor für die Zentralbank der Russischen Föderation in St. Petersburg.

1968: Bau des ersten automatisierten Hochregallagers für den Papiergroßhändler PAGEDA, Darmstadt.

Modernste Fördertechnik ergänzt das Angebot an Regalbediengeräten.

*Europaweit vor Ort durch regionale Niederlassungen und -kooperationen: die **M**LOG-Serviceingenieure.*

MEHNE FÖRDERTECHNIK · STAHLBAU
M·A·N mansystem
MAN Logistics

Über 200 Mitarbeiter arbeiten mittlerweile an den **M**LOG-Standorten daran, für jeden Kunden die optimale Lösung zu finden. Mehr als 800 erfolgreich realisierte Projekte, über 60 Mio. Euro Jahresumsatz – dies sind die Eckdaten einer überaus erfolgreichen Unternehmensgeschichte, an deren Anfang eigentlich nur eine Frage steht: Und – was haben Sie auf Lager?

Tradition und Weitblick

STAHL CraneSystems: Krantechnik made in Germany – Impulsgeber auf der ganzen Welt

➔ www.stahlcranes.com

Schwerlastkran in der Motorenproduktion bei BMW in Landshut

1876 – Firmengründung
Raphael Stahl gründet die mechanische Werkstatt in Stuttgart.

1898 – Erster Portalkran
Der erste elektrische Laufkran mit einer Traglast von 12,5 t und einer Spannweite von 11,5 m wird hergestellt.

1903 – Erster Elektrokettenzug
Die handwerkliche Fertigung wird in die industrielle Produktion überführt.

1922 – Elektroseilzug Typ SS
Dieser erste STAHL Elektrozug ermöglicht größere Hubhöhen und höhere Geschwindigkeiten.

1953 – Explosionsschutz
Die Weltneuheit: Der erste explosionsgeschützte, druckfest gekapselte STAHL Elektroseilzug wird hergestellt.

1978 – Seilzug Typ AS
Der modular aufgebaute Seilzug AS ist für eine Traglast bis 100 t ausgelegt.

1982 – Kettenzug Typ T
Der STAHL Kettenzug T erobert den Markt.

1984 – Kleinkrantechnik KT2000
Das innovative Baukastensystem ist flexibel einsetzbar, von einfachen Anwendungen bis zur automatisierten Materialflusslösung.

1998 – Seilzug Typ SH
Das Resultat langjähriger Erfahrung ist der STAHL Seilzug SH mit einer Traglast bis 160 t.

2002 – Kettenzug Typ ST
Die Typenreihe ST ist weltweit das umfangreichste Programm und ist für den Traglastbereich bis 6.300 kg ausgelegt.

2004 – Super Kurze Katze
STAHL CraneSystems setzt weiterhin neue Maßstäbe. Die Super Kurze Katze ist für geringsten Raumbedarf optimiert.

2006 – Innovative Krantechnik
Krane mit serienmäßiger Funksignalübertragung ohne bewegliche Kabel erobern den Markt.

Über 130 Jahre Krantechnik und Systemlösungen. Die Geschichte beginnt 1876, als Raphael Stahl in Stuttgart eine mechanische Werkstatt für Hausgeräte gründet. Diese Produkte sind im In- und Ausland sehr beliebt und das Unternehmen entwickelt sich mit Erfolg. Schon in den 90er-Jahren des 19. Jahrhunderts lassen seine Söhne ihrem Innovationsdrang und ihrer Begeisterung zu Hebezeugen und Eisenkonstruktionen freien Lauf. Das aussichtsreiche Zeitalter der Hebe- und Krantechnik beginnt. Die richtungweisenden Innovationen und die modernen Fertigungsmethoden an den deutschen Produktionsstandorten Ettlingen und Künzelsau setzen immer wieder neue Maßstäbe. Aus der kleinen mechanischen Werkstatt ist inzwischen ein weltweit erfolgreiches Unternehmen mit Sitz in Künzelsau, Süddeutschland, geworden. Das Leistungsspektrum reicht heute von kleinen Elektrokettenzügen bis hin zu Krananlagen mit 160 t Traglast. STAHL Crane-Systems gehört weltweit zu den führenden Unternehmen für Seil- und Kettenzüge sowie für Systemlösungen und Krantechnik inklusive Beratung, Engineering und Service. Im Bereich Explosionsschutz ist STAHL CraneSystems bahnbrechend, energisch und konsequent. Kein Wunder also, dass das Unternehmen hier über die umfangreichste Produktpalette verfügt und respektierter Weltmarktführer ist. Heute sind rund 800 engagierte Mitarbeiter an 23 internationalen Standorten aktiv. Irgendwo auf der Welt ist immer eine Krananlage oder ein Hebezeug von STAHL CraneSystems in Bewegung. Offen für Neues und Mut zum Außergewöhnlichen, offen für die Zukunft und Mut zur Verpflichtung. Dies ist zur Tradition des Unternehmens geworden. Auch für die kommenden Jahrzehnte hat STAHL CraneSystems noch viel vor.

Seilzug Typ SH und Kettenzug Typ ST

SSI SCHÄFER

Aus kleinsten Anfängen zum **Global Player**

Vor 70 Jahren wurde die Fritz Schäfer GmbH in Neunkirchen als kleiner Familienbetrieb gegründet. Heute zählt das Unternehmen zu den international führenden Anbietern in der Intralogistik. Der Markenname SSI Schäfer ist weltweit ein Begriff.

Als der Feinblechner Fritz Schäfer 1937 in Neunkirchen im Siegerland eine Firma zur „fabrikmäßigen Herstellung von Blechwaren aller Art" (Amtsregister-Eintrag) gründete, konnte er nicht ahnen, dass sein Unternehmen innerhalb weniger Jahrzehnte zum Global Player wachsen sollte. Die ersten Produkte – Transportkästen, Ofenrohre und Kuchenbleche – wurden im Keller des Wohnhauses von Fritz Schäfer hergestellt. Nach dem Tod des Firmengründers im Jahre 1951 übernahmen seine vier Söhne die Leitung. Noch heute ist das Unternehmen im Familienbesitz und wird durch Gerhard Schäfer, einen der Söhne, geführt.

Einen Meilenstein im steilen Aufstieg bildete das Jahr 1953 mit der Serienproduktion des Lager-Fix-Kastens, einer marktweisenden Entwicklung, die bis heute ein wichtiger Bestandteil des Produktprogramms ist. Der Schäfer-Kasten ist Beispiel dafür, wie ein Firmenname als Synonym für ein Produkt stehen kann. 1958 begann ausgehend vom geschweißten Rahmengestell die Entwicklung modularer Lagerregalsysteme.

Heute ist das Unternehmen unter der Dachmarke SSI Schäfer international bekannt und zählt weltweit mit Niederlassungen in 54 Ländern zu den führenden Anbietern von Lager- und Logistiksystemen. Die SSI Schäfer-Unternehmensgruppe umfasst den deutschen Hauptsitz SSI Schäfer/Fritz Schäfer GmbH in Neunkirchen sowie die Tochtergesellschaften SSI Schäfer Noell GmbH in Giebelstadt und SSI Schäfer Peem GmbH in Graz. Die angebotenen Leistungen reichen von der Entwicklung marktgerechter Lagersysteme bis hin zur Realisierung komplexer Logistikprojekte als Generalunternehmer.

Das Produktprogramm von SSI Schäfer/Fritz Schäfer GmbH umfasst den Kernbereich der Lagereinrichtung sowie Werkstatt-, Betriebs- und Büroeinrichtungen, Abfalltechnik und Recycling. Typische Produkte sind Lager- und Transportkästen, Fachboden-, Paletten-, Langgut- und Verschieberegale, die die Basis für manuell betriebene und vollautomatische Lagersysteme bilden.

Die SSI Schäfer Noell GmbH ergänzt das Leistungsportfolio als Spezialist für komplexe Logistiksysteme. Als Generalunternehmer hat das Unternehmen international bereits über 300 Logistiksysteme realisiert. Das Spektrum reicht von der Systemplanung und -beratung über die Realisierung schlüsselfertiger Anlagen bis hin zu maßgeschneiderten After-Sales-Services.

SSI Schäfer Peem GmbH ist spezialisiert in modularer Kommissioniertechnik. Das Unternehmen plant, entwickelt und produziert hochdynamische Kleinteileförderanlagen sowie automatische Kommissionierungsanlagen und die dazugehörige Software.

▶ **www.ssi-schaefer.de**

Sichtlagerkästen – zur Lagerung und Bereitstellung von Kleinteilen

Schwerlast-Palettenregal zur Lagerung von Ersatzteilen für Erntemaschinen und Traktoren im Logistikzentrum der CS Parts Logistics in Hamm-Uentrop

Behälterfördertechnik im Distributionslager des Malereibedarf-Großhändlers Ter Hoeven, Apeldoorn

Stöcklin

Vom Holzrad zum Mega-Palettenlager

Seit rund 75 Jahren ist die Unternehmens Gruppe Stöcklin ein kompetenter Partner für Intralogistiklösungen. Das weltweit tätige Unternehmen hat eine umfassende Produktpalette welche höchsten Ansprüchen genügen.

Das von seinen Eltern übernommene Baugeschäft im Schweizerischen Dornach wandelte der Firmengründer Walter Stöcklin 1934 in eine Räder- und Transportgerätefabrik um und stellte bodenschonende Holzräder für Transportgeräte her. Wenig später folgten sogenannte ‚Sackkarren' und Plattformwagen aus dem gleichen Material.

Nach dem zweiten Weltkrieg ergänzt Walter Stöcklin sein Produktsortiment im Bereich handgeführter Geräte und entwicklet 1947 eine erste Transportanlage (Schrägkettenförderer) für das Fördern von Harassen.

Eine weitere Profilierungchance ergibt sich als die Schweizerischen Bundesbahnen für den Stückgüterumschlag die Einführung eines Palettensystems erwägen. Stöcklin übernimmt die Entwicklung der Palettierungsgeräte und stellt unzählige Prototypen her.

Der offenkundige Rationalisierungseffekt der Palettierung überzeugt rasch und weckt auch im Ausland grosses Interesse. Dies ermutigt Walter Stöcklin im nahen Ausland seine erste Tochterfirma zu gründen.

Mit Ralph Stoecklin stösst 1960 ein Vertreter der zweiten Generation zur

Von Anfang an legt Stöcklin wert auf Qualität und Funktionalität.

Firma. Neue Fabrikationshallen werden errichtet, Umsätze sowie die Belegschaft wachsen kontinuierlich und die Einzelfirma Walter Stöcklin wird in eine Aktiengesellschaft umgewandelt.

1962 werden weitere Tochterfirmen im Ausland gegründet. Durch die Personalengpässe bei den Kunden und die daraus sich aufdrängenden Rationalisierungsinvestitionen, erlebt Stöcklin in allen Geschäftsbereichen einen beträchtlichen Aufschwung.

Aus marktstrategischen Gründen wird 1991 aus der ‚Walter Stöcklin' die ‚Stöcklin Logistik AG' und erfährt einen zusätzlichen Schritt in Richtung internationaler Marktpräsenz und Produkterweiterung.

Auch die Entwicklung der ‚Flurförderzeuge' steht nicht still. Mit der Weiterentwicklung des bewährten Stöcklin-Hubwagens und einer modernen Baureihe von Elektrostaplern, wird dieser Bereich permanent ausgebaut.

1995 übernimmt Urs Grütter das Unternehmen. Die Aktivitäten in den Geschäftsbereichen ‚Förder- und Lagertechnik' und ‚Flurfördermittel' werden ausgebaut und im Rahmen einer starken Innovationsoffensive werden neue Gerätegenerationen entwickelt.

Die konsequente Standardisierung der Flurfördermittel, einhergehend mit der Herstellung von kundenspezifischen Geräten und die Lancierung einer neuen Generation von

Die Referenzen sprechen für sich: Stöcklin ein starker Partner für Intralogistiklösungen.

Softwarelösungen und Regalbediengeräten im Kleinteile- und Palettenbereich tragen positiven zum Vertrauen der Kunden bei. So wurde zum Beispiel das weltweit grösste automatisch betriebene Hochregallager für über 1/4 Million Paletten mit der neusten Stöcklin-Förder- und Lagertechnik ausgerüstet.

Mit der Gründung von weiteren Tochterunternehmen im In- und Ausland (Südamerika) sowie einer innovativen Weiterentwicklung ihrer Qualitätsprodukte, wird die Stöcklin-Gruppe als international bedeutendes Unternehmen und kompetenter Hersteller von Gesamtsystemen wahrgenommen.

www.stoecklin.com

1898 SPRECHER + SCHUH

Gegründet 1898
Am Anfang war Sprecher + Schuh.
Die Firma Swisslog entstand aus der ehemaligen Sprecher + Schuh AG, die 1898 in Aarau, Schweiz, gegründet wurde.
Sprecher + Schuh war auf Nieder- und Hochspannungsapparate spezialisiert. Dieser Bereich wurde durch die zunehmende Spezialisierung auf Logistik verkauft. Durch den Zukauf von Digitron und weiteren Firmen (Accalon, OWL) wurde die Kernkompetenz im Logistikbereich verstärkt.

1946 ACCALON (EH. BT SYSTEM)

Gegründet 1946 seit 2007 wieder bei Swisslog
Das know-how der Fördertechnik wieder im Haus.
Begonnen hat BT System mit Handhubwagen und weiteren Produkten für den innerbetrieblichen Horizontaltransport wie Elektrostapler, Schubmaststapler und Schmalgangstapler. Mitte 1970 wurde mit der Produktion von automatischen Regalbediengeräten begonnen. 1980 gründete man in Deutschland, Hannover einen neuen zusätzlichen Geschäftsbereich und realisierte Anlagen bei namhaften Unternehmen. In Schweden wurde in den 80er Jahren das Systemgeschäft ausgebaut und in den 90er Jahren von Swisslog übernommen.

1961 DIGITRON

Gegründet 1961 seit 1990 bei Sprecher + Schuh und seit 1994 bei Swisslog
„Miniload" in Europa salonfähig gemacht.
Digitron hat sich vor allem einen Namen als Pioneer und Erfinder der Fahrerlosen Transportsysteme (FTS) gemacht. Bereits 1974 wurde bei Volvo in Kalmar eine der ersten fahrerlosen Transportanlagen mit 250 Fahrzeugen realisiert. Ebenfalls verwirklichte Digitron eines der ersten Hochleistungs-Kommissionierläger für Kleinteile (Miniload) und importierte diese aus den USA, um sie dann in Europa „salonfähig" zu machen. 1989 - 1993 wurden die ersten Logistikanlagen durch Digitron mit der Steuerungstechnik der Sprecher + Schuh realisiert.

1969 OWL

Gegründet 1969 seit 1998 bei Swisslog
Das „Genie der Logistik".
Herrmann Grebenstein, war von 1970 bis 1996 Geschäftsführer und kreativer und innovativer Kopf der OWL. Diese baute bereits 1969 eines der ersten Hochregallager für Suchard. Bereits 1970 hatte Grebenstein die Idee, als Generalunternehmer, inkl. der Baukompetenz, aufzutreten. Transparente Lösungen und eine vollumfängliche Unterstützung in sämtlichen baulichen Belangen waren so für den Kunden garantiert. OWL als Marktführer, entwickelte laufend bautechnische Besonderheiten, kreative, innovative und massgeschneiderte Sonderlösungen sowie Erweiterungen jeglicher bestehender Bauten.

1994 SWISSLOG AG

Seit 1994 bis heute
Von Pionieren der Logistik und Ideen die zum Erfolg führen.
Swisslog entwickelte sich so vom Lieferanten von Automatisierungssystemen zu einem kompetenten Anbieter von integrierten Logistiklösungen und hat heute Niederlassungen in über 20 Ländern. Die Leistungspalette umfasst heute den Bau von komplexen Lager- und Verteilzentren inklusive der Implementierung von eigener Software, innerbetriebliche Logistiklösungen sowie Beratungsleistungen im Bereich des Supply Chain Management.

Swisslog AG
www.swisslog.com

swisslog

EINE MARKE MIT SERVICEGARANTIE

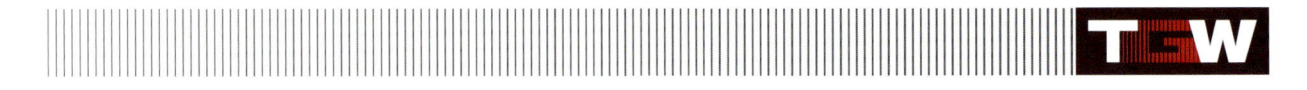

1. Juli 2007 - eine neue Ära in der Unternehmensgeschichte der TGW hat begonnen. Es ist die Geburt eines hochkompetenten, innovativen Netzwerks mit internationaler Präsenz: der TGW Logistics Group. So dynamisch wie die Märkte, in denen TGW agiert, ist auch das Unternehmen selbst und schafft mit diesem strategischen Geniestreich die Basis für eine erfolgreiche Zukunft.

Bündelung von Kernkompetenzen

Die TGW Logistics Group steht für dynamische Lösungen abgestimmt auf die individuellen Anforderungen jedes einzelnen Kunden. Das umfassende und erstklassige Leistungsangebot der Unternehmensgruppe überzeugt Kunden aus den unterschiedlichsten Branchen, vom Lebensmittelhandel bis zur Automobilindustrie.

Seit Entstehen der TGW Logistics Group ist auch die Ecolog Logistiksysteme GmbH Teil des weltweiten Netzwerkes. Für unsere Kunden bedeutet dies, nun auf zwei starke Partner zählen zu können. Auf der einen Seite erfüllt der breite Baukasten von TGW Mechanics höchste Anforderungen an das automatisierte Materialfluss- und Lagersystem. Gepaart mit über 35 Jahren Logistik-Know-how und erstklassigem Service bietet sie das optimale Leistungsspektrum für individuelle Intalogistik-Lösungen. Auf der anderen Seite hat Ecolog während des langjährigen Wirkens als Systemintegrator und Generalunternehmer wertvolle Erfahrung im Bereich IT und Steuerung sammeln können. Das in Ecolog vorhandene Know-how fügt sich perfekt in die vorhandenen Strukturen der TGW und macht es für unsere Kunden möglich, umfassende Logistikleistungen aus einer Hand zu erhalten.

Die Geburt einer Erfolgsstrategie

In der Vergangenheit wurden wichtige Grundsteine für den heutigen Erfolg des Unternehmens gelegt. Die Anfänge der TGW reichen bis in

Hier im oberösterreichischen Wels begann 1969 die Unternehmensgeschichte von TGW und ist heute noch die Zentrale angesiedelt.

das Jahr 1969 zurück. Damals entschlossen sich die Firmengründer Heinz König und Ludwig Szinicz ein bankrottes Transportgeräte-Unternehmen zu übernehmen. Mit großem Elan und 10 Mitarbeitern starteten die beiden Freunde das Unternehmen unter dem Namen TGW. Die strategische Stoßrichtung von TGW war sehr bald klar: Wachstum durch Innovation am Markt der Materialfluss- und Lagertechnik.

Technologie-Vorreiter

Schlag auf Schlag führten zahlreiche Produktinnovationen zu einer Reihe revolutionärer Entwicklungen, wodurch TGW neue Maßstäbe sowohl im Sektor Fördertechnik als auch bei automatisierten Regalbediengeräten setzen konnte.

Bereits zu Beginn der 70er Jahre wurde mit der Entwicklung der automatisierten Stückgutfördertechnik begonnen, die seither ständig weiterentwickelt und verbessert wurde. Heute verfügt TGW Mechanics über einen ausgereiften Baukasten an Behälter-, Karton-, Tablar- und Palettenfördertechnik, der individuell im automatisier-

Weltweit werden pro Jahr rund 100 km der hochleistungsfähigen Behälterfördertechnik von TGW gebaut.

ten Lager zum Einsatz kommen kann. Durch den Bau von rund 100 km hochleistungsfähiger Behälterfördertechnik im Jahr beschleunigt TGW Mechanics die Lagerprozesse jedes einzelnen Kunden und trägt maßgeblich zur Produktivitätssteigerung bei.

Das erste automatische Kleinteilelager von TGW entstand schon im Jahr 1980. In

Das Regalbediengerät TGW Mustang war weltweit als erstes mit einem stationären Antrieb ausgestattet.

diesem Sektor gelang TGW jedoch 1989 ein herausragender Coup, indem sie das weltweit erste Regalbediengerät mit stationärem Antrieb, den TGW Mustang auf den Markt brachte. Um die Dynamik besser ausnutzen zu können, wurde 1996 die Idee eines Stahlmastes in Leichtbauweise geboren. Darüber hinaus wurde als revolutionäres Lastaufnahmemittel das Kombiteleskop entwickelt, das durch eine gleichzeitige Aufnahme und Abgabe der Behälter in der Vorzone eine Reduzierung der Übergabezeiten aufweist. Im Rahmen der Baukastenentwicklung hat sich TGW auch in ganz neue Gefilde gewagt und das Palettenregalbediengerät Magnus auf den Markt gebracht.

Durch starke Innovationskraft entwickelte TGW 2002 eine neue Generation der Regalbediengeräte mit bisher unerreichten Beschleunigungs- und Geschwindigkeitswerten sowie Bauhöhen bis zu 18 m. Seither sind diese Produkte bis zur Perfektion aus-gereift, sodass sich TGW Mechanics heute zurecht Anbieter der schnellsten und leistungsfähigsten Regalbediengeräte am Markt nennen darf.

Grenzüberschreitend

Zur Erschließung des weltweiten Intralogistik-Marktes war es auch notwendig, geographische Grenzen zu überwinden. Man erkannte schnell, dass regionale Präsenz notwendig war, um die Chancen auf den jeweiligen Märkten nutzen zu können. Mit der Gründung von Verkaufsniederlassungen in Deutschland, USA, Spanien, Italien und Großbritannien und der Akquisition des erfolgreich im nordamerikanischen Raum operierenden Unternehmens Ermanco war der Weg zur Internationalität geebnet.

Gemeinsam für die Zukunft

Der eingeschlagene Kurs von TGW hat sich durch die Unternehmensentwicklung mehrfach als Ziel führend erwiesen. Die neue Ausrichtung verspricht unter dem Kontext einer starken, kompetenten Gruppe eine mindestens genauso erwartungsvolle Zukunft.

TGW LOGISTICS GROUP GMBH
A-4600 Wels, Collmannstrasse 2
T +43.(0)7242.486-0, F +43.(0)7242.486-31 E-Mail: tgw@tgw-group.at, www.tgw-group.com

Von der Fördertechnik zur Logistik – ein Lehrstuhl im Wandel der Zeit

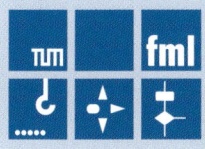

Mit der Entwicklung der technischen Hochschulen und des Ingenieur-Berufes wurde die Fördertechnik schnell zum Arbeitsfeld der Wissenschaft. Die damalige Technische Hochschule München gründete 1907 einen eigenständigen „Lehrstuhl für Hebezeuge und Förderanlagen", der mit Prof. Rudolf Krell besetzt wurde. 1935 übernahm Prof. Erich vom Ende den Lehrstuhl, durch die Kriegswirren wurde aber bereits bald der Lehr- und Forschungsbetrieb beeinträchtigt. Nach mehrjähriger Vakanz ermöglichte 1950 Prof. Fritz Dreher den Wiederaufbau in den noch zerstörten Hochschulgebäuden.

1974 wurde Prof. Siegfried Böttcher nach München berufen und mit der Umbenennung in „Lehrstuhl und Institut für Förderwesen" erweiterte sich das Aufgabengebiet von der Berechnung und Konstruktion von Fördergeräten hin zu deren industrieller Anwendung und Einbindung. Aus der großen Breite der Fördertechnik entwickelten sich insbesondere die Großgeräte des Kranbaus und der Schüttgutförderung sowie die Seilbahntechnik zu Forschungsschwerpunkten.

Mit der Übernahme des Lehrstuhls durch Prof. Willibald A. Günthner im Jahre 1994 begann ein starker Ausbau der Lehr- und Forschungsumfänge um die Arbeitsgebiete Materialflusstechnik und Logistik, was auch durch die erneute Umbenennung in „Lehrstuhl für Fördertechnik Materialfluss Logistik" (fml) zum Ausdruck kam. Mit etwa 40 Mitarbeiter/innen werden heute alle wesentlichen Gebiete der Technischen Logistik behandelt. Neben der Auslegung und Berechnung der Fördermittel stellen die Steuerung und Optimierung von Logistikprozessen durch innovative Ident-Technologien (RFID), die Logistikplanung auf Basis digitaler Werkzeuge sowie die Rolle des Menschen in der Logistik wesentliche Forschungsschwerpunkte dar.

Heute versteht sich der Lehrstuhl fml als offene Forschungseinrichtung, die sowohl zum wissenschaftlichen Fortschritt auf dem Gebiet der Technischen Logistik als auch zum Wissenstransfer in die Wirtschaft beitragen will.
Dazu wurde im Jahre 2006 zusätzlich das logistik-innovations-zentrum (liz) gegründet, in dem vor allem aktuelle Problemstellungen kleiner und mittlerer Unternehmen bearbeitet werden.
Auf diese Weise wird den KMUs eine an ihre Bedürfnisse angepasste Forschungsplattform zur Verfügung gestellt, die es den Unternehmen ermöglicht, ihre Wettbewerbsfähigkeit nachhaltig zu steigern.

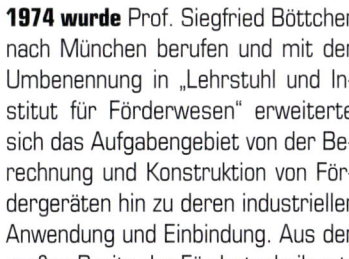

Bild 1 (oben): Präsentation in der fml-Versuchshalle

Bild 2 (Mitte): 3D-Modell eines Fachbodenregallagers

Bild 3 (unten): Planung in der Virtual Reality (VR)

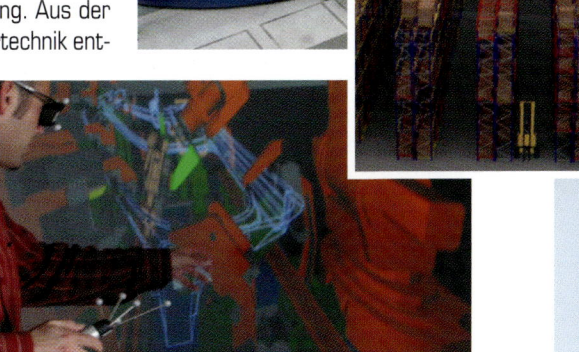

fml – Lehrstuhl für
Fördertechnik Materialfluss Logistik
Prof. Dr.-Ing. Willibald A. Günthner
Technische Universität München
Boltzmannstraße 15
85748 Garching
Tel 0 89 / 289-159 21
Fax 0 89 / 289-159 22
www.fml.mw.tum.de

Distributions Systeme

WIR BEWEGEN ALLES
www.vanderlande.com

VanDerLande INDUSTRIES

viastore. systems

Logistik – von Anfang an

Vor 118 Jahren wurde der Grundstein gelegt für die automatischen Lagersysteme, die viastore systems heute anbietet. Dabei hat sich der ehemalige Maschinenbauer zu einem modernen Systemanbieter entwickelt, der Lösungen für die hard- und softwareseitigen Anforderungen moderner Intralogistik unter einem Dach bietet.

Als Immanuel Hahn 1889 die Haushahn GmbH & Co gründete, gab es den Begriff Logistik zwar noch nicht, doch bot er mit den von ihm gebauten Waagen und Krane schon erste technische Hilfsmittel für eine moderne Logistik. Um 1900 entdeckte das Unternehmen einen neuen Markt für sich – es konzentrierte sich auf den Bau von elektrischen Aufzügen. Wichtiger Meilenstein für den Erfolg von Haushahn in dieser Branche waren die im Jahre 1929 entwickelten ersten Schnellaufzüge in Deutschland.

In den 60er und 70er Jahren des letzten Jahrhunderts rückte die Lagertechnik immer mehr in das Interesse moderner Unternehmensführung, in der Fördertechnik entstanden zahlreiche Innovationen. Haushahn erkannte das Potenzial dieser noch jungen Branche und übernahm 1970 mit der Stuttgarter Firma Weissert & Hieber eine der ersten Firmen in Deutschland, die automatische Regalbediengeräte (RBG) produzierte.

Mit der prozessorientierten Betrachtung der Produktion rückte die Integration der automatischen Lager und die Ausweitung der logistischen Kette auf die Lieferanten in den 80er Jahren immer mehr in den Mittelpunkt. Zur Einbindung der Logistikprozesse in die Produktionsplanung und -steuerung ergänzte Haushahn daher sein Portfolio um Software-Lösungen rund um die Lagerverwaltung. Diese Entwicklung gipfelte 1988 in der Gründung der Haushahn Automationssysteme als eigenständiges Systemhaus für betriebliche Logistik.

Im Jahr 1999 übernahm schließlich Christoph Hahn-Woernle das Systemhaus in einem Management-Buy-Out, seitdem firmiert die Firma unter **viastore systems GmbH**.

Die Geschichte von viastore systems reicht zurück bis in den frühen Kranbau, den ersten logistischen Hilfsmitteln.

In den 70er Jahren kamen zum ersten Mal automatisierte Regalbediengeräte im Lager zum Einsatz.

Heute beschäftigt das weltweit agierende Unternehmen mit Hauptsitz in Stuttgart sowie Gesellschaften und Vertretungen in den USA, Frankreich, Spanien, Großbritannien, Niederlanden, Tschechien und Russland mehr als 300 Mitarbeiter weltweit und zählt zu den international führenden Unternehmen für automatische Lagersysteme und Software für Warehouse-Management.

Die von **viastore systems** angebotenen Leistungen beginnen bei einer ausführlichen Beratung und Planung – das Unternehmen übernimmt auch die Generalunternehmerschaft kompletter Lagerprojekte – und reichen bis zum so genannten Life-Time-Partnership, der lebenslangen Betreuung, Wartung und Modernisierung von Lagern. Selbst entwickelte und gebaute Regalbediengeräte sorgen für den leistungsstarken Transport im Lager – vom viaspeed, dem Hochgeschwindigkeits-RBG für das Kleinteilelager, bis zum viapal, das Paletten mit bis zu 10 Tonnen Last im Hochregallager stemmt. Hauseigene Software-Lösungen wie das Warehouse-Management-System viad@tLVS oder auch eigene Fördertechnik-Steuerungen sichern eine reibungslose Organisation und Verwaltung des Lagers, aber auch für die Verbindung an die firmenübergreifende Supply Chain. Immer wichtiger wird hierbei die Verknüpfung des Lagers mit SAP: Hierfür besitzt **viastore systems** als zertifizierter Special Expertise Partner nicht nur ein eigenes Experten-Team, sondern auch eigens entwickelte SAP-Erweiterungen, die auf die Anforderungen automatischer Lager zugeschnitten sind.

Waagen und Krane bietet **viastore systems** zwar nicht mehr an – aber mit den innovativen Lösungen des schwäbischen Unternehmens lassen sich diese heute problemlos in die moderne Intralogistik einbinden.
www.viastore.com

Als führender Hersteller von Intralogistik-Systemen bietet viastore systems heute Komplettlösungen für automatische Lager- und Distributionszentren.

35 Jahre Supply Chain Automation –
Durchdacht bis ins Detail mit dem Wissen ums Ganze

Westfalia beschäftigt als inhabergeführtes Familienunternehmen weltweit ca. 300 Mitarbeiter. Westfalia-Gründer Ulrich Upmeyer und sein Sohn, Matthias Upmeyer, sind Mitglieder der Geschäftsführung und stehen als persönliche Ansprechpartner zur Verfügung. In 35 Jahren Unternehmensgeschichte hat Westfalia weltweit mehr als 650 Logistiksysteme automatisiert. Die Zentrale ist in Borgholzhausen - zwischen Bielefeld und Osnabrück - in einem innovativen Gebäude, das wie ein Hochregallager aufgebaut ist. Mit rund 100 Mitarbeitern betreut die Tochter Westfalia USA von York, Pennsylvania den nord- und südamerikanischen Markt.

Automatisierung entlang der ganzen Supply Chain

Das nachhaltige und langfristige Engagement von Westfalia ermöglicht Synergien, weil es die gesamte Supply Chain im Blick hat. Denn Logistik ist mehr als die Bewegung und Bereitstellung von Material, Gütern oder Waren. Schlüssel zum Erfolg sind kontinuierliche Innovationen und umfassende Dienstleistungen.

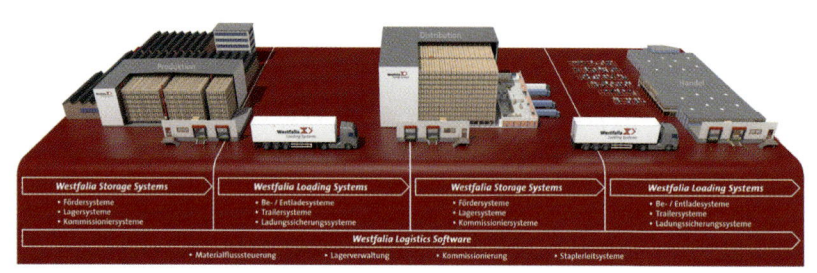

Automatisierung der Supply Chain: Storage Systems, Loading Systems und Logistics Software

Umfassender Service

Westfalia ist langfristiger Partner seiner Kunden. In enger Zusammenarbeit liefert das Unternehmen Lifetime-Service - 24 Stunden, 365 Tage im Jahr. Durch intensive und persönliche Beratung entwickelt Westfalia die Logistiksysteme weiter.

Wichtige Innovationen

Westfalia hat vor knapp 25 Jahren durch Erfindung und Patentierung des Satelliten®-Lagers die Logistik nachhaltig verändert. Eine weitere bedeutende Innovation ist als Alternative zum Regalbediengerät der flurfrei einsetzbare TransFaster®. Auch die modulare Logistiksoftware Savanna.NET® gehört zu den wichtigen Innovationen von Westfalia. Denn Software bestimmt immer mehr die Supply Chain Automation.

Westfalia Storage Systems plant, konstruiert und implementiert Lager-, Förder- und Kommissioniersysteme. Sie arbeitet für einfache und gradlinige Materialflüsse und setzt ihr Know-how in praxisgerechte Lösungen um.

Westfalia Logistics Software steuert und verwaltet logistische Bewegungen eines Systems mit Anbindung an vorhandene IT-Systeme - zum Beispiel mit der modularen Software *Savanna.NET®*.

Westfalia Loading Systems entwickelt und realisiert Technologien für die Schnittstelle zwischen Intralogistik und Transportlogistik. Ziel: Steigerung von Geschwindigkeit, Volumen und Sicherheit.

Montage und Service sichern die Qualität

Zentrale Borgholzhausen

Westfalia
Industriestrasse 11
33829 Borgholzhausen
Germany
T +49 (0) 5425.808-0
F +49 (0) 5425.808-901

@ info@WestfaliaEurope.com

www.WestfaliaEurope.com
www.savanna.com

Savanna.NET®

Satellit® der neuesten Generation (Bild links)

Der TransFaster® bedient ein HRL von oben (Bild rechts)

WITRON
Leidenschaft für Logistik

Sitz der WITRON Logistik + Informatik GmbH ist seit dem Jahr 1975 der Markt Parkstein rund um den markanten Basaltkegel.

1. Werk 1
2. Werk 2
3. Technologiezentrum
4. Sporthalle
5. Logistik-Hof

Tatsächlich waren es Bierkästen einer Kulmbacher Brauerei, mit deren Transportsteuerung sich Anfang der 1970er Jahre die D.A.T Elektronik GmbH aus Weiden/OPf. befasste. Und dennoch war es für das 1971 von Diplom-Ingenieur Walter Winkler gegründete Unternehmen der Einstieg in die Welt der innerbetrieblichen Logistikautomatisierung, die damals noch in den Kinderschuhen steckte. Mit viel „Herzblut" für logistische Problemstellungen und mit hohem persönlichen Engagement und Erfolgswillen entstand aus jenem 3-Mann-Betrieb ein Unternehmen, das heute weltweit knapp 1.000 Mitarbeiter und zu den führenden Planern und Systemanbietern mechanisierter Lager-, Materialfluss- und Kommissionierlösungen zählt – die WITRON Logistik + Informatik GmbH aus Parkstein bei Weiden/OPf.

Winkler erkannte sehr schnell das immense Potential, das in der Mechanisierung ineffizienter Logistikabläufe steckt, und lieferte als spezialisierter Partner seit den 1970er Jahren die kompletten Steuerungen für mechanisierte Logistikanlagen. Das noch junge Unternehmen fasste erfolgreich Fuß und siedelte aus Platzgründen 1975 von Weiden/OPf. in das benachbarte Parkstein um. Mit dem Einzug der Informationstechnologie in die Welt der mechanisierten Lagerlogistik ergänzte WITRON sein Spektrum zügig um Materialflussrechner- und Lagerverwaltungssysteme. Das versetzte den bis dato ausschließlich in der Anlagensteuerung tätigen Spezialisten in die Lage, die gesamte IT-Infrastruktur als Gesamtpaket integrieren zu können. Das Oberpfälzer Unternehmen entwickelte sich dadurch in den 1980er Jahren zum Premium-Anbieter auf diesem Gebiet. Rasantes Wachstum und mehrere Erweiterungen des Standortes Parkstein, insbesondere um ein zweites Werksgebäude in signifikanter Holzpavillon-Bauweise, waren die Folgen.

Die Logistik rückte indessen zunehmend ins Zentrum strategischer Unternehmensentscheidungen – damit verbunden der Wunsch, automatisierte Systeme schlüsselfertig zu vergeben. Das Oberpfälzer Systemhaus kam dieser Marktforderung umfänglich nach: Seit Mitte der 1980er Jahre macht sich WITRON einen Namen als Planer und funktionsverantwortlicher Generalunternehmer hoch automatisierter Systemlösungen – erstmals beim Bau des Lager-, Montage- und Versandzentrums der FAG Kugelfischer KGaA. Knapp ein Jahrzehnt später nimmt die maßgeblich vom Oberpfälzer Lösungsanbieter initiierte Standardisierung und Modularisierung von mechanisierten Logistiklösungen konkrete Formen an. Kürzere Realisierungs- und Hochlaufzyklen, eine höhere Qualität und Verfügbarkeit durch Standardisierung der IT- und Steuerungssoftware und damit letzten Endes die Wirtschaftlichkeit sprechen für diesen Ansatz. Fazit: Modularisierung und Standardisierung sind die Basis für erfolgreiche Logistiksysteme.

Während aller Projektphasen steht der wirtschaftliche Nutzen des Kunden im Fokus aller Entwicklungen. Ein Beispiel: Die von der VDI-Gesellschaft FML mit dem „Logistik-Innovationspreis" prämierte „Case Order Machine" (COM), mit der WITRON eine neue Kommissionier-Ära einläutete. Die patentierte Kommissioniermaschine bestückt Auftragsmischpaletten vollautomatisch mit verschiedensten Handelsverpackungen, ohne diese nach "Roboter-Manier" zu greifen oder zu saugen. Das Ergebnis: Eine bis dato unerreichte Vielfalt an Handelseinheiten, die vollkommen automatisiert kommissioniert wird – und damit verbunden eine hohe Wirtschaftlichkeit.

Maßstäbe setzt WITRON auch als einer der größten Arbeitgeber der Region. Z. B. durch vielfältige Sozialleistungen wie der firmeneigenen Sporthalle, die auch von der örtlichen Schule frei genutzt wird. Oder durch die weit über die Region hinaus geschätzte Küche – für Mitarbeiter und Besucher aus aller Welt gleichermaßen ein Erlebnis. Das Unternehmen gilt auch als Musterbetrieb in der Ausbildung: Seit Gründung wurden mehr als 650 Schulabgänger ausgebildet.

WITRON beweist damit Leidenschaft für Logistik und für die Menschen in der Logistik – eine Leidenschaft, die das Unternehmen auch im 21. Jahrhundert antreibt.

Die Beherrschung integrierter Abläufe in hoch automatisierten Systemen steht mittlerweile gleichbedeutend mit dem Namen WITRON.

www.witron.de